U0712367

方苞全集

彭林 嚴佐之 主編

第十一册 欽定四書文（下）

復旦大學出版社

欽定四書文（下）

王同舟　整理

欽定啓禎四書文卷七　孟子上

齊桓晉文之事　一章

鄭鄤

大賢發齊王之仁心，而進之以王政也。夫易牛，不忍之心也，舉斯心行政，則保民而王矣，桓文云乎哉？且王、霸之辨也，霸者以事，王者以德。夫德者推不忍之心是也，霸者亦有是心，而欲能惛之，是故興兵構怨，求之四海而甚難；王者亦猶是心，而恩能推之，是故發政施仁，爲之堂上而甚易。如齊王之足王者，是心也；而不自知也，則桓文之欲爲之惛也。孟子乃就易牛一事發其不忍，而指之曰：此王心也，仁之妙於術者也。百姓之言不足疑，而運掌之治不可失也。王試推之，老與幼之遞及何難；王試度之，人與物之殊功何故？舉斯心而加諸彼，推恩本易於折枝；求大欲而快於心，得害必深於緣木。王無惛於本計而自失其莫禦之機也，王有是心而本在，王反是本而天下之欲在。以不忍殺牛之心，行不忍罔民之政，將見士民商旅合而成足王之形，學校農桑舉而措保民之烈。明君之道，三代之遺，紀於聖門而傳於後世者，吾王以堂上爲之有餘矣。若德不務而事是求，吾恐妄希齊晉之圖，而不免於鄒楚之續也，則無乃志終惛而心且淪於忍也。

原評：於簡掉處看其裁剪，不如於跌宕處看其波瀾。長題無波瀾而但言裁剪，終非佳境也。

評：運掉如意，氣局寬綽有餘，蓋妙手適然而得，即令其人再爲之，亦更不能似此神化矣。

然則廢釁鐘與 三句

劉侗

有駭於騾廢者，可以窮不忍之心焉。夫一釁鐘也，人以廢疑，而王亦有難議廢者矣。然不忍者將何術而處於此？孟子若曰：人君不忍之心與不可之事，兩者常相因也。故有所不忍而舉一事，而事有不可輒舉；有所不忍而廢一事，而事又不可輒廢。保民之主不知幾縈迴焉，如胡齕所稱，王不忍牛而思以舍之，王於此時全未遑計夫鐘也；乃牽牛之人固將以「釁鐘也」對，曰王今者舍牛，亦未知夫釁鐘之説乎？樂作而聲之，鐘也者，樂之首事也；鐘成而落之，釁也者，鐘之首事也。然則廢釁鐘與？夫天下破格之殊恩，爲庸人所駭，故有目不欲睹、耳不欲聞，一經解釋，未嘗不稱快一時，而延之每數十百年而莫之敢議者，在有司以奉行爲無過，至情至性不得而動之也；國家習舉之彌文，爲末世所尊，故有措不關重、置不關輕，偶爾蠲除，豈遂謂隕越典刑，而争之每數十百言而莫能諭止者，在流俗以汰革爲更張，實心實政不得而奪之也。遂令堂下煩稱臆説，據國法而難好生之君；堂上輾轉趦趄，違本念而行先王之禮。王於斯時亦無可如何，直漫然應曰「何可廢也」。蓋王中持乎不可竟廢之議，方牽制於人言；孤行其不忍不舍之心，亦徘徊於初念。覺觳觫一見，耿耿難消；而制作當年，寥寥莫問。當斯際也，而權宜出矣。

評：於題縫中發意，小中見大。思議宏闊，仍於題氣不失，故佳。

莊暴見孟子曰 一章

黄淳耀

樂無古今，惟同民者爲能好也。蓋先王樂民之樂，故其樂至今傳也。如齊王之所好，與獨樂何異？昔齊自敬仲奔齊，韶樂在焉，至宣王之世猶存。孟子之齊，與王論政者屢矣，無一言及於古樂，以爲仁義不施，則雖日取先王之樂而張之於庭，無益也。一日莊暴以王之好樂語孟子，有疑辭焉；及孟子以莊子之語詰王，有愧辭焉。彼特以古樂在齊，而耽此敖辟驕志之音爲非宜爾，雖然，王果以昔日之樂爲足以治今日之齊乎哉？夫國不期於大小，期於好樂；樂不期於今古，期於同民。今也知獨樂之不若與人，知少樂之不若與衆，是天下之知樂者莫如王也；知與人之爲樂而故獨之，知與衆之爲樂而故少之，是天下之不好樂者莫如王也。王之心必曰：吾何獨矣，吾不有妾御乎哉？吾何少矣，吾不有便嬖乎哉？嗟夫，此王之所以爲獨，此王之所以爲少也！今夫臨淄之中不下十萬户，王之妾御、便嬖不過數百人。王日與此數百人者鼓樂、田獵之是娱，而此十萬户中耳不絶悲歎之聲、目不絶流離之狀。此雖伶倫復作，佾舞再來，民亦必疾首蹙頞，以爲安得此亡國之音也，況世俗之樂乎？然則好樂之甚者可知已。欲民之樂聞，莫如發德音；欲民之樂見，莫如下膏澤；欲民之善頌善禱，莫如播仁聲。至於德洋恩普，收六國而臣之，擊壤有歌，殿屎不作，則王之樂亦洋洋乎來矣，後世聞之，以爲此非東海之風而王者之作也，豈不盛哉？言至此，則王必動容而思已，吾故曰天下之知樂者莫如王也；言至此，則王必斂衽而退矣，吾故曰天下之不好樂者莫如王也。

評：以同民爲經，以古樂今樂、同獨、衆少、好不好爲緯，而以古文之法運掉游行。如雲煙在空，合散無迹。隆萬高手，於全章題、數節題文，不過取其語脉神氣之流貫耳。至啓禎名家，然後於題中義理一一融會。縱筆所如，而題中節奏宛轉相赴，時有前後易置處，亦不得以倒提逆挈目之。一由專於時文中講法律，一由從古文規模中變化也。此訣陳、黄二家尤據勝場。

文王之囿　一章

黄淳耀

即以囿論，而仁、暴分矣。夫古之爲囿也，所以行仁；今之爲囿也，所以行暴。然則古固無囿，而今亦豈有囿哉？古者生民之道多途也，雖游戲之時亦生；今者殺民之道多途也，雖游戲之時亦殺。生與殺，皆有所不自知，而受者知之，並其不及受者亦無異其身受之而已。昔文有靈囿，其小大可以意揣也，而宣王之言以爲方七十里。異哉問也！於傳有之，「文王以百里」，果若王言，是割十之七以爲囿也；於傳有之，「文王之城十里」，果若王言，是分囿之餘以爲城也。此其有無殆不足辨，夫既不足辨矣，則王謂有之，孟子亦以爲有之可也；傳未必有之，設以傳爲有之可也。至於以四十里之齊囿爲小於文囿，則大不可。夫文安得囿，直周民之藪耳，澤耳；王安得囿，直齊民之機耳，網耳。今夫文王之囿，以豳地爲基址，以雍岐爲結構；以江漢爲藩籬，以六州爲門户。薪之槱之，名材多矣；肅肅兔罝，漁獵多矣。夫然後規磽確之地，審面勢之宜，以爲觀望勞形之所。當斯時也，天下熙熙，皆爲囿來；天下攘攘，皆爲囿往。是故民氣樂而頌聲作也。今王之爲囿也則不然。絶陂池水澤之利，棄桑麻梨栗之盛；擴荆棘之林，廣狐兔之苑。高高下下，以罷民於臨淄。雖羈旅遠人欲覽於高明，而惴惴焉懼有大戮。嗚呼！是尚得稱囿耶？且夫麋鹿不可以耕耘，而今耕耘者養食之；養麋鹿者或誤殺麋鹿，而又殺其養麋鹿者以謝之。四十里之外，民以賦斂死、以戰爭死，不知凡幾矣；四十里之内，民又以殺麋鹿死，是無往而不得死也。彼民畏威遠罪，不敢直斥爲「阱」，而但曰王之囿太大。此其意，亦可深念矣，而王尚曰小乎？王一旦恫其苦，斯慨然悔悟，廢鐘鼓帷帳之具，罷馳騁游獵之娱，慰安元元，復其壤土。然後修文之明堂而坐以治之，民惟恐王之不爲囿也。

評：縱筆馳驟，若自爲一則論辨，而與題之節會自相融貫。

春省耕而補不足　二句

張　溥

惟王用省而勤民至矣。夫民之需補助甚亟也，春秋之省，王者不已勤乎？且古之百姓與人主不甚相遠也，在上者數出而無憂，在下者常德而不困。凡所謂振民之急而阜其財求，一歲之中兩見之矣，春秋之省是也。夫耕植之制，先教於國中；斂藏之令，預勤於歲始。及時而戒焉，有司之所事守也；即及時而民有不備焉，亦非王者之所當慮也。顧省之而有補有助，何也？蓋當日之人主，持己樸略而與民和厚。其居也，既不若後世之處於深宮而尊其文禁，故草野之民皆得見天子而自言其情；其行也，又不若後世之盛於兵衛而煩其徵求，故匹夫之急皆可緣省風以速得其欲。當夫春之有耕，勸之耕者至矣，猶有省焉，惰民其能無儆與，而時則惟不足之補也，不以懲民，而先救其乏，所以成耕之事也；當夫秋之有斂，導之斂者至矣，猶有省焉，罷民其能無愧與，而時則惟不給之助也，不以督下，而亟思其困，所以成斂之事也。然則四時之内，下令於地之有司，以衆寡贏乏之數，達王朝而籍貸焉，不亦可乎，而王者不自安也，作成之際，下之勞瘁甚矣，惟在人君之毅然一出，平其物而使之不詘，雖有公卿，不以代焉，而一時豪大之贏聚、貧弱之出息，俱無所隱而漸滋其患；抑艱阨之賙，委事於鄉之群吏，凡天患民病之隱，以巡問而施惠焉，有常職矣，而王者心猶歉也，終歲之勤，下之力庸盡矣，惟在人君之親事勞苦，新其氣而使之不倦，雖有大事，未敢忘焉，而後見籍田之親耕、蠟祭之息物，俱非虛文以數干其譽。是故足迹不出千里，而見聞已廣；賑貸不由私家，而大政已立。惟此道得也。

評：中有實義，故詞多膏潤而不同俗豔。

耕者九一 五句

羅萬藻

岐之治有五，皆王政也。夫天下唯是士民商旅之心耳，政之行也寧以寬濟，文之治岐殆是乎？且王政者，救時之具也，道高而恩厚，知明而意美。其效於人國也，亂可以治，弱可以强，人主顧力行何如耳。昔文之治岐，其爲王政者何也？見經制之大焉，見忠厚之意焉。其於耕者，則有九一之賦，在夫當文之時，其歸附日繁，其幅圓日長，以體國經野之法治之，自山林、川澤、城郭、溝塗而外，此丘甸之供幾何，而文行之，以爲此不可弛之法也；其於仕者，則有世禄之典，在夫岐下之治，其擇士甚瘠，其制入甚儉，以均節財用之式經之，自祭祀、賓客、喪荒、幣帛而外，此禄予之給所費不貲，而文崇之，以爲此不可蔑之典也。關市則譏而不征焉，蓋「彼岨矣岐，有夷之行」，此都會之成也，聖人設教關盛衰，譏警之末可忘也，夫亦暴客之慮，不惟凶荒無征也；澤梁則無禁焉，蓋「猗與漆沮，潛有多魚」，實王氣之鍾也，人主取材以彰物，廟庖之時有需也，夫亦官司之守，不聞網罟有禁也；罪人則不孥焉，蓋怙冒西土，厥民時叙，天命之所以誕受也，先王明罰以敕法，罪人之不可失也，夫亦威威顯民之意，法無淫及妻子也。夫商辛毒痡之世，而文以其時養士結民，於事勢蓋岌岌矣然，其犯甚危而其全甚大，卒也使其身有孔邇之戴，而使其民忘如燬之君；岐陽蕞爾之區，而文用之不蓄財收威，於事機宜落落矣，然其留已厚而其規已遠，卒也武王因之用著耆定之烈，而周公成之遂垂治世之書。王政之可得聞者如此。

原評：驅使不出經文，樹義别無險怪。人自莫及，此有天分。

評：極清淡，極平正，而非高挹群言，不能道其隻字。

齊人伐燕勝之　二章

陳際泰

欲止諸侯之謀，始終無失「勿取」之意可矣。夫齊非伐燕之國也，齊而有燕，諸侯亦皆得而有齊矣。「及止」之論，孟子善爲謀燕者哉？且夫伐燕之役，功未有高於此者也，用五旬之師，舉萬乘之國，若振槁然。夫燕天府之國，得之，憑長城易水之固，兼林胡樓煩之地，南面而争天下，其於計誠便。故「勿取」之説與「取」之説争，其數不勝也。然孟子初不决策於取，而引文王武王之事，以視民情之所歸。蓋孟子已早策齊王非伐燕之人，而懷定安輯，非其所能；孟子已逆知燕民有中變之事，而候間蹈瑕，非其所定。故徵諸人心以决之，而其意已了然，特齊王貪，不悟耳。無何果取燕，果殺人父兄，果繫人子弟，果毁人宗廟，果遷人重器，天下果借之以爲名而動救燕之兵。然而幸方在謀也，夫天下雖忌齊，雖忌齊之外又益一齊，然齊誠行仁政，天下之兵决不動。蓋古有以地之大，因民之心而取人國者，文之後有一武；古有以地之小，因民之心而取人國者，武之前有一湯。使齊如湯，不殺人父兄，不繫人子弟，不毁人宗廟，不遷人重器，齊雖强，齊雖益倍地之强，諸侯之心得而忌，諸侯之兵不得而動。而齊不然，是天下既已陰忌齊之實，而齊又復陽借天下以名，天下之兵之動者爲是之故耳。雖然，實者天下之所不敢陽出者也，而特出於名，則止天下之兵者，莫若伐其謀而奪其所恃，而又不可後發以成天下之先。夫後發則又借天下以其名，而事將不可止。此惟諳於兵者知之，是孟子策齊之最善也。

評：縱横變化，無非題目節族，而雄健之氣，進退自如。專以巧法鈎勒題面者，無從窺其蹤迹。「避水火」一段，若能少加點綴，更無遺憾矣。

君子創業垂統爲可繼也

陳際泰

概論君子之創垂，而其志亦略可睹矣。夫爲善雖有可王之理，而要非君子之心也。創業垂統，千載猶將見此心耳。且有所爲而爲善，則其爲善也必不堅。彼覩於必然之事而志分，則有詭於中者矣；彼揣於不然之效而見明，則有輟於後者矣。乃君子爲善之心固不如是也。業不得不創，統不得不垂，思及其子孫，固不敢爲玩愒之爲以偷萌；而業自宜於創，統自宜於垂，姑盡其在我，亦未嘗有圖度之志以開先。自英雄之事而論君子，而知其事有所止也，夫人之才志，未有相什伯者，後日爲之而漸有成，而後有意計難量之事，當其先，但不欲以祖宗世傳之緒自我而隳，縱拮据戎馬之間別起一方以爲後圖，而其志固已有限矣；自聖賢之事而論君子，而知其事有所止也，夫人之舉動，未有不素位者，後世歸之而追以功，而後有奉揚溢美之言，本其初，但不欲以無競維人之思自身而息，縱崎嶇艱難之時過爲無逸以示貽謀，而其情亦略可原矣。蓋君子明略最優者也，時事之所居，其知之矣，國家承赫聲濯靈之烈，其鋒其勢而皆未可乘，欲以流離播遷之餘希冀非望，有以知君子不爲也，故創垂之局大而小用之，而不必有以侈其事；且君子尺寸自守者也，縱横之所志，其黜之矣，家世有天命自度之念，日懼一日而恐其不終，欲以憂勤惕勵之身驟用非常，又有以知君子不爲也，故創垂之役變而常用之，而終無以疵其心。然則君子創業垂統抑何也？亦惟求可繼而已矣。繼與不繼，君子不敢必，而特盡我之所爲；繼與不繼，君子終不敢知，而要無害我之所爲。可繼者，淺事也，君子創垂之心且聽之矣，況乎成功而王者哉？由此言之，君子之爲善，固無所爲而爲者也。

原評：二句乃轉捩語，「創業垂統」即是上文「爲善」二字，不煩實講。「也」字語氣直走下文，若上四字過於張皇，通節俱呼應不靈矣。惟作者爲善斟酌。

評：領取虚神，中具沈雄豪宕之概，蓋由作家本領深厚。可知文若清薄寡味，雖審合題氣，終不耐觀。

雖有智慧 二句

陳際泰

勢之當乘，時人其知之矣。夫智慧，則英分多矣，宜無所不可，而要不能不自詘於勢之無可乘。勢之爲天下重如此哉！且人恃己之所長而擇其尤，曰吾獨不得一智慧之士置之心腹耳，吾獨不得一智慧之性受之天分耳，何憂天下哉？審爾，必將謂即無一乘之田、一旅之衆，猶足以興起中野也，此何其不思之甚也！天下有勢焉，勢者，名一而變無算者也。或名分之居尊，或威權之在御，而又或幅員之尚廣與甲兵之尚强。如此者，我得之則可以制人，而人得之則可以制我；故智慧之士獨能觀天下勢之所居，即智慧之士亦未嘗不度天下勢之詘。有兩人於此，一爲智慧之人，一爲不智慧之人，其勝負之機不待智者而決矣，而事顧相反，此非智有敗事而愚有得道也，所乘之者異也，彼無尺寸之階，故拮据而不足，此有先業之據，故安枕而有餘也；即世有一人於此，先此智慧之人，後亦不過此能智能慧之人，其進取之技不獨一日而然矣，而成顧有時，此非必愚之於前而智之於後也，亦所乘之者異也，少年慮事精詳，而苦於無所憑，垂暮舉事鈍耄，而幸於有所藉也。是故但恃智慧而於勢一無可乘，苟真智慧者識於其幾，有以知其必不出也，跧伏而已耳，有此傑出之才，夫豈自量之不審，然政惟自量之審，並其所爲屈伸之際而亦審之矣，僅一智慧而遂自奮起乎？抑亦但恃智慧而於勢一無所乘，苟復有一智慧者觀於其旁，有以知其無能爲也，避去而已耳，有此尤妙之器，夫豈擇主之不宜，然政惟擇主之宜，並其所爲時務之識而亦擇之矣，止見其智慧而遂謂真英豪乎？蓋勢者，非能使智者用、不智者不用也。智者用之，而所乘之材厚，固易以成功；愚者用之，而所乘之材薄，亦足以救敗。故知不如勢，其事易見也。夫勢所係若此其重，即時人猶能言之；而顧欲違勢以自立者，亦獨何哉？

評：出入史迹，口探手畫，莫不了了。跌宕自豪，無人與角。四子之書，於古今事物之理無所不包，皆散在六經、諸子及後世之史册。明者流觀博覽，能以一心攝而取之，每遇一題即以發明印證。誦其文者，不可玩其波委而迷於淵源也。

不得於心　不可

金　聲

學貴反求，姑就時人所論而衡其可不可也。夫「不得」則一概「勿求」，勿求於氣，猶曰氣也，乃至勿求於心哉？今夫惟大勇能不動心，而原其心之所由不動，則亦研求之功也。求之之道無所不至，特源流之辨，或不容倒置；而冥守之功，則中距更謬。如告子所爲不以言役心，不以心逐氣，亦可謂不動心乎？夫求得舍失，必應之機，則當其不得，總未有可頑然置弗求者也。名理散見於文章，則邪説之顛倒與聖賢之奥義，精求之，皆浚發靈明之時；道義既淹貫乎心胸，則沛然盛大之氣有流行不禦之機，直達之，盡暢快人心之事。而所謂「不得於心」，是從前粗疏之病，正於此處受驗也，試默觀其氣之行，當大有頽然不振者，事心至此，安能無求，而求於氣，則亦舛耳。君子曰「勿求於氣」，恐其以精進之力漫置之無用之地而忘其本也；告子曰「勿求於氣」，亦以爲静專之神稍加以維護之功而傷其中也。其「勿求」非，而其所謂「勿求於氣」者，則猶可解焉。乃若「不得於言」，是異日謬戾之端，實從此處伏根也，試自反其心之安，當精詳於暇豫者，事心至此，正宜有求，而勿求於心，則何爲乎？君子曰「求於心」，正爲疑惑之情原從心起，必爲之推究其義，初非擾擾於外也；告子曰「勿求於心」，則將謂寂然之體恐以求攖，不知其不得之際，惶惑不寧者果誰人之心也。「不得」業已動心，而復「勿求於心」，其何以解矣？蓋學問不可以無求，即當其不得於心，還應自忖之方寸，而況其不得於言之際；學問要歸於自得，則方其不得於言，早能自開其蒙蔽，亦必無不得於心之舉。是則告子之「不動心」尚可參也。

原評：最是「可」字説得妙。

評：洞悉精微，措語極見分寸。「不可」早是斷定，「可」處尚有下邊許多議論在，一字説煞不得，看其不輕不重，恰合位分。

何謂知言　一節

方以智

知言者知其害，所以有功於聖人也。夫害始於心，及於政事，如此而人不知焉。使人皆知其害，而聖人之道著矣。且聖人以言傳天下後世，而亂天下後世者即以言。聖人之言所以爲教，而彼亦自成其教；聖人之言所以爲治，而彼亦曰可以治。不知之，而其害豈小哉！此孟子所以獨任知言也。其答公孫丑曰：言之亂也非一矣，而害之起也甚隱矣。道德之意，自彼稱之而其指更深，故令聽者皆可悦焉；名義之重，自彼舉之而其法更詳，故令從者易爲效焉。有所爲詖辭者，偏出而持之有故，吾知其心之蔽而有不見也；有所爲淫辭者，放言而若不可窮，吾知其心之陷而不可救也。至於顯畔乎道者，則爲邪辭，不知其非而妄逞焉，其離可知也；至於自失所據者，則爲遁辭，巧以相避而更端焉，其窮可知也。則甚矣夫自壞其心以壞人心也，而人猶不知其害之生也；甚矣其大壞人心以壞及政事也，而人猶不知其害之發也。一時皆喜爲新論，而將來遂傳爲異書，一人倡而百家並起，其心亡，其發不覺也；學士多驚慕以爲美談，國家動尊信以爲要術，大綱失而凡事皆謬，其害甚，其言愈熾也。甚或明知其有害而附和之，且駕言聖人爲不足道焉，吾恐天下後世有敢以邪説爲經者矣；甚且明知其非聖而好尚之，又借言聖人本與之同焉，吾恐天下後世有群以異端爲師者矣。斯時亦安得聖人復起而與吾言乎？吾言豈可易乎？能好能惡，今日必當誅其心；而大是大非，後代必有重吾言者。

評：括盡周末秦漢以後法家異學之害，不失一意，不贅一詞，亦有關世教之文。

學不厭智也

陳際泰

歸學於智，而不厭之途難矣。夫學而不厭而智深矣，不知智已在不厭之先，然則不厭之從來者遠也。且天下之事有相待而長者，學與智也。待學而長者智，緣耳目而有者也；學待之而長者智，緣心體而有者也。著之耳目者，智以學爲量；而著之心體者，學又以智爲量。故學之厭與不厭，而人智之多寡與天智之多寡必可知也。夫智者聖人之始事也，然智者聖人之盛才也。夫子辭聖，豈不欲辭智？不知夫子未嘗以智自命，乃不能不以學不厭自居。夫「不厭」而學，所涉之事多矣，此皆世人所煩苦之事，而彼不厭者必未嘗以爲煩苦也，今有學人於此，初亦勤厲、久而衰止者，非無志也，才識已庸，人一日而循覽者彼百日而猶眊然，故愚者易厭，智者不厭，智者施功極易，故閒於力而安之，彼所學之多，猶世所學之少矣；抑「不厭」而學，所歷之迹又長矣，此亦世人所淡泊之端，而彼不厭者必未嘗以爲淡泊也，今有學人於此，初亦浮慕、久而棄去者，非爲善不卒也，天趣不深，人味之而彌旨者彼味之而竟索然，故不厭於世事爲愚，不厭於道德爲智，智者見事極精，故擇其勝而據之，彼篤嗜於學而不知其日之長，猶世人篤嗜於物而不知其日之長矣。是以學不厭之一端，一彼一此之名也，夫子有此矣，人或亦有此矣，此夫子所爲託之以自混也，而終不能自更於其素，夫子之素爲智矣，託於所下，適見其上，故夫子之學不厭，異乎人之學不厭也；學不厭之爲智，亦一彼一此之名也，人之不厭有以智終者矣，夫子之不厭亦必以智終者矣，此夫子所爲退然以求智自命也，而不知別可相尊於其原，夫子之原已智矣，以末相益，而以本相先，夫子以智學，非如人之以學智也。故有不厭而夫子之學得矣，抑有不厭而夫子之智亦得矣。

原評：可謂清思窈窈，轉筆處每微覺艱澀，應是方在脱换時也。凡爲文，最苦此關難過。

評：原評所指，乃學者尤宜用心處。蓋不至陳言務去之候，亦不得有此艱澀也。求免於此而務爲淺易膚平，則終身無以自拔於俗徑矣。

得百里之地而君之　皆不爲也

黄淳耀

三聖有王天下之德，惟不以天下動其心也。蓋不有天下者其時也，能有天下者其道也，而不忍偷取天下者其心也。大賢之知聖如此。今夫一聖人出，而天下之豪傑皆廢，智無所用其謀，勇無所施其力，而聖人傑然立於萬物之上，此其中亦必有所恃者矣。乃道足於已而不遇，或遇矣而不王，説者遂以不王之人爲不如王，而又以不遇之人爲不如不王也。則何貴於通識哉？

今夫商末之大勢，不歸於武，必歸於夷；夏季之遺燼，不收於湯，必收於尹；及周之衰，上有桀紂，下無湯武，則宜王者斷歸孔子矣。然而夷、尹不王，孔子不遇，則何也？湯有百里之景亳，尹無有也；武有百里之西雍，夷無有也；淮泗小侯擁百里之國者十數，孔子無有也。設也得百里之地而君之乎？百里甚小，君百里甚難，聖人撫甚小之國，席甚難之勢，氣盛則規模偉，心精則事業弘，手不煩麾，色不煩動，制諸侯如子孫，運天下如臂指。事有固然，無足怪者。雖然，古者得天下以道，而其次則有以德者矣，又其次則有以功者矣，及其變也有出於詐與力者矣。夫論其得天下之事，則萬有不同；而不論其得天下之本，則雖詐力之雄亦得與聖人皆稱天子。故夫朝諸侯、有天下，猶未足以觀聖人也。蓋聖人之得天下，必本仁也，必輔義也；而聖人之爲仁義，充之至也，達之力也。天下有日行不義、日殺不辜而自以爲取天下之速；又有少行不義、少殺不辜而即以爲謀天下之迂。聖人曰一事謬而可以傷天地之心，一夫冤而可以盡民物之氣。吾在野則以出處争之，吾在朝則以去就争之，吾有國則以國之存亡争之而已。嗚呼，此其氣何如，此其心何如者耶？吾觀孔子攝政三月，强國歸其侵地，則知得百里之地而君之，能以朝諸侯、有天下，若阿衡之革易乎兩朝，大老之重輕乎天下，風烈尚矣，又知其皆能以朝諸侯、有天下也；抑孔子接淅去國，微罪無所復留，則知行一不義、殺一不辜而得天下，有所不爲，若桐宮之不狎於嗣王，牧野之明心於共主，神明定矣，又知其皆有所不爲也。

評：順題直疏，間架老闊。時文乃代聖賢之言，非研經究史，則議論無根據；非有忠孝仁義之至性，雖依仿儒先之言而不足以感發人心。學者讀金、黄二家之文，可以惕然而内省矣。

聖人之於民亦類也

章世純

人之中有聖，而固以其類貴矣。夫物類中莫不有其至者，人於何不然？此聖人所以稱也。且造物之生不爲一概，苟所生之類而即齊姿等質，不相多也，則造物固亦滯而無變者耳。故參差之産，陰陽所以示神奇也，而皆在其類中。向以爲不獨民也，物亦有之，則麒麟等之於物類中是也；今亦以爲不獨物也，人亦有之，則聖人之於民類中是也。故自其存諸身者言之，耳擅天下之聰，目擅天下之明，幾不與天下以可測之端矣，於是乎世共駭之，駭之則非以其本異也，固以其本同也，夫非與民共是耳目者哉？自其加諸世者言之，道足以爲物先，德足以立人極，幾不與天下以可至之階矣，於是乎世甚駭之，駭之則非以其全異也，固以其全同也，夫非與民共是運動也乎哉？惟其與民同是耳目也，同是運動也，而後聖人得以其聰明特聞，以其道德特聞，是不類從類，而後有其稱，聖人於是乎爲天下所尊也；惟其與民異聰明也，與民異道德也，而後天下指之曰此其耳目與吾同，此其運動與吾同，是類又因不類，而後有其説，聖人於是乎爲天下所援也。蓋至是而天下始有爲之説者矣。曰彼之異我，則我之異彼，彼異此異，相與爲類，則與彼無以異矣。夫使天下求端以論其同也，其不同不反明也哉？故凡民之有功於聖也，爲其以地形之；聖人有功於凡民也，爲其以類借之。

評：凡文之辨難轉换，有一字不清澈，雖有好意，亦令人覽之欲卧矣。此文當玩其有轉無竭、愈轉愈透處。

柳下惠不恭

金　聲

以「不恭」成聖者，不必爲聖人諱也。夫惠豈真有玩弄一世之心哉？孟子逆想其意象，而直斷之以「不恭」也，此其際微矣。若曰：鄙寬薄敦，聞柳下惠之風而興起者也。惟聞其風，則見爲寬敦，此寬敦中反有令人大難堪者，而惠不知也，以故天下亦莫之知也。夫令夷、惠並生斯世，畏夷而悦惠者多矣，然有識者受夷之望望去，不願受惠之由由偕也。不垢之身，或折服途人之惡憎；而桀傲之氣，甚不肯蒙聖賢之慢易。惠之於世，殆不恭者也。人與人畦畛立而後不相就，世風如是矣，吾何必北海之濱，吾將一體萬物焉，今有父母而輕忍去其子者乎，惠之不忍輕去，猶是也，依依之情，宛與無知之嬰孩共出入而無心，相視其毋太輕與？人與人情知構而後能相浼，此身無侶矣，吾不能效采薇者之猶有兩人，吾聊寄迹異類焉，今有人與異類處而不相忘者乎，惠之能忘，猶是也，曠蕩之懷，如共無情之鹿豕入其群而不亂，目中尚有斯人與？使惠直語人曰「爾爾我我，爾焉能浼我哉」聞者當作何景象也？使從旁諭當日之人曰「援止即止，是亦不屑去已」，其人當以惠爲褻己、爲重己也？惠其矯夷之隘而失之者耶，有收羅一世之心，而未化籠蓋一世之氣；惠其矯夷之隘而遂適以近隘者耶，無一人不囿其範圍，正無一人足入其一盼。嗟乎！惠非此不恭，則莊嚴以持之，中正以節之，大成之聖所謂斯人無不與同群者，此也，惠徒區區一惠？然惠非此不恭，則俯仰以就人，栗栗然以逢世，無非刺之鄉愿所謂同流合汙者，亦此也，惠猶得以成其聖也哉？

自記：一肚皮輕薄，如何説得聖人？如此才説得有些身分。若今世所説「不恭」，何待君子始不由耶？

評：説得有身分，却又將聖之偏處認作聖人之能事矣。其清迥之思，妍婉之韻，足使人咨誦不釋。

前日於齊 一章

陳際泰

饋大賢者，計有處大賢者而後可也。夫大賢誠不絕物，而要未可數矣。齊未有所以處孟子者，奈何等於宋、薛而受之？且有處而受所饋，非正法也。有處而受所饋，則人將飾辭以進曰「聞先生如此也，而某如此也」。如是而人得以行其相張之意，其以貨取者猶故也；而已且假其名以妄受，並所處亦取貨之術矣。是彼此交相賊以成此舉也，然而孟子以是斷齊、宋、薛三國之受不受，何也？有處者，待人之法止於如是也，心難盡謝，君子不窮之以絕物之交，吾立一法焉，苟其能如是，則亦以爲於人可安焉而已矣；有處者，即自守之法止於如是也，操忌太奇，君子不厲之以隘己之度，吾持一程焉，苟其不越是，則亦以爲於己可潔焉而已矣。且不獨此也，有處無處，不決之人而決之己也。即如齊，無論其兼金之與金異也，無論其百鎰之與七十鎰、五十鎰異也。當孟子所處無戒心，齊詭爲宋之辭曰「聞戒」，孟子將受之乎？當孟子所處無遠行，齊詭爲薛之辭曰「聞將有遠行」，孟子將受之乎？計孟子必不受也。由此觀之，有處無處，在己不在人也。在己，則人之至於己者寡矣；在己，則己之受詭於人世者亦寡矣。如是而立恕法焉，內不必閡於己之操，外不必逆於人之心，蓋所詭者爭於心之誠與不誠，非爭於事之有與無有也。然則有處誠可受也，受之是也；然則無處誠可辭也，辭之亦是也。夫有處而可詭，齊非不能一藉其辭也；夫惟有處，萬萬不可詭，齊所以不能自護其迹也。雖然，貨取之途多矣，決諸己，己之可藉以入者亦多矣。以他辭餽之，以其有他辭受之，貨如故也，取如故也。曰君子不明人以端，苟如是，在彼以爲取，我以爲弗取而已矣。

原評：其雄辯得之蘇文，占得地步高，能到前人所不到處。

評：「予有遠行」「予有戒心」，則「有處」「無處」，本是就自己説。文故迷離其緒，遂使閲者如探奇勝，處處耳目一新。及凝神静思，猶是題中人人共曉意耳。可知文章固以義理爲上，而言之文與不文，所關亦非輕也。

孟子之平陸 一章

黄淳耀

齊之君臣皆失職，而大賢尤罪其君焉。夫距心何罪，皆齊王之罪耳。王亦如距心之以空言任罪也，豈所望乎？且國家所與共拊循其民者，莫切於有司。有司之功罪不明，則人主無與爲治。顧通國之有司皆良，而罪在一二人，則其罪重矣；通國之有司皆不肖，而偶欲罪一二人，則其罪輕矣。蓋罪可明，而所以得罪之故不可明也。田齊之先，有賞一大夫、烹一大夫而國大治者，彼其君實能以富民爲心，故其臣亦願以殃民受罪。而宣之世變矣。廉潔者人之性也，不期而皆化爲貪，彼知廉之見惡於時也；勤敏者吏之職也，不期而皆化爲惰，彼知勤之無益於國也。此猶以失律之將御失伍之卒，不更相譙訶即幸矣，而欲舍其上而詰其下，則至死不服。故雖孟子不能責距心也。雖然，以距心爲竟無罪乎？此又不可。彼其耳目口體之養取之於民也，如取之於其家；而其視吾民之顛踣騰籍也，如視秦越之人肥瘠。即或愁居惕處，仰屋而竊歎，卒無決去就以争之者。未幾而報政者稱殷阜，即是人也；未幾而考績者書循良，即是人也。嗟乎！司牧之謂何，而民曾不得比於牛羊？言至此，距心之罪服矣；距心之罪服，而其晏然於距心之上者，亦可以距心之罪罪之矣。今夫百姓患暴露，非財不可以立屋廬，而王必不使爲都者有餘財；百姓苦饑羸，非粟不可以贍朝夕，而王必不使爲都者有餘粟。以一都言之，所見如此，所聞如此，其餘可知也；以一距心言之，蒿目而已，撫心而已，其餘又可知也。王之國是，其日非矣乎？乃王於此，亦若處不得爲之地，操無如何之心者，曰「此寡人之罪」而已。嗚呼！王即不言有罪，孟子豈不知與？王即終日罪己，齊之民豈有救與？王有罪，距心又有罪，而王與距心之政皆如故也，豈轉死之民亦有罪與？無惑乎生齒之數日耗於一日，危亡之憂歲深於一歲也。

評：實情實事，皆作者所目擊，宜其言之痛切也。自趙夢白借題以摹鄙夫之情狀，啓禎諸家效之。一時門户及吏治民情皆可證驗，足使觀者矜奮。其但結文之局陣，而使題之節目曲折由我，不復尋先正老法，則自隆萬已然，不可復以相訾議也。

有官守者 四句

陳際泰

道有不得不去者，必其無辭於世者也。夫道非可一概也，不得於世而遂去之，此是有守責者之事耳。且國家之建設與王者之繩治，各有深意。一事而人人並守之，其勢必至於無守；一言而人人並責之，其勢必至於不可責。故擇人而授之，非獨居才也，乃人譏我之不能自去耶？夫去，蓋亦有道矣。先王設庶官而使之守，即並不得其職，不得復爲尸素之事而守之。故有官守者，得於其職而天下治，即有官守者不得於其職而遂去之，而天下亦治。何者？官署先自治也。夫予我以職而肘掣之，使不得歸其治辨之分，此其有辭者也。乃志願亦達而掾署自居，則其不守者又不獨在官矣。是而不去，焉得而不去乎？先王設言官而責之言，即並不得其言，不得復爲畫諾之事而責之。故有言責者，得於其言而朝廷清，即有言責者不得於其言而必去之，而朝廷亦清。何者？言路固未嘗不自清也。蓋責我以言而禁止之，使不得伸其諍擊之威，此其亦有辭者也。乃一鳴久寂而清華自貪，則其可責者，又不獨在不言矣。此而不去，又焉得而不去乎？朝廷有律令之嚴，而終亦局於臣子之例，有官守與言責而後責之，夫責之以去，臣分全，而主心亦儆，其立義至深，固非泛而相衡者耳；古人有廉恥之厲，而終必要於道義之安，有官守與言責而後持之，夫自責以去，上可明君父以士之不屈，而下可以謝友生以學之無虧，其用意自别，固非妄而謬施者耳。然則士之去固有道也。無官守言責而亦去之，即何以概爲人臣者之分也哉？

評：「有」字、「則」字披剥清透，本位無義不搜，對面神理自然躍露矣。設色極淡，神味正自雋永。

夫世禄　三節　羅炌

滕有宜並行者，可考古而遞舉焉。夫「助」之法通於周，滕能與「世禄」並行，雖監三代以設「學」，可也。今夫國有與立，一代爲國之法是矣。而迨其後陵夷衰微，因廢相半，猶足增人復古之思，則以舊章具存，前事悉效，而苟且相仍之説不可用於後世也。滕今者疆理就湮，學校具廢，而忽言授田、建學之舊以比迹於殷周，鮮不以爲迂而難行者，而以吾論滕，亦不可謂不能法古之國也。凡滕所宜行，就周所嘗行者而取則焉，則在今日非無稽也；凡滕所未嘗行，就周之先所通行者而參考焉，則在昔者非無驗也。且是「助」與「世禄」豈判然爲二者，而顧令租税之家，坐享黍與稷翼之盛；蕪蔹之農，不實沾雲萋雨祁之潤。君子讀詩至大田之三章，蓋不勝傷今而思古焉。曰是周詩也而詠公田，明乎維殷行「助」，維周因之；不得謂「徹田爲糧」，周祗修先公之制而不用前代之法也。而當其時，適畝而食力，君知小人之依；祈年以奉公，民惠大君之德。固已與私利之習相遠，與親遜之風漸近矣。然自三代以來，亦未有學宫不飾、師儒不崇而可以致治者也。由周而觀，靈臺辟廱，文王之學也；鎬京辟廱，武王之學也。而其義旁通於鄉庠，錯見於校序，具備於夏殷。周凡以教立斯倫明，倫明斯民親。而維兹小民，即非力田急公之農夫乎？農恒爲農，則挾槍刈鎒鎛而從父兄之教；士出於農，則修孝弟忠信而充俊造之選。居今日而言法古，滕宜以「助」爲先云。而自是詔禄之典俱於是焉準矣，詩曰「倬彼甫田，歲取十千」，言卿大夫之禄入必皆取諸田也；並設教之義俱於是焉昉矣，詩曰「攸介攸止，烝我髦士」，此言秀民之能爲士者必有賴於農也。固不獨大田一詩足以證周之行「助」也。

評：綰結有法，波瀾亦佳。而以視黄藴生之大氣鼓鑄、自然凝合，陳臥子之古光流溢、不假設色者，不可同年語矣，況金、陳之神化乎？存此以著文章之等差。

詩云雨我公田 一節

陳子龍

周田之用「助」，誦於詩而可見也。夫「徹」者，通於助之中耳。然既有公田，雖謂之「助」可也。大田之詩不足觀乎？孟子謂夫一代規模，多取法於近世；先王遺制，常散見於詩書。是以有爲之君志復先烈者，蓋嘗網羅舊聞，訪問故老，苟有幾微之合者，未嘗不用心焉，而況乎其有明徵者乎？今夫井田、世禄，相爲表裏。然世禄不廢而井田廢者，世禄者臣下之所利，而井田者百姓之所利。百姓之所利者，利其徹之徹也，而實利其助之徹也；以助爲徹之所利者，利其有私田也，而亦利其有公田也。然而法度既衰也，謀利之人必有厭其徒有「徹」之名而實無「助」之實，故欲去「徹」者必先去其「助」，去其「助」而民不得引「徹」以自便，則我可以盡取之矣；又必厭其既有公田之名則不得大斂私田之入，故欲征私田者必先去公田，去其公而皆縱民所自私，則我可以擅賦之矣。然而版籍可亡，大田之詩不可去也；公田可廢，公田之名至今傳也。我想其時，天子知稼穡之艱難，而群公卿士嘗親至於畎畝；小民知事上之恭敬，而婦子耆老咸致頌乎曾孫。於是風雨順時，公私交暢；上無專利，下無競私。所云「雨我公田，遂及我私」者是也。夫公田之事，今不可得而見矣，然從其始而論之，可謂非「助」法之所有乎？周家既不能守其徹，又何能守其助矣。然由是詩而觀之，可不謂周家之猶助乎？蓋徹與助名異而實同，但助者觀公私於耕耘之日，而徹者通公私於收穫之時，故助不能兼徹，而徹則已兼助也；徹與助小異而大同，但商則合八家之私奉中央之公而其義尊，周則屈中央之公從八家之私而其事親，是商已開徹之先，而周益精助之意也。助之分也，公者自公，私者自私，所以立其限；助之合也，私者爲私，公者爲公，所以通其情。周之盛也，神明代興，蓋多創制之事矣，而於此無所大更者，豈非知其法之可以久而無弊乎？

評：辨析「公」「私」原委，「助」「徹」同條共貫處，如指諸掌。循次按節，紆餘委蛇，稿中極周密之文。

人倫明於上 二句（其二）

陳際泰

人君欲得小民之親，事不起於下也。夫民之不親，非民之咎，由於人倫之未明也。人主誠有以明之，即何憂於小民乎？且夫人主蟠結之勢，不在大人君子而在小民；然人主開悟之難，亦不在大人君子而在小民。蓋衆之所在，王者畏焉；氓之所居，王者憫焉。畏與憫合，可以觀人主之所盡矣。夫小民不親，其患豈止於小民哉？然彼之不親，勢不得咎諸小民之不靖；即欲反是而使不親者轉而爲親，勢又不得責諸小民之自興。今既設爲庠序學校，如是矣，如是而人倫不既明乎？如是而小民不既親乎？夫小民之不親有故，混沌樸鄙，溺於並倨之習而不明人之有倫也。過昵而狎起，過狎而詬誶之事亦生，此過親以致不親之所由也，先王知之，故教之以辨。尊卑長幼之分秩然，有恩以相愛，有文以相接，夫亦可以雍雍而成俗矣。拜跪坐立之間，不至如向日之昵，而自可不至於犯。然小民之不親又有故，拘牽文俗，守於行習之常而不明人倫之所自來也。蹈常而事習，蹈常而僞首之見亦參，此徒以爲親、不知所緣以親之所由也，先王知之，故爲揭其故。骨肉天屬之因炳然，既知萬物之所成，又知萬物之所生，夫亦可以油油而自思矣。合食綴姓之際，不至視如向日之常，而何緣復因之爲僞。先王知乎勢之如此也，然而不得以其風厲之權使下得而自操，於是學校之設歸之上而責之使興，使小民因農工告成之後，養老飲酒，以流示之，故其民不至於甚無知，而禮義之心，各有所守也，此先王親民之大方也；先王知乎教之如此其至也，然而不能必其瞽宗之事使下斷然不畔，於是躬行之理復歸於上而責其爲倡，使小民見天子至貴之身，世子問安，自黽勉焉，故其民不以爲徒有其理，而實行之事，彼固不欺也，此又親民之大方也。然則小民之不親，未足大虞也；即致小民之親，非有他術也。人主亦慎所爲明人倫者而已。

評：先王教化本原，實能探其本而得其精義之所存，故信口直達，無絲毫經營搜索之意。制藝到此，可謂閎其中而肆其外矣。

人倫明於上 二句（其二）

陳際泰

民不難於親，當得其親之者焉。夫小民不親，人主若置之而自爲其明人倫之事，非真置之也。且人主之治天下，以善風俗爲務，使俗流失而世敗壞，其端始於親，而其流遂上及於君父，故小民之不親，君子誠懼其卒也。且小民之不親，固不得上委其權於天，下委其事於民也。夫民原有親親之性，所受於天也，豈容頓失而不可以感；然民即有親親之性，或蔽於物也，豈能自興而無待於上？人主知之，故有化成之道焉，爲之春誦夏弦以優游之，爲之拜學齒師以流示之，而人倫之式昭於上之教督，則所爲狃於民之耳目者甚習，而開於民之心志者甚詳；抑人主知之，故有心得之理焉，爲之世子之法、家人之慈以端其本，爲之父事天明、母事地察以達其教，而人倫之實揭於上之躬親，則所爲入於民之意念者甚深，而動於民之服從者甚信。夫上之明民也如是，則民固有則而象之者矣，人各親其親，是使獨也，有親而不能事，見謂悖德，事親而猶他人，見謂悖禮，而孝友任恤之情生；且上之明民也如是，則民又有醲而成風者矣，人互相與爲親，是使同也，豆觴之間讓而受，惡民不犯齒，几席之間讓而受，下民不犯尊，而群居和壹之理著。向也小民何以不能使親者親，而今也小民何以能使疏者親也？向也不親而今也親，則向也不明而今也明耳。夫小民親而後禮樂教化之事興，小民親而後君父蟠結之勢固。故小人之親，人主尸祝而求焉。而明者在上，親者遂在下，所謂不離乎己而在彼者也。

評：即首篇後二股之義而申言之。閎達豪邁之氣，一變而峻潔嚴謹。惟其根本深厚，故投之所向，無不如志。

詩云周雖舊邦 四句

陳際泰

舊不足以限人，其事已在前矣。夫爲王者師，固不如自王也。不敢以新命自當，豈嫌其爲舊邦乎？而不知文王被之矣。且動物者，當歆以效之所尊；而論事者，當竭以理之所有。效不旺而衰之則敗情，理可進而止之則傷實。即如恒産制矣，學校設矣，此王事之成也，而曰是爲王者師，夫不能自王，乃能使人師其王乎？此亦效之甚小而理之未盡者也。吾嘗更思其事際之所居，而知其不止是矣。雖然，事無徵而不信，尋常瘠貧之國未必勃而興也，無其已往者以實之，則言可疑而説將無以自據；迹既遠而難憑，古初荒忽之時不可放而原也，無其未久者以接之，則事並可疑而氣將無以自厲。不觀詩乎？不觀詩之詠文王乎？詩曰「周雖舊邦，其命維新」，使舊邦不可王，文王竟不王矣；使舊邦之王偶見於上世而不復驗於近代，文王亦竟不王矣。而固不然也。吾因而知人事之足憑也，吾因而知往事之不足限也。天下隆替之迹，亦由前人，亦由後人，使一一憑藉乎先資而後足以集事，則後起無權矣，吾蓋讀詩而慨然有感也，以爲不爲祖所限者文王也；天下通復之機，天能制人，人亦能制天，使一一俯聽其自來而無所以默挽，則人事不著矣，吾蓋讀詩而悠然有會也，以爲不爲天所限者又文王也。而不獨此也，人主誠能有爲，將奕葉之共主喪其精爽，不得以故分臨之，何者？祖宗爲人臣者，其子孫非復人臣也，天之所興，人不得而抗矣，吾蓋讀詩而戚然動也，以爲不爲聖明之思自限者，又文王也；而不獨此也，人主誠能有爲，將掀天之大勳可以指期，不得以目前格之，何者？外之所仍者可見，中之所受者不可見也，天之所陰，意不得而量矣，吾蓋讀詩而恍然窺也，以爲不爲岐陽之小自限者，又文王也。然則文王能王之效，於詩可觀也；然則行王政而可王之效，於文王可觀也。夫疑不足王者，惑於弱小不自振之説也，不知寖昌之運，皆因漸致而名，人爲崛起之品，雖愈微可也，謂極弱難支，彼怙冒西土者，何以當遷徙之餘而獨振乎？抑疑不足王者，惑於一姓不再興之説也，不知中興之號，多因故迹而生，身有幹蠱之材，雖末葉可也，謂大福不再，彼三分有二者，何以承邰豳之委而克興乎？然後知小勢不足自阻，當鑒乎周之舊邦；小功不足自多，當圖乎周之新命。文王固滕之先也，行仁政而王，其事已在前矣。文王不以舊邦而貶王，公獨疑以舊邦而貶王乎？爲王者師，其説臣請更之。

原評：全從「文王之謂也」領取神氣，一唱三歎，處處逼動「子力行之」。一灣一注，皆有關鎖之妙。

評：凡引詩引書體，發揮本句，須處處不脱引證神理，故存此爲式。文太繁委，非稿中傑特之作。

卿以下　二節

金　聲

國家之待君子、野人，有餘澤焉。夫圭田與餘夫之田，皆於常制之外厚之者也，然而不可少也。且夫經界者，先王之仁政。其分田制禄，必使暴君汙吏不敢慢者，正所以俾宣力效忠之臣與日用飲食之民得沐國家無已之恩耳。夫國家誠恭以禮下，則當其身有養廉之具，於其後又有世食之典矣，子孫藉先人之功德，得久叨朝廷之惠，而復以食先人者祀先人，亦無以彰聖明報士之盛典也，蓋自卿以下則皆有圭田焉；國家誠勤於民事，則於其身耕鑿嬉游不乏，於其家又仰事俯育無憂矣，少者荷壯者之力養，得優游於丱髫之年，而長以成人分有限之粟，亦非以爲窮民寬然有餘之地也，蓋餘夫則更有餘夫之田焉。有定之制本以百畝爲程，則法外之恩不可遂以亂法中之界，使奇零參差而不能計也，故由百畝而中分之，則有五十畝，隨由五十畝而中分之，則有二十五畝，量而授焉，不容增減，而經界中之經界可復區畫而不紊；經國之體亦有上下之分，則君子之特典不可遂與小人爲例，使勞心勞力之淪於無等也，故卿大夫享祭之具，則反豐以五十畝，百姓飽暖之資，則反嗇以二十五畝，賤者之生，不敵貴者之死，而仁政中之裁制可以等别而無憾。先王井地之法大抵如是，惟行之耳。

評：遡其緣起，明其分義，詳其法制，極其權衡。典制題之正則。

鄉田同井 五句

陳際泰

井田之設，先王所以導民於善也。夫井田既定，則民不得以畔其族、以私其利而委其害，先王之所謂「教、養兼之」也歟？蓋王道之至於民也，其粗本於力田，而其精及於孝弟廉恥之際。今之所謂德行忠信、緩急可恃之人者，皆昔之所謂農夫也。農夫者即田野椎魯之人也，其質近於敦厚，其氣兼於勁勇，是故易與爲善而不可與爲亂。先王因民之自用，而教有所以寄之。夫民之自喜也，原於相愛；而民之相愛也，原於相近。相近則仁生焉，欲委其害而心有所不忍；相近則義生焉，欲私其利則意有所不敢。井田者，先王所以令民之相近也。生長於斯，彙族於斯，長幼雜作以忘其勞，親戚聚處以歡其心。此民之所私而亦先王之所私也，何也？民情非素習熟之人，則已相隔而不親；凡人苟無顧忌之志，必不舍樂而犯苦。先王制爲井田之利，而教陰以移之。居則爲鄰，出則爲伍井之夫也，田廬在内，溝洫在外，井之固也；安存同福，危亡同憂，井之義也。是故安居樂業，絶游閒也；革車長轂，足軍實也；奉生送死，通民情也；養老息幼，成禮俗也。夫然而孝弟可得而覩矣，夫然而和順可得而布也。然則在家無争奪之事，而在國無奸僞之風；平居則樂與爲善，而有急則皆可恃之人。是蓋井田之善也，然又設爲諸侯卿大夫，世其土、子其人，亦即同井之意也夫？

原評：其峭快出老泉，其遒厚出子固。

評：詞語義意亦本管子及小蘇文。然非湛深經術，不能語舉其要；非文律深老，不能施之曲得其宜。以古文爲時文，惟此種足以當之。

當堯之時　二節

金　聲

帝王不暇耕，詳其時事而可知也。夫堯共諸人以治天下，大都皆有八年之造於平水之前，有無已之心於得食之後者也，亦將責以並耕與？今夫有治人之功，則有食於人之報，通義固然。在聖人且並未念此也，經營宇宙，身心並瘁，耒耜之業豈特分非宜，勢亦無暇耳。君子觀於堯之時，而舜禹稷契諸人共承堯命，以成此大烈，不覺穆然神游其際，何必遠追神農也。夫唐虞之際，洪水即氾濫，堯爲天子，豈少此數十畝之地未遭浸没，與二三知己襏襫耘耨其間乎？厲哉，猶令上巢下窟、不自聊生之民，上供天子宰相之一飽也。而堯何弗之念？堯寔憂之也。堯憂而分之舜，舜分之益禹，益開其先而禹繼其後。八年於外，三過不入，而聖人雖有可耕之田，不敢不廢，但泰然坐飽荒年之穀也。嗟乎，若以許行處此，恐其落吾業而徵諸民，則五穀人類之天下，聽爲草木禽獸之天下，何暇爲之焚林驅獸？何暇爲之九河、濟漯、汝漢、淮泗各分江漢之歸也？而萬世之人且魚鱉於神農氏之手，豈非大厲也哉？或以洪水之時，五穀既不登，堯爲聖人，亦重念天下之苦至無田可耕，何得遂據沃壤優游自食其中乎？幸哉，得值地平天成、利用厚生之日，方與天下共此春耕秋斂之勞也。而堯何弗之身親，猶皇皇深憂也。既命稷教民稼，復命契爲司徒，五穀之後復有五倫。父子君臣兄弟夫婦朋友，關係聖人，而聖人雖有知稼之臣，未嘗與從事田畝，且長久玉食萬方也。嗟乎，若以許行處此，饔飧而不知其他，則飽食暖衣之人，聽爲逸居無教之人，何暇爲之立親義信序別？何暇爲之勞來匡直、輔翼自得而且振德也？而使萬世之人盡禽獸於神農氏之教，豈可謂聞道之賢君也哉？

原評：或曰「長槍大劍」，其實細針密縷。

評：「堯獨憂之」「聖人有憂之」，「雖欲耕，得乎」「而暇耕乎」，本是題中天然對局。文照此作對，運化無迹。筆力驅駕，可以騰天躍淵。

樹藝五穀 二句

陳子龍

任土以植嘉穀，而天下有養矣。夫五穀備而土宜盡矣，人民由是育焉，非王者之首急者乎？且四民莫衆於農，而八政莫急於食，蓋帝王所以聚人守位、養成群生之本也。況大難始夷，民有去害之樂而無求利之能，不爲之計長久，則雖太平無事，而其民不可一日以事其上。若后稷之教民稼穡是已。横流之日，民以力飽，故陵居則射麋鹿，濕居則漁魚鱉，此與禽獸相角耳，食植物以淡其欲，人之常道也；成平之初，上有大奉，故海物適於嘉旨，橘柚承於籩豆，此惟方土所貢耳，治厥壤而饗其利，民之正職也。於是棄也事由帝命，既天貽以來牟；官以稷名，本性勤於樹藝。爰分五穀之宜以盡三農之用，蓋時氣和正，而水旱不能必之於天，故多其醜類，或捷收於春夏，或緩成於秋冬，則一時雖遇災傷，而無終年薦饑之患；水泉疏衍，而上下不能反之於地，故察其陰陽，雍冀授高燥之産，荆揚植卑濕之禾，則萬方各有宜便，而無賦斂偏重之憂。當是時也，神明所别，萬物各遂其生；志氣所開，百穀自成其歲。粒我烝民，何生不育，豈非萬世所永賴哉？且夫民之所以不育者，疾病夭札之患在其内，而憂困争奪之患在其外也。嘉禾之始，榮落同於草木，聖人辨其味之良正，以爲可以常食也而專治之，食物既定，則民無疵癘之災，後乃益之以雞豚、和之以酒醴，而養生之物終以此爲本；貢供之初，菽黍齊於珠磬，聖人識其用之周廣，以爲可以立制也而獨權之，制度以立，則民絶攘暴之凶，於是取之爲賦税，列之爲禄糈，而同然之嗜實準以爲平。至今内以養萬民，而外以衡百貨，故守其教者，黜胥商之籍而獎力田之科；幽以事鬼神，明以奉公上，故思其功者，遷烈山之子而崇思文之祀。是則茂矣渥矣，然而后稷非勤勤於百畝之間者也。

評：精義沓出，確是平成肇造時物性民情。既服其奇博，尤須知其精純處也。

孟子謂戴不勝曰 一章

黄淳耀

欲善其君者，非多得士不可也。蓋以善士與不善士較，則不善之勢常處勝，故爲戴不勝計者，得數居州焉則可矣。且大臣之輔其君與小臣不同，小臣可以進退争，而大臣不可以口舌與，故君有過，則必先治君側之人，而欲盡去君側之小人，莫若廣樹君側之正人。説在孟子之告戴不勝也。戴不勝者，宋之賢臣，嘗進善士薛居州於王所者也。君子曰：惜哉，其不講於正君之術明矣。古之賢君，當其爲世子之時而已近正士、聞正言，積漸久矣，故雖有小違，無難救也。今之人主，諭教既失於先時，聲色又親於臨政，此其視仁義禮樂若天性本無之物而重有所苦者。夫奪其所樂，進以所苦，而復取必於立談之間，雖伊周之佐不能。譬若言語之際，至微淺也；父子之間，至無已也。然而楚不可以易齊，傅不可以敵咻，一不可以制衆，故必陶染大國之風，持久而後勝之也。孰是人主而可取必於立談之間乎？束縛之，馳驟之，不得已而側席以從，而其爲不善之心則不啻瘖者之思語、游者之思歸也。昔者冲人在位，元宰負扆，自凝丞輔弼之間，以至綴衣虎賁之列，無一而非善士。故一言不善，則操筆而書之矣；一行不善，則抗世子之法而教之矣。此莊嶽數年之説也。若夫齊桓之爲主，管子之爲臣，其委心自信豈顧問哉？然而管子存則齊桓霸，管子亡則豎刁、易牙之徒相繼爲亂。甚矣！一傅之孤危，而衆咻之足畏也！子謂薛居州善士也，使之居於王所，居州則誠善士也，然宋王之姿下於齊桓，居州之才不如管子。吾意子必朝進一居州焉分其猷，暮進一居州焉補其闕，而子以身鎮壓其間，然後可以得志。乃今曰一居州耳，環視王側之人，其辯慧皆足以窒居州之口，其文深皆足以致居州之罪，一不幸而居州退，再不幸而居州戮矣。即戮與退其未必然者也，而鰓鰓然懷見圖之憂，則其所裨於君者幾何哉？嗚呼，若不勝者好善而未知所持，是向者楚大夫之所笑也。

評：反覆推勘，深切明著，可與漢唐名賢書疏並垂不朽，不僅爲制藝佳篇也。

段干木　非由之所知也

錢　禧

不見之義，稽古聖賢而得焉。蓋已甚聖人不爲，而善學聖人者皆嚴不見之義者也，述其事、聞其言，可以風矣。且士與臣之不同也，當其爲臣，則東西南北之役，惟君所命，而何有於一見？當其爲士，則禮義廉恥之身，惟士所主，而何敢輕於見？雖然，有異焉。可以見而不見者，高士也；見而無害其爲不見者，聖人也；不可以見而不見者，賢人也。三代之隆，巖穴不聞有峭直自高之士；小雅之廢，君子多混迹於執籥秉翟之中。徵隱節者，惟春秋爲盛矣。孔子以大聖不得在位，天亦多生隱才以輔翼之，及乎孔子既没，而鄒魯晉魏間守志不汙之士往往而有也。逾垣而避，今有其人乎，是段干木之高風也；閉門不納，今有其人乎，是泄柳之高風也。然有説焉。昔之聖人與其徒皇皇道路中，以庶幾一遇，豈有所貶志哉，畏天命而憂人窮也。迫而不見，毋乃已甚乎？二子學於聖人之徒者也，何不聞孔子之見陽貨焉？孔子居魯，則居然士也；陽貨，陪臣也。陪臣假大夫之禮，而以下交乎士；士當終守士之義，而且以正其爲非大夫。已甚者所必然矣，況貨又大奸，非有中心之好如魏文侯也，又非有緇衣之雅如魯繆公也。彼以饋豚，我以往拜；彼以矙亡，我亦以矙亡。何爲若是其紛紛者哉？曰禮也。貨猶惡無禮，孔子乃不能曲全禮乎？且孔子見貨，非見諸侯者比也。當時學於孔子而得其正者，無如曾子、子路矣。親老則仕，没則已焉，曾參之行也，不爲臣而可見乎，故其言曰「脅肩諂笑，病於夏畦」；啜菽飲水，盡歡以事親，仲由之行也，不爲臣而可見乎，故其言曰「未同而言，觀其色赧赧然，非由之所知也」。二子之重言笑而惡苟合，其嚴毅有如此者，豈段干木、泄柳所不屑而二子願爲之哉？聖人正大之道，可經可權；變化之用，能大能小。淑諸人者，學其正大而流爲峻刻；游於門者，遜其變化而極乎高明。合而稽焉，其爲不見諸侯之意則一也，而孔子深遠矣。

原評：隨題起止，而温古秀折之氣宛轉相赴，有不知所以然而然之妙。

評：游行自如處，不及陳、黄之縱横滿志。而映帶串插、理得詞順，非時手所易到。

諸侯放恣 二句

黄淳耀

合天下皆亂人，禍成於無所懼也。夫諸侯無所懼而放，處士無所懼而横，非聖王之不作使然乎？自古極治之世，未嘗無亂人，惟立法以馭之，使無隕越而已矣。故建國以親侯，即有削地絀爵之法治天下之諸侯；廣學以造士，即有移郊移遂之典治天下之處士。是以諸侯而放恣、處士而横議者，不容於帝王之世。自周之衰也，五霸力而扶其鼎，君子斷而誅之，以爲功不足以掩罪也，然猶兼功罪者也，降爲今之諸侯，則有罪而無功矣；自政之移也，庶人激而議其上，君子聞而傷之，以爲是不足以勝非也，然猶存是非者也，降爲今之處士，則飾非以亂是矣。今之諸侯，未有能堅明約束者也，强大者以力屈人，弱小者亦以謀致人，其敢於冒天下之不義者，非圖伯也即圖王也，偶有抑王霸之心而稍修臣節者，卒爲天下笑矣，不放恣者誰乎？今之處士，未有能束脩砥礪者也，辯有口者倡之於前，愚無知者和之於後，其敢於犯天下之不祥者，非好名也即好利也，偶有軼名利之外而輕世肆志者，已稱天下士矣，不横議者誰乎？其始國小而易制，諸侯之勢尚分，而今則七十二國之侯封並而爲七，遂人人有臨二周、問九鼎之心；其始論高而寡和，處士之與尚微，而今則揺仁擊義之流派踵而增華，遂人人有非堯舜、薄湯武之意。況中國之與夷狄互消長者也，冠裳禮樂之國既日尋於干戈，則僻在夷裔者亦得發憤修政，起而争天下之先；又況士習之與民風共清濁者也，憑軾結靷之流既日騰其口説，則列在四民者亦必事雜言龐，退而趨禽獸之路。吾故從而爲之説曰：諸侯者，處士之淵藪也；處士者，諸侯之蟊賊也。有王者起，稱天以治諸侯，而處士之淵藪空；有聖人作，稱仁義以治處士，而諸侯之蟊賊去。

原評：精峭若三韓之師，綜核如兩漢之吏。上下戰國百餘年間，盡在指掌矣。

評：上溯原本，推極流弊，無不盡之意，無泛設之詞。

昔者禹抑洪水而天下平 一節

陳際泰

功不虛立，觀三聖之事而已然矣。夫自經傳以來，生民之大患三端，而聖人皆忘其身以救之。昔者禹與周公、孔子是其前事矣。且天之生災禍，以爲聖人也；天之生聖人，以爲天下也。無災禍而聖人之功用不彰，無聖人而天下之生民將盡。天下無盡民之時也，則天之所以生聖與？聖人所以爲天下，斷可識已。蓋嘗盱衡往事，而知聖人之不虛生也，而又知天下之變之不自弭也。有一代之聖人，即有一代之變故乘乎其後；有一代之變故，即有一代之聖人救乎其間。蓋有歷歷不爽者。昔者有洪水而因有禹，天生禹，非爲一人，以爲有虞之天下也，天下之平，非天下自平，禹抑洪水之爲之也；昔者有夷狄、猛獸而因有周公，天生周公，非爲一人，以爲商季之天下也，百姓之寧，非百姓自寧，周公驅且兼之爲之也；昔者有亂臣賊子而因有孔子，天生孔子，非爲一人，以爲周衰之天下也，亂賊之懼，非亂賊自懼，孔子成春秋之爲之也。時事之相值也，雖可駭不以自難，後世之變皆前代之所經，使其可諉，古人宜有以辭之，吾以爲事無所難，亦顧其力量何如耳，歷觀三聖人，彼其所遇豈復一手一足之所能支，而卒以自盡，此亦足以告天下後世之自難者矣；豪傑之既生也，惟自處不得自恕，天下之變豈前聖之所開，使其不任，後人宜有以諒之，吾以爲人自不小，亦顧其識量何如耳，歷觀三聖人，彼其所當非復一身一家之所私計，而卒以自前，此亦足以告天下後世之自恕者矣。天下之禍患，每出於所備之外，禹憂洪水，而不知後世之患乃在人物，公憂猛獸，而不知後世之患乃在人倫，聖人知防之不能盡也，故以其可救者力諸身，因以其不可知者俟諸人；即吾人之功名，每在失意之中，禹不樂有隨刊，而非此即無以顯禹，推之於周公當復然，公不樂有征伐而非此即無以顯公，推之於孔子又當復然，聖人知事之不必然也，故外顧世有瞻烏爰止之象而不以自疑，其内顧己有舍我其誰之思而因以自決。蓋觀三聖人之事業已然矣，則予今日之辯也，其容已乎？

原評： 一治一亂都已叙過，又一覆舉，特爲脱卸出「承三聖」句也。但知其豪放，不察其細心處，終無以與乎文章之觀。

評：孟子發語時本有振衣千仞、濯足萬里意象，惟作者胸襟能體會，筆力能發揮，故雅與相稱。

陳仲子豈不誠廉士哉 一章

艾南英

大賢辟齊士之廉，而兩有以窮之焉。夫夷之與跖也，母、兄之於妻也，仲子不能爲蚓，則不能無議於二者之間矣。且論人者，觀之辭受取予之節，又觀之人倫之大，而一軌之人道中正之則。出於人道，則入於非人，而人且不以人充其操矣。甚矣，夫匡章之廉陳仲子也。始則謂仲子之於世也廉，而泯聞見於三日，延餘生於井李，而孟子則繩之以蚓。夫世有捐聞見、棄飲食以爲廉哉？則井李雖世之棄餘乎，非其有而取之，未必義也，况仲子不能無爲之築居、爲之樹粟者。如以義，天下期於伯夷，如不以義，天下止於盜跖，而仲子果是夷而非跖乎？苟其義也，雖盜跖築之，盜跖樹之，而不爲傷廉；苟非義也，雖伯夷築之，伯夷樹之，而不得爲廉。彼交以道、接以禮，雖禦人之諸侯，君子猶無辭焉，無他，義在故也，而仲子必欲捐聞見、廢飲食，充其心，必皆夷無跖，則必蚓而後可。何也？槁壤黃泉之間，蚓無伯夷也，蚓無盜跖也，蚓無樹與築也，故成其爲蚓。而仲子猶有居食在焉，則未必皆夷，而不能充其操矣，仲子烏能廉哉？再則謂仲子之取於世也義，而身則有織屨，妻則有辟纑，而孟子則又繩之以蚓。夫義豈專出於其身與其妻哉？自身以外，而遡之倫莫有大焉者，未必皆不義也，況仲子儼然世家之胄子、萬鍾之介弟者。先仲子而食其禄焉，有母，席母之庇而食其禄焉，有兄，而仲子胡避兄而離母乎？辟而離之非也，雖居兄之室，食兄之粟，而其全倫者猶之伯夷；不辟而離之未必非也，雖頻蹙於生鵝，表節於一哇，而其慘刻者不啻盜跖。彼古有寧棄國、寧逃名、可敝屣天下，而究歸於全親戚君臣上下者，無他，義在故也，而仲子必避兄、必離母，充其心，將絶倫逃類，則必蚓而後可。何也？槁壤黄泉之間，蚓無母、兄也，蚓無妻子也，蚓無蓋禄與饋問也，故成其爲蚓。而仲子猶有妻與於陵之居在焉，則必有人事而不能充其操矣，仲子烏能廉哉？

評：仲子非不能廉，其所操之類必不能充也，此孟子折之之本指。故拈「蚓而後可」一句以貫通章，便能節節流通。其文清明爽朗，在稿中難得此等疏暢之作。

欽定啓禎四書文卷八　孟子下之上

規矩方員之至也　一章

陳際泰

大賢端人君之趨，而深明乎不審之禍焉。夫法其至者，不爲堯舜，其不爲幽厲審矣，奈何不端所趨乎？且治天下者，審於所趨而已。所趨既端，不得與於其至者，猶有次上焉；誤於其途以乖所之，非獨遠於其上也，而將效其下。不審其本末之勢，獨轉相懲戒，無益也。試思夫聖人爲人倫之至，豈殊規矩爲方員之至哉？而千古盡爲君爲臣之道者，則堯舜其人也。顧世之爲君者，必責其如堯而後可，稍不如堯而將降爲暴君；爲臣者，必責其如舜而後可，稍不如舜而將降爲賊臣。則無以處乎湯武，而又有以開乎不肖，是殆便於天下之爲私者也。而豈知君雖不能責其如堯，而舍堯固已别無可法矣；臣雖不能責其爲舜，而舍舜固已别無可法矣。法堯舜而至，則堯舜也；法堯舜而不至，則爲君猶不失湯、武與太甲、成王之諸君也，爲臣猶不失作伊、周與仲虺、君陳之諸臣也。何者？其人非堯舜之人，而其道則固堯舜所以事君、所以治民之道也。一誤其趨，遂有慢君賊民之號，可不慎與？孔子之言，誠欲人君審於其趨也。且天下之治，非使仁者成之，則必使不仁者敗之。人主誠審於其趨，設誠於内而致行之，固能掩迹於隆古；掃除其迹而更張之，亦足自懲其覆轍。生有尊崇之勢，殁有賢明之謚，此其具也。而祈嚮一差，禍殃至重，南巢之駕不戒於前，汾彘之變相尋於後。廣土衆民，進以奉天人之用；而敗德穢行，退則爲萬世所戒。豈非不法堯舜之明效大驗也哉？夫古今有得道、存而不亡者，堯舜是也；古今有得道、亡而不存者，幽厲是也。且堯舜不難爲，而幽厲不但已也。知其義而爲之，其事不至乎太上，退而有以自處；不知其義而爲之，其效比於放殺，予之以惡名而不敢辭。故曰取舍之極定於内，則安危之形應乎外矣。孔子之言，豈非爲君人者示之規矩乎？

評：「道二」節，爲通章樞紐，用此貫注通篇，猶扣樹本，百枝皆動矣。文之高朗振邁，則作者筆性固然。

聖人人倫之至也

楊以任

惟聖盡倫，是在至之者矣。夫人倫之事，聖人自爲之，而天下後世且以爲爲我爲之也，蓋有其至也。倫而可不至哉？今夫人而不期其所至，則亦何不可苟焉；倫類間泛泛而相值，亦儘有宴安之可懷。夫亦自命爲人者也，雖然，人倫之際不如此而遂已也。尋旨於親義序別，非勞我於無故之中；充類於作述明良，可觀我生以後之事。有聖人焉，則人倫之至也。夫人之倫也，顧安容聖哉？聖父聖子聖君聖臣，亦當年不欲居之名；然人父人君人子人臣，即一日有必止之善。嘗就聖人而思之，别無聖人之於天道也，而止有聖人之於人倫；嘗合天下於聖人而思之，聖人以爲性也，而天下以爲教。是故一家是究者，匹夫之近事，聖人者邇可遠也；一至自命者，豪傑之奇情，聖人者庸之謹也。然而庸與奇皆聖才之所周也，而非聖性之所存，夫有至性焉，不治倫物而治吾身，敬以敕典，誠乃有物，守其原而莫測其所至也，於是無故而可享而遂庸之，不幸而見能而遂奇之，夫庸奇者，倫中幸、不幸之數也，而窺聖性之至者於此矣；然而近與遠皆聖度之所包也，而非聖性之所篤，夫有至性焉，不敦品類而敦一身，窮人非四海可贖，赤子即大人之全，事其本而皆有以底至也，於是隱其横塞而以爲近，見其經綸而以爲遠，夫遠近者，倫中隱、見之迹也，而觀聖性之至者於此矣。想夫明發昧爽之不寧，萬不得已而不欲同家人之嘻嘻，而遂以其不可縱、不可極者遷吾歲月，其於倫也無所苟而已；想夫在宫在廟之無斁，若不可已而同勞人之旦旦，而還以其質諸鬼、質諸神者勉其紀綱，其於倫也以自爲而已。惟有聖人之自爲，而造物若以典禮敦庸備使之有憂，而人人目中各載一聖人；惟有聖人之自爲，而遂使人世拜起坐立不以爲無故，而人人意中各不忘夫聖人。聖人不自爲至也，而天下後世皆曰其至矣乎。嗟乎，人倫而可有至有不至哉？

評：人皆知從「至」處映起宜「法」，文却從「法」處看出聖人之「至」。微渺之思，靈曠之筆，足以輔其名理。傑作也。

天下有道 四節

章世純

欲王者致其德，而天可得而用矣。夫德則得天，文王是已。欲爲政天下，舍此能得志乎？且知天之説者，則王事可成。天之道主於扶德而已，隨其世之有道無道，輾轉屬之，未有易也已。是故有時而行正道，有時而行權道；行正道則專於賢德，行權道則若附於强大。夫天豈亦畏强大者哉？其能爲强大者，必其小能自立者也，不然亦其先世少有功德者也。世無大德大賢，則小德小賢亦能成其强大，天意亦徘徊附之，而其人亦遂能制小弱存亡之命。齊之景公、吴之闔閭是已。景公自能顯，而力行於泗上諸侯；闔閭能用其民，勝於景公而力並能行之齊。此皆賢德之侣而中稍有勝劣焉，則天意亦稍有低昂焉，此亦所謂輾轉屬之者矣。然則大國遂可師乎？非也。天之屬意大國，特其權也。小國而僅師大國，則必爲大國之細；其德未有以相勝，而力必不可以相敵。當今時欲遂爲政天下者，莫若審於天道之正，而因而用之，而自處於大德大賢，以邀夫天道之所必歸。夫然後藉於德以令於天，藉於天以令於天下，文王之事可繼，成周之業可再。隨其强弱大小，而或遲或速，皆可爲政於諸侯也。此其事若逆天，逆天之數，易其向也；而其理則順天，順天之道，投其好也。一人有大德，而天下既已成其爲有道之天下；有大德而得天，而天亦成其爲治命之天。而人亦無所歸責焉，則豈非天所欲得者哉？

評：「順天者存」，獨爲不能師文王者言之，以逆爲順，歸於修德自强。四節看作一片，其筆力瘦硬，雖大士猶當避其鋭也。

天下有道 四節

陳際泰

大賢於德力之辨，而以賢德動時君焉。夫强大扶政，天之不得已也。使賢德繼起而維之，天必奪强大之權以獨申之矣。順逆之説，特其勢也。且善處存亡者，當視德力之變，矯其所爲而反用之，則强弱之勢將有所反，此所謂審於天命之際者矣。今之制小弱者，固强大之罪也，然而先以小弱自處其身，而又恥强大之役已，此亦非獨强大之罪也。夫古之帝王命德重賢，尚矣，以爲天下之大，不能一人獨治也，故畿甸而外盡分以予諸侯；以爲四海之利，不可一人獨專也，故封建而外半棄而爲戎狄。是故盛則賢德相其治，衰則强大扶其政。説者以爲斯二者天也，宜有順之而已。此其事固然，然吾深究之，而知天之心之未始出於此也。天之心何嘗一日不愛賢德，天之心何嘗一日不愛天下？惟世無賢德之人，天命無所屬之矣；惟世無天命賢德之人，强大有所奸之矣。人事駁，故天命之説亦駁焉。景公惟不能申其賢德之權，故以伯國之餘，女吴以緩禍；而吴乃得以恃其强大之勢，故以夷狄之國，抗齊以自張。嗟乎，古之强大在天子，而今之强大在諸侯；伯之强大在諸侯，而今之强大在戎狄。然則爲今日計，能圖王則必至於王，不能圖王則亦必至於亡而已矣，其能免乎？此文王之所爲之所當師也。不貪虚名以博實善，惟安柔節以待其歸。是故善處强大之間者，當視世之所有餘而强其所不足以争天下之先，則我勝矣；善反强大之權者，當有以抗己之所長而棄己之所短以狃天下之心，則彼絀矣。夫文王之申賢德，亦既效矣；今之諸侯師文王於五年七年之間而有不得志於五年七年之後，未之有也。則奈何不自擇審處而甘心爲强大之役以蒙恥乎？其亦不善審於天命之際者矣。

原評：孟子德、力皆天之説極精。天有理有氣，有道之相役，天之常理也；無道而順强大，天之氣運也。天心固以理爲主，然有道無道，事在人爲。人事失職，天亦無如之何，但存氣運之治亂而已。文中深明此旨。

評：啓禎名家於長章數節文，皆以古文之法馭題。而陳之視黄，則有粗細之别，以所入之域有淺深也。

二老者天下之大老也

金　聲

周得二老，非天下之凡老也。夫西伯所養之老皆老也，獨二老乃天下之大老。大老二而已矣，可多得哉？且古今不乏英少之才，而先王獨重老成之士，故先王之於老莫不養也，而亦有異焉。衣帛食肉之老，先王所以教天下之孝而非必其盡有用也。有在鄉之老焉，有在國之老、在朝之老焉，則隨其等而致其尊；有不從力政之老焉，有不與服戎之老、不與賓客之老焉，則念其衰而休其力。而皆不可以語於天下之大老也。伯夷、太公之歸西伯也，皤皤乎其二老也，是則天下之大老矣。遜國釣濱，二老無室家妻子之奉，初不異文王無告之民，不知其毛裏天下之心，蓄積於東海北海之日而莫可告語者，固非爲一身之飽暖，而深爲族姓之饑寒也，老各有家，而二老合四海爲大家也；咈耇荒耄，二老當子、姬興廢之會，亦不過商周數十年之人，不知其揣摩天下之變，達觀於興存廢亡之理而莫之或爽者，固上下今古之照，而非趨避一時之識也，老各有年，而二老通往來爲大年也。蓋識練於老，而後觀變知微，非淺薄之腸，養重於老，而後確去確就，無佻達之習，故挾少年之聰明才辯以出入諸侯之國，而操其禍福之權者，莫不互消互長於一時而靡有底定，無如二老之練以重，避則亡裔，而興則明王；然識練於老，而精神血氣之類，或亦隨老以俱怠，養重於老，而豪毅英果之用，或亦隨老以俱減，則非挾大老之天錫天挺以奔走風塵之地，而堅其益壯之概者，莫不苟安遷就於目前而難有遠志，就如二老之神以鋭，忽則海濱，而忽則岐西。厥後雖僅壽鷹揚於青齊，而餓孤竹於西山，而周之始王，實在於此。今之諸侯，安可以無大老而王哉？

原評：一面寫二老，言下便有孟子在。激昂慷慨，幽離沈鬱，寫得毛髮俱動。

惟大人爲能格君心之非

陳際泰

格君之效，未可遽責之具臣也。夫君心之非，不容以不格，要未易格也，此惟大人能之。且君心之非，而用人行政之謬未有以已也，此國無大臣之效也。夫公孤未嘗絶於世，以爲國無大臣之效，何也？無亦無大人已乎？蓋群臣所不能得之於君者有二：識有所不足而力有所不能。蓋至國家之事壞而不可救，而始歎回天之無力也；抑至群臣之用窮而無所之，而始追學術之無素也。曰獨不得大人格心耳，何憂餘事乎？獨不得大人在位耳，並何憂君心乎？格君心之非，群臣未必知也，即知之而居之者輕，將無以自效，所謂力有所不能，其蔽一也，而大人不然，彼其威望素著，已有以生人主嚴憚之心，信則有所不疑，而畏則有所不敢，蓋平日所積於功德之際者固已深矣；格君心之非，群臣未必知也，即知之而通之無本，又將無以自伸，所謂力有所不能，其蔽二也，而大人不然，彼其道德素隆，自有以助人主神明之動，其顯而則者不可得而已，其陰而制者不可得而知，蓋本體所正於性命之微者固已至矣。且不獨此也，人主之心不可使其有所安，一有所安，而心之非已漸萌而不可止矣，大人知之，故政不與閒，而四方水旱賊盜之事，乃雖小而必陳，未嘗不歎古人先事預防之幾不易盡也，夫餘人於此，獨有疑其迂而已耳；且又不獨此也，人主之心不可使其有所狎，一有所狎，而心之非已相染而不自知矣，大人知之，故人不與適，而宫府妾御輿馬之流，乃雖小而必敕，未嘗不歎古人致君堯舜之化有由然也，夫餘人於此，獨有哂其瑣而已耳。夫以威望素著、道德素隆之人，而委之以此君心之非之格也，其何難之有？衆人治於其末，大人治於其本。吁！國有大人，豈復憂人政之非也哉？

原評：中舉其體，後及其用。上自伊周，下逮韓忠獻、李文靖事蹟，畢見於尺幅中。

評：有本有原，昌明磊落，足盡千古大人正己物正之概。

子産聽鄭國之政 一章

黄淳耀

論鄭大夫之逸事，而詳及政體焉。夫乘輿濟人，在子産當自有説，而或仿此以從政，則末矣，君子所以重戒夫悦人也。時至戰國，苛刻儌繞之政深，而温惠慈和之意少，蓋天下尤尚刑名哉？然而刑名之始，不始於刑名之人，惟爲政者寬以養天下之亂源，柔以蓄天下之不肖，至於宏綱不舉，萬事墮壞，而後察察者得以承其後也。孟子憂之，借子産以立論。子産者，非今世所稱惠人耶？迹其抗大國、擊强宗，猛毅則有之，姑息則未也。以其猛立而寬成，故天下皆曰惠焉。而不知者顧傳其乘輿濟人一事，若欲以此蔽子産者。孟子曰：此非子産之事也，信或有之，則吾謂其惠而不知爲政。何則？政者，所以利生殺也，生人而當謂之仁，殺人而當亦謂之仁；政者，所以别上下也，上勞而下逸謂之義，上逸而下勞亦謂之義。考之周制，十一月徒杠成矣，十二月輿梁成矣，功築具而途道修，直一有司事耳，又何患其褰裳涉溱、褰裳涉洧哉？且君子居則上棟下宇，而民或露處，不聞有推宫室以覆之者；出則和鑾清道，而民或負戴，不聞有脱兩驂以授之者。曰吾有政在也：陰陽之和，不長一類；時雨之甘，不澤一物；君相之大，不阿一人。惟其平而已矣，政平則法立，法立則惠行，惠行則民樂。審如是也，雖辟人於道而不吾怨也，庸待濟乎？今夫輿也者，一夫之載而濟也者，一人之利地。若夫爲政有體，一人服之，則一人之吏也；十人服之，則十人之吏也；推而至於坐秉國鈞、起操天憲，則千萬人之吏也。千萬人之吏，非千萬人服之不可，若之何日取一人而悦之哉？故爲政者知此則得矣，不知此則失矣。古制宜復，而憚違流俗之言，其敝也，井田裂、封建廢而民生不聊；今法宜變，而惡咈世主之意，其敝也，淫樂作、慝禮興而風俗大敗。此所謂日不暇給者也。夷考子産之爲政也，殺一人、刑三人而天下服，以至道有遺物而莫之敢拾也，桃李垂於街而莫之敢援也。斯其犖犖大者，乘輿濟人之事，於傳無之，吾不可以不辨。

評：讀書多，則義理博而氣識閎，有觸而發，皆關係世教之言。不可專玩其音節之古、氣勢之昌。

王者之迹熄而詩亡 一章

吴　堂

觀聖人所以作春秋，而可以想其維世之功矣。夫春秋之所以繼詩而存王迹者，義存焉耳。然非孔子，亦安能知其義之所存而取之哉？且天生聖人，無論其在上在下，要皆有天下萬世之責焉，而在下者尤難於在上。然亦惟上失其責，而下始不得不任之以有其功，若孔子之作春秋是已。孔子功於天下萬世者，不獨以春秋而實莫大於春秋。何大於春秋也，王道之行也而有迹焉，所以昭一統之尊，存人心之正，而偕天下於寡過者也，此其義莫著於詩矣。當周盛時，君臣上下德政休明，頌聲洋溢，歌詠之餘，令人如身遊其際，於以想見其致此之由；即其衰也，賢人君子憫時悼俗，志隱味深，嗟歎之餘，令人如身有其傷，而且相與追咎其從來之故。其爲美爲刺雖不同，義皆繫之乎天下焉。迹之衰而熄矣，天子之勢而夷於列國矣；即其詩亦僅同於列國之風矣，王者之聲教其亡矣。蓋義不能及天下，則雖有也亡也，黍離之不能不降而卒不能續者亦勢也；要之，義未嘗一日不在天下，則詩雖亡也猶有不亡者也，春秋之所以不得不作也。而其所以作者豈異人任哉？春秋魯之史也，魯列國之望也，赴告策書，於此爲詳，即一國也而天下之義存焉；然而僅春秋爲魯之史也，則亦猶之乎列國之書也，筆削輕重，於此不明，即天下之義存焉而未有能取之者。吾於是而見孔子之慮之深且遠也，其責固有所不容辭，而其心固有所不能已也。有所去而後明所取，義在則取之，義不在則不取，可以想其意之謹而法之嚴；有所棄而後明所取，天下不能取而孔子獨取之，孔子獨取之而天下皆得以相取，可以想其道之公而權之重。是故齊桓晉文，以事存王迹者也，春秋以爲綱；史，以文存王迹者也，春秋以爲紀。使人稽其事，玩其文而於以繹其義，則是非列，勸懲備，如誦東遷以上之詩焉。蓋匹夫之業也而功著於天下矣，即以傳之萬世可也。

評：明白顯易，使人心目瞭然。

風、雅、頌體制各異，黍離降爲國風而雅亡，朱子承先儒之説則然。其實風、雅中所載東遷以後之詩多矣，所謂「王迹熄而詩亡」者，謂如晉享叔孫豹歌文王、鹿鳴，趙武奏肆夏，魯三家歌雍，而王吏不能討；齊有南山、載驅之詩，陳有株林之詩，而九伐不能行也。亂臣賊子公行無忌，其端兆實開於此，故孔子懼而作春秋。觀反魯正樂，而魯之樂官一旦皆翻然勃然，身投於河海而不能一日安於其位，則知春秋之作與禹、周公同功，而孟子所謂「詩亡然後春秋作」，其實理始顯著矣。

王者之迹熄而詩亡 一節

羅萬藻

魯史之爲經也，其所繼者大矣。夫天下不可一日無王也，迹熄詩亡，而春秋之續經大矣哉！且春秋者，聖人治世之書也，詩書之道，教雖存而權不著，故孔子之用莫大乎春秋。春秋者，所以存天下之王迹也。嘗觀周盛王之雅也，上下歡得而治美，浹於天道王事之全，而無鄙殆不宣之累；其衰也，詩人傷之而有作，亦具其陵夷泯闕之漸，而出閔時病俗之爲。故詩之有雅，聖人尊之，著盛衰之變已焉。至若春秋之爲書何也？虞夏殷周之道，損益以見其公，使天下一以爲尊王，一以爲存古，殆見思盛王之意焉；禮樂政刑之志，微顯以錯其用，使天下一以爲紀世，一以爲明道，尤深於衰世之憂焉。此何爲而作也？夫周東而宗周之重失矣，王不天而天子之重去矣。是故詩之有文王、大明也，美矣，其變也，自民勞以下，然猶有安民畏天之志焉，瞻卬之際則憂斯病矣；其有鹿鳴、天保也，盛矣，其變也，自六月以下，然猶有勃興始事之象焉，緜蠻而後則困斯哀矣。春秋憂王事之不見也，故因魯史之舊存之，明王之未嘗無也；傷雅道之不振也，故以匹夫之權行之，明變之可復正也。則孔子之道其在斯乎？詩降自黍離，而苕華諸篇猶存之雅之末，不忍其遽也矣；王絶於東遷，而載筆之權復遲之平之終，其庸有冀也矣。冀之深，不忍之至，故憂之亟，挽之力。六經於治亂之際，則未有如春秋之志者也。

評：雖仍「雅亡」舊説，而持之有故、言之成理。文境蒼深，穆然可玩。

君子所以異於人者　二句

金聲

觀於存心，而後見君子之異也。夫君子豈能有以高天下哉？彼所以存其心於萬物之中者，自穆然其不可及矣。今夫俗不可同，世不可合，士不幸生今日而戛戛乎求有以異於人，此亦非聖賢之所戒也。異之云者，天下皆小人而吾君子焉耳，而天下之貴君子而賤小人也亦通情也，誰甘處小人而奉我以君子者哉？其力皆足以相持，其氣皆足以相報，其機智皆足以相乘而鬥捷，其學問意見皆足以相矜相傲而不讓。孰爲君子，而君子者矯矯然居萬物之群，而物莫之亂也。物即能敗君子以名，抗君子以勢，而終莫能勝君子以品也。異哉！是遵何道乎？人倫萬物之間，非萬物逐於邪而君子獨居其正，是非之在今日，其理亦有不可憑者矣，獨恃此隱微寤寐之地，居天下之所不辨而悠然有以自得者，其人乃自此遠焉；毁譽動静之際，非萬物處其下而君子常據於上，屈伸之在今日，其故亦有不可知者矣，惟觀其精神意思之寄，圖天下之所不争而群然有以自重者，其人乃自此高焉。作異之器不沈，則嘐嘐自聖、不可一世之目，正所以佐其詹詹自恕、不欲過求之情，君子有不忍求異、不敢求異之心，而後異行不施於人世者，異性自足於方寸；好異之情不深，則竭愚於較長競短、分寸無益之場者，翻失其本於追聖軼賢、不容淡漠之地，惟君子真有不忍不異、不敢不異之心，而後夷猶於不可窺者，乃所以刻勵於不可及。是故當其論之未定，不但循循然無以異於人也。一家非之，一國非之，生斯世爲斯世者交而排之，以至庸夫俗子或能駕而加乎其上。而君子不以爲意也，以其心閲萬物之變，以其心通萬物之窮。四海之内，千秋而後，聞其烈、奮其風、相與詫而異者，但有斯人在，而向之駕而加君子之上者，已忽不知何往矣。豈不悲哉？

原評：虚位能實發，又不侵奪下意。人謂其落想如萬弩齊發，尤當玩其挽强引滿、省括方釋處。

評：實理充，精氣奮，探喉而出，皆聖賢檢身精語。可知凡志士仁人，皆曾於此處痛下功夫。

匡章通國皆稱不孝焉 一章

陳際泰

以章子爲不孝，未得其所爲設心也。夫章子孝於母而諫父，孝於父而自責，不觀其設心，不幾與世俗之士並棄乎？嘗謂齊有二士焉，一爲陳仲子，一爲匡章，其人皆清苦堅忍，故兩人相樂而慕悦之，然而仲非章匹也。一者外垢於俗而動其概而避兄離母，一者内苦其心而不以明而出妻屏子。此其質有過人者，吾獨怪世之人取舍之無類而愛憎之好反也，於仲子乃廉之而不置，而於章子顧游焉而不可，豈未釋然於通國之見，而將混然於世俗之人哉？然以世俗而論章子之不孝，章子不受；以君子而論章子之不孝，即章子安得辭也。雖然，即以君子而論章子之不孝，章子亦可得而辭，而章子固不辭也。章子之父殺章子之母，章子之變甚於宜臼，而章子之諫等於小弁。君子而或非之，天下豈有無母之人哉？且觀其設心，尤非世人之所及也。章子諫父無殺其母，而父卒以殺其妻；章子諫父無殺其母，而父卒以逐其子。其父煢焉而我獨翕焉，忍乎，不忍乎？且其出妻屏子，爲生於心之不敢乎，爲生於心之不安乎？生於心之不敢，則父在而妻可出、子可屏；父苟已矣，則妻可故入而子可故返。使其如是也，君子譏其有欲速之心，而並誅其無哀母之志。而章子不然，父已死，母已死，即其身已死，而此心無窮。出妻屏子，人但知爲謝其父以己身之不得近，而不知政謝其母以己力之無可如何也。噫，其志爲可悲也已。雖然，其不殺身以報母，何也？尊不二統而身不己有也。蓋爲父也妻者，則爲己也母，而身不得懟；爲母之子也可，爲父之子也可，而身不得死。蓋母恃子而安於死，子爲母而捐其生，是再戮母也。故權其爲章子者，宜止若是焉，是變之得中也。然而心彌苦矣。

評：推勘入微，語皆刺骨，誦之使人淒然思人紀之艱。

匹夫而有天下者 二節

李模

有與繼世相衡者，非獨無薦難也。夫有天下者需薦而又需處繼世之天也，歷證之而益可睹已。且禹薦益於天，蓋明以天下予益矣，而天若不聽其薦者。是何舜、禹之得天易，而益之得天難也；是何繼世之無薦而爲天所延，益之有德而偏爲天所廢也？斯其故，吾更得明證之。天不欲繼有天下者之無輔，故時以數年之施澤托於冢相，不以匹夫老其身；天尤欲不有天下者之有主，故時以克繼之君德承其堂構，轉於廢興神其事。蓋君有薦之權，天所憑也；而天又獨有廢之權，君不與也。粵稽古不有天下，寧獨益然？有伊尹、周公代終於前，而仲尼蠖屈於後。夫仲尼之德，猶舜禹爾，轍迹遍天下，似觸目多桀紂之君；歷聘卒不逢，且弗克奏伊、周之伐。無他故，則匹夫而無薦耳，若是乎有天下者之必以薦也。乃有德無薦者偶一仲尼也，若夫德足以邁世，而天子且式隆其眷；薦足以達天，而天下何仍靳其歸？則豈非匹夫之有與繼世之有，固交爲乘除者乎？則豈非興匹夫之天與廢繼世之天，固迭爲軒輊者乎？天何偏愛夫匹夫，何偏厭夫繼世？大抵賢則授之位，不賢則奪之權耳。天之寵綏夫繼世，轉若倍篤於匹夫。總之，獨賢則不嫌於革，並賢則寧主於因耳。而且曰自益以前，天若樂於揖讓；自益以後，天似喜於繼承。夫不肖之轍，奚爲幾媲桀紂；敬承之嗣，胡獨無慚舜禹？此亦天之自爲顛倒其間，而要亦氣數所遘，並天弗得而與者也，況人得而干之乎？否則，七載之相業既與伊、周並薦，三朝之碩德咸與仲尼同廢者，曷故哉？乃知薦賢之柄，天子所必公，然必假薦以徼靈，反爲逆天之事；廢興之權，又天子所俯聽，使必抑興而成廢，必至違天之心。如曰禹德衰乎，則既不以仲尼處益矣，而益竟以伊、周終，天耶，人耶？豈天之德亦衰於不廢啓也耶？胡不歷推其故也。

評：處處兩節並舉，不凌不複，思巧法密，不受唐荆川牢籠。

大國地方百里　三節

馬世奇

稽禄制於列國，見先王之權焉。夫禄一也，君、卿以國殺，而不殺於大夫、士，先王之權也，所以爲經乎？且周有禄籍，諸侯去之，不但肆意於上以濟其貪，抑且恣吞於下以文其刻。蓋自威主攬財，世卿執政，而逮下之恩薄、養廉之典微矣。試談其略。先王列土以封公侯伯子男，而大國、次國、小國異焉。其制禄也，因乎分，因乎勢，又因乎情；因分者與位，因勢者與地，因情者與權。故君統卿，卿統大夫、士，職巨則報豐，載高則食厚，誰曰不宜？而制有不同者。大國之禄，君十於卿，卿四於大夫，而大夫以次及上中下士，其倍焉，均也；下士與庶人在官者，其代耕焉，又均也。曰地方百里也。次國則減大國而半矣，禄不得不殺矣，於是君十卿禄，卿禄僅三大夫，而大夫以下猶大國也，何也；小國則減次國而半矣，禄不得不更殺矣，於是君十卿禄，卿禄僅二大夫，而大夫以下亦猶大國也，何也？蓋先王之慮列國，不啻家計也；先王之制禄於列國，不啻家食也。原之所出饒，則君卿進而明養尊處優之義；原之所出鮮，則君卿退而明損上益下之仁。故位殊而禄降，卑不得援尊以爲例，因分也；地殊而禄殺，寡不得引多以爲辭，因勢也；權設而禄平，厚者分既富之餘而薄者無食貧之嗟，因情也。夫如是，所以大窮於次，次窮於小，而國不乏，曰窮則能變而已；百里變而七十，七十變而五十，而民不窘，曰變則能通而已。噫，先王班禄之經善矣哉！

評：立局構體，恰是三節題義法。

耕者之所穫 一節

章世純

禄準之耕，一代耕之義也。夫謂之代耕，則如其耕之穫止耳，此制禄之道所由無濫與？先王之分制爵禄，均天下之大道也。有耕者，有不耕者，則不均；有耕而奉人者，有不耕而奉於人者，則大不均。先王之均天下也，上代下治，下代上耕，而又等代治之勞，爲代耕之禄，此其所以均也。此其説通於公侯、天子，而其端始於以農權隸。夫農者，受天子百畝之職而治地爲功者也，其所受粟則其所自爲矣。故雖有五等之分，食九人、八人、七人、六人、五人之别，然而從四體勤動之外，則無可以徼倖得粟之望，知無與之者也；任豐贏歉嗇之報，絶無可以推委責望之心，知無靳之者也。若夫庶人在官則不同矣，其禄則天子與之也，然果天子能與人禄乎？故天子而無故與人以禄，則與之者不安、受之者不安，所從取以爲與之人又大不安；使天子而無故可與人禄，則天子得恃其私厚之恩，而無功、不受事之人亦皆得生其分外之想，天子之禄窮矣。先王知其然也，故庶人在官之禄，亦使其出於所自爲。若曰府史胥徒，彼之百畝也；奔走幹辦，彼之耕穫也。其煩簡有等，彼之上中下也；而禄之所獲，則如其所食之人之數也。彼其人無鄙薄不屑之意，亦無得滿望餘之念；而庶人在官者亦曰彼與我平等也，而不見爵禄爲私厚之物，而人之分始均矣。庶人在官之禄均，則下士亦均，下士均而中士、上士以至於大夫與卿之禄皆均。彼雖不與耕者，論食人而以爲差之意，則一也。此先王之所以均天下而不私也。

評：事理能見其大，文律復極其細。順筆瀟灑，不加琢煉，有風行水上之勢。

耕者之所穫 一節

黎元寬

班禄之制，有特詳於庶人者焉。蓋庶人之欲多，而在官又易以巧法也，差其禄如耕者，斯可謂有制乎？先王之班爵禄也，欲以全上，而亦欲以安下。使天下之人皆得所奉於人上而不復肯爲之下，是使天下無民也，夫無民而孰爲之耕？不耕而禄之所從來者絶，雖皆擬於君卿大夫之養，無益矣，而況於庶人在官者乎？先王曰：天下甚不可無庶人，所以力於耕而爲出禄之本，而公田私田之法於此焉詳；在官又不可無庶人，所以服我事而爲食禄之初，而治人食人之義於此焉昉。此既已不可相無也，而令耕者食必以力，在官者禄過於功，則庶人孰不願爲在官，而又孰肯爲耕者哉？是故事等以差，禄等以差。程其煩簡，如其勤惰焉，有上、中、下及其次之殊；量其多少，如其豐儉焉，有九人、八人、七人、六人、五人之異。若是者非以抑在官者也，以安在官者耳。夫退而可無交徧讁之憂，進而可無行僥倖之罪，此乃所爲安也。在官者服於公事，而私其所入以養其父母妻子，而功亦下逮於庶人；在野者服於公田，而穫其所私以養其父母妻子，而功亦上奉於官。此大略可類也，而耕者之心又安矣。庶人之在官者安，其耕者又安，而後君不敢以玉食之端而僭行威福之事，卿大夫不敢以衎衎飲食之容而冒犯坎坎伐檀之義，而後其禄可得而全也。禄可得而全，而後其爵又可得而持也。故以安下而全上也，此周制之大略可言者矣。

原評：章作從「差」字等而上之，其義大矣，而較疏。此緊從兩項「庶人」上主「安下」説，而後推及其上，其義亦大而較密。局亦如之。

評：文筆老潔，有變化而無枝蔓。

充類至義之盡也（其一）

陳際泰

有精於充類者，諸侯始危矣。夫充類至義之盡而類無所充，即諸侯無所遁矣，故天生充類之君子，所以治諸侯也。且君子之爲論也，始於天下之至粗，而終於天下之至精。粗以全天下之中人，精以繩天下之王侯君公與世之賢人君子，使之自愛以不敢自棄於薄物細惡。吾今有以治諸侯矣，吾今又有以恕諸侯矣。治之者，將以責之也；恕之者，將以哀之也。夫諸侯日以治盜爲事，而不自以爲盜者，以爲盜一類也，己又一類也，使蚤知己之類不復自異，將盜不聽其治，己亦不暇治之矣，爲世無充類者以其類告之也；抑諸侯日以詰盜之非，而不自以爲非者，以爲盜不義者也，己制義者也，使蚤知己之義不足以相勝，將盜反詰其非，己亦無緣非之矣，爲世無精義者以其類中之義之所盡者告之也。聖賢之爲教也，蓋甚重乎天下之諸侯也，有諸侯之分其職而後王統尊，使輕之不得列於維城之類，則盜賊小人皆得執其教誎之權。列國之權輕，而跋扈之徒必且公行於天下而不可禁禦，故無諸侯，非天下之小故也。是故陰藏其不可之實，而陽予以可居之名，若曰彼之爲事，充類至義之盡而後有之，不然固安然無恙也，此義行，故雖暴征横斂之主，無損於爲君。抑聖賢之爲教也，蓋亦甚欲警畏乎天下之諸侯也，有君子之議其後而後王道存，使縱之得自逞其有國之資，則名號威權皆可生其理義之説。縱横之勢盛，而犯顔之臯必且交争於事後而不可復伸，故諸侯無所以恥之，亦人主之大不幸也。是故深没其文於經傳紀載之間以全其分，而旁見其義於學士大夫之口以愧其心，若曰彼之所爲，苟充類至義之盡將有不忍言者，非但頭會箕斂如世俗云云也，此義行，故雖赫聲濯靈之君，有時而爲盜。所謂始於天下之至粗而終於天下之至精者也。

評：本指是明其非盜，語氣是明其所以謂盜，通體只此一反一覆。原評云「縱處能擒，旁見側出，一筆轉折，仍如題位」，信得其行文之妙。

爲之兆也

陳際泰

聖人急用世，故有自見其端者焉。夫兆者，聖人所以示其可用之端也，兆未嘗見而怪天下之不用己，則聖人所以處己者固未盡矣。且君子用世，必有其端，端之畢著也，遂爲事功。緣權位時日而後致之，而要其始發甚微。雖甚微，而生平事業之本固可以相窺矣，故聖賢用世必先見其端。夫孔子之獵較也，豈遽以此爲謝責之事，又豈竟以此爲無意之舉？生平所爲成於性而學於師者，不能遽見也，而要所爲道術源流之大較已如此矣；即生平所爲矯易流俗而崇濟生民者，不能盡行也，然而所爲政治規模之大凡已如此矣。凡身之所見用者，以國人之不見疑也，國人之見疑，非疑其太卑，疑其太高也，如是道不得行矣，何者？孔子絕俗之目，久爲世之所共驚，一旦入人之國，事事而更之，當無能靖之理，而不謂與衆委蛇如此也。此非衆所知也，即魯人皆在其術中，若曰平日所疑爲臨物太峻者，今竟何如，此微示其可用之端者一矣。凡身之見用者，以主之不見疑也，人主之見疑，非疑其革俗而不能因，其常疑其革俗而不能妙其變也，如是道亦不得行矣，何者？孔子迂闊之行，久爲上之所深患，一旦矯國之陋，介介而争之，豈爲善變之權，而不謂輕相轉移如此也。此並不露此意也，即魯君亦在其度内，若曰平日所疑爲適用或疏者，今竟若何，此微示其可用之端者二矣。而以「不事道」議之，大非也，「道」非有定名也，吾執堯舜禹湯文武之所傳者，急急而致之君若民之間，安知無卑之無甚高論之拒，曰道術真不諧矣，若是則己與天下交任其責，而孔子不然；人以「奚不去」議之，大非也，「去」亦用之不難也，吾持之齊之衛之楚之所行者，汲汲而施之父若母之國，要亦相病其無由由不忍去之思，曰執持尚如故也，若是則已先天下自塞其機，而孔子不然。夫獵較，微事耳，即孔子神其用於去獵較，亦微舉耳。然而用事於魯之半緒見，即用事於魯之全體亦見。何者？端固已著於此也，夫正大之端、平易之端與神化不測之端，皆於是乎在。甚矣，孔子之無負於世也。若孔子婉於求用而竟不用，天下後世必有任其責者矣。

評：中幅描寫曲暢，足以發難顯之情。作者長篇精神每結聚兩股，餘多不甚經意，學者宜善取其精。

位卑而言高 一節

羅萬藻

臣無罪而不足以勸，恥之而已。蓋貧仕之情，不在立朝行道者之事也，故位卑言高之罪，罪累上也。且人主之禮其大臣也，罪不及焉，非難於罪大臣也，寬之以自責之路而動之以恥，故大臣之以無罪而辱，有不如小臣之以有罪而榮也。夫大臣何可一日不爲行道計也？道既已行矣，古人猶有揚言載賡之風，以動色於幾康，而不忍效小臣之爲；立朝已無愧矣，古人猶有明農復辟之事，以風示其廉退，而不貪立朝廷之上。世之衰也，大臣不言，故小臣言之；大臣不能言復不能退，故小臣愈益言之而愈益攻之。人主不得已，而治之以其法；大臣不自安，更窮之以其私。是故位卑言高之臣，往往以不免也。顧其立人之本朝而道不行，獨何也？夫人主禁小臣之言，而予大臣以功名之全；纖悉於小臣之罪，而寬大臣以不待督責之意。此所謂動之以恥也。今不念其道之不行，復不思其身之宜退，處具瞻之地而隱情惜己，以發天下痛哭流涕之狂；居風節之總而持禄固身，以授言者窒隙蹈瑕之路。故吾謂位卑言高之罪，罪累上也。其累上，奈何恥之也？乃知立朝輕重，何常之有，彼功名進取之士，勇於爲人而疏於自量，更何所愛？吾謂使人主尊此能言者而立於朝，則天下事之當言者必日聞於前；使人主賞此能言者而不之罪，則天下士之能言者必復接踵而進。而人主難之，諷大臣自處之道也。彼立朝者而不知恥，何哉？

原評：此節只是「辭尊居卑」兩句注脚，非責大臣「達不離道」也。借題抒發胸臆，剴切之旨，出以藴藉風流，在作者稿中不可多得。

乃若其情 三節

路振飛

決性之「情」者，並辨性之「才」焉。夫可爲善則其情也，爲不善則不能盡其才也，何疑性哉？孟子曰：天下無能爲善之人而性掩，天下無不可爲善之人而性彰。天下無可爲善而不能爲善之人，而性決不爲不善之藉口。即如言性者之紛紛，豈非以不善之去善倍蓰無算哉？而吾以爲此第當於得性失性之後別其盡不盡，不當於含情降才之先別其有不有。何也？極天下不情之事，至不善而止；極天下不才之事，至爲不善而止。則未有執不情之情而可溷性中自有之情者，且未有因不才之才而可罪性中自具之才者。若其情而何容不求也，若其才而何容不盡也？求乍見怵惕之情，而保四海之才盡；求不屑呼蹴之情，而辨一介之才盡；求長而敬、生而直之情，而會通一世、權衡千古之才盡。吾固於其可以爲善驗之，而信性善也，皆惻隱則皆仁，皆羞惡則皆義，皆恭敬、皆是非則皆禮、皆智，而後知可仁、可義、可禮、可智者之舉皆性也；吾更於所以爲不善究之，而益信性善也，不思惻隱則失仁，不思羞惡則失義，不思恭敬、不思是非則失禮、失智，而後知鑠仁、鑠義、鑠禮、鑠智者之舉非性也。能盡則爲堯、爲舜、爲文武，其去不善也無算，第達才之量以返情之初，而性原不增；不能盡則爲瞍、爲象、爲幽厲，其去善也亦無算，第汩情之體以阻才之用，而性原不減。安得罪不能盡之才即其才，而反誣可爲善之情非其情哉？子得吾説而思之，彼三説者止存其可以爲善之一言可也。

原評： 按部整伍，其制勝尤在中間「求其情而才盡」一段。

評： 挈其要領，貫通首尾，一因乎理勢之自然，非屈題就裁者可比。

乃若其情 二節

黄淳耀

合情、才以溯性，其善著矣。夫情、才非性而皆出於性也，其善若此，其無不善若彼，奈何敢於誣性耶？昔者孟子之論性與孔子異。孔子之説，理氣參焉者也，故其言曰「相近」；孟子之説，論理不論氣者也，故其言曰「性善」。然置氣不言而天下之辨起矣，則仍即其流行運用於氣之中者言之，而立教乃可無弊。答公都子曰：天命之謂性，性動而有爲之謂情，性具而能爲之謂才。夫性渾然在中，可以理推而不可以迹求者也，人亦安能盡識哉？乃若情也者，動乎天機，著乎心本，覽陰陽而知太極之動，觀清濁而知流水之源，斷斷如也。今夫饑而欲食，壯而欲室，此人所謂情也，而不可謂之情，蓋嘗屏萬物而示之以善，不啻身之於痛癢，不待教而知矣；得意則喜，見犯則怒，此人所謂情也，而不可謂之情，蓋嘗雜萬物而進之以善，不啻口之於甘苦，不移時而别矣。由此以溯之於性，性善也，故情亦善也，此從本逮末之論也；情善也，則性亦善也，此推見至隱之説也。故曰善也。若夫爲不善，則亦有之。緣機逐物而自放於昏逸之地，在今名之曰暴棄之民；反道背德而甘即於頑嚚之間，在古名之曰不才之子。乃一旦舉而諉之曰此才罪也，嗚呼，其然哉！大鈞賦物，一實萬分，既授以沖漠之精，即並授以達此至精之具，謂有贏縮其間，則是擇聖人而盡予之才，擇賢人而多予之才，擇中人而慳予之才也；二五順播，形開神發，既畀以妙合之理，即並畀以翼此至理之資，謂有異同其間，是有以處夫終身不善之人，而無以處夫始善終惡之人，與夫始惡終善之人也。才且無不善如此，而况於情；情且無不善如此，而况於性哉？然則不善孰爲之？曰氣爲之也。在天之氣無善惡，在人之氣有善惡。然情可爲善也，乃有放殺君父而自以爲是者，是情爲氣變矣；才固無不善也，乃有始生之日而知其滅族者，是才爲氣變矣。吁，合氣與理而後可以明道，可以闢邪也夫。

原評：樸直老當，無一字含糊。此處「才」字，孟子從「性善」一滚説下，只在「理」上論，未曾論到「氣」。程子之説，從言外補入，最合。一夾發便失語氣。

梏之反覆 二句

章世純

良心之竟失，則其害深也。夫仁義誠有根之良也，仁義固終不絶於人心也，然其如此反覆者何哉？且以天下仁義之人少而不仁不義之人特多也，蓋性善之説幾無以解於天下矣，本善者不宜有不善也，而固有之者，解在乎梏亡也；而梏亡之説亦無所解於吾性矣，有根者不宜受奪也，而受奪者，解在梏之反覆也。物之害心，非一害之而已也，一害之而即已，則必無有能害者矣；心之受害，非一受害而已也，一受害而即已，則亦無有見害者矣。惟其相尋於無已，則其道爲習至，習至則久，久而心與狃矣，夫天下豈有久於吾性者哉，生而稟之以至於今日，亦以成故矣，今之來者亦以狎至而積累於歲月，因以相勝，則夫向之久者亦不足以當也，夫後來者尤據於念所甘也；惟其相累於至久，則其類且衆至，衆至則多，多則物力强矣，夫天下又豈有多於性者哉，自一良而演之以至於百善，亦已有類矣，今之來者亦以累積而大得其朋從，因以相傾，則夫向之多者亦將不足以敵也，夫後來者尤乘於見所用也。於是乘清夜而養者，至此不能養也，何也，清夜亦梏亡之時也，覺之所習，夢亦同趣，而擾擾之境不復置於向晦晏息之會；於是乘清夜之餘而見者，至此亦不能見也，何也，清夜之餘亦梏亡之餘也，雞鳴而起，孳孳爲利，而重陰之人不復能受天地清陽之氣。如是而猶有存者哉？若不至於反覆相梏而遂失者，則不得謂之性矣，言性則本之者深也，逮夫勢窮理極而不能不奪也，此深者之事也；至於反覆而不失者，則亦不得謂之性也矣，言性則其變化神也，逮夫易物相習而亦能與之爲用也，此又神者之事也。知此說者可與論心矣。

原評：朱子云「反覆」非顛倒之謂，蓋有互換更迭之意，中二股形容得出。「梏之反覆」即頂上「旦晝之所爲」；「不足以存」非氣不存，謂所息有限，不敵梏亡之衆，遂不足養其仁義之心耳。文中「清夜亦梏亡之時」云云，未免太過。

養其大者爲大人

金　聲

有大人之體，存乎養而已。夫體之大者，大人之具也，養之斯爲大人，豈可以不考哉？孟子曰：養道之不可不講也，則人品係焉。人未有能自愛者也，而苟能自愛，則其賅而存者非必有以異乎天下之人也，而養已操其勝矣，奈何以小害大、以賤害貴而爲小人耶？百體之在人身也，猶衆人之在天地也；人身之貴大體，亦猶天地之獨貴大人也。養其大者爲大人已。大非能自大也，無以養之，猶渺然者耳，今將肆力焉，極其所能至而莫之敢損也，大無盡，養亦無盡，吾目不能窺所未見，耳不能察所未聞，手足不能拮据於所未到，而恃此一物者，遂有以周宇宙而無困匱之患，則變化無方之人也；大本自大也，無以養之，亦遂有漏焉耳，今將保護焉，堅其所有餘而莫之敢放也，大無加，養亦無加，吾情且不能以自定，欲且不能以自足，血氣筋力且不能以自守，而存此一物者，遂有以涉末流而立萬物之防，則範圍無外之人也。是故有得志於時之大人，則所謂養尊而處優也，以天下奉一人，亦何取不多、何用不宏而皇皇乎其大者焉，甚者宵旰以爲勤，夙夜不遑處，人以爲自薄也，而不知危微精一，固已判人禽於方寸之地；有不得志於時之大人，則所謂優游以卒歲也，置一人於天下，亦何飧可素、何位可尸而孳孳乎其大者焉，甚者饑渴不以害，安飽無所求，人以爲不堪也，而不知動心忍性，固已決生死於憂樂之關。蓋惟有人焉養其大，而天下仰以託命，彼小人者始得以安然自豢於冠裳禮樂之中；亦惟有人焉養其大，而天下賴以觀化，彼養小者猶不至蕩然自暴於日用飲食之外。養身者念之，大人豈可不爲哉？

原評：養小定失大，養大却舉小，此義發得圓足。

評：作者凡言心性，言忠孝節義、生民疾苦、衰俗頑薄之文，有心者讀之，必自慚自懼，且感且奮。蓋性體清明，語皆心得，故誠能動物如此。

物交物 二句

吴　雲

物有爲所引者，當知其受蔽之原矣。夫既已交之而不能不引也，孰主張是而令其受蔽若此乎？且物不能以治物，故宰萬物之化者，必在無物之體，然非所論於耳目之官也。夫耳目之官，哲謀所運也，聰明所出也，安得僅泥之爲物？而既不思而蔽乎物，安得不謂之物也？吾於其蔽之之象而想其進而交者焉，吾於其受蔽之處而想其引而出者焉。蓋謂之物，則皆有形也，皆有欲也，兩有形，似乎相格，兩有欲，無不相交矣；謂之物，則皆滯於實也，皆逐於幻也，以實相迎，則交之者遇境即投，以虚相逐，則引之者無境不出矣。獨居之地，未嘗有覩有聞，而不睹不聞之中憧憧者是何物乎，若或交之，而憧憧者果在吾耳目前也，此時雖欲不覩而不能不覩，雖欲不聞而不能不聞，若其質任自然之勢也；平旦之時，亦嘗收視返聽，而收視返聽之處擾擾者是何物乎，恍惚交之，而擾擾者若皆吾故物也，此時不能不視而猶恐視之不多，不能不聽而猶恐聽之不盡者，亦其一往難窮之機也。是以交之時，猶一境也，而一交而即引，則一境之中即生千百境，蓋去而不復返，不能待此境之盡後，見彼境之來也；交之時，猶當境也，而隨交而隨引，則目前之境皆或過或來之境，蓋往而無所停，並不能留瞬息之餘地，定目前之應迹也。吾求其所謂天聰天明者無有也，引之而去矣，僅存耳目之物耳；求其所謂耳聰目明者亦無有也，引之而去矣，但見聲色之物耳。其初耳目爲主而聲色爲客，無來而不迎；其究聲色爲君而耳目爲臣，無呼而不出。以此爲人，亦聲色之人矣，安所稱大哉？

評：無義不搜，無轉不徹。非實從身心體貼一過，不能言之明晰如此。

心之官則思 二句

艾南英

揭心之所以統衆體者，而即思以惕之焉。夫心官在思，故與衆體異也，然必思而後得，則思要矣。且人知物交之害，緣耳目以累心，而不知不善事心者，究使心等於耳目。蓋心之職雖異於耳目，而吾必使心踐是職，而後可以爲耳目之主。是故耳之官在聽，而思其當聽與不當聽者，則心之官在焉，然非曰一明乎心之官，而所以當聽與不當聽之理遂了然吾前也；目之官在視，而思其當視與不當視者，則心之官在焉，然非曰一明乎心之官，而所以當視與不當視之理遂了然吾前也。當萬感紛紜而天君内應，此時謂之心仍其官則可，謂之得思則不可，何也，百慮憧擾，未始不與衆交馳也，夫惟惺然者不昧而後吾始能有思，而是思也，乃足以宰衆感矣；當一事未形而内自攖擾，此時謂之心仍其思則可，謂之非物交物感則不可，何也，獨睹中涵，未始不與衆俱疚也，夫惟洞然者無累而吾始謂能思，而是思也，果足以杜衆誘矣。蓋耳目之役以氣動也，心之思亦以氣應也，均是氣耳，惟官在思而惕之以思，則以理馭氣，而行乎感應之塗而無差；耳目之官於吾身爲視聽之職也，心之官於吾身亦腑竅之列也，均是形耳，惟官在思而宰之以思，則以性治形，而握乎明聰之主而不亂。然則心以能思爲職，是心之所以異衆體也；而以思踐吾心之職，則吾之所以善治心也。此之謂大體也已矣。

自記：「心之官則思」，此「思」字雜形氣、理欲在内；「思則得之」，「思」字方是慎思。若兩「思」字作一樣看，則下文「不思」者豈盡灰槁其心乎？

評：上「思」字指其職守，下「思」字乃其盡職處。分肌擘理，清思鋭入，題障盡開。

心之官則思

章世純

心所司之大，而體之大可知矣。夫因心以存變，所謂思也。心惟役思以自神，斯其所以君衆體乎？且體之接物，各稱量以相納，而隨類以相招。耳目形氣之體，固宜與形氣之物相施受，而分量已止，固不足以參乎思之數也。若夫思則有妙焉者矣。物之形而上者謂之道，妙形氣而爲言；而人之善變通者謂之思，則虛游無以相領。此其所受攝固天下之至微也，而孰爲此者，非心之專司乎？心者，君主之官，神明出焉。是故衆形之用效於四末，而此獨隱深以自尊，其深藏者，所以獨爲不可褻，其不可褻者，所以獨爲不可測也；衆體之職效於一節，而此獨大略以爲司，其虛懸者，所以成其兼總，其兼總者，所以成其參酌也。於是而有留物之智，不積聚以自滿而能憶故以爲藏，是故耳無駐聲之地而此獨留其響，目無染色之游而此獨久其居，夫思者，以其往識緣而成想者也，故者之不忘，則思之所以生端也；於是有任物之哲，智常浮乎其物而意不止如其境，故聲之來者有實而此尤達之聲之所不至，色之所效有實而此尤達之色之所無與，夫思者，以其見在推於無端者也，來者之相引，則思之所以極變也。何也？蓋人者，德流氣薄而生者也，生之來謂之精，兩精相搏謂之神，精、神之合謂之心。是以心者善入亦善出，而思者能往亦能來也。

評：章大力之文，出於周末諸子。其思力鋭入，實能究察事物之理，故了然於心口之間，非揣摩字句而仿其形貌也。然其不能上躋唐、歸之風軌，亦由於此。

高子曰小弁 一章

黄淳耀

詩可以怨，大賢即小弁以立教焉。夫平王之孝可議，而小弁之詩不可議也。明於當怨之故，可以教天下之爲人子者矣。且處人父子之間，此天下之至難也，而尤難處者，帝王之父子。蓋有宗社之寄，則賊亂易生；居嫌微之間，則讒構易入。處之不得其道，則天下戮辱其君父，而亦不憐其臣子，所以難也。君子讀小弁之詩，三致意焉。蓋作此詩者，宜臼之傅也，可謂能教太子矣。而説者猥疑之，曰「怨」，嗟乎，亦知幽王之世爲乾坤何等時哉？親若申侯，畔之而已，是路人也；賢若伯陽父，憂之而已，是亦路人也；忠厚若正月以下諸詩人，嗟歎之而已，不得不爲路人也。以路人自處，而以越人處君，則雖齎咨涕洟，其中實與談笑者等。今更取小弁讀之，其身世，則舟流也；其本根，則壞木也；其心事，則毛裏也。哀痛幽默，有不得已之志焉，則以天下之所棄者，虐戾之君；宜臼之所親者，本生之父也。舉天下無親幽王之人，而親之者獨有一子；在此子亦更無仁其親之事，而仁之者獨此一詩。甚矣，作詩者之爲君子也！而説者猥疑之，曰「怨」，是必變小弁爲凱風，同儲君於七子而後可耶？今夫龍漦作孽，伊洛告災，禍亂之成，至以一笑易一國。此自依斟流彘以來，未有若斯之酷者也。使七子之徒易地處此，必將寢干枕塊以銜讎人之胸，而宜臼內德申侯爲之遣戍，外畏戎狄棄其國都。是猶以處小過者處大過，君子知其不怨矣。奈何並此詩去之哉？彼爲之傅者，於其本疏而教之以勿疏，於其不怨者而導之以怨，蓋以虞舜望平王也。彼雖萬萬不能爲虞舜，而前得免爲篡逆，後得守其宗祧，天下以爲平王能子矣，吾安得不戴之爲君？然則周鼎未遷，雖謂此一詩之力可也。今由大聖人怨慕之意以揚摧此詩，體作詩者諷諭之情以爲教天下，使人讀之，相與勉爲仁孝而恥爲大惡，則宜臼之志固可以不論也夫。

原評：平王忘其親，而小弁之怨爲親親，此天理所恃以不盡亡，人心所恃以不盡息也。

看題扼要，下筆縈紆鬱悶，可以感人。

五霸桓公爲盛　三句

陳際泰

獨推齊霸之盛，以其近三代之公也。夫三代無刑牲歃血之事，桓之葵丘庶幾之，斯其高出五霸者哉？且皇、帝、王、霸，遞降者也。帝之盛近乎皇，王之盛近乎帝，伯之盛亦近乎王，則桓公是已。夫五伯豈有先於桓公者哉，而功亦準焉。蓋桓公之時，王氣之微也；而桓公之舉，王事之近也。何也？春秋之統凡三變，至於桓也，而天下之權聚；桓公之身又凡三變，及其季也，而桓公之志荒。則桓公已不免於衰，而吾特以推其盛，此又何也？則吾有感於葵丘之會之事也。嘗試論之。宋襄，神明之後也，然而弱也；秦穆、楚莊，伯事之修也，然而夷也。且也心不外者乃能統大衆，知不鑿者乃能處大事。以此律晉文難之，況其散焉者乎？於是齊桓獨盛，而齊桓葵丘之會尤盛。蓋自是諸侯咸喻乎桓公之志矣，牲亦不必刑也，書亦不必煩也，血亦不必歃也。夫大道隱而家天下，然後有誥誓；忠信薄而人心疑，然後有詛盟；盟詛煩而約劑亂，然後有交質子。故論者謂誥誓不及五帝，詛盟不及三王，交質子不及五伯。苟能是焉則已矣，而不虞桓公不徒却交質而不用也，抑且桓公之幾却詛盟而不爲也，豈非有志於天下爲公之世而王事幾合乎？後世徒見桓之會有天子之事三：於首止，殊會世子，不以夷於諸侯而不敢盟焉；於洮，序王人於諸侯之上而後盟焉；於葵丘，亦序周公於諸侯之上而不敢同盟焉。君子以桓爲知節矣，以是取貴乎春秋，而抑知其革薄從忠，見於不歃者，猶有三代之遺意也哉？夫檜之卒章，傷天下之無王；曹之卒章，傷天下之無伯。非無伯也，不能如桓之以信待人以達於王事也。雖然，時至而偃，物過而止，葵丘之會，桓公極盛之舉，亦桓公將衰之機也。蓋自是無四方之志矣，是故書之重、詞之複以著其美，而書日以誌其謹。吁，伯業之衰，亦豈天下之幸哉？

評：諸儒紀説，未必盡是聖賢精蘊，以入時文，便已卓爾不群。故知天資雖美，必實之以學，而後文可成體也。

舜發於畎畝之中　一章

凌義渠

明生死之機以示人，而天意不可負矣。夫人皆在憂樂中，而孰知生死即於此決乎？善承天意者宜何如也？嘗觀人之一身，莠然以生者，仍不得謂之生。心與性，其所以生也，從心性治之，而形氣亦静然退聽，而人遂因之以不朽。此屬之人事乎，抑屬之天道乎？謂天以困之者亨之，而如勞苦、如窮餓、如拂亂者，身名俱寂，殆不可數矣；謂天以困之者終困之，而若畎畝、若傭販、若市囚者，舜説諸人，又何以稱焉？蓋天未嘗以大任酬平日之艱苦，而不得不借艱苦一途以堅其任之之基；賢聖並未嘗以動忍覬天心之眷顧，而轉似由動忍百端以厚其任之之力。總之，不以形氣用而以心性用，雖日與憂患俱而未覺可畏者，能憂患之人也；至心性全其真而形氣驅其蠹，雖日與安樂俱而亦未覺可溺者，能安樂之人也。如必有待於困衡徵發，借牖於法拂多難，天之意不已薄乎，而生之路迫矣；惟有作之喻之者以善其後，有爲入爲出者以挽其亡，天之意不仍厚乎，而生之理愈出矣。乃知欲與之以生，而不忍貽之以死者，天與人相關之至意；能與以生而不欲驟與之安樂、能遠其死而不欲遽遠其憂患者，天於人相成之苦心。故世有憂患，而未必生藎臣義士，動以身殉而不知其耿日月而薄雲霄者，皆生氣也，殆與「降大任」之旨互參焉，而非有畸也；世更多安樂，而未必死宮室妻妾，淫享終身而不知其思慮荒而視聽憒者，皆死氣也，殆不得與「惜庸人」之例並觀焉，而非有私也。獨所謂動忍增益者，根心性而出，極於誠明；從揣摩而入，近於機穽。如舜説膠鬲者無論，即夷吾諸臣可多得乎？

評：後二比所謂「無棄」之言，讀之可以警頑起懦。即言以求其志，自知爲忠孝性成人。

强恕而行 二句

曾異撰

物可以强求而備，惟其我有之也。夫備物之謂仁，然惟物之有於我，故可以恕而求之耳。嘗謂萬物皆備於我者，不求之而自備者也，亦求之而無不備者也。是故自然求之而物備，勉强求之而物亦備，是以謂之皆備也。今夫物而非其中之所固有，則雖百譬之而不肖，夫其譬之而能肖者，彼其中原有是物者也；天下事而非行其中之所固有，則雖曲推之而不可行，夫其推之而能行者，彼其中原有所以行於是物者也。夫所謂仁，則豈非其萬物一體之謂哉？然而求之於萬物焉遠矣，第求之我焉近矣；即求之我而取必於誠身之樂焉又遠矣，而第求之於强行之恕焉莫近矣。今夫人莫不欲人之我愛，而我亦有不愛人之時，非恕也，然此欲人我愛之心，謂非我備愛人之理不可也，則强而行愛於人焉，始第行於一人，而人人復然，則夫所謂保四海、馴頑傲之至仁，亦可近而取之矣；今夫人莫不惡夫物之不能相愛，而我亦有不愛物之時，非恕也，然此不欲物有不相愛之心，謂非我備愛物之理不可也，則强而行愛於物焉，始猶行於一物，而物物復然，則夫所謂格鳥獸、孚豚魚之深仁，又可近而取之矣。而且適適然而譬之、而推之，不亦不誠之甚乎，然與其不誠而爲仁也，不猶愈乎誠於爲不仁也哉，且人而非其心之所誠然，則何以委曲取譬之若是，又況乎漸譬漸推則漸誠也，亦姑就其未誠者求之，仁近而誠亦近耳；而且規規然强而譬之、强而推之，不亦不樂之甚乎，然其勉强爲仁而不樂也，則使其勉强而爲不仁，其不樂不更甚乎哉，且人而非其意之所樂爲，又何以宛轉推行之若是，又況乎愈推愈譬則愈樂也，亦姑就其未樂者求之，仁近而樂亦近耳。故曰萬物皆備於我者，勉强求之而亦備也。

原評：就白文看得血脉貫通，率胸懷説去，極平極淺，自然通透灑落。今人只爲滿腹貯許多講章，白文反自糊塗。臨文雖用盡猛將酷吏氣力，終於題目痛癢無關。宋儒之書，茍不能貫穿，不如但用本色，況講章原以講明此書也。講題目不能了了，又何取乎？歸震川文或直寫語録，亦當年風氣如此。看嘉靖各科墨卷自見，隆慶以後便不復然。不知者乃從而仿效，徒見其惑也。

强恕而行 二句

黄淳耀

得物、我之所由通，而皆備者見矣。夫仁之遠者，我與物二也，强恕以通之，即於初體何負哉？今使天下有生而不仁之人，則相徇於偏私，而大道可不設矣；又使天下皆生而近仁之人，則相漸於性命，而學問爲無用矣。夫惟反身之誠既難驟得，而皆備者之終不可以或闕也，故求仁之方立焉。要其一致之理則曰仁，齊其衆萬之情則曰恕。所謂仁者何也，存我以厚物，實能生盡天下之物，統物以觀我，實能渾全受衷之我，則誠至而仁亦至焉，恕即從仁而出矣；所謂恕者何也，不忍於一身，因知身以外之無適非身，不忍於一我，因思我所接者各挾一我，則誠未至而恕至焉，仁蓋從恕而入矣。仁者無所於强，求仁者必作之以致其情；仁者獨以天行，求仁者務率之以幾於道。我言而若有思也，我動而若有謀也，不幾失自然與，政惟順之至者先有所逆，逆去其嗜欲之私而後得以公溥親萬物，逆去其鍥刻之見而後得以慈愛利萬物，凡爲此者，期於必達吾意而已矣，意摯則情日深，古先王對時育物之道，殆取諸此而不遠焉；我立而即有與立也，我達而即有與達也，不幾徇外物與，政惟欲求通者務去所隔，不隔於險阻艱難而天下無阽危之物，不隔於喜怒哀樂而天下無澹漠之物，凡爲此者，期於勉致吾理而已矣，理精則量日弘，古聖人博愛相容之思，殆體諸此而彌切焉。世人當矢念之初，亦各有近仁之處，乃仁至而不自信，即仁去而不自知，以其思索之不力也，强恕者體之以平日，得之以一朝，周浹旁皇，其與心相習也久矣，高舉之而以爲生天生地之所始，豈有誣哉？君子當勢窮之日，或反有不仁之時，乃仁有缺陷而恕仍存，恕既充長而仁復見，以其剥復之不遠也，求仁者推及人之用，全無我之體，哀痛悱惻，其與天相見也易矣，精言之而以爲盡性至命之所本，詎云妄哉？天下勉强之聖賢，終勝於自然之衆庶，循理處善，一念可以有群生；天下篤實之學問，尤勝於高明之性資，致行設誠，匹夫可以容天下。夫孰非備物者，其棄此身於不仁耶？

評：嘉靖以前，人一題必盡其義理之實，無有以挑撥了事者，況此等理窟中之蕩平正道乎？仁恕源流、推行實際，必如此勘透，才見作手。陳、章理題文多深微而簡括，黄則切實而周詳，故品格少遜。然陳、章天分絶人，黄則人功可造；陳、章志在傳世，黄則猶近科舉之學。兹編於化治惟取理法，正嘉則兼較義藴氣格，隆萬略存結構，而啓禎則以金、陳、章、黄爲宗，所録多與四家體制相近者。餘亦各收其所長，不拘一律，俾覽者高下在心，各以性之所近、力之所能而自執焉。

達不離道 二句

楊廷麟

任道不移，從民望也。夫道持於身，望之所宗也，至於達而後知其不離耳。蓋士苟稍稍通顯矣，可以與類俱入，而必囂囂於天下之故者，以爲天下之人雖多，而天下之望甚少也。未至若待神明，而既用隨事俯仰，無乃羞處士而虛當世之心乎？若所稱達不離道者，乃何如哉？天下之大事初起，百人爲之勿計也，豪傑之士出焉而亦以爲難救，則民始憂之矣，蓋失望乎其事之復也；天下之大變迭興，百人債之勿怨也，英雄之姿斷焉而重有所隳壞，則民怨集之矣，蓋失望乎其人之重也。故夫名譽之士多損聲於達官，而守道之儒獨加名於隱約，亦所自致殊耳。朝廷必備官，而世所仰重者一二人而已，方其窮困，時爲世所指名，豈其一得當而淺望之歟，天下所以皇皇而求我者，以其道耳，苟其離之，則與庸人何異而盜虛聲爲，故必有以大慰天下之思也；天下亦多事，而世所推服者一二端而已，方其閒暇，時爲人所屬意，豈其當大故而別有望歟，我之所以循循而獲譽者，以其道耳，苟其離之，則與百姓何益而虛意念爲，故必有以大白其生平之素也。吾觀重望之士欲有爲於天下也，有所甚易而亦有所甚難。其所爲甚易者則其勢也，勿視勿顧之義著之有素，後遂處變事而人不我疑，其所居身得其要矣，然而小變易可以欺人乎，士亦有持己甚嚴而游移以趨功名之會者，人望亦從此減也；其所爲甚難者則其事也，嚴氣正性之致信之既深，凡有所難能而莫不我屬，其所身任亦孔艱矣，然而小推委可以自解乎，士亦有摧方爲圓而隱忍以避傷患之來者，人望遂從此阻也。故惟不離道乃爲不失望哉！古之君子抱道周全，其心如結；今也窮而砥礪，達則已焉。世主以爲處士純積誇名，互生羽翼，無當名實而退之，游道陵夷衰微矣。

原評：講「道」字，不從「民望」中梳櫛出來，便可移换他處，「故」字亦折不醒矣。文之可愛，不獨文采清流。

人之有德慧術知者 一節

陳際泰

人生大不得意之事，未可謂非幸也。夫疢疾，世以爲大不幸也，顧獨不念德慧知術之所由來乎？則大不得意者，何渠不爲大得意者乎？且人於患難之來，身攖焉而不爲安也，曰此世之疢疾也；心憂焉而不能暫釋也，曰此吾心之疢疾也。夫有形之疢疾，物齊可攻；而無形之疢疾，有望而却走者矣。則於是乎日夜謀所以去之，是何其見事之淺也！去疢疾，將自去其德慧乎？去疢疾，將自去其術知乎？無慧而德愚，無知而術拙，無德慧術知而行塞，無疢疾而德無慧、術無知。是疢疾者，愚之所苦而智之所貪也，非貪其疢疾，不欲置此身於蒙昏之地而已矣；

抑狹疾者，人之所争而天之所靳也，非靳其狹疾，不欲多予人以奇異之資而已矣。均一德也，其所爲居性之質者，向特忠厚已耳，既而靈通微妙，非世一切之德之所能儕，此豈偶然而致，吾以爲生而遂有德慧者，或上聖能之，而不數數也；均一術也，其所爲接物之方者，向特應酬已耳，既而彰往察來，非世一切之術之所能逮，此豈無故而然，吾以爲生而遂有術知者，或天縱能之，而要亦不數數也。蓋人心之量，可以無所不至，安而適焉而已，有所不至矣，狹疾者，所以用其至之之資也，外之境愈涉而愈精，而内之神愈厲而愈出，使安逸焉，不幾誤認此心之量之爲戔戔者乎；抑人心之力，可以無所不開，散而用焉而已，不能開矣，狹疾者，所以斂其開之之勢也，吾之紛紛可悦者既塞其竇於彼，而中之殷殷可憂者自專其功於此，使安逸焉，不幾謬輕此心之力之爲靡靡者乎？有德有慧，有術有知，此誠爲可羨可樂之事，然不知所以致此者，非安坐而可幾也；即昔之無慧者而倏有慧，昔之無知者而倏有知，此又誠爲可愕可疑之情，然不知所以致此者，非奇秘而足怪也。善處不如意之事者，當逆操於天之所陰，彼其所以成人者，有反而用之者矣；且善處不如意之事者，當順觀乎人之所美，彼其所以自困者，有樂而取之者矣。嗟嗟，人之狹疾果何負於人，而顧戚戚乎？

評：正言冷語，反覆唤醒，令有志者悠然以思、躍然以起。文情跌宕清敏，亦足以往復不厭。

食之以時 二句

尹奇逢

有以謹民之食、用，使民不侈於富也。蓋處富之民必多侈，以時以禮，是以王者瑣屑計之也。嘗論貧國之民，雖多欲無妨也，無財不可以爲悦，百姓每自爲算；富國之民，雖少欲易開也，侈於財之所易爲，朝廷因代爲計。何也？小民每慣於貪天，以豐凶不可知之數，取今歲之康年比以爲例，則今歲之食用，不難罄今歲之藏以快其志，有問以來歲者，則又謂「將受厥明」矣；小人每愚於效人，以貧富不可齊之等，取豪華之巨族規以爲額，則一身之食用，不難罄數世之蓄以大其觀，有謀以久遠者，則輒謂「恥不逮及」矣。是以王者有深慮焉，躬行節儉以布告天下，曰食之以時、用之以禮。食亦未可盡廢也，婚姻戚故，何人無洽比之情，惟定以時，而歲時伏臘，節有常期，未嘗禁人以食也，計日之長而預爲之量焉耳，且小民亦非盡無愛養撙節之意，今得借王者崇儉之美名，以寬其鄙吝不堪之誚，亦私計所甚便者，所謂因其勢而利導也；用亦未可盡廢也，比閭族黨，何日無往來之事，惟定以禮，而喪祭冠婚，制有定式，未嘗禁人以用也，慮物之窮而陰爲之限焉耳，且小民亦非盡無物力耗竭之慮，今得借王者奢靡之大禁，以飾其儉嗇無文之陋，亦衆情所共安者，是以下其令如流水也。即間有奢侈之家，難驟奪其所習，而人俱以時，人俱以禮，則非時非禮者衆必呵之爲不祥，夫不祥之事，抑又何故膏血以奉之，當亦囅然自笑其不情；即間有淫靡之性，難强易其所好，而人俱以時，人俱以禮，則非時非禮者衆必付之爲不答，夫不答之事，抑又何故費己而爲之，當亦返焉自悔其無謂。食、用如是，而使富之民乃無復有得貧之道也已。

原評：眼前景致口頭語，説來不覺解頤。風流應得自大蘇。

評：大旨皆從三代以後民情想像而得，對之使人心開。「貪天」「效人」二意，恰是富後景象，尤有佳趣。

居惡在 四句

高作霖

稽志之所在，而尚有獨專矣。夫士志在於仁義，以之爲居爲路，而知舍是無尚也，又何必疑士之何事耶？今夫士未嘗求異於衆人，第於習而安焉之際，思此身何所位置，何所適從，則雖欲自夷於氓庶而有所不可，故論士者不可不求其志之所在也。定之以仁義，而又別之以非仁非義者，何也？理無中立，非者絶，則有以識其至是之途；志無虛懸，識既精，則有以得其安行之所。由是而可究其居也，夫仁以容物爲量，惟不留一殘忍之念，然後能擴其皆備之原，則一仁之外無婉轉也，與天同體，與物同命，其寬廣而自如者，總在於幾微辨別之仁，則失此幾微，殆更無寬廣之宅也已；由是而可究其路也，夫義以各當爲用，惟預絶其貪昧之心，然後能協其措施之宜，則一義之外無依違也，見利不趨，見害不避，其坦易以直達者，總在此精詳自治之義，則舍此精詳，殆更無坦易之徑也已。若此者士之所性也，一往而即寄於是，又若四顧旁皇而勢不得不出於是，此無他，仁義之爲世充塞久矣，清之者一而淆之者百，力争於放距之餘，亦惟是之兢兢耳；亦士之所安也，日用之行習在於是，又若上下古今而有所迫之以至於是，此無他，仁義之關絶續也大矣，其統甚尊則其任甚重，俯仰於先後之間，亦惟是之皇皇耳。蓋至於卓然名世，而隱約之地，幾微無以自考，即以爲非仁非義之歧塗，此際惟自問之而不能與世人共喻之；即反己可以無憾，而寰宇之中，曠舍不能自求，即以爲吾居吾路之缺陷，此際能代天下憂之而終不能使天下信從之。是以世之知其事者少，而士徒抱無窮之志也。

評：稍落寬，則上下界一任游衍矣。作者投刃於虚，能使當日語氣精神一一躍露。

桃應問曰　一章

楊廷樞

觀大賢及門人之問答，而得爲人臣子之則焉。夫君父縱有難處之事，而臣子終有不易之理，故設問於舜與皋陶以立天下萬世之準與？且規矩爲方員之至，而聖人爲人倫之至者，何也？方員至變而不出乎至常，規矩至難而不越乎至易。聖賢之道亦有規矩焉，不過天理人情之至而已。天理失而入人情，人情失而入權術，以權術救時勢之窮，而時勢又出權術之外，則權術之窮也更甚，是不若因其不易之理而可得不窮之法，此桃應所爲設難以問也。以爲舜爲天子，而其臣有皋陶者爲之士，值有瞽瞍殺人之事，爲皋陶者則如之何，執法則妨君，議貴則妨法，此亦爲臣甚難處之事也，孟子曰無難也，臣之所知者君而已矣，臣惟一君，君惟一法，所事者君，則所守者法，微獨皋不得私，即舜亦不得禁也，充此義也，法爲重則情爲輕，豈復有擬議斟酌於其間哉？然皋方執瞍，而以子若舜者爲天子，又不得禁其臣之執，爲舜者則如之何，廢法既不可，庇親又不能，此亦爲子甚難處之事也，孟子曰無難也，子之所知者父而已矣，子可無天下，不可無父，所全者父，則所失者天下，微獨棄之甚易，即終身棄之亦易也，充此義也，親爲重則位爲輕，豈復有徘徊濡忍於其際哉？蓋天下之事不論常變而但判理欲，理者，事之一定者也，臣自行臣之事，子自行子之事，雖當大變而不失其大常；聖賢之心不計難易而但辨公私，公者，念之最初者也，百慮未萌而人咸知有君父，百爲未起而人咸知有忠孝，雖遇至難而不過應之以極易。此可見天下惟天理人情之至，可以徑直而自行，而左瞻右顧、牽制弗決者，皆人欲之私害之也。蓋聖賢辨義之精微如此。

評：理醇法老，質色皓然，輝光日新。

桃應問曰　一章

黄淳耀

極聖人必盡之心，可以處變矣。夫大聖之用心，必不以私累也。設言舜、皋陶之處變，不可以觀人倫之至乎？且法律之事出於義，而惟仁之至者能操之；一本之愛生於仁，而惟義之盡者能全之。蓋仁者不失入於法之内，故亦不失出於法之外也；義者不違道以悦親之心，故亦不遺親以徇己之事也。説在孟子之論舜、皋陶已。夫愛親莫如舜，執法莫如皋陶，而適有殺人之瞽瞍介其間，爲皋陶者不大難乎？曰無難也。夫立君以安人也，以天子之故骩法，則失其所以立君之心；平刑以恤民也，以天子之故逸賊，則失其所以平刑之意。故有謂親貴可議者，即大亂之道也。皋陶之於此，禁亦執，不禁亦執，況舜本不得禁乎？何也？殺人者死，此非有虞氏之法而天地以來之法。吾行天地以來之法，所以成天子也，設有纖毫梗避於其事，則皋陶非聖人已。然而執法莫如皋陶，愛親終莫如舜，適有應執之瞽瞍介其間，爲舜者不大難乎？曰無難也。夫得親而後爲人也，有借父立名之心，雖臨四海不可以爲人；尊富所以廣孝也，有先己後親之意，雖濟萬世不可以爲孝。故有謂民物可戀者，即禽獸之心也。舜之於此，顧天下則失親，顧親則失天下，必也棄天下而逃之乎？何也？側身窮海，此降天子爲匹夫而即降天子父爲匹夫之父。降天子父爲匹夫之父，亦所以謝士師也，設有幾微芥蒂於其心，則舜亦非聖人已。蓋以一夫之命爲輕於天子父之命者，此三代以下之論，非所施於上古；以父子之樂爲不如有天下之樂者，此豪傑以下之事，非所論於聖人。法伸於宫禁，則人不可以妄殺，而海内刑措矣；親重於天下，則力無所不竭，而大孝錫類矣。此孟子仁至義盡之論，而亦桃應有以發之與？昔淮南厲王以大罪廢，徙蜀嚴道死，而袁盎請斬丞相御史以謝天下，田、竇失意杯酒，而武帝殺魏其、族灌夫以悦母后，此一君一臣，何其壞法與！漢之趙苞、魏之姜叙、五代之烏震，所扞不過一方，非有社稷存亡之寄也，而皆喪其母於賊手而不之顧，此三子者，何其不孝與！嗚呼，仁義充塞久矣，世乃以孟子爲戲論也！

評：學識定，然後下語不可動摇。匪是而逞辯，必支離無當，即墨守注語，亦奄奄無生氣也。

民爲貴 一章

艾南英

極論民之所爲貴，而君之所以待民者可思已。夫君與社稷至不能與民比重，而顧可輕其民哉？且夫天之爲夫民也，必使出類之才首而君長之，而後承以諸侯、大夫、師長以宣其力，又爲之壇壝社稷、春祈秋報，以求其相於冥漠之表。然則民之與社稷與君，其輕重何如哉？吾謂民爲貴，而社稷次之，君爲輕。原夫生民之初，不能自君長也，必有德之大者而後百里之民從而聽命焉，於是有諸侯之國；合諸侯之國，又不能自君長也，又就其德之愈大者而後四海之民從而聽命焉，於是乎爲天子，是得乎丘民而爲天子也。然既爲天子矣，天子必建國，諸侯必立家，大爲侯甸藩衛，小爲亞圉陪隸。於是有得乎天子而爲諸侯，得乎諸侯而爲大夫者，然皆不若得乎丘民者而遂爲天子。雖然，猶未足以見民之貴也。彼得乎天子而爲諸侯矣，上憑天子之威，而下有大夫之奉；然上則天子有大司馬九伐之權，而下則大夫有貴戚卿易位之柄，爲其失民心而危社稷也。然則爲社稷而變置諸侯，豈爲社稷哉？爲失民而已矣。何也？彼社稷者尚未能免夫此也。社稷貴爲上公，尊比諸侯，而所司者水旱凶荒之事，則既有分藩之職；所享者犧牲粢盛之薦，則又有侯國之奉。使斯民之責獨重繩諸侯而輕繩社稷，則非天爲民而立天子、使之百神受職而祭祀以馭其黜陟之意。故旱乾水溢，則變置社稷，所謂年不順成、八蜡不通，而伐鼓於社、朱絲脅之，皆有責譴之義。明乎社稷不能爲民捍災禦患，則不能無功而坐食其報，況於諸侯之失民心乎？雖然，言諸侯、社稷而不及天子，何也？民心既散，諸侯皆叛，天子將無與立。而不忍言之者，所以尊天王、大一統也。然而群臣至於南郊稱天而誄之，則亦變置之微權也。

評：步步爲營，其中賓主輕重、次第曲折、起伏迴旋，古文義法無一不備。五家中，人皆謂艾之天分有限，然此種清古之文，風味猶勝於黄、陳，則讀書多、用功深之效。

口之於味也 一章

章世純

君子之於性、命，亦各有取也。夫性、命無優劣之分，惟其能成吾是耳，君子所以有取性、取命之分也。且天下之所謂小人者，非能離乎性與命之物也。安命養性之説，小人亦由之，而不於其所，則以成其小人而已。故雖復桀跖，亦爲養性，非爲性之故自暴不至此；雖復桀跖，亦以安命，非委命之故自棄不至此。君子非盡反其贍養之説也，道無以相易，而獨殊乎取舍之分；亦未益乎性命之事也，理無以相多，而獨審乎輕重之權。安命之學，信有之矣，而所安者則聲色臭味安佚之爲奉者也，於此而舍性取命，此其得力於命耳，夫命豈不茫茫氣數之事哉，而使有功於聖賢遏欲之學，則君子之善取命也矣；養性之學，信有之矣，而所養者則仁義禮智聖之爲德者也，於此而舍命取性，此其得力於性耳，夫性也豈不猶是情志之物哉，而使有功於聖賢進修之方，則君子之善取性也矣。其抑性申命，所以使天有權，雖然，竟何妨於性也，人有欲而後生，欲者生道存焉耳，然與以不過，所以適於當然，則節而亨之道焉，亦所以爲性之利也；其抑命申性，所以使人有權，雖然，竟何逆於命也，天用理以生物，偏者陰陽舛焉耳，而補其不足，所以同於各正，則善反之道焉，亦所以全命之事也。故有君子之取舍而性命皆得其正矣。

原評：上「性」字、下「命」字，專以「氣」言，上「命」字兼「氣」與「理」言，下「性」字則專以「理」言。孟子正分此兩途，示人知所取舍。陳大士提「性」字側注，亦是作文擇易處走耳。或便謂必合如此，則又爲物所轉也。

評：奇詞奥旨，如取諸室中物，而無一語入於拗僻。實此題空前絶後之作。

口之於味也　一章

艾南英

君子自勝之學，謹其所謂而已。夫均之性、命也，有不謂性者，有不謂命者，總之以自勝爲學而已矣。且學者之説，每患其有所附以行其私，夫有所附以行其私，則雖理之精微者至於性命而止矣，然而皆可附也。附性命以行其私，則其視放僻邪侈豈有間哉？即如口於味、目於色、耳於聲、鼻於臭、四肢於安佚，執以爲性，豈復得而非之哉？遂其所性，豈復有所底止哉？君子仰而思通塞之柄，阻於分之不遂，而以數抑情；俯而揆理氣之衡，制於義之不可，而以道域器。則「命」者出於君子之所謂，而人不得附「性」以行其私也。雖然，「性」可附也，「命」亦可附也；附「命」以行其私，猶之附「性」以行其私也。學不主於自勝，則「命」之説庸愈乎哉？彼夫仁於父子、義於君臣、禮於賓主、智於賢否、聖人於天道，在我者有厚薄之異稟，在人者有所遇之不齊。舉而諉之曰「命」，亦何不可之有，而君子曰此性也，何也？人指耳、目、口、鼻、四肢之欲而曰「性」也，以其生而有也；吾亦指仁、義、禮、智、天道之事而曰「性」也，亦以其生而有也。生而有之，故可以困知，可以勉行，恃其歸之一也，亦安有稟賦之異哉？生而有之，故暴者可化，愚者可格，恃其感以天也，亦安有所遇之不齊哉？於彼之生而有者曰「吾性固然」，於此之生而有者曰「命實爲之」，此非附「命」之説以行其私者乎？是故君子不謂性，不謂命，一自勝於血氣之治，一自勝於倫物之際。亦以學者不自力於隱微而浮慕於名迹，則雖性、命之名可藉以行私，而又況下此爲假仁假義者哉？然則性、命者，人之散名，而學者不可以不辨也。

自記：「謂」字從來無此。剔出隊伍，再整齊一番，則全矣。

評：理精氣老，文律亦變化合度。就此題文較之，已肩隨於章而與陳並席矣。觀自記，可知古人爲文不悦而自足如此。

智之於賢者也

艾南英

大賢原智而表其所屬焉。夫賢否，非智不察也，故智之德屬之，而君子將以此衡性命矣。嘗謂貞明之體必有所麗，而後見其於人之賢不肖是也。顧有所麗而見智，而智之同異、大小亦可得而觀矣。何也？人非特賢不肖相懸也，而智亦相懸，有秉無緣之哲，而亦有居半識之靈；

人非特智有難易也，而賢者之知於人亦有難易，既隔同體之藴，而遂不察異量之美。然上智明哲無疆，而其名不過曰「智之於賢者也」；即中材得一遺十，而其名亦曰「智之於賢者也」。是故正人之於憸人，相鏡而不能相收，此事理之常也，乃有同明之照，聲氣非遠，而竟以賢昧賢，遂以賢沮賢，究其智之所蔽，同可成黨，異可成争，若心迹不相蒙者，則智之爲清爲蔽，果不可以一概論也；夫至公之與至私，相鑒而不能相茹，此虚明之本也，乃有一人之身，明昧居半，而竟察其百長，遂至遺其一短，究其智之所專，治以之基，亂以之兆，若先後出兩途者，則智之爲偏爲全，果不能以衆稟齊也。是非之念，夫婦可以與，蓋著於衆斯衆，著於寡斯寡，惟夫婦可以與，而智之分量，推而上之，有不可等者矣；虧蔽之端，堂階可以匿，蓋孝子或見蔽於慈父，忠臣或不察於英君，惟堂階可匿，而智之神明，拓而通之，有不可測者矣。此無論徹天明之鑒者，令千古仰絶智之難；而貽事後之誤者，亦寸衷抱知人之悔。則智之於賢否，果非人之所能爲也，命也。君子將何以處此哉？

評：包羅富有，發揮警切。「之於」二字雖五句所同，不爲梳櫛，則實義不能顯透。文亦處處醒露。

有布縷之征 一節

沈幾

善用賦法者，不恃法以敝民也。夫即此常征耳，無以緩之，足以離、殍吾民而有餘矣，豈獨横征能病民哉？且夫平心而商民隱，即忍主未有不瞿然念者也。乃經制一定，上有所據而必遵，下有所沿而必守，不復相憐念者，乃在征求有藝之日矣。然則人主日行困民之事而恬不及覺，則常法爲之乎？吾以爲上有求於民，皆非所應得者也。奪其吝不肯與之情而迫索之，違其苦不及副之勢而額收之，先王諱其不堪，而隱動人以深思，概名之曰「征」。而若布縷，若粟米，若力役，先王之法，正以謂之「征」而心愈傷；乃後世之權，轉以謂之「征」而威愈立，蓋法成而民無如何矣。不有深於民情之君子乎？第曰吾所以不得不時取其一者，用故也，使其一可已，亦已之矣；第曰吾所以不得不稍待其二者，用故也，使其二可捐，並捐之矣。當其時，惟君子見爲用，而小民猶指爲征；惟君子見爲緩，而小民猶憚其急。無他，旦夕息肩，無敢享安飽、圖逸樂，僅堪保全餘生、完聚其家人父子已耳，用二焉而殍民立見矣，用三焉而離民立見矣。夫民也，財力皆願自效，拮据亦所不辭，盡三而征之，詎敢言怨。所最苦者既已殍且離矣，有司課民而不應，罪反在民；司農課吏而不應，責又在吏。朝廷以爲此故額也，官府皆曰此故額也；指饑寒爲不謀朝夕之愚夫，坐流亡爲不事生業之游手，竟孰悉其故而傷其痛者哉？由是觀之，緩不緩之際亦危矣。在君子軫恤爲懷，必更有廣生息以厚之，躬節儉以餘之，豈沾沾「用」與「緩」之間而已。即第自爲輸將計也，亦慎毋驅而散之，以自絶其征求之路爲也。

評： 題只謂應於常征之中寓矜恤之意耳。先王取民以足國用，自有一定之節度。在文未能於本原處立論，家數亦小。而深痛之語，足以警發人心。

人能充無受爾汝之實 一節

陳際泰

善充義者，先去其物之所能受者焉。夫「爾汝」之名之加，猶非其甚者，即實能受，人豈遂以爲害義者哉？而必不受其實，斯爲能充耳。且名者，物之所從，人從之而加其輕重之意，我從之而分其堪受與不堪受之情。名之所不堪，即實之所不安，由是而推焉，固終身用之不窮矣。吾試即充義者言之。夫善於充義者，必不使己有一毫隱忍之意，有一毫隱忍之意，必不能激烈而光明；抑善充義者，必不使己有一毫疵纇之端，有一毫疵纇之端，必不能純白而愜適。今夫爾汝之名，其常也，則夫受爾汝之名，亦其常也。上之鮮君公之隆美，下之亦不至盜跖之詆訶也，而人多受之，君子不遂以爲不義也。然惟受之者於義爲無害，而後斷斷不受者其義遂無以加。奚以明其然耶？一者美其激烈而光明也。激烈而光明，是得乎義之用也，其得力在生平之所自伸者矣。人予之以爾汝之名，外忻然受之而內亦忻然受之者，小人而安者也；外忻然受之而內赧然忿之者，君子而弱者也。身非小人而外忻然受者，度其事，尚不至於可惡之甚也，然陽受之而實未必能受也。惟夫己有實不欲受之心而竟赧然矣，內既赧然而外猶不免忻然，君子以其爲隱忍而羞之，而以推其餘，誠惡其隱忍者之有其類也。則反而言之，天下凡此區區者而必欲自伸，則更有何者而能屈之？一者美其純白而愜適也。純白而愜適，是粹乎義之用之體也，其得力在生平之所自克者矣。人予之以爾汝之名，人施之而己無以致之者，君子固忻然甚安也；人施之而己有以致之，君子固赧然不安也。身非小人而遂忻然受之者，度其事，原無與於一己之爲也，是名可受而實必不可受也。苟夫不免或有可受之實而遂不能以一日安矣，原無可安而自以爲可安，君子以其爲疵纇而惡之，而以深病其自恕，誠惡此疵纇者之有其根也。則反而言之，天下凡此介介者而必欲自克，則更有何者而能安之？從前之說，實必不受，而有以致其心之所必行，此節烈之氣也，即後日殺身成仁之見端也；從後之說，實有可受，而有以致其心之所無愧，此聖賢之規也，即當日慎獨自反之精微也。無往而不爲義，斯義不可勝用。蓋用之所習者在前矣，用之所本者在前矣。

評：思如泉湧，隨物賦形，而行於所當行，止於所不可不止，東坡自道其文云然。觀此文，可想其行筆引墨之樂。

評者謂無受之實，有氣上事，有理上事，「自伸」一股，專在氣分上講，非聖賢義理功夫。行遠集辨之極當。其實兩意相承，闕一則義理未備。試觀自古卓然自立之士，豈有無羞惡、無氣節能慨然以興者？至於但任氣分而不能自反自克，則兇悍無賴之徒，羞惡之心已亡，更何有於爾汝之實之受不受乎？

曾晳嗜羊棗　一章

譚元春

以所獨言不忍，而其意可想已。蓋曾子有不忍其親之心，而嗜特觸焉，然則所同所獨之論，所以曉丑而非以盡曾子也。且孝子之心，有非後世之所能知者；即以當時，孝子之心有非外人之所能知者。其原皆本於不忍，而要其不忍之事，所不忍之時，與所以不忍之故，其莫有知之者也。即一羊棗耳，曾晳偶然而嗜之，曾晳死，曾子見羊棗而悲焉。人見其不食也，以爲不忍而已矣；至孟子之時，猶傳其不忍也，以爲不食而已矣。由是而想之，可以知其淒然愾然之狀也；必欲得而明之，無以定其如何淒然、如何愾然之因也。而乃求之於美不美、食不食耶？膾炙之云，甚矣公孫丑之爲淺人也！孟子亦僅與之淺言，曰：夫羊棗自不如膾炙也，然而膾炙所同也，羊棗所獨也，獨之所在而曾子悲焉。子知夫諱乎？名之較姓有何差別，而諱惟其名者，非以獨之故耶？諱名者，天下人子之情也；不食羊棗者，曾子一人之情也。天下人子之情，不以其同而以其獨，所以一本也；曾子一人之情，不以其同而以其獨，所以養志也。曾子真孝子也。嗟乎，孟子之言，其於食膾炙而不食羊棗之故朗如矣，而未嘗言其所以不忍，則不忍之在當日者有不可得而言者焉。夫不忍豈有聲色臭味哉？有所觸而動，或無所觸而亦動；見所獨而觸，或見所同而亦觸。哀至則哭，何常之有？即曾子亦不知其所以然，而況他人乎？此不可與飲食之人言也。

原評：公孫丑「膾炙」之問，與高子「追蠡」之言無異。少此一段，翻駁不得。

評：將「不忍」二字看得闊深，故立身題外，而於題中眼目仍自不失。作文好翻案，原非正軌。但果有一段議論，發前人所未發，足使觀者感動奮興，亦不可以常説相拘執。

欽定清朝四書文卷一　大學

知止而後有定 一節

張玉書 墨

極止善之全功，由知而漸及之者也。蓋止，非知無由入也，歷定、静、安、慮以幾於得，而明、新之善其全乎？今夫學者莫不有兼成之責，而嘗畏成功之難。非成功難也，學有由歸，亦有由入。往往功以漸而及者，效因以漸而深，則不得徒論其已能，而當思明善之學所循塗而至矣。合明、新而期至善，大人蓋歷乎止之必至與止之不容遽至，而不得不重言「止」也。言止，則非審其幾者不能立，理惟不惑，必於一知體衆善之全；言止，則非辨其趨者不能行，量以徐收，惟恃一知大兼善之用。甚矣，知止之重也！夫未知止以前，所爲積學以求知者，當無不至；而既知止矣，則後此功效，可次第陳矣。道術之紛也，有以窮全體之所歸，而其志乃不可亂；治術之雜也，有以權大用之所極，而其志乃不可遷。此非知之有定而即知止之後見焉者乎？至於定，未有不能静者也，理之感我者有將迎，我之觀理者無將迎，蓋言知於定之後，已斷然於止之所在，而非其止者不得而擾之矣；至於静，未有不能安者也，遇之嘗我者有順逆，我之處遇者無順逆，蓋言知於静之後，已確然於止之所在，而非其止者不得而撼之矣；至於安，未有不能慮者也，事之待我者有難易，我之制事者無難易，蓋言知於安之後，已熟識夫止之所在，而非其止者不得而疑之矣。至於歷定、静、安而能慮，言乎下學之士，精義極則利用生，而學幾於有獲；言乎入聖之材，聰明盡則化裁出，而學因以有成。今而後其能得乎？以善一身，則德裕於己；以善萬物，則德被於人。雖能得之功，亦各有遞及之序，而凡吾知之以求必得之者，皆得而止之矣。然則學毋易言「善」也，畢終身之力以自考其能，而每艱於實得，入大學者所爲有小成、大成之分；亦毋遽言「止」也，循歲月之效以漸圖其後，而每難於真知，爲大人者所爲有與幾、與存之學。知始之「得」，終之「善」，庶幾其全哉？

評：「知止」前有「格物」「致知」功夫，「得止」内有「意誠」至「均平」節次，理脈分明，局段詞氣亦從容和雅。

欲修其身者 六句

朱　昇　墨

由修身而進推之，無昧於所先而已。夫有身而有心、有意、有知，皆所以全吾修也。先之不究圖焉，而可謂學乎？且夫天下、國、家遞先而及於身，斯亦功之至約者矣。雖然，廣運之而得者，約求之而彌精。試一審於内外之間、存發之際、明昧之介，而始信層累之功有如此也。何則？大人之修身，大人之學也，學備於身，而將於身焉求之乎？夫一身之中，五官聽命，而所謂神明之宰者，則心也。心不能處於空虚之域，身非徒載此形氣之軀，則身心之相須，有同原矣。雖曰一言一行，稟物恒之戒者身也，而得失在宥密之中；或哲或謀，謹視聽之則者亦身也，而功過在淵微之表。身之受命於心，固内外之大要也，大人而欲修其身，可不先正其心哉？大人之正心，大人之學也，學原於心，而即於心焉謀之乎？夫一心之中，萬理咸具，而所謂應用之幾者，則意也。意不能歸於淡漠，心不能制於虚無，則心意之相成，有一致矣。雖曰無思無爲，暢天鈞之休者心也，而危微在寂感之交；惟精惟一，存不易之體者心也，而出入在通復之始。心之見端於意，固存發之大樞也，大人而欲正其心，可不先誠其意哉？大人之誠意，大人之學也，學亶於意，而徒於意焉任之乎？夫一意之中，善惡互形，而所謂有覺之性者，則知也。知任天而見於人，意處静而鄰於動，則意知之相關，非偶然矣。雖曰有真有妄，導云爲之力者意也，而尤導於不蔽之明；作聖作狂，分幾微之辨者意也，而尤辨於精義之用。意之浚發於知，固明昧之大防也，大人而欲誠其意，可不先致其知哉？三者皆以修身也，而先之事畢矣。

評：此等文，乃近來所目爲平易無奇者。然場屋文字，務爲新奇悦目，而按之理義，未得所安，須以此清通平近者導其先路，俾由此以進於精深也。

欲修其身者 二句

黄越

有所以主乎身者，而身未可遽言修矣。蓋心爲身之主，心不正而身隨之，欲修其身者，安得不以心爲先務哉？且夫明德者，人之所得於天也，天之所與，安託乎，託於其心焉耳；心之所託，安施乎，施於其身焉耳。其體根於心，其用發於身。其致力也，身與心交養而互發；而其所以爲序也，不可以兼營而並進。則夫欲修其身者，其必非無事於心也明矣。耳目之視聽，身也，而視不能無端而自明，聽不能無端而自聰，此雖各有其官焉，而天君則不推而自尊也；手足之持行，身也，而手容胡爲乎而必恭，足容胡爲乎而必重，此又若有所令焉，而衆體則不抑而自從也。若是乎心之係於身也，修身而不先正其心，可乎哉？身循循於人倫日用之間，忽焉非禮非義之干，且以身昵就之，則當歸過於其身，而身不任受過也，必其心先昵就焉而身始隨之，心欲前，身不能却也，此所爲不先清其源而欲其流之不濁，不可得也，則所以清其源者至急已；身逐逐於嗜欲攻取之途，忽焉省躬克己之圖，且於身痛懲之，則當歸功於其身，而身不任受功也，必其心先痛懲焉而身乃順之，心欲止，身不能行也，此以知不先立乎大而欲其小之不奪，不可得也，則所以立乎大者難緩已。心無爲也而身有爲，一言一動出於身，而得與失昭然其可指，而心則不見所爲也，然其有爲者即其無爲者使之也，則散而責之於所使，固不若責之於所主以善其所使焉耳；身無覺也而心有覺，一動一静出於心，而善與惡惺然其難昧，若身則冥然無覺也，況乎有覺者即能於無覺者役之也，則紛而謀之於所役，正不若謀之於所宰以善其所役焉耳。信心之過，而跛倚以爲容，流蕩以爲禮，即謂心本無他，而愆尤易集，從古固無不檢身之聖賢；信身之過，而致飾於容儀，相承以文貌，遽謂身已無疵，而扞格難操，天下亦無勿求心之學者。然則修身雖自有事哉？而正心則固其所先焉者矣。

評：理境了了，胸無塵翳。

欲正其心者 二句

沈近思

正心有要，惟誠其所發而已。夫意爲心之所發，於此不誠，則心之體無以正矣，其可不先之哉？且天生人而一心中處焉，自其心之静也，而無念之不虚，固所以立吾心之體；及其心之動也，而無念之不實，又所以遂吾心之用。然欲養之於虚，而不先之以實，吾見其用之紛，而爲體之累也多矣。何則？統動静而一之者，謂之心；心之由静以至動者，謂之意。意也者，始於一念之發，而究及於吾身、家國、天下之大，則誠意爲自修之首，而欲正其心者之所當必先也。心之渾然在中者，有善之理而無善之形，迨形生神發而善之意出焉，此即心正之所由以見端也，然而其幾甚微，可恃而未可恃矣，是心之能進乎善者惟此意，而心之漸遠乎善者亦惟此意也；心之寂然不動者，無惡之形而並無惡之理，迨欲動情勝而惡之意生焉，此即心不正之所由以見端也，然而其幾尚隱，不可遏而可遏矣，是心之暗長夫惡者惟此意，而心之潛消夫惡者亦惟此意也。是不可不有以誠之，而自天之人之幾見焉，盡人合天之學具焉。心之未有意，權在天也，心之既有意，權在人矣，不明乎自天之人之幾而高語虛無之體，始見以爲無善，而終必至於滅意，滅意而所謂正心者又何足憑乎，故知以虛無爲心而不誠其意於爲善者，妄也，而況乎吾心之體本萬善皆備者也，則誠之惡可已乎？意之發於心，天而人矣，意之實於心，人而天矣，不明乎盡人合天之學而一聽自然之體，始見以爲無惡，而終必至於任意，任意而所謂正心者又何足恃乎，故知以自然爲心而不誠其意於去惡者，妄也，而況乎吾心之體本一私莫容者也，則誠之烏可已乎？其爲意之善者歟，此即道心之發也，中心好之而無他念以爲之間，則心之微者可至於著，而凡天下之理無不體之，必期於得矣，殆實有諸心者也，欲清其源，必澄其流也；其爲意之惡者歟，此由人心而生也，中心惡之而無他念以爲之拒，則心之危者可至於安，而凡一己之私無不去之，必要於盡矣，殆實無諸心者也，欲持之於未發，必嚴之於已發也。蓋即誠以爲正，而修齊治平，一意之所通，無非一誠之所貫。故曰誠意者自修之首也。

評：就爲善去惡、人心道心發揮，人人所知，却無能如此抽繹而出之者，可謂體認獨真。

欲誠其意者 三句

嚴虞惇

原意所由誠，而致知有實功矣。夫非格物以致知，雖欲誠意，無由也。知所先，可不知所在乎？且夫人意之所發，莫不以心之所明者爲端。顧心之所明者，不可不有以極其量，而又不得執虚無之説以爲明。苟索之於虚而量有未極，將誤用其明而行之不疑，必有非所誠而誠者矣。欲誠意者，可不知所先哉？夫意固原於知者也，意方起而知即赴之，此一時之知覺意者也；知既立而意即從之，此先時之知導意者也。天下有意而不能誠者，是非之介、邪正之交，吾竊意其如是矣而未必其果如是也，素無極深研幾之學而只任其意之所如，非不欲誠也，而淆然莫辨，究且入於惝恍而無憑，則不先致知之故也；天下有誠而不得謂之誠者，然諾之節、忠孝之行，吾誠意其如是矣而未必其宜如是也，本無審幾達變之學而一任其意之所如，非不果誠也，而愚而罔用，究且加之惡名而不辭，則不先致知之故也。至於致知而知先之，學盡矣，而致知更有在焉。知無體，即物以爲體，吾憑虚以求知，於寂處之時亦若湛然有覺矣，及與立乎紛錯之途，閲乎蕃變之地，而吾向之所知者，竟茫乎一無所知也，不可謂致也；知無用，即物以爲用，吾守約以求知，於目前之事亦既釐然有辨矣，及與曠觀乎天地之大，博涉乎名象之煩，而吾之所未知者，乃不啻千百乎吾之所已知者也，不可謂致也。其惟格物乎？一物也，意以爲然，不如見其然者之爲切也，見以爲然，不如知其所以然者之爲尤切也，吾之知，得少以爲足，而游移之見、二三之情皆得而乘之，而何有於神明變化之業乎？一物也，求之此而不得，或證於他所遇之物而得焉，求之此而已得，或參於他所遇之物而益有得焉，吾之知，執一而鮮通，而意氣之私、堅僻之術且得而中之，而何有於家國天下之大乎？夫惟格物以致知而知之量全，而後可以惟吾意之所之而行之不疑，而不至於誤用其知也已。

評：雖根柢不出時文，而明白疏暢，初學易曉。篇中反説多，正説少，非不能發揮正面，以留下而後地步、不欲發露傳意太盡也。

心正而後身修 二句

方舟

由心以至家，而明、新之事合矣。蓋身以內之事至心而止，身以外之事自家而起，而皆統於身，故身修而明、新之事合也。且明德之事歸於身，而古大人不遽求之身，而多方以事其心；新民之事起於家，而古大人不遽求之家，而多方以事其心與身者。何也？凡以身之修，有定其事於心正之中者，亦有益其事於心正之外者，而皆於心正之後得之。定其事於心正之中者，則潔而全之者是也；益其事於心正之外者，則因而飭之者是也。接吾身之物之足累吾身者，吾心中實無與之將迎之倪，而官骸氣質之緣絶於外而不入；附吾身之物之足爲功於吾身者，吾心中實見其有當然之則，而視聽言動之司安於内而不馳。苟未至於心之正，則見爲身所宜絶，而心仍有不絶者，雖力拒於形迹之間而有揮之而不去者矣；見爲身所宜安，而心仍有不安者，雖强納之繩墨之中而有迫之而思軼者矣。心正而後身修，明明德者不可不務白也。家之齊，有定其事於身修之中者，亦有益其事於身修之外者，而皆於身修之後得之。定其事於身修之中者，則動之以誠者是也；益其事於身修之外者，則服之以公者是也。道立而家人之志慮肅焉，求吾身而無可疵，則相反者有以形其醜，而燕私偷惰之氣不作而自除；義和而家人之分誼平焉，對吾身而無所觖，則生争者不自安於心，而怨思谿勃之風不言而自靖。苟未至於身之修，則吾求其肅，而彼先未嘗見吾之肅，作威以震之而有狎用而不行者矣；吾欲其平，而彼先不能信吾之平，遇事而調之而有參差而百出者矣。身修而後家齊，新民者不可不務白也。

評：微思曲引，勁氣直達，開理題未開之境。

湯之盤銘曰 一章

熊伯龍　墨

傳者以新民望天下，而稽古以示其極焉。蓋君子將偕民於至善，而可苟焉以爲新乎？商周之間，其極可睹矣。且君子誠得操天下而爲所欲爲，詎不欲舉斯民於三代之隆哉？而考其功用之所存，恒令人有不醇不備之感焉，則未嘗深求古哲王之意而積吾學以通之也。夫言治莫患乎無徵，而立法必崇其所尚。商之民，湯治之者也；周之民，康叔分理之、文王始靖之者也。以彼道德一、風俗同，後之君子何嘗不流連感慕於其際乎？乃其道固未易易也。讀盤銘而知小物之克勤，不敢忘焉，日新又新，其不遽求乎民也如此；讀康誥而知一方之淫酗，不可棄焉，新而言「作」，其不因任乎民也如此；讀詩而知怙西土、燕皇天，其道光明焉，舊邦新命，其永命於民也如此。此以見天下之大可爲，而治天下之誠不可以苟焉而已也。後之君子則何如哉？自其本而言之，建中以爲綏猷之始，萬幾之中無一瑕焉而後即安，非自勞也，新之先實有是不易之理，而君子不敢不及也，以全天德，以體王道，豈細行歟？自其末而言之，錫福以昭蕩平之應，萬人之聚無一愚焉而後即安，非動衆也，新之中實有是當然之事，而君子不敢不勉也，商俗之駿厲、周道之尊親，豈小康歟？詩書所載，歷世所傳，其心則一人之心也，其道則天下之道也。用而必至於極也，君子猶夫古之欲明明德於天下者與？自非然者，世仍商周之世，學非商周之學，後之君子不徒覽古訓而流連也哉？

評：謹嚴純密中有疏逸之致，猶見明正嘉先輩遺則。

康誥曰作新民 二節

熊伯龍

求新之義者，於周觀其至焉。蓋民與命俱新，新之至也。詩書所載，不可考而知乎？傳者引此，謂夫商周之興，皆天命之以繼亂而圖治也，而作述兼隆，莫如昭代。一時主術民風，散見於文詞，尤有足徵者。間嘗節取而通其意，其所爲本執競爲革除，先天下而振其靡者，猶之乎式圍之化也；其所爲發馨香於世德，通於穆而厪予懷者，猶之乎日躋之理也。一徵諸康誥，有曰「作新民」。殷民罔顯幾何年矣，救民者處此，淫酗則大可誅，棄咎則小可釋耳。有聖人爲之君師，而以風俗責之下乎？新民曰「作」，當日之吉康是迪，相求於無過者，其必有道矣。武王之德如此其盛也，武王之新民如此其至也。吾求子之言新而不得也，意者有如此「作新」之説乎？再徵諸詩，有曰「周雖舊邦，其命維新」。周之爲周幾何代矣，守業者處此，圖存則藉其本固，長亂則狃其久安耳。有聖人爲之子孫，而使光大不自我乎？命曰「維新」，當日之小心卑服，相感以至精者，其必有道矣。文王之德如此其盛也，文王之新命如此其至也。吾進求子之言「新」而不得也，意者有如此「維新」之説乎？於誥觀人事焉，而實先之以宅命，於詩觀天道焉，而實終之以作乎，兩聖人原取幽明以共謀，而文謨武烈，合爲一姓之昭融；身集大統、成命不敢安，故讀誥如無詩，肇造丕基、休明何所待，故讀詩如無誥，兩聖人各隨微顯以自盡，而開國承家，備極百年之勤苦。嗚呼！此我周有道之長，而明德、新民之止於至善，百世以俟君子而無憾者與？

自記： 全章重在末句，此二節是稱引詩書，不得寬衍「新民」泛語，却又要似條釋聖經，將「無所不用其極」意逗入，引述口中，文於此頗加斟酌。

詩云穆穆文王 二節（其一）

李光地

立止至善之準，而詳其止之之功焉。蓋聖如文王，善斯至矣，其次則能止於至善者，孰非由其功之懋哉？故大學兩引詩以明其意也。謂夫至善者，事理當然之極；而止至善者，知行並進之功。吾嘗誦大雅之詩，而知立至善之準者，無如文王焉。蓋穆穆者，敬之容也；緝熙者，敬之純；而止者，敬之安也。常明故常敬，而不息其命之流，此文王之心所爲性與天合也；常敬故常止，而各盡其倫之分，此文王之行所以動爲世師也。故君、臣、父、子、與國人交之際，人之大端也，如文王焉，可以無譏矣；仁、敬、孝、慈、信之懿，衆善之目也，如文王焉，亦可以止矣。所謂止於至善者，其則豈遠哉？夫聖人固天下萬世之標準也，然學之者當何如？衛詩之詠菉竹也，興其茂也；其稱有斐之君子也，美其文也。爲之歌「切磋琢磨」，則喻其學修之勤而繼也；爲之歌「瑟僩赫喧」，則形其恂栗威儀之積而盛也；爲之載歌「有斐」而云「終不可諠兮」，則道其德之盛、善之至，有相感以秉彝者。民雖欲忘之，亦安能忘之哉？由此觀之，自其聞大道之要，以動至德之光，則知聖人之可學而至也；修己於宥密之中，而風動於四方之遠，則知天下之可得而治也。

評：蓋不特自昭明德者至此而無以加，而所謂新民之無不用其極者，亦不外是而得之矣。按脈切理，若無意爲文，而巧法具備，是之謂言有序。

爲人君　止於信

陶元淳

聖人立止之極，要於善而已。蓋有善有不善，則所謂止者猶非其至也，文豈有未至哉？且學以至善爲歸，而今之求至於善者，或一端之足録，或大體之無失，如是焉止耳。然惟如是，則猶未止也。古之人有進於是者矣，有可進，則猶未可止。故吾嘗謂：古今千百年間，大聖人而外，其人則皆行乎得半之塗者也。今夫文王，則古聖人之能進於是者也。詩人詠之曰「緝熙敬止」，其所爲止者，豈必有成法之可師，而若設一必至之程，以自全於尊親物我之地；亦安必無時勢之相阻，而但求一至當之則，以自適於經權常變之交。則嘗就詩之義而推言之，彼夫叔季之君臣、常人之父子、末俗之朋友，其人非盡不善也，就其所善，古人無以過，然而所善則然耳，假令居文王之處，即以其所善行之，正恐拘牽未合，至予以大過而不辭，而後知文王之止也，真有進於是也；且就文王之止而更觀之，彼其誦罪之君臣、問豎之父子、齒讓之交友，其事非甚奇異也，就其所爲，人人皆可至，然其所爲已絶矣，今試由文王而外，各以其所爲驗之，雖有神靈之授，不過如其行事而止，而後知文之止也，無能更進於是也。君止於仁乎，臣止於敬乎，自有天地以來，尊卑之義未之有改也，而不能加也；子止於孝乎，父止於慈乎，苟非倫常之變，一本之愛未之有殊也，而不能過也。至於與國人交，則又内垂下土之式，外著萬邦之孚，而止於信焉。其止之惟變所適者，未嘗可爲典要，正惟不可典要，而神明化裁之用乃愈見其無方，夫止則宜其有方矣，而無方之止，則雖欲懸擬其境以赴之，而已非其所止矣；其止之日進無疆者，未嘗有所要歸，正惟無所要歸，而富有日新之美乃愈見其無盡，夫止則疑其有盡矣，而無盡之止，則雖欲刻定其處以居之，而又非其所止矣。夫乃知文之止之不可及也，彼天下後世之爲君臣父子交友者，大抵皆行乎半至之途者也。

評：避實鑿空，深微之義，以淺淡語出之，風格遠邁流俗。

詩云瞻彼淇澳 一節

韓　菼

衛民不忘君子，極形其德之盛焉。夫德盛之所至，即君子不自知，民何以一一言之，則德之入民心者深耳。嘗論君與民不相及，聖與愚不相知。民即有情，或取其被乎民者而歌詠焉，未有於其相遠者而相思矣。然而民各有善，而民德鮮能，一旦感於德之深，而其意中亦若有物，不啻自言之而自有之，而輒思之不置也。吾有懷於淇澳之詩。夫吾三引詩，皆言止也。淇澳之美衛武，則不言止，止已備言之矣。今即其一詩而六義備焉。其詩，固風也；其世，則小雅之世也；而其意，則主頌也。美菉竹，興也；連類於「切、磋、琢、磨」，比也；歎之以「瑟、僩、赫、咺」而因申其旨於「不諼」，賦也。真不忘君子之詩乎！夫詩人未必徒媚其上者也，又未必深知學問也，而其言即有斐者自道，豈過此哉！吾一一覆之，大率感其德、服習其善而作也。其不忘君子之始事，而喻之以切磋，又喻之以琢磨，抑有見於君子之學以敏其求、而修以致其潔者而然乎，美哉，德基之矣，而其由知以既於得者何善也；其不忘君子之既事，而歎之以「瑟僩」，又歎之以「赫咺」，抑有見於君子之恂栗積於中、而威儀發於外者而然乎，美哉，德之興也，德之光也，而其自心以澤於身者何善也。夫君子所自知者，切磋耳琢磨耳，其德之積而爲存著者且不自知，而民何以弗諼？即民之知君子者，亦僅威耳儀耳，其德之涵而爲刻厲者將無以知，而民何以終弗諼？蓋未嘗不美武公之德之盛而善之至也。凡事之旦夕而輟者，人亦旦夕而忘之，而武公志不衰於既耄，終身皆考治之事，終身皆誠形之事也，民雖甚無知而感誦睿聖，自少時以迄於今，悠悠可溯也，則深相愛已耳；事之絶物而處者，人亦於所不見而忘之，而武公日求助於國人，瞽御皆攻取之資，箴誦皆心身之物也。民雖甚疏逖而殷勤納牖，由草野以達於朝，依依可親也，則不忍釋焉耳。然則衛詩之「不忘」，固君子之德爲之，而民各以其善者相取也。視烈文之「不忘」，不較有微焉者乎？然而武公若不終日焉，而文王深遠矣。

評：直點詩詞，則體太方板；詁詩義，則文無情。粘定衛武，既失大學「至善」之義；空講「至善」，又與淇澳不相干涉。此篇斟酌盡善，詠歎淫泆，其味深長。

詩云瞻彼淇澳 一節

金德嘉 墨

詩言有合於明德之止者，傳者引之以教天下焉。夫淇澳之詩，美有斐君子耳，未嘗言「止」也，然而盛德至善已備於斯矣。傳者引之，意謂：明德之必止於至善也，聖人固常立說以教天下，而學者網羅載籍，流連於四始六義之中，往往引伸觸類而得其大旨之所存，非必其言之盡出於「止」也，而繹其言中之意，未嘗不望古而遐思焉。曰此古之明明德而止於至善者與，不然，何其感人之切而入人之深若此也？吾嘗讀詩而至衛風，見夫淇澳之什，美武公也。古者大學之教，自君公以至於氓庶，而皆有不容已於學問之事；古者歌頌之興，自比興以迄於敷陳，而皆有不容已於性情之言。作此詩者，興懷菉竹，歎美有斐。曰「切磋」矣，復曰「琢磨」，曰「瑟僩」矣，復曰「赫喧」，而申之以「終不可諠」。若言之不足而長言之，長言之不足而嗟歎之者，何也？以爲民之媚君子而然與？夫民即善媚，不過頌禱焉已耳，而何以愛之慕之，擬之議之？窺其中之所積而形容之，即其外之所著而揚扢之，言之重焉，辭之複焉。夫民也，何所媚於上而爲此與？而由今取其言而繹之，於是知古人之攻物，不極其精不止也；古人之爲學，不極其精不止也。古人之治器，不極其密不止也；古人之治身，不極其密不止也。「如切如磋」者精之至也，「如琢如磨」者密之至也，此古人之學修也，學修至，而寅畏中存，鮮暇逸之思焉；「瑟兮僩兮」者畏之至也，此古人之恂栗也，學修至、恂栗存，而輝光外賁，昭定命之符焉；「赫兮喧兮」者光之至也，此古人之威儀也，學修至、恂栗存、威儀著，而君子之德不動以人而動以天矣，不動以情而動以性矣。「終不可諠」者殆忘之而不能焉，動之至也，此古人之盛德至善也。當是時，耄而猶勤，則講習討論之積於生平可知也；飲而悔過，則省察克治之嚴於旦明可知也。志不弛於暬御，則畏天尊祖、嚴憚保傅之誠可知也；誠不忽於監史，則班朝莅官、珪璋聞望之肅可知也。非明德之止於至善，而能如是乎？

評：先正論「引書體」若可移作本經文，則全然與題無涉，而大學諸傳，引書以釋經者尤難。其消息甚微，淺學不能辨也。此作分寸不失，而神理曲暢，脈絡灌輸。元墨中有數文字。

如切如磋者 八句

鍾　朗

至善必求而後得，詩言可遞繹焉。夫明德之止，非偶然而得之也，由學修而致恂栗、威儀之盛，詩言不有合哉？今夫明明德者期於至善，然毋徒慕安、止之名而不深求古人之用心也。古人之求之也，必有其方；古人之得之也，必有其驗。求之之方，不外乎知行；得之之驗，兼徵於内外。吾今由詩言繹之，其所謂「切磋琢磨」者，蓋求之之方也：夫擇善者存乎知，而知豈易竟乎，始焉辨其孰爲善、孰爲非善，如治器者之規模先定焉，既焉辨其孰爲善、孰爲至善，如治器者之砥礪加精焉，蓋知之有漸，而必底其極也，則「如切如磋」者，道學也；體善者存乎行，而行豈易殫乎，始焉去不善以底於善，如治物者之裁制必良焉，既焉由善以底於至善，如治物者之瑕玷必盡焉，蓋行之有漸，而必要其極也，則「如琢如磨」者，自修也。若是乎其知行之並進也，不可以觀求「止」之方也哉？其所謂「瑟僩赫喧」者，蓋得之之驗也：夫止之得也，必精於内，而在内者何似乎，善在危微之介，惟敬足以主之，可以窺其中藏之嚴密焉，善爲重遠之理，惟健足以任之，可以測其秉心之强毅焉，蓋無意於矜持而有自然之兢業也，則「瑟兮僩兮」者，恂栗也；止之得也，必徵於外，而在外者何似乎，善由微而著，則和順積中、英華發外焉，善由著而盛，則清明在躬而志氣如神焉，蓋無事於表飾而有自然之暉吉也，則「赫兮喧兮」者，威儀也。若是乎其内外之同符也，不可以觀得「止」之驗也哉？

評：朴老健達，句句靠實發揮，不作一影響含糊語。

小人樂其樂而利其利

王汝驤

徽先澤於小人，所以予之者至矣。蓋善之至者，固合後世之小人而治之矣。其樂、其利，前王不至今存乎？嘗謂王者之使人不忘也，得之君子猶易，而得之小人較難。乃由今思之，夫民即無知，語以高厚之德，而罔或昧焉者，安於其所庇也；民即難感，告以父祖之勤，而無不志焉者，食於其所貽也。審是而前王之不忘，其所自恃於小人抑已固矣。夫以今而觀文武以後之小人，何其樂也，約定俗成，視其婦媚士依之福以爲固然，初不甚費時王之經理；以今而觀文武以後之小人，尚有利哉，口分世業，視其井灶葱韭之需取之無禁，亦不盡煩今主之規爲。則未嘗不慨然曰：此其所樂者，誰之樂乎，前王之樂也；此其所利者，誰之利乎，前王之利也。蓋吾思夫文武當日，其所以謀小人之樂者至矣，五家使之相保，五比使之相受，自民間宫室墳墓至於勞農、息老、嫁子、娶妻之事，無不設之官而莅之長，凡所爲經其兵戎使可衣食，經其衣食使可孝弟者，務盡乎人情物理之極則，而不以驩虞爲旦夕之安；其所以謀小人之利者亦至矣，十歲以下上所長，十一以上上所强，自民間田里樹畜至於溝涂、糞種、瓜瓠、菓蓏之細，無不陳之殷而置之輔，凡所爲以土會之法辨其物生，以土宜之法知其利害者，一準乎天時地利之大常，而不以私智速富强之效。是故其樂也，當時享之，亦且謂帝力之何有，迨數傳而後，一動念於恬熙之日月，則河山井里，一一皆前王宵旰之遺，彼夫既醉之民樂其醉酒飽德也，則曰是能法文武之道，鴻雁之民樂其還定安集也，則曰是能復文武之功，不稱其主而相與爲推原之論，夫亦知其所自來矣；其利也，當時食之，亦已置美利於不言，迨其流既衰，一撫心於民生之不易，則桑麻雞犬，物物皆前王手口之澤，彼夫甫田之民利其如坻如京也，則曰曾孫之庾，信南山之民利其爲酒爲食也，則曰曾孫之穡，不從其尊而爲本乎皇祖之號，夫亦知其所歸美矣。没世不忘，職此之故，孰謂君子小人有異情哉？

評：豐腴流暢，字字的實。是爲沈浸於經籍以自發其心靈者。

聽訟吾猶人也 一章

張玉書

學貴知本，即「使無訟」之説通之矣。夫天下無物不足見本，子言「無訟」而推及於「畏志」，本豈求之民者哉？嘗謂善爲治者，即一事之理，而一代之綱紀備其中；善論治者，亦即一事之理，而百代之民風主術具見其中。蓋循先事以求之，則大人之學所爲勞於本而逸於末者，其義可類舉也。夫天下本末之故未易明也，反復經文，而得於夫子易言聽訟以進於無訟之旨。古者司寇之官，刑統乎政，士師之職，刑寓乎兵，此不專乎訟之詞也，不專乎訟，而治術之源流上下，於一訟見之；内致聰明，以辨其等，外極忠愛，以達其誠，此專乎訟之詞也，專乎訟，而治獄之源流上下，於一無訟見之。嗟乎！平天下而至於無訟，古聖難之矣。今一旦在廷者威厲而不試，在野者設防而不犯，維時之民無匿情也，無飾辭也，是蓋國家刑措之風，需之數百年而庶幾一見者也，而使民無訟之理，則安可一日不講哉？君即仁聖，不能恃恩，而民之以志相見者，有時羞惡之意反重於譴呵之威；時雖蕩平，不能廢法，而民之凜然其有畏者，有時慈惠之師倍嚴於深文之吏。此其故，鑄刑書者不知也，去刑書者亦不知，而刑期無刑者知之，變至而爲之弭，事起而爲之防，特後世補偏救弊之術，而惟治居其要者，能制萬物之情於未然，遵斯道也，明允足以靖頑讒，而況其大焉者乎；折獄惟佞者不知也，折獄惟良者亦不知，而辟以止辟者知之，一歲而進退數人，一時而廢興數事，特國家磨世礪俗之權，而惟導之有原者，能平萬物之争於不怒，舍斯道也，哲后幾不能治一人，而況其下焉者乎？甚矣，天下之大，循本則治，失本則亂，凡事類然；而推無訟之原，釋知本之義，尤大彰明較著者也。夫畏志者，民之新也，而君德寓焉，此即末以見本也；無訟者，新之一事也，而君德全焉，此一本該衆本也。平天下者知之。

評：明德既明意含蓄不露，從容頓宕，蘊藉風流。

所謂誠其意者 二句

儲 欣

去欺惟恐不力，可識誠意之謂矣。夫吾自有知而意實欺之，所以不誠也，誠其意者，必毋自欺而可哉？且學者自格致以來，雖舉家國天下之物而皆無以欺之，及一旦由寂之感，而欺者旋至焉。然欺自外來者，可以諉其過於知；而欺由内發者，不得不專其咎於意。然則經所謂誠其意者，吾得而申言其旨矣。意必有所始，一動焉而入於僞，斯亦無望其誠矣，而惘然而入於僞與灼然而入於僞，固自有辨，吾不解夫灼然者之何以亦入於僞也，夫有欺之者也；意必有所終，屢遷焉而流於妄，抑又無復能誠矣，而惛惛者之流於妄與昭昭者之流於妄，究竟無殊，吾甚惜夫昭昭者之亦且同流於妄也，夫誰欺之者也？亦曰自欺焉已耳。始吾格致之日，取天人理欲之幾而大伸其辨，吾之知業已居天下之至快矣，意之既萌，此至快者豈須臾昧乎，胡然而蔽也，無論意與知相悖，反其道以行吾私，固不免爲欺之尤，第令意與知相從，强爲合以塞吾責，斯亦與於欺之甚者也，誠其意者毋然也！方吾知至之日，彙天人理欲之數而貫徹於懷，吾之知不啻居天下之至足矣，意即肆應，此至足者豈毫髮爽乎，胡然而蒙也，無論知至於十，而意之發止及其一，固已自欺其知之全，即令知至於十，而意之發僅虧其一，猶然自欺其知之一也，誠其意者毋然也。凡人於人之欺我，其疾之也必深，而於己之自欺，則恕之也亦甚，彼特以自欺爲人情之常，而不知人之所視爲常，誠其意者之所驚爲變也，夫以形氣相隔之人忍爲欺而不我愛，與以知意相因之我亦忍爲欺而不我愛，果孰常而孰變焉，見爲非常，而吾禁之止之之情乃可以自決；抑人欺我而我覺焉，則其術不容以復施，我自欺而我覺焉，即其後每因而狎至，世遂以去自欺爲人情所難，而人之所視爲難，誠其意者之所樂爲便也，夫吾絶人欺而使不可勝窮之人有所憚而不敢，與吾絶吾欺而第使得以自主之我有所憚而不敢，果孰難而孰便焉，見爲無難，而吾禁之止之之力愈有以自堅。然則誠意之謂，信可一言決之也，毋自欺也。

評：思能鋭入，筆能曲透，似此更何患題義之不究宣。

康誥曰如保赤子　一節

儲在文

立教有其本，以誠而通也。夫本之不誠，何以立教？而誠豈待學乎？書言「保赤」，孝、弟、慈之準也。且家、國之相通，一誠而已矣。使不本於心之誠而强飾其迹，則爲孝不能得之父，爲弟不能得之兄，爲慈不能得之幼，一家之中已扞格而不相入，而欲以成教於國，豈不悖哉？然而孝、弟、慈之心，必不患其如是者。何也？君子曰：無重言孝、弟、慈也，作保赤子觀可矣。今夫赤子，無知也，然固有所覺；赤子，如訴也，然固不能言。彼保之者，伺其嚬笑而察其喜怒，形與之隔而神與之俱；時其動静而驗其性情，探乎無聲而索乎無象。其求之如是其誠，而卒鮮不中者，古人以爲天之所爲，非人之所設也。故援以樹保民之的，而著之於書。康誥之云，蓋言誠也。且夫事之成於人者，更端而意倦；事之本於天者，一往而情深。吾觀世之養子者，口未嘗相語也，足未嘗相過也，術未嘗相授也，而竭誠以求，取諸懷而自足，何也，天也；且即其所求者，日計而百變也，月計而千變也，歲計而萬變也，而一心之誠，不假物而有餘，何也，天也。是故天下有生平未經之事，而身當其境，油然而自生；天下有詩書不載之文，而自用其愚，聖人無以易。皆保赤子之類也，使必有所彷彿而後能盡其意，則養子者遍天下，而學而後嫁，未之前聞。發於其所不自已，而動於其所不自知，故曰天也。夫著僞之行，咫尺而相戾；本天之爲，遼遠而大同。君子之孝、弟、慈，設誠而致，行之自盡其心；而因以合乎人心之所不言而同然，家國之間，所以各見其天也。君子曰：無重言孝、弟、慈也，作保赤子觀可矣。

評：融會注意，抒寫題神。落落大方，無纖側之態。

君子有諸己　未之有也（其一）

張　江

君子審端於己，知民之難以空言喻也。夫求人非人，將喻人而使從己耳，己則悖焉，人乎何尤？然則君子所兢兢反身者，豈苟然哉？今夫令也者，上之人不得已而假以喻此愚民者也，而論治者必曰：風流而令行，風自上也，流自下也，感應之間，幾不容髮，君子於此得教化之原焉。何則？品式不詳者，不可與明民；訓詞不厚者，不足以動衆。自堯舜以來已不能不求一人、不非一人而使天下咸喻於不言矣，況下此乎？然而操此以往，有應有不應，則所藏乎身者異也。夫民之耳目心思，不能自有也，而常轉移於君身；君身之好惡從違，不欲衆著也，而早判於斯民之聽覩。是故君子有恕道焉，不挾以君民之勢而儕以人己之形，爲其情可對觀而出也；不誣以聖愚之名而課以有無之實，爲其事可依類而稽也。當是時也，一人惇行於上，萬民承式於下；天子方從容於衽席庭除之會，百姓已震動於山溪海甸之間。蓋真有其一不言而自喻者，而求與非特其後焉者耳。無他，恕行於令之先，而國自定於身之後也。不然，人所應有，己不必有；人所應無，己不必無，而賓賓焉相詭於文誥之煩，以强之使應，此雖教其家且不可，何論國哉？夫嚴父以責其子，而相夷之下，不免退有違言；匹夫而修於鄉，而不肖之名，至恥爲其所識。何或壅於尊親之勢而不行，或勸於疏逖之風而自動哉？以身教者從，以言教者訟。君子觀向背之不爽，信愚賤之難欺，未嘗不怳然於教化之原在此不在彼也。

評：模古文之氣度節奏，而於題中窾會無不曲中，是謂於文章之境能自用其才。

所謂平天下 一節

張玉書 擬程

釋治平之序，即心之同而道得矣。蓋國與天下之矩在君心，明於成教之易，而君子寧無道以處之哉？且夫古之大人，修身以教家，而治平之理已備。其必推極於天下者，所以究王道之終；而必起化於國中者，所以明王道之序。此平天下在治國之說也。何言之？天子不與庶人異學，其理一也；天下不與國人異教，其情一也。理不一，雖以堯舜之聖不能治一人；情不一，雖以朝廷之尊不能行一事。乃上方老老於家，而國之民已興孝矣；上方長長於家，而國之民已興弟矣；上方恤孤於家，而國之民已不倍矣。由斯以觀，民即甚賤，皆各有父子兄弟之相親，故孝、弟、慈無日不感通於天下；民即甚愚，亦各出愛敬天性以相見，故孝、弟、慈無日不激發於人心。然而天下時有不孝、不弟、不慈之民，以干天子教孝、教弟、教慈之化者，何也？是非盡民之過，而上之平之者無其道也。君子察仁讓之易興，悟行恕之有要，即近以喻遠，百物共一矩焉；由尊以逮卑，物物各一矩焉。取而絜之，天下之大，非可以家至而户說也。經制定則利用溥，政行於天子之國，而列國不敢有殊軌矣；綱紀明則任人逸，法立於祖宗之朝，而易世不敢有敗度矣。蓋先之格物致知，不離宮寢，而有以察天下情僞之變；本之正心誠意，不謀功利，而有以立天下是非之衡。由是修身教家，而國與天下舉而措之裕如已。絜矩之道，安可不務講哉？

原評： 起局振拔，轉局分明，收局精湛周密。善並美具，卓乎先正典型。

所謂平天下 一節

韓　菼　墨

即治國以驗民情，道有操乎天下之全者焉。夫孝、弟、不倍，家國間已若有一矩焉，君子必務絜諸天下也。絜之道無窮，而「平」豈易哉？今夫君子自身修而後，其於家國天下固已曠覽乎同然之勢，而得其所以相及之端，然君子之所及者愈大，而所操者愈以密矣。故嘗畢舉天下之情，仍本吾身心以内之求，要使出之吾者無一不與民相際，而遂可給天下之無窮而皆當也。吾得經言平天下之謂矣，蓋當綜「治」與「平」之大要而思之。君子治國之道猶略，謂自家推之而近也；君子治天下之道恒詳，謂自國推之而猶遠也。然經言平天下在治國，斯何謂哉？今夫家國天下，異勢也，然民情則一而已矣。家之中有老，上之老老，非以勸國人孝也，而民之興孝者已若是；家之中有長，上之長長，非以喻國人弟也，而民之興弟者已若是；家之中有孤，上之恤孤，非以詔國人慈也，而民之不倍者已若是。是可以見天下之民之無不然，而順而推之，即可以平天下：逆而施之，即不可以治一國。則其待於君子誠切，而君子之所持與天下相盡者，誠不可苟焉而已也，是故君子有道焉。君子自類情通欲以來，已與天下之物有日相考驗之端，凡公私之似、邪正之交，其知之至矣，知之至而知其不可以愚民也，吾之所知必非民之所不知，民之所知或更慮爲吾之所不知，國家數大事，而有一不足以厭小民之智，則其餘俱無以相服，君子所爲穆處深宮而東西朔南皆其神明之條貫，一若有不易之則以深其擬議變化也已矣：君子自審幾克治以來，又與天下之物有憂樂相關之故，凡嗜欲之必謹、燕昵之必防，其求之誠矣，求之誠而意自不忍以欺民也，我日求盡乎吾之意而民之意盡，我日求盡乎民之意而吾之意亦盡，朝廷數大典，而有一不足以愜草野之私，即身被而不生其感，君子所爲本諸性情而殊甸遐荒皆其愷澤之旁流，一若有至正之軌以消其偏黨陂側也已矣。是道也，何道也？平天下之事，大抵本此孝、弟、慈以爲端：而天下之待平於我者，亦只此孝、弟、不倍之民以惟上之從。君子於此得矩焉，而兢兢乎惟恐不得其平而絜之必盡者，道在則然也。治一國之道，即平天下之道也。

評：起結及中間要綰處，純用古文之法。而於題之義意、注所推闡無不吻合，故能獨步一時。

詩云樂只君子 一節

李光地

釋詩所謂父母者，能盡絜矩之道者也。夫民心即己心，所好好之，所惡惡之，絜矩之道也。詩所云父母者，夫豈外此？傳者意謂：治國以平天下者，觀家而已矣。蓋國、天下雖大，其心則一家之心，其事則由家而推之之事也。是故家人有嚴君焉，父母之謂也；天下有父母焉，元后之稱也。詩不云乎？「樂只君子，民之父母」。夫能舉天下而爲之父母，而後天下可得而平。然果何如而謂之父母哉？蓋所謂絜矩之道者，絜吾心之好惡於天下而平其施者也。得遂其老老、長長、幼幼之願焉，我所好也，而即民所好也，自形分勢遠，於是乎不能推以度民而好其好者多矣，必也以萬物並生爲念，欲使老有所終、長有所奉、幼有所養，而於民之所好好之；不得遂其老老、長長、幼幼之願焉，我所惡也，而即民所惡也，自分闊情疏，於是乎不能推以度民而惡其惡者多矣，必也以一夫不獲爲憂，惟恐黎老有播遺、天顯罔克念、幼穉莫收恤，而於民之所惡惡之。此惟父母之於子，喘息呼吸而其氣必通，故能視爲己身，而知之之明如此也；疾痛憯怛而其中必動，故能引爲己責，而求之之誠如此也。君子知千萬人之心即一人之心，則清心以問下民，而下無不達之隱；又以一人之心爲千萬人之心，則推恩以保四海，而衆無不遂之生。此豈可不謂民之父母乎？然則王者能以中國爲一人，天下爲一家，而非意之也，求端於心而已矣。不然而齊一家以好惡之辟猶不可，況天下乎？

評：三王治象，周公典禮，俱在其中，而清空一氣如話。

詩云樂只君子 一節

韓 菼

引詩而得「絜」之説，以不易盡者相歸也。夫民以「父母」稱君子，乃其以好惡歸君子也，故絜之而知爲民父母之難。傳者謂：吾即好惡之一端以明絜矩，亦可以知民情之大凡矣，乃平天下者自誠意以來，已反復於好惡之兩塗，有必欲與民交快其意之誠然者，而後民情始得。然君子之事益無窮而心滋懼矣。是故明於絜矩之謂，亦其道則然，抑能是道者甚難也。位不出上下、前後、左右之間，顧境之設者一定，而情之動也無端，君子惟以甚恕者相迎，而始有養欲給求之事；情亦只此孝、弟、不倍之故，顧機之從者不拒，而心之應也常公，君子惟以至正者相取，而亦無違道干譽之心。南山有臺之詩曰「樂只君子，民之父母」，吾繹其所謂，大要不出吾好惡之説，而特其持之有道而致此不易也。夫事在耳目之前，其力易及，今使斯民得一一告語於天子之廷，亦上所甚願，乃伏而爲好惡至隱之幾也，此如赤子有懷，豈能自言哉？君惟是旁皇意計，取其不自達之心，而有惟恐傷之慮，迨至其所好所惡者已釋然，而好之惡之者猶委曲而不已也，此何如厚意者也，而寧忘也；夫世當大順之際，其情必澹，今使斯民得一一盡去其情智之求，亦風之甚古，乃激而爲好惡至危之勢也，此如赤子所觸，可緩須臾哉？君惟是迫切自痛，悔其無早覺之微，而致有不能已之苦，迨至好之惡之也已甚瘁，而挾所好所惡者猶昵我而多憾也，此又何如期待者也，而寧置也。是故君子之早夜以圖者，不自求民始也，平居嗜欲之必謹，燕昵之必防，吾之志氣既清，而後衆情投之而立赴，故父母猶可以不學，而君子必自反而相及；乃君子之幾微自審者，又皆自求民始也，事不出公私而其故多端，塗不出邪正而其致不一，物之情變既極，而後吾情予之而各當，故父母猶可以不中，而君子又恐一發而難收。然則所好所惡，不可知乎？好之惡之，不已極乎？而謂民父母，不亦難乎？不然，則南山之詩亦私其君子而媚之也哉？

原評：沈摯纏綿，得「此之謂」三字鄭重之旨，而神味含蓄，源委深長。想命筆時不苟下一意也。

評：洗盡「好」「惡」一切套語，獨標清新，耐人咀味。

貨悖而入者 二句

方舟

審貨之出入，而悖者亦愚矣。蓋解悖者常以悖，觀貨之所以入，不可以知其所以出耶？且有餘則爲患者，凡物皆然，而貨其甚焉者也。天地萬物皆將取焉，而或豐之，其害多矣，況以無道行之，而謂可長據乎？昔者先王觀萬貨之情，而制其出入之節。其入也，即以爲出之地；而其出也，不逾其入之經。凡以順物之情而已無與也。苟欲聚之，則其入也必悖矣，其取之有常，其供之有數，不悖則人將分守焉，而何以得入也？其入也悖，則其出也亦悖矣，其取之也勞，其惜之也必甚，不悖則彼終貪賴焉，而何以得出也？五行百産之精，止以給生人之用，雖天地之力不能多所贏餘，此有所壅則彼有所缺，天固不忍縱一人而隘萬物之生；勞苦患難之事，皆可以惟上所求，而封殖之深禍更悲於死喪，生且無賴而朘者方殷，即民亦不能束手足而視父兄之急。方其求無不得，或以富淫人而疑造物之不仁，而不知非也，其所憑之勢既厚，即天亦不能驟遏其流，待其力盡以斂之，而亦無能自脱也，且惡知夫造物者之非用其悖以厚其入而爲出者之用乎？方其所欲不違，且愚天下而自喜操術之甚智，而不知非也，所集之毒未盈，故人不得不徘徊以俟，至反其道以用之，而後悔其過計也，亦惡知夫前日者之群睨其貨以哀其出而計數於入之時乎？故其入之數愈多，則其出之勢愈急；其入之時愈久，則其出之禍亦愈深。當其先，欲其少有所出以爲餘力讓財而不能也；迨其後，雖欲盡其所入獨以返一日之無故而不可得也。嘗見匹夫而執利權，則鄉曲之間其生計必薄，而悁然視之以待其盡，蓋有悖事，則當之者皆有悖心焉。彼徒患貨之不入耳，而吾獨慮其入之後，將如何而使之出耶。

評：包羅萬有，實而能空。是謂鎔經史而鑄偉詞。

寔能容之 二句

熊伯龍

德莫大於有容，相臣以爲保世之本焉。夫能容亦自盡其實心耳，而子孫黎民胥賴之，其功用何如哉？嘗謂策勳莫如登進之功，置輔莫如篤實之器。何也？大臣布公，而天下之奉公者起；大臣無私，而人主之謀私者遂。效在一世萬世，而機藏於一人。秦誓猶見及此焉，其言曰：若臣之於有技、彦聖如此，乃今而知非澹漠之懷矣，與物相忘者，未必能加意人倫，有才而莫爲之挽，其亦可以謝天下也已，若臣實係乎至性焉，生養見天地之心，裁成感祖宗之德，亦既始之終之而猶有摧殘之慮也，則能容者乎？乃今而知非虚憍之氣矣，與物相逐者，亦未必能驅策群材，見美而收以爲譽，後將苦其莫之繼也已，若臣實有其雅度焉，考藝著信、忘人之罪，育英拔彙、忘己之賢，亦或疑黨疑偏而不渝覆載之度也，則能容者乎？當其時，所爲持綱紀者，一日之進退而已，堂以下未嘗煩大臣之運量，而無一不足見大臣之運量也；所與布腹心者，執政諸大夫而已，國之人無可見大臣之精神，而何地不足徵大臣之精神也。若人者，我子孫被之矣，制度有易世即弊之處，積以賢則無弊，選建而有左右、左右而有論教無論已，所遇雖遜中材，而衆賢聚於本朝，則天下不敢輕量近習，而國家之權不移，蓋人莫不言詒謀，而若臣以大度爲詒謀，誰則知之？若人者，我黎民祝之矣，法令有嗜欲不通之地，樹之人則可通，朝廷以及百官、百官以及萬民無論已，化澤即未下究，而君子和樂於上，則士大夫不以功名相耀，而萬物之命可立，蓋人莫不言樂利，而若人以長養爲樂利，誰則知之？嗚呼，此有容之不可及也！由斯以觀，群臣進者治之表，胤祚有寄，牧養有司，百工宣力，而告廟推公輔之庸；大臣進者化之原，勞在社稷，澤在桑麻，老臣稽首，而平邦歸我后之德。然則用人何負於大臣，擇大臣何負於人主哉？

自記： 文有寬博有餘之氣。

評： 入手不粘連上文，洗發下句，更見精義卓立。

此謂唯仁人 三句

劉子壯

發仁人用情之義，而益信其爲仁之至也。蓋天下皆知仁人之能愛惡，而孰知其即此之謂也哉？於放流之際觀其深矣。大學謂平天下者，與賢者共之而已，而其與賢者共，亦去其不賢者，使毋相擾而已。夫使朝廷清，即人主不必示如神之哲，且使士氣洽，即人主不必殺人以爲恩，至不得已而以法顯天下，猶能即其事而思之，亦足以見仁人之爲無窮矣。何則？大順之世，刑設而仁人而不用，雖在巨奸，或有不問之時；上聖之心，知明而不遺，偶逢不肖，亦有自遠之理。而仁人顧放流之若此，此何謂哉？蓋謂國家得一賢人，雖甚有好士之心，尚未必召致天下之人，而得一不賢人，則士已望其風而不敢進；即國家得一中人，雖未必有知人之哲，亦或有浮慕賢人之心，而得一不賢人，則士即居其位而不能爲。夫仁人將以進賢爲心者也，而彼有深動乎人主之術，亦自託於愛惜人才、慎重名器以陰濟其不能容人之心，是豈必躬爲驅斥，而高人以廉恥自引，天下遂以疑公道之不昭，仁人於此，固不可無此清明耳；抑仁人將以盡人之才者也，而彼有大過乎人之才，亦自託於興復古典、專攬大權以陰成其不可一世之志，是豈必盡人猜嫌，而當官以牽制爲憂，天下且以懼王心之未一，仁人於此，固不可無此剛斷耳。古有以君子而誤用小人者矣，或求治之急，或憐才之深，而遂爲其所乘，仁人當此，豈能一一而理之，蓋後日能爲小人用之人，即今日能爲君子用之人，仁人何必求其盡，但取一大不正者投之，則不惟安天下之良士，而亦全天下之中才；古有以小人而陰用君子者矣，或因之以爲名，或委之以救敗，而乃爲其所誤，仁人當此，安能原其始而見之，蓋我用小人或才全而事可濟，小人用我則身失而道不光，仁人苟能廣其類，但當求其用人者正之，則不惟相臣不能有私事權，即天子不必有私喜怒。古所云「惟仁人能愛人，能惡人」，其此之謂與？夫絜矩之道，由所惡推之父母斯民也，而仁人之放流，亦以能惡爲能愛。平天下殆以善用其惡爲本哉？

評：茹史而抉其微。中幅究極妨賢一流心術情狀，至爲透快。末幅議論，深得古今治體。不必描畫「此謂」二字，而所見自遠。

生財有大道

嚴虞惇

王者平天下之財，以道生之而已。夫財不可聚而可生，而生之自有大道也，可徒曰外本内末乎？且平天下者而權夫多寡有無之數，宜非王事之本務也。不知生民有託命之處，無以給其欲則争；兩間有不盡之藏，無以乘其機則敝。惟不私一己而以絜矩之意行其間，所爲導利而布之上下者，誠非智取術馭者之所能幾也。吾爲平天下者言生財：財本無不生也，財一日而不生，則萬物之氣立耗，而生人即無以自全，知其本無不生，而長養收藏可以觀陰陽之聚；財亦非自生也，財一日而不生，則萬物之精易散，而大君於是乎無權，知其不可不生，而盈虚衰旺可以調人事之平。生財固有大道焉。求珠於淵，取璧於山，開天地之未有以誇珍奇者，非生也，夫民有衣食之利而金玉奪之，貧與富相耀，私而不能公矣，大道以正其經，而不通難得之貨，不作無益之器，飲食以爲質，與天下相適於蕩平焉；關市有征，國服有息，竭閭閻之力以稱富强者，非生也，夫國有維正之式而商賈算之，子與母相權，暫而不能久矣，大道以定其規，而不損下以益上，不奪彼以與此，制節而不過，與天下相安於中正焉。大道而精言之，則與性命相孚，以不貪爲富，以不蓄爲寶，清心寡欲，既已清生財之原，而由是措之則正、施之則行，百官萬民，群拱手以觀聖天子之發育，道之所爲無欲而通也；大道而廣言之，則與天地相參，裁成其有餘，輔相其不足，仰觀俯察，既已博生財之途，而自是天不愛道、地不愛寶，人官物曲，咸奮發以赴聖天子之精神，道之所爲大亨而正也。於財之未生者而生之，生於天，生於地，生於人，而實生於君，周禮周官，具見聖人之學問；於財之既生者而益生之，益而生，畜而生，節而生，即涣而益生，官山府海，只爲霸國之權謀。生財之大道，即絜矩以平天下之大道也。

評：義意深厚，筆力沈雄。無一膚闊之語、囂張之氣，可謂體貌相稱。

孟獻子曰　一節

熊伯龍

傳於魯大夫之惡言利者，而以爲通於國焉。夫義利之辨，所以慎好惡而絜矩也，爲國者其可爲有家之所不屑爲而見惡於獻子哉？傳者若曰：吾言發身之效，而必以守財爲好義之終，豈上之於仁亦有所利而爲之也乎？而不然也。下以守財爲分，則謂之義；上以守財爲心，則謂之利。惟以好仁爲當然之理，而無所求於下焉，斯仁之至而義之盡矣。若孟獻子則可謂知義者與？其戒畜馬乘者，則欲其不察雞豚，蓋雖初命爲臣，而已受大，不得復取小，義如是也；其戒伐冰之家，則欲其不畜牛羊，蓋以大夫從卿後，而位愈尊，所殖不得愈厚，義如是也；其戒百乘之家，則欲其不畜聚斂之臣，而且甚其詞曰「與其有聚斂之臣，寧有盗臣」，蓋盗臣雖不可有，而以傷民之力、亡己之財比量以觀，則寧有之，義又如是也。其所以如是者何也？蓋凡初命以上，雖名爲有家，其實皆奉公體國而與人君共治平之責者也。推察之、畜之之心，則凡所爲以利，治其國者無不盡，言利者無由而至矣；推不察、不畜之心，則凡所爲以義，治其國者無不盡，言義者無由而至矣。若此者，其義利之辨、治亂之機，而家國之無二致者乎？是故天子不言有無，諸侯不言多寡，非其體則然，其理固有所不可也，朝廷舉事，揆之吾心而安，放之萬物而準，即此爲君國子民之道，而陰陽人事之患，亦往往而絶矣；損上益下則爲益，損下益上則爲損，非獨苛於上，其理固不可復益也，大臣謀國，日以誠正告其君，日以淡薄率其屬，識者卜天命人心之歸，而衰世苟且之法，或往往而絀矣。夫以義爲利，是猶有利之見存，而三代以後之言也。然以此爲訓，則庶乎慎好惡、審取舍，而不至爲小人所中哉？

評：來路極分明，去路極警拔，中幅極融貫。通體無不完善，可謂毫髮無遺憾矣。若陶、董見此，安得不畏後生耶？

欽定清朝四書文卷二　論語上之上

學而時習之 一章

李光地

聖人論學惟不息以幾於成也。蓋時習者，不息也。朋來由是，不知不慍亦由是，悦樂之驗而君子之歸，固有入其中而自覺焉者，故魯論首記夫子之言此以勉人。意謂：學者，所以復性也，性體無息，學者亦惟不息其功以求自得而底於成焉爾矣。是故有弗學，學則必繼。詩書吾既學之矣，而非僅涉其文也，涵泳焉，由繹焉，以藏以息，未嘗須臾離也；禮樂吾既學之矣，而非徒嫺其數也，以治躬焉，以治心焉，一坐一立，不可斯須去也。時習如此，吾知其於學也樂而玩，居而安。其理之非外得也，有復而不厭之機；而其生之烏可已也，有動而無方之益。蓋所謂「入而後悦之」者，而學其益進，已悦，固時習之妙也，然所樂則有大焉。修於己而及於人，雖殊鄉異壤，而類必有應者，吾德於是爲不孤也；發於邇而見乎遠，雖四海九州，而術無不同者，吾志於是爲有繼也。朋來如此，吾知其於學也，足以信於今、行於後。育英材而錫類，固洽性分之公；得傳人而嗣音，尤幸道化之盛。有所謂「悦而後散之」者，而學其益廣，已樂，固爲道之志也，然所性則又不存焉。抱義而處，初無求乎人知之念，而怨天尤人，久已泯也；遵道而行，容有人莫我知之遇，而樂天知命，未嘗憂也。人之不知如彼，不愠如此，吾知其於學也，足於中、無待於外。人雖不知而己獨知之，自得之深而道德之歸也有日；抑人所不知而天獨知之，上達不已而聖賢之詣也可期。至於此，殆所謂「以成德爲行」「樂則行之、憂則違之」者，而學其自此至已，學者誠以吾言思之，其不亦然乎？

評：局法渾成，辭意清切，非讀書窮理、積久有得，未能如此調適而稱心也。

學而時習之 一節

韓　菼

學以説進，隨時自喻也。蓋學以時爲程，以説爲候，是惟習者自知之耳矣。子若曰：夫人生平之業，不可終窮，而要其始必有所從入焉以爲得。顧其所從入焉者，不敢但以爲始事也，其精神之所積，固已貫乎終身以爲之塗，而其得之於心者，亦遂有可以與爲終身焉之致，則吾今得以學語人矣。物之兩有所嗜者，必非情之至，學當距乎其外也，静耳目心思之緣，使之皆息，而中之真者自生；物之驟有所喜者，必非情之深，學當艱於其内也，積寢食憂憤之思，有以自苦，而中之甘者乃出。則夫學必從乎習，而習無間於時，而其中説之之致乃可得而微言之。始吾不知學之何以一涉焉而輒格也，迨時與發之而其境日徙矣，夫人畢數年之力而意境不遷，有倦而去耳，若夫天地之奇，不終遥渺，古今之富，如可贈言，歲月攻取之餘，而所償有不暇給也，亦差釋我生之多負已；始吾不知學之何以日多焉而無得也，迨時與永之而其情善反矣，夫人積數年之獲而尋究不深，徒奢無益耳，若夫已讀之書，一如未得，極深之致，猶謂未精，流連感歎之下，而其義引而愈長也，亦遂覺吾心之日新已。且夫學之從容於其致者，不必於其道德也，執一器而得之於心，聆一音而如接其人，於我曾不相屬而神明輒以相貺，夫學者之游心，豈必正容而悟也哉？且夫學之浹洽於其素者，又不必於其事物也，掩詩書而若涉於目，屏弦縵而若知其物，於心渺無所試而天機有以相涵，夫學者之彌性，豈其即象而求也哉？然而説吾知之，而仍無以知之，何也？同是説而遞深焉，少壯之所得，往往故吾而非今我矣；則隨其時自領而已矣；同是説而各際焉，兩人之所得，往往相與於無相與矣，又隨其人自領而已矣。顧安得一時習者，而相期進此乎？

評：盡洗積習陳因語，與注義正相比附。雖詞調爲人所剿襲，而精神歷久常新。

巧言令色　一節

魏嘉琬

聖人於人之務飾者，而推見其所存焉。夫仁者，心之存也，而務爲言與色之巧且令，則心不已馳而去之哉？且夫人心之仁，欲其息息而存之也，心有所之而仁隨之去矣。外不任其自然，內已失其本然，則人心之存亡，不必入其心而試之已。君子有鄙倍之棄，則亦謂之修辭焉，然吾聞其棄鄙倍而已，何緣獨得巧也？君子但亢厲之捐，或亦謂之修容焉，然人見其捐亢厲而已，何術以致令也？乃拙者不爲也，而構於形似之間，則何其巧，知其心之曲折於是言，而乃得如是之巧者矣；莊焉者弗爲也，而强作煦和之態，則何其令，知其心之摩擬於是色，而乃得如是之令者矣。夫言爲其巧，則心漓而之於言，猶可知也，而心已之於人之聽之者，而並不在言也；色爲其令，則心漓而之於色，猶可知也，而心已之於人之觀之者，而並不在色也。蓋言依其質，即不爲是巧，而仁豈遂存於所言，況益之以巧乎？色任其天，即不爲是令，而仁豈即麗於其色，況甚之以令乎？以爲巧，則非由中之言，就此不誠之意而仁亡，然使其誠於是巧而致虛以爲信，則由中之巧不甚乎，故第即其所以務巧之心以推其仁之已去，而不必更論其不誠；以爲令，則非根心之色，就此僞造之意而非仁，然又使其日造是令而由襲而入天，則根心之令不甚乎，故第即其所以務令之心而知其仁之既離，而不必更責其僞造。吁，心之不存，而仁何有？心之别存，而何有於仁也哉！

原評： 不於「巧」、「令」痛加詬斥，直抉心德之亡。出以婉約，言簡而味長。

敬事而信 三句

張志棟 墨

道國之經有五，而本計得矣。夫敬、信、節、愛、時使，皆本計也，道國者可不勉哉！嘗謂致治之術多端，而善爲治者必進而詳其體要。所存惟嚴以貞一己之志，而寬以聯萬物之情，斯本計得而國家乃可久安而長治。千乘何以道哉？其首在「敬事」，治道之升降視幾務之修廢以爲端，而小心者大業所由集也，道何可不敬，喜事者易荒，持其衷者以慎，畏事者易廢，厲其志者以勤，則國無廢事矣；而次又在「信」，化理之盛衰視政令之煩簡以爲量，而紛更者疑貳所自生也，道焉可不信，酌理勢以垂道揆，信以義而起，規久大以昭法守，信以誠而貞，則國無繁令矣。其次又在「節用」，月要歲會，無不下取於閭閻，苟儉約未至，非所以重民命也，即非所以重國儲，節焉以不得不用者尊王制，以不敢過用者清君心，則理財之道得矣；而次又在「愛人」，百官萬民，各思上通於黼座，苟體恤未周，非所以固人心也，即非所以固國本，愛焉而輔吾治者有禮以相接，而待吾治者有恩以相維，則御下之道得矣。雖然，政教修者國必强，仁儉至者國必富，履豐處盛而軍役煩興、曠農廢業，其累盛治者豈少哉？道在「使民以時」。下既以裕胼胝之力，上亦以杜浩大之萌，則國無過舉矣。凡此者皆本務也，道國者審諸？

評：非無絢爛之章，檢其句語，不落郛郭，即入拙滯。轉取此切近明顯者。

信近於義 二句

錢世熹

始之不可忽也，即信而已然矣。夫信不期於必復，而期於可復，舍義其將能乎？且自人與人不能不接也，則以言爲端；人與人不能不疑也，則以言爲質。至質不足恃，於是風烈之士起而力矯之，重然諾、矜期許，豈非當世所稱賢豪間者哉？然或言矣而不復，復矣而不如其不復，此非信之過也，信而不知所以信之過也。夫信之渝，不於其渝之日，有先之者矣；信之踐，不於其踐之日，亦有先之者矣。此其要在義。吾之信，即不敢自謂精義，然獨無近義者之可守乎？則吾之言，即不敢必其盡復，然獨無可復者之足據乎？苟信近於義，吾謂其言可復也。凡信之不可復者有故，在乎意之不經，而其後忍而背之也，意之不經而出於輕躁之舉，以爲可任無虞耳，乃理當阻格之時，往往保其初心而不獲，將悔而更之也而約已在前，將曲而全之也而失已莫挽，事難兩顧，則必取今日之義而棄其前日之言，此亦事之無可如何也，若審於人與己之際而酌於時與勢之間，後之兩難者何由而至焉？抑信之不可復者又有故，在乎辨之不早，而其後忍而成之也，辨之不早而動於感激之私，以爲可矢無負耳，乃誼關君父之大，往往陷於惡名而不辭，方其諾之也而誤已在初，及其遂之也而誤又在後，累有重加，則雖全一時之言而已傷萬世之義，此亦事之良可悼惜也，若裁以中與正之宜而嚴以公與私之介，後之重累者何由而至焉？君子知其然也，故不敢以身輕許人，不敢以事多許人，其周詳慎重，固大異乎豪俠之爲，而卒也死者復生、生者不愧，即力窮徑塞，天下皆得而諒其誠，蓋人於復之日憶言之時，而此於言之時留復之地，夫亦計其終有可居之功而已矣。抑未嘗言之而不行，未嘗行之而不勇，其踔厲迅發，若無異乎豪俠之爲，而卒也受其所是、辭其所非，即遂志捐軀，天下皆不得而議其過，蓋其不可復者必不形之於言，故其凡所言者舉可要之於復，夫亦恃其始有不可易之道而已矣。不然，氣浮而慮淺，識寡而情多，吾未見有能善其後者也。天下事豈獨一信哉！

評：朱子云：「言而不踐，則是不信；踐其所言，又是不義。」通篇本此兩意相承，文筆更爲爽達。

詩三百　一節

李光地

約言全詩之義，示人以性情之教也。蓋詩道性情者也，得其性情之正，則無邪思矣。詩之所以爲教者如此，故夫子有感於駉篇之辭，而揭以示人。曰：吾門之教以詩爲稱首，舊矣。蓋其端起於志，而其效可以興。吾嘗欲約其旨以示人，乃今即於詩得之。夫詩三百，至多也，而吾直以「思無邪」之一言蔽之而已矣。何則？禮以齊民坊欲，而詩則極其情之所至而不禁，蓋人心之有者不可無也，要以發乎情者止之乎禮而已；樂以易俗移風，而詩則仍其俗之所尚而不改，蓋人事之著者不必削也，要以興於詩者成之於樂而已。人情之切者莫如飲食，然而禮即由是始初焉矣，詩則自夫婦之宜言、君臣之饗燕，幽而至於祖考神明之醉飽，其嗜欲貫爲一條，而惟是食息之頃鄙吝生焉，以爲天職即於此而隳也；人情之至者莫如男女，然而道即由是造端焉矣，詩則自庶士之歸妻、公侯之逑匹，極而至於祖妣天地之合祭，其忻歡通爲一理，而惟是床簀之間褻慢中之，以爲天命即於是而不行也。是故極思之致，以窮人心之變；立無邪之教，以約性命之歸。雅頌之篇，往往作於賢聖之徒，其言固已比於謨訓，即或男女詠歌，各言其傷，而其惻然動人者，亦足以交有所發，而增夫三綱五典之重；王澤之行，往往得其本心之正，其風固已進於淳古，即或政亂民流，各行其私，而其醜不可道者，益足以大爲懲創，而厚爲禮義廉恥之坊。然則「思無邪」一言者，其先王教詩之指也夫，其亦學者讀詩之要也夫？

評：他人皆見不到、說不出，惟沈潛經義而觀其會通，方能盡題之藴、愜人之心若此。

道之以政 一節

方舟

政、刑非所以恥民，故不能過得於民也。蓋民免，而言政刑者之志得矣，而爲政刑者之術亦窮矣。恥不能無，而謂免可恃哉？且長民者，固深慮民心之不可問也，而一切之法行焉。以爲民知有法，則有所忌於上；而不知民知有法，則益無所忌於上。何者？謹相避於法之中，而法所不及之地，上固不得而問之也。蓋自三王以降，其上雖有願治之君、救時之相，而皆謂之失其馭；其民雖粗安於耕鑿，時馴乎教令，而皆謂之失其性。其所爲失其性者，以其心之無恥也；其所爲失其馭者，則所以道之齊之者非也。夫使民皆有恥，則無事於道之齊之矣。惟其無恥而後道之以恥，惟其無恥而後齊之使知所恥，而奈何其以政刑也？彼亦習見夫亂國暗君之相屬也，政愆而吏不知所守，刑瀆而民不知其威，而苟無失於繩墨之中，遂鰓鰓焉以爲道之齊之之有具；彼亦習見夫誣上行私之不可止也，干政典而矯以私行，觸刑辟而義不反顧，而苟不見其抵冒之迹，遂躍躍焉以爲斯民恥心之已生。而不知此其免也，而非其恥也。彼其心以爲上方自勵於法而未少挫也，吾驟而扞焉，必不勝矣，夫政刑固無不變之勢也，姑潛身以俟焉，以乘其倦而奮吾謀，而其法固有所不行也；彼欲禁吾之欲而不得逞也，吾顯而犯焉，必無幸矣，夫政刑固皆有可徼之迹也，吾舞智以御之，陰用其實而陽避其名，而吾欲依然其可逞也。然則民之免也，乃其所以無恥歟？且夫免亦何可常也？必其時爲可行吾政刑之時，必其人皆能守吾政刑之人。平時束於法令而無所遁，一旦有故，將有玩而不行者矣，即幸能久安而無變，而亦常守此藴而不測之民而已矣；吾能謹其操柄而無所弛，後世少惰，將有溢而四出者矣，即常能相持而不敗，而亦暫操此蓄而欲潰之民而已矣。無恥之害如此，政刑之窮如此，故先王之託於民者深且厚，而責於己者重以周也。

評：以歐、蘇之氣，達朱、程之理，而參以管、荀之峭削，可謂成體之文。

舉善而教不能則勸

儲欣

導民以善，民胥勸矣。夫民之勸，視上所以導之，舉以善而教以善，能勿勸乎？今夫望人以道德之良，斷非刻責之所能爲功也。公卿大夫操化民濯俗之權，日責之而不應，徐導之而自從，蓋其法良意美，誠有以開其所慕而與以所恃也。是故「敬」「忠」而外，「民勸」亦自上矣。民之能勸者，往往於一朝之間勃然振其有爲之氣，而作其氣者，自上也；民之能勸者，往往積歲月之久油然絶其自棄之情，而固其情者，自上也。今日者，户鮮可封，士忽偕讓，子大夫即日討國人而申儆之，人心未有應也。其咎安在？夫亦惟是書升論秀之典廢，而積行而處岩穴者有壅於上聞者焉，民也耳而目之，以爲爲善無益也，則退然阻矣；夫亦惟是黨庠術序之制湮，而中材而涉末流者有莫知嚮方者焉，民也返而思之，以爲欲善無由也，愈爽然失矣。有如民望所屬，則考其德而舉之，與其爲善於國也，不如爲善於鄉，斯亦足以樹之風聲矣，而苟有不能，曷忍置乎，師儒董戒，凡以明有教云耳；有如民譽未起，則選於衆而舉之，與其爲善於鄉也，不如爲善於家，斯時必且驚相告語矣，而凡屬不能，尤加意焉，飲酒讀法，無非教以善云耳。雖君相之選賢與能，其大旨不僅歸於風厲，而事則足以相觀；雖朝廷之講學行禮，其責報不止在於目前，而理則處其易入。人心易怠而難奮，自古帝王處斯民怠惰苟安之日，未嘗不有術以起之，簡厥修以震動其或不修，所以作百姓之氣而導之奮也；人心易奮而難久，自古帝王涉斯民奮興鼓舞之會，未嘗不有道以堅之，升厥良而引翼其未即良，所以固衆庶之情而導之久也。民知所奮，胥克用勸；民知可久，胥克用勸。有慕於前，胥克用勸；有恃於後，胥克用勸。蓋法良者從化，意美者格心，自然之效也。且夫民之善否，惟上所導。藉令子大夫登進匪人，而胥國之成人小子悉以不肖棄之，則民之從不善也，亦如相勸矣，夫固有導之者也。反是而觀，民勸豈徒「使」哉？

原評：順逆兼行，精神全注「則」字。

評：胸有書卷，落筆雅秀，故意無殊絶而文特工。

書云孝乎　三句

劉子壯

聖人欲以孝治，而援書所以道政者焉。夫政非盡於孝也，即書之云孝，未遂以爲政也。然惟孝能友，而政於是施焉，殆有如書所云矣。且論政者誠明乎其本，而達其所以推之之實，則雖不言朝廷，而明王之治出焉。古之聖人觀起化之原，而以王業求諸人道；審命治之典，而以國事寄之家門。儒者讀其書而志之，蓋亦可以見其大矣。子以爲政求我乎？夫亦欲其有政耳。王者有天下之政，求令德以重根本之地，敦本行以知官人之方是也；君子有一家之政，得乎親以觀歡心之聚，學爲弟以達和樂之孺是也。故古者所傳，不皆爲政之人，而決無不能事親、不能事長之人；而吾人自立，所謂有政之事，即其所求乎子、所求乎弟之事。書不云「孝乎惟孝，友於兄弟，施於有政」？此成王爲東土命之也，自古誥文，必先其封疆之險要、制馭之大計，而書獨推其門內之行，夫殷頑於兹再世矣，一温温子弟，其以勝此無難乎，若曰父子之際、兄弟之間，古人所難，女如是孝也，以孝之事推之友，以友之事成其孝，兼而及之，蓋自一室之内，亦既有其紀綱也已；抑君陳爲太史册之也，自古命官，必先其經世之大略、起家之積勞，而書獨揚其立身之節，夫東夏爲情叵測矣，彼循循家事，得毋處之未優乎，若曰唐虞之際、三代以來，孝弟而已，女如是孝也，可以專乎孝而言孝，可以兼乎交而言弟，舉而加之，蓋自二人以下，亦既有其經綸也已。夫人必有忘於其父母之實而後漸不有其兄弟，故古之爲政者，其以受兄之命亦若其父命之也，且直以父事之，古我王季於太王則孝之，於太伯則友之，對之父而無愧即對之兄而無悔也，原書之意，直若謂惟孝者友於兄弟焉，所爲單舉之曰「孝」也乎？抑人能全乎兄弟之義而即以全乎其爲父子，故古之爲政者，其以終兄之事亦若其父之事也，且並能以其兄權之，即我周公於文王爲能子，於武王爲能弟，不敢於其兄而有私即不敢於其父而有忍也，原書之意，直若謂惟孝者友於兄弟，而即施之爲政焉，所爲並言之曰「孝」也乎？由此觀之，書言政而必先乎孝，蓋誠有深義也歟？

評：引書只言孝，書詞兼言友。側舉、並舉及影照魯事處，深得引證之意。作者胸中頗有書卷，筆亦健爽。但不可以書理引繩批根，字句亦多不檢，宜分別觀之。

文獻不足故也　二句

儲在文

推無徵之故，而夏、殷之禮幾息矣。夫文獻者，禮之徵，夏、殷之文獻何如也？足不足之際，聖人三致意焉。意曰：夫人有所撰述以信今而傳後者，往往博極群書，如出一人之手；交游列國，用決一日之疑。至於議禮紛紜，證據尤重，而無如夏、殷之不可復識也，蓋杞、宋至今日而陵夷甚矣。雖然，夏、殷之禮，大經大法，周官載之；一物一名，其軼乃時時見於他説。苟通其義，安問其子孫？而吾必徵於杞、宋者，以其爲文獻之所在也。今夫先世圖籍，藏於秘府，則官司掌之，而草澤之中，有討論得失、成一家之言者，亦可采而爲國史之補，故在朝在野，均號曰文，而杞、宋之文則闕如矣；名卿大夫，習於掌故，則物論歸之，而韋布之列，有師友淵源、通一代之典者，亦可就而問王制之遺，故或出或處，群推爲獻，而杞、宋之獻則云亡矣。吾嘗過其地，思欲綱羅散失，勒成一書，而進無所考據，退無所折衷，僅有存者不過什一之於千百，安在其能足也？嗟乎，尚何言哉！且夫文獻之不足，有天有人。夏、殷至今，遠者千餘年，近者且五六百年，其爲時既久，況東樓續封，商季已失其職，武庚不靖，朝歌再毁於兵，時異勢殊，日就蕪没，若是者天爲之也；而其後，上無修明典物之君，下無崇尚風雅之俗，降伯降子，杞既下即於夷，而宋自戴公求頌、向戌獻禮以還，君臣之間，漸安固陋，此則人事之過而無所辭咎者也。是故，言其大概，彷彿得之，而節目之周詳，殘缺失次，經緯之本末，傳聞異辭，杞、宋無徵，則他何望矣；非然者，按其圖籍，與其賢士大夫游，是非可以折衷，因革得所考據，吾誠不自揆，猶能論列其事，與周官並存，而其如不足何哉？嗟乎！文獻二者，當其存，不見可貴；求之而不得，則鄭重而愛惜之矣。君子欲有所論述以傳先王之大全，而事遠人湮，束手無策，積數十年之志，一旦而隳之。此窮年兀兀、好古積學之徒所爲發憤而增歎也。

評：風神秀逸中，具有生氣奮鬱，不僅得古人之形貌。

或問禘之説 一章

李東𣞁 墨

禘難知而可微會也，當即流而思其原之遠矣。蓋治天下，其流也，而大報本，其原也。既曰「不知」，而復指掌以示意，或人猶可與微言者。嘗思孝治之隆，詳於報本；而萬化之理，起於推恩。聖人南面而聽天下，而追遠之祭，遂極於靡可加。後之人第即其推恩之無外，亦可悟原遠者流長，而創制之精思，卒未可輕爲議矣。何者？王者祭其始祖所自出之帝，而禘行焉。是禮也，肇造本於虞廷，而統紀遂沿於三代；配食不參群廟，而典制曠舉於五年。其理攝乎治明治幽之備，而其誠貫乎得姓受氏之先。是亦好學深思者所當詳求其説也，或人不子之詢而誰詢哉？然而禘説之難知也，將自其儀文度數而淺求之，則九獻陳於室，萬舞作於庭，而玉豆黄彝，森然其交列也，雖執籩之下士、設業之伶工，其皆能辨之；如自其報本追遠而深言之，則既不同於明堂之配帝，又不同於郊祀之配天，而通微合莫，穆然遡厥初也，雖敦琢之嘉賓、肅雝之顯相，其猶難識之。蓋先王之制禮也，以天下爲量；而先王之治天下也，即制禮爲推。推所尊以達於尊者之所尊，而致慤則著之忱，不以遼渺而無憑也，則下推之以蕃子姓，旁推之以篤宗盟，皆吾尊祖之心所爲聯其志氣也，時地雖殊，有二本乎，不出堂階而宇内之氣清和咸理，此制行焉耳；推所親以達於親者之所親，而致愛則存之思，不以幽遐而有間也，則遠推之以育萬邦之黎獻，廣推之以合萬國之歡心，皆吾親祖之心所爲同其胞與也，規爲雖異，有異情乎，臨朝淵默而阻深之境情僞周知，此道明焉耳。故知禘之説，而天下無難治矣。夫人不敢謂治天下爲無難，而敢輕言禘哉？其創垂關一代之精意，必上可幾乎作者之聖，而後下可稱乎述者之明；其感孚接上古之神靈，既能窺杳冥而識受命之符，何難觀廟中而知境内之象。指掌以示，夫子雖不與深言，而報本之弘、推恩之自，或人倘亦悠然會矣。即流可以思原，不亦信乎？

評：此文之揣合時調者。然氣象安重，詞語的實。場屋得此，猶不失雅正之遺。

射不主皮 一節

張玉書

聖人即射以論世，而不勝古治之思焉。蓋禮射，惟治世行之，至於春秋而尚力之風競矣，子能不思古道哉？且從來盛衰之象，其端先見於一鄉，而及其寖久，遂成爲風俗。蓋風俗之轉移，因乎世運，君子觀於鄉而有今昔殊尚之慨，則世變存其間矣。吾兹有感於射也：王者治世之具不一，而教禮、教樂與教射並行；即用射之禮亦不一，而燕射、賓射與軍射並重。原其義類，若萃天下之子弟，陰消其積弱之形；考諸遺文，又若率天下之人才，群誘以不争之化。記有之曰「射不主皮」，棲革以示堅也，而勝負不存乎此也；貫札以示强也，而賞罰不存乎此也。嗚呼，此何爲也哉？天子諸侯，咸揖讓以奏節，是其講明於内正外直者，原非較力之人；國老庶老，咸酳饋以明謙，是其寓意於耦進耦退者，更非角力之地。非其人則不同科，無容强也；非其地則不同科，無相妨也。而吾竊俯仰於其世焉：徂維求定之日，先王雖欲釁車甲而有所不能，至於從容燕飲而講辟廱之儀，蓋在武成既告，可知也；鷹揚戮力之年，列國雖欲興齒讓而有所不暇，至於圜橋觀聽而被儒者之服，蓋在教化既行，可知也。夫國家承平百餘年矣，功德不衰而軍容得以盡偃，非示玩也，搜苗獮狩，四時自簡其軍實，而更以庠序之樂育，默固於苞桑，遵斯道也，戎兵詰於司馬，德行董於司徒，法制相維而何傷夫忠厚也哉？百姓休養歷數傳矣，侮亂不生而兵萌得以盡息，非無備也，兵甲車乘，萬井無闕乎公徒，而特以蒙瞽之化導，登進於髦士，遵斯道也，王國之政下被群侯，十五國之風上貢天子，比户可封而何疑於刑措也哉？其在於今，父老之傳聞，猶可求諸鄉校，然議尚德於徹車之會，鮮不以爲迂矣；學士大夫之寤歎，原慨慕於西京，然欲匿武於悉索之餘，吾亦知其難矣。古道之不可卒復，蓋今古之世變爲之也。嗚呼，伊誰之責哉？

評：前半持論，有典有則。後幅從聖人慨慕古道唱歎而出，詞雖闊遠，義實不泛。文之光澤美潤，更非外腴中枯者所能彷彿。

君使臣以禮 二句

熊伯龍

聖人明事、使之實，而君臣之道正矣。蓋道莫重於君臣，未有可以漫嘗者。以禮以忠，聖人所爲正告哉？對定公曰：天地之位定而君臣立，君臣之志交而萬化興。天下所厚期者惟此君臣，而君臣亦無容以自怠焉，公欲知使臣、事君之道乎？名分不可易，使臣者，君之所以爲柄也，然明其爲使而臣志安，明其爲使而君志肆，則否泰徵乎動静；職業不可廢，事君者，臣之所以成身也，然衆著其事而策力出，衆著其事而苟安生，則邪正辨於幾微。臣則謂：使臣者，措之而正，施之而行，惟禮爲然。萬事萬物待治於禮，而以感賢士之心則尤切，特能用不能用耳。殊事合敬，位無大小而廉恥一；别嫌明微，勢無親疏而裁制同。願君無忽嚬笑焉。夫世之使臣者，有光明端慤而服者矣，有智取術馭而亦服者矣，而綱紀之辟，有大體而無細效。蓋嘗考堯舜湯武之爲君，而見末世之爵禄誅罰不足言也，夫亦慎守乎聖帝明王之意而已矣。臣又謂：事君者，不負吾君，不負吾學，惟忠爲然。萬情萬理咸喻於忠，而以處上下之際則尤宜，特有至有不至耳。君心未純，不可謂我心之已殫；守道未貞，不可謂天道之難回。願臣勿忘夙夜焉。夫世之事君者，有設中乃心而人不見者矣，有二三其德而人亦不見者矣，而盡己之道，有是非而無疑信。蓋嘗考皋夔伊周之爲臣，而見末世之智勇功名不足稱也，夫亦勤思乎帝臣王佐之本而已矣。之二者不可以有所待，君責臣之忠，臣責君之禮，是交待而莫或倡也，惟禮與忠，彼此居無求之地而明良胥勸；之二者不可以有所形，君自謂有禮，臣自謂能忠，是兩形而流於怨也，惟禮與忠，性命有相繫之隱，則保定無窮。君臣相得而天下國家有不治者，未之有也。

自記：「禮」「忠」二字，不肯作三代以後語。

評：氣象廣大疏越，不作一刻至語。蓋由於前人發揮之外，不能更出新奇。其一種血性粗浮語，又知其於題無當也。故斟酌而取其衷，乃名家作文最有體認處。

管仲之器小哉 一章

韓菼

聖人深惜齊大夫之器，難與或人道也。夫管仲之功誠偉，所深足惜者，器小也。此即儉、知禮，能解免乎？而況不儉、不知禮乎？且夫其人而不爲聖賢之所刻求者，必非奇才。聖人得一天下才，樂爲之反復於其人，蓋嘗於其功名所從出之處，以觀其品量何如，而不知者則又從而曲爲之説。吾甚歎夫千古之才人，盡掩於庸衆人之耳目而其真不出也。管仲之功，即夫子嘗仁之，然子亦有言，仁之爲器重、爲道遠而取數多，則知夫人以功，而與於其間者，未可一概而論也。一日者推求原本，而因有器小之説。夫成天下之大功者，忘天下者也，古之人或耕於野，或居於山，即蕭然無與，而其所受者自大，出則取諸其懷已耳，而否則若將終身焉，若仲者，豈可貧賤乎，當其徘徊潁上，竟託於豪傑失意、縱達不羈者之所爲，三仕而三逐，三戰而三北，而仲之生平亦能動而不能静者矣；且夫邀天下之大利者，必有所不遑於其身與其君者也，古之人既度其身之不苟，又曲成其君之大有爲，即節目疏闊，而其所持者自遠，成則數世享其德焉耳，而及吾生固不必汲汲焉，若仲者，能稍迂拙乎，迹其大匡小匡，一切皆智取術馭、争效旦夕間之所致，禁群小人之進而不能，奉一君之終而不得，而仲之舉一國猶若不足而非處其有餘者矣。是故人各有本量焉，而區區於事爲之迹，皆末也。以蓋世之才而多憾，以非常之事而無嫌，蓋相循於其本也。古大臣德光上下，勤施四方，即土田陪敦、備物典策，三公服加命之衮，嗣王展拜稽之儀，而天下卒不得議之爲奢爲僭；苟不然而儉以矯奢，意常自下，即豚肩不掩、浣濯以朝，不惟不敢上干邦君之典，而且不敢自同卿大夫之列，而君子亦第許之爲不奢不僭。而獨奈何或人聞器小之説，而以儉爲仲解，且復以知禮爲仲之不儉解。嗟夫，論古無識，至遷就古人之失而文之以美名，直爲古人愚耳；如或人者，豈可勝道，亦不足與辨也。彼言儉，姑與言仲之不儉而已；彼言知禮，姑與言仲之不知禮而已。夫三歸、官事不攝之非儉，塞門、反坫之非禮，或人所知也；若器小，則非或人所知也。

原評：將古今帝臣王佐與仲生平事實參觀，則器之大小自見。卓識偉論，當與蘇氏諸論並垂。

評：如此説「器小」並管氏身分，亦殊不易。及閎中肆外，揮灑如志，良由讀書有識。後二比依寒碧齋晚年訂本，較前刻詞義更深穩，從之。

子語魯大師樂曰 一節

儲在文

聖人以可知者語樂官，而樂之理傳矣。夫自翕而純而皦而繹，音也，而理具焉，皆其可知者也。夫子有正樂之意，故以語魯太師曰：樂之在守官者，其數多而難紀也；樂之在審音者，其理微而可推也。大樂之失傳久矣，自吾論之，樂其可知也。樂與天地爲昭，聚而復散、散而仍聚者，天地之道也；樂以人心爲本，一分爲萬、萬協於一者，人心之理也。故樂有始焉，有從焉，有成焉。當其始作，自無而有者聲也，自微而著者氣也。堂上之樂以歌爲節，所以貴人聲而絲肉合同；堂下之樂以管爲均，所以重人氣而笙歌齊一。既備乃奏，聲雖會而未暢也；始奏以文，氣猶凝而未舒也。我知其翕如也。夫聚而必散者氣也，合而必分者聲也，由是而發揚其氣，由是而滌蕩其聲。從之，而樂之條理備矣。夫且氣和而聲應，八音也而如出一音，聲和而律諧，衆器也而若出一器，我知其純如也；夫且氣有清濁而聲肖之，按節而井然不淆，聲有高下而律從之，執管而昭然可辨，我知其皦如也；夫且一氣流而不息，聲亦累累而貫而往復循環，五聲迭相爲經，律亦生生不窮而上下賡續，我知其繹如也。樂至是，庶幾其成矣。以是用之鄉國，則金奏笙奏，皆以三終，而自升歌以至合樂，聚而散、散而仍聚者，如是焉，所謂宵雅肄其始，關雎亂其終，樂之小成也；以是薦之郊廟，則六律六同，旋相爲宫，而自一變以至九變，合而分、分而復合者，如是焉，所謂金聲以始之，玉振以終之，樂之大成也。天地之道不變，一闔一闢，可以悟聲氣之元焉；人心之理常存，一動一静，可以識美善之故焉。由今而稽之古，則合止爲經，詠間爲緯，直可追其象於簫韶之九成；由聲以驗之容，則山立於初，皆坐於亂，並可通其義於武舞之六變矣。子大師，備官而未之知耶？苟非知之，何以正之哉？

評：南軒云：「周衰樂廢，雖聲音亦失之。聖人因其義而得其所以爲聲音者，而樂可正也。」篇中「天地」、「人心」等語，既探其源；逐段標出「聲」「氣」二義，尤見讀書融貫。

子謂韶盡美矣 二句

王汝驤

即樂之美者而深觀之，聖人獨有契於韶矣。蓋善固即在美之中，而其深觀之而無憾者，則

惟子之謂韶有是夫？且夫物莫不有其至分焉，非一説之所得而盡也，而況聲音之道乎？然至求

之於至分，而使後之人果不得以一説盡焉，則雖古今聖人亦有相望而不敢知者，乃一見於子之謂韶。夫韶之爲樂，則固居乎分之至矣。詩歌聲律之元，天子能言其故，故五聲八音，獨詳於四代之書者，韶也；幾康敕命之旨，在廷咸得其精，故君歌臣賡，首開乎雅頌之音者，韶也。故嘗聞夫子之謂之也，笙鏞無奪於倫，羽籥皆從於律，觀止矣，夫子曰未已也，習其數矣，進而求其志，得其志矣，進而見其人，純粹以精，其氣象又在論倫之先者，獨此耳，蓋反復焉而無遺憾也；稽諸抗墜之微，察諸疾舒之節，盡之矣，夫子曰不然也，樂其象矣，從而動其本，窮其本矣，因而知其變，合同而化，其和平又在性情之表者，獨此耳，蓋由繹焉而有餘思也。盡美矣，又盡善也，子之謂韶如此。制作之精，有數存焉，雖聖人亦能爲美，不能爲善，而天時人事之交隆，有不知其然而然者，故雖宫懸殘缺之餘，而至德輝光，自非金石管弦之可得而遽罄；器數之粗，義即存焉，雖夫子亦舍其美，無以見其善，而神明迹象之交融，有知其然而不能言其然者，故即異代考稽之下，而情文參互，初非正容端冕之所得而遽明。蓋必至於又盡善，而韶之爲美，與子之契韶，均極其至也矣。不然論樂而徒以美而已，則夫總干而山立者獨何遺議之有焉？

原評：「盡善」注腳原不外「性之」「揖讓」二義，然於口氣中叙出，則於記述體有礙。中幅運化吞吐，超妙絶倫。其含咀虚神處，尤爲微至。

評：此題最難得其真際，惟此文可使讀者窺尋其意象而得之，可謂精能之至。

惟仁者能好人能惡人

邵　惔

尊好惡於仁，惟無私者能照物也。蓋人之不能好惡者，私爲之蔽也。仁者無私而物照焉，天下所以群服其能歟？嘗思用情之難也，用焉不得其當，無論施之人者未必服，而先自失其所以爲心。若夫心之廓然至公者，常立於有理無欲之地，而天理人欲之辨當其前，而自分推之而有刑賞，受之而爲勸懲，猶其後也。何則？好一人而賞隨之，惡一人而刑及之，此好惡中之能也，而非能好惡之源，夫能好惡之源，則必求之無好無惡之天矣；好一人而天下勸，惡一人而天下懲，又好惡後之能也，而非能好惡之本，夫能好惡之本，必先釋其作好作惡之私矣。其惟仁者乎？古來忠孝之行，聞風者尚有遐思，而或當前而不好者，有不仁以爲之拒也，即不盡不仁爲之拒，而無全體之仁以相召，則投之也必不融而應之也必不速，仁者不先存一好人之念，而遇其人之可好者油油乎好之，好其仁也，非好其人也，本仁以行好，而好之中始無餘量矣；古來讒殄之徒，讀史者猶懷餘憤，而或當前而不惡者，有不仁以爲之迎也，即不盡不仁爲之迎，而無全體之仁以相勝，則嫉之也必不嚴而斥之也必不盡，仁者不先存一惡人之念，而遇其人之可惡者靡靡然惡之，惡其不仁也，非惡其人也，本仁以行惡，而惡之中不留餘憾矣。當其辨貞邪於疑似之間，別忠佞於幾微之地，有共服其精明者矣，顧精明誠鑒物之用，而有時好察之主出之，不能不受其蒙，好生之主行之，初無一枉其實者，有我與無我之别也，則惟仁者之無我，而好惡正焉耳；當其擢大賢於群謗之中，斥孔壬於衆譽之口，有共欽其神武者矣，顧神武誠服物之才，而有時英斷之主出之，容有矯枉之過，慈祥之主行之，必無牽制之私者，多欲與無欲之别也，則惟仁者之無欲，而好惡當焉耳。然則君子亦仁而已矣，不然，雖好惡遍天下，豈得謂之能好惡耶？

原評：從「好」「惡」辨析出「能」字，從「能」字勘入「仁者」。中股「相召」「相勝」二義，直透題堅；後股旁引以發題藴，語亦醒豁。

惟仁者能好人能惡人

張江

歸好惡於仁者，慎其本也。夫仁，好惡之所從生也。人自不仁，乃喪厥能耳，何竟讓仁者獨哉？嘗謂天生人，即以大生之理付之，則人與人其臧否得失，自有不忍不相關之處。情者，理之驗也。自夫人高言無情，或託渾厚以居之，冀以免於刻薄之咎，而刻薄抑又甚矣。然則好人惡人，顧可易言能乎哉？人負一形而立，曷以使之莫逃，要生於己之自形而已，當體之有無不可知，而何問人也；人挾一心而前，曷以使之各當，要如夫我之初心而已，吾中之是非先自亂，而又安論人也？甚矣，好惡之未易能也，必也其仁者乎？仁者初不慮人之不受吾好惡也，但内顧吾心，無故而好、無故而惡，而毫不可自解，其何堪此不祥哉，誠於其物，有反之而必慊者焉，而後一好一惡皆其不自恕之念所周，少虧焉，仁者必大不暢於其心也，斯交暢之矣；亦初不慮人之不服吾好惡也，但還按吾心，有故而好、有故而惡，而迄無以自得，其孰贖此重疚哉，順於其則，有行之而無事者焉，而後一好一惡皆與不容僭之命相推，少溢焉，仁者必大不平於其心也，斯衆平之矣。是以喜怒哀樂，亦偶然忽至之情，而不以偶而誤，何者，人世舉之爲一念者，仁者應之皆全心也，至於反復精詳，積終身之常以求當一仁者之偶，而念不得所起，萬不能以相蒙；是以愛憎取舍，亦感而相遭之故，而不以感而馳，何者，人世之所爲事權，仁者之所爲性命也，至於平旦清明，即一時之静已頓入乎仁者之感，而理不滿於微，終不能以實據。則信乎其惟仁者有矣，顧誰無好惡而讓仁者獨哉？

評：貌相形聲，雅近章、羅，其鋭入微至處亦似之。若更能取其神而變其貌，則品格愈高。然即此已去離塵俗矣。

富與貴 一章

田從典

君子求仁之功，有由淺而深者焉。夫不處、不去，可以見君子之不去乎仁矣，然非極之存養之至，亦何以見其功之密也哉？且學者苟有志於仁，亦惟自治其心而已矣。吾隱微有倚伏之勢，在制其人心之萌；吾旦暮有離合之形，在充其道心之極。始於至粗，終於至精，君子以爲非一日之事而終身之事矣。今夫役役於富貴貧賤中者，小人之行也；皇皇於仁者，君子之行也。論君子而必測之於小人之塗，斯亦淺之乎窺君子者矣。然而富貴貧賤者，仁不仁之分境；欲惡者，仁不仁之大閑也。君子於處與去之間，力求戰勝以自異於去仁者之所爲，然後德成而名以立焉。顧謂此即可以盡求仁之功，則猶未也。何則？求仁而必先於富貴貧賤者，所以制其人心之萌；求仁而不止於富貴貧賤者，所以充其道心之極。且即以富貴貧賤之仁論，則古之至仁大聖，亦有天下而漠然不與、匹夫而若將終身者，要亦惟是安土敦仁，而豈徒不處、不去之事乎？是故仁，體事而無不在者也；而君子之於仁，則求其全體而不息者也。昊天明而及爾出王，昊天旦而及爾游衍，仁之不違乎人者，極之一時一事而皆然；敬天怒而無敢戲豫，敬天渝而無敢馳驅，君子之不違乎仁者，亦即極之一時一事而俱密。語其常，則終食之間無違矣，夫終食豈足以盡仁，而君子以爲不極之於至暫，仁之所爲斯須而不去者，不能無間於偶然也；語其變，則造次顛沛之必於是矣，夫造次顛沛豈足以盡仁，而君子以爲不極之於至變，仁之所爲無入而不得者，不能不震於猝然也。蓋君子求仁之功，其密如此。至此而試之以非道之富貴，其不處猶是也，而不處之心異矣；試之以非道之貧賤，其不去亦猶是也，而不去之心又異矣。豈非道心爲主，而人心每退聽者乎？學者未能遽至於是也，尚先求所爲不處、不去者而可哉？

評：説理難得如此疏爽。其分貼上下語，亦自確當。

富與貴 一章

楊名時

君子之所以體乎仁者，必由取舍而益密其功也。蓋不徇乎欲惡則取舍正，而求仁之大端立矣；又必由常及變，而無往不用其力焉，然後體仁之功始盡歟？且夫人心之德，最易間於私者也，治私之道，必先於其所及持，而並其所不及持者亦無乎不持，斯畢生之内所以守吾德者乃有全力耳。故夫境遇之來，洵學者操持其心之大端也。人群焉而欲富貴，亦知己之所可欲有甚於此者乎，苟不以其道得之，必制其欲而不處，使吾心之不溺於富貴者自此而伸也；人群焉而惡貧賤，亦知己之所可惡有甚於此者乎，即不以其道得之，必制其惡而不去，使吾心之不移於貧賤者自此而立也。是即所以爲仁，天下共見之而名爲君子者也。於此不苟，則道心勝而仁存，足以立深造之基；於此或苟，則人心勝而仁去，且不免有虚聲之愧矣。夫君子之於仁，固非徒於富貴貧賤不失其本心而已。微察吾心於動静之際，凡有一念之便安而昵就之者，非欲之類乎，得無姑徇之而失吾心之正矣乎？凡有一念之不便不安而思去之者，非惡之類乎，得無又徇之而失吾心之正矣乎？夫違仁何必在大也，一念一事之違，而於吾仁之體已有幾微之不相合者矣。蓋直至不違於終食之間，而求仁之功始密也。不寧惟是，是猶其暇豫時也，有如造次而不於是焉，則吾之所以操其心而不爲動擾者安在乎，必凝一以居之，不以震撼易吾常焉，然後可也；不寧惟是，是猶其燕安時也，有如顛沛而不於是焉，則吾之所以操其心而不爲害奪者安在乎，必專確以赴之，不以險難渝吾素焉，然後可也。君子之求仁至於如此。夫内外重輕之分不立而欲謹離合之幾於平時，平時之操存不加而欲守其心於事變之際，鮮有不失其所據者也。即天下有苟且於大閒、轉能自矜夫細行，與生平放佚、一旦著節者，果遂得全吾仁矣乎？君子之學，必由粗以及精，自易以及難，而又無所不盡其力，斯心德以全，而足稱爲天下之完人歟？

自記： 此章蓋力行之事。一節密似一節，一節難似一節。若作現成語意，恐非本旨。

評： 明白純粹，絶無蒙雜，即文可得其所用心。

我未見好仁者　一章

李沛霖

聖人驗仁於好惡之真，而惜人之有力而不用也。夫不仁，與仁爲敵者也，驗之好惡而得其真矣。未見其人，非以用力者之難乎？夫子反覆歎之，若曰：天之生人也賦以仁，未賦以不仁。

仁之率於性也久矣，而由性而發，則有好惡之情；順情而動，則有能好能惡之力。此亦何人不然？而無如怠焉自廢者爲可惜也。我嘗求之天下，未見有好仁者、惡不仁者。夫所謂好仁者，真知仁之可好，寵綏獨貴，而嗜欲之私不得而並之也，游息可安，而陷溺之危不得而易之也，蓋㒟乎其無以尚焉；所謂惡不仁者，真知不仁之可惡，一事之卑汙若探湯焉，恐不善之浼也，一念之邪曲如惡臭焉，恐不潔之蒙也，蓋遠之而不使加焉。好惡之誠如此，此其克治之功，已非旦夕之積；而成德之詣，遂致相遇之難。我故曰「未見也」，然其人亦始於用力耳，亦用力而力足於好、力足於惡耳。有能一日之間，勃然振興，自絶其委靡之習；毅然鋭進，自鼓其勇往之機。用其力於好，而少有尚吾仁者，務純其真慤之懷而不敢已也；用其力於惡，而少有加吾身者，務致其決去之情而不顧息也。吾知志足以帥氣，勇足以起懦，而曰力不足也，吾未見其然矣。或者稟賦不齊，氣質各異，蓋亦有昏之甚而不足於明，弱之甚而不足於强者；要必實用其力於好而廢於半途，實用其力於惡而竭於中道者也。而其如我之未見何哉？夫用力而不足之人，尚難得如此，則是天下終無用力於仁之人，而成德之士又何從而覯之耶？我所爲輾轉低徊而不禁爲之三歎也。

評：如題轉折，以爲波瀾。與湯若士作並觀，可以識文章之變。

惡不仁者　加乎其身

張　江

誠於惡不仁者，務以仁全其身而已。蓋業爲仁，則必絶去夫不仁，而顧使之加乎其身哉？此惡不仁之誠心也。今夫人止一身，而性情之德宅其中，氣質之緣亦麗其外。外日益則中日損，而不仁之端反得藉其勢以抗吾仁，豈不大可惡哉。然往往知所惡而未真，即充所惡而猶未盡者，不爲仁故也。理與欲不容並域而居，不自清其性命之原，則妄形日積，耳目鼻口之區，皆其因仍而增長者也；欲與理又常畸出爲勝，不自純其義理之正，則客感有權，血氣心知之會，皆其牽引而類從者也。是故不仁者之加乎其身，我實使然耳，乃若所謂惡不仁者豈有是哉！蓋其爲仁之志鋭矣，其爲仁之氣壯矣。始也以身體仁，則操其所爲明以健者，而大體常不奪於小體也，而於是乎奸聲亂色之不留，淫樂慝禮之不接，雖極不仁者投間抵隙之多，求諸其身，早一一彌縫焉而不使有餘地以相存；既也以仁成身，則盡其所爲精以一者，而人心常聽命於道心也，而於是乎儀容無情欲之感，動静無燕私之形，雖極不仁者潛滋暗長之巧，反諸其身，仍息息顧畏焉而不使有須臾之竊發。是何也？不仁之於仁，相倚伏者也；爲仁而惡不仁，亦無終始者也。惟秉正者嫉邪，故即不見可惡，而衆欲之情形已若驚心而怵目，必俟其既加乃始兢兢於懲忿窒欲之不遑，是慢也，其爲仁不若是也；惟自强者不息，故即内省無惡，而獨中之指視猶慮百慊而一欺，苟幸其不加而遂泄泄然恐懼修省之不事，是餒也，其爲仁亦不若是也。是則性情之中宅者，嚴毅而無所於回；氣質之外緣者，自刻厲而同歸於盡。蓋察識擴充之至，而能用力於惡不仁而無不足者矣。如未見何哉？

原評：時文每覺「其爲仁矣」句如綴旒，然明眼人特從此爭關奪隘，轉使上下句精神愈出。

評：「爲仁」正是「惡不仁」切實下手處，「不使」亦正是「爲仁」中嚴毅工夫。作者體認獨到。

不患無位 一節

張玉書

君子用世之學，有所不患，以專其患也。夫位與知，存乎人者也；立與可知，存乎己者也。患其在人，而忘其在己，可乎哉？且士一出而天下之人皆引重焉，豈待名實之既加然後群相推許乎？外度之世，而克應君相之求；內度之身，而不負生平之學。彼其憂道之心，倍深於憂世之心也，固已久矣。夫三代以上之功名，不甚關乎榮辱，故獨行之士，樂安貧賤者有之，然備德而以無位爲榮，學道而以知希爲貴，儒者高其節而不欲效其人；抑三代以下之知遇，難盡視爲得失，故時命之窮，咎歸君友者有之，然上有聖主而行不修，下有良朋而名不立，君子又撫其躬而不敢寬其學。甚矣，患不在位而在立，患不在知而在可知也。國家之設官如此其衆，今之受禄無愧者，何等也？居平俯仰流連，謂庸庸者不盡如吾意，一旦得志，而亦瞻顧彷徨重速罪謗，我之自立者安在乎？古之人，禮樂兵刑各有勤思，後世之事，我自顧爲國爲民，何事堪質諸夙夜，則雖事事可報君王，且懼高位之難稱職焉。蓋衣裳在笥，而君子之慮方深矣。聲氣之感通如此其廣，爲問令聞不墜者，何人也？居平慷慨太息，謂悠悠者何足以知我，平心而論，實以處士虛聲長其浮薄，我之可知者安在乎？古之人，忠孝節廉各有聲稱，遠邇之事，我自顧立德立功，何者足重於天下，則雖事事可告知己，仍懼令名之不克終焉。蓋聞望日隆，而君子之憂方切矣。然則士之不急於名位者，其素所樹立必有謹出處、慎取舍之大防，然後道積於身，不受朝廷不甚愛惜之官，亦不受鄉黨無足重輕之譽；士之不忝於名位者，其素所蓄積必有敦教化、嚴禮義之實行，然後學隆於己，受爵於朝廷而天子爲之側席，受譽於鄉黨而四國奉爲羽儀。不然，將終其身皆憂患之日也。

原評：重在「立」與「可知」上，却處處從「位」與「知」婉轉擊發。沈吟藴藉，音節安和。

評：風度端凝，辭句韶秀。揣摩家所奉爲標準者。

欽定清朝四書文卷三　論語上之中

古者言之不出　一節

王汝驤

慎言者不於言，古人知所恥也。夫既已言之而躬則不逮，恥孰甚焉？而奈何不出者獨古人也？今天下所傳而述者，古人之言也，而究之古人何言哉？彼於其所以爲言之理，一一體之於身，既自盡而無歉矣，然後不得已而有言以自道其所得，而後世乃從而傳其言耳。如徒以言也，則非惟有心戒慎而不敢有所輕，直亦無意敷陳而未嘗有所出。夫言以覺世，既可藉爲行遠之資；言以責躬，亦可緣爲勵志之地。而古人兢兢於不出，則獨何哉？此無他，重有所恥也。恥躬之不逮也。毋論侈口而談，過自與以聖賢之業，其事爲難必也，即尋常匹夫自命之言，卑之無甚高論，及執以相稽，而説短義長，有畢世追之而莫副其旨者，言易而行難，相負之數不必其多也；毋論言大而誇，不自量其才力所及，其後必難踐也，即平時稱情期許之言，聽者亦信其非誕，及試之當境，而時移勢易，有自顧成言而負慚不少者，言據其常而躬歷其變，相報之實必要其終也。夫所難之不逮於所易，容可跂及於異時，而獨恨其多此一言也，生平讀書懷古，見前人之格言正論而我不能從，未嘗不赧焉知愧，顧自言之而自負之，以希聖希賢之躬，較之在己之行，而已多不肖，何以爲心乎？且至於變而不逮乎其常，亦容補救於後日，而獨惜其言之已早也，夙昔引繩批根，見他人之縱談高議而行不掩言，未嘗不旁觀而竊笑，顧我實言之而我則歉之，以侃侃諤諤之躬，驗之實踐之地，而亦猶夫人，何以爲顔乎？是故古之人規模閎遠，不難過量以爲期，而寧以沈默之思，俟吾功候之自至；即度德量力，可以預白於當世，而寧以不言之隱，聽之時數之適然。夫是以行成於當時，言傳於後世，而有以豫遠乎恥也。今之人，其言固何如，而其躬則又何如耶？言者可以思矣。

評：追逼「逮」字，抉摘「恥」字，標新領異，説出却是人人意中所應有。筆力尤與陳大士相近。

以約失之者鮮矣

汪起謐

聖人示人寡過之方，而坊之以約焉。夫約未必悉協於中道也，而失之所以鮮恒在此，約顧不貴哉？嘗思身者，過之叢也，古之人檢身若不及，夫果知其不及檢，則何可更多爲之緣以分其檢之之力乎？是則約之道誠足尚焉。約以宅心，則神不至於外馳，而持之也静；約以制事，則力不至於旁騖，而守之也堅。人之所以一蹶不振者，往往失於智小而謀大，夫以短淺之智而有非分之謀，其蹶宜矣，何如以約者之兢兢自完也；人之所以動輒得咎者，往往失於志大而才疏，夫以馳騁之志而濟以跅弛之才，咎必多矣，何如以約者之規規自守也。蓋所謂以約者，非僅無咎無譽，求倖免於世而已也；又非守雌守默，思別爲藏身之術也。身世之緣，愈溺則愈深，惟以約則淡泊之意多，歆羨之累少，其至於縱欲而敗度者，蓋無幾矣；克治之功，愈斂則愈切，惟以約則思無越畔，動不過則，其至於蕩檢而逾閑者，吾知免矣。制節謹度，載以有嚴有翼之神；省躬克己，時凜其難其慎之懼。失之不至於滋蔓難圖也，有斷斷乎可以自必者；若夫求其失之根而務盡之，則其功尚有進於是者。此寧足自多乎哉？

評：語約而義全，法度謹嚴，乃學化治諸名家而得其骨脈意趣者。正不得徒以簡淡目之。

事君數 一節

徐念祖

言而得過，進言者宜自反矣。夫辱與疏，非臣、友之所期也，則夫進言者其亦慎無數哉！且夫謇諤之士，既不概見於天下，幸而遇其人矣，又或明於古義而不諳於世情，恃必然之意以求當於不必然之途，君臣朋友之交亦焉往而不窮乎？夫逆耳之言，吾君其鑒之矣，彼亦知諫我者之實以敬我，而且謂若人之剛直如是其可敬也，而豈其遽相厭也；苦口而陳，吾友其諒之矣，彼亦知規我者之實以愛我，而且謂若人之誠悃如是其可愛也，而豈其遽相慢也。然古君子之處此，無言勝人有言，且少言勝人多言，而未嘗再三瀆告以希其一悟；交淺不敢言深，即交深不遽言深，而未嘗反覆陳辭以强其必從。誠以理籌之，而見其有所不可；亦以勢揆之，而度其有所不行。人皆有爲善之樂，而難以口舌争也，人人而言之，尚嫌其同也，日日而言之，乃遂苦其煩矣；人亦有怙過之念，而未可以煩言勝也，日日而言人長，猶惡其諂也，日日而言人短，乃愈憎其瀆矣。故君之聞是言者，始亦謂敬我也，繼而疑爲訕我，夫臣則何心於訕歟，事急矣，可若何，而此意難白於君，安保其必不辱也，然使辱吾身而用吾言，臣亦無憾耳，所慮賢豪擯棄而過將益深，更無人匡救其失，則何如安其位焉，猶可從容而納誨乎，而江湖魏闕者亦復深自悔也，吾過矣，吾面折而廷諍，亦已屢矣；吾友之聞是言者，始亦謂愛我也，繼而疑爲毁我，夫友則何心於毁歟，情迫矣，可若何，而此意難白於友，安保其必不疏也，然使疏吾身而聽吾言，友亦無辭耳，所慮故人長謝而非將終怙，更無人彌縫其闕，則何如全其交焉，猶可委曲而開導乎，而凶終隙末者亦復自引咎也，吾過矣，吾勸善而規過，亦已亟矣。然則臣之於君，友之於友，慎無用此數數爲也。積至誠之衷，使人觀感而自化而已，全乎其自爲；留不盡之意，使人尋思而自得而已，全乎其爲人。然論至此，而術彌工而心彌苦矣，君子是以感懷於一德之朝與同心之士也。

評：妙於意盡語竭，又能作幾層轉折。吐屬亦清微婉約，雖目前語，正耐人尋思也。

孟武伯問子路仁乎 一章

韓　菼

三賢之仁未可知，聖人於可使中慎言之焉。蓋仁之道難言，三子之可使者具在，而仁則皆無以知之矣。聖人之慎言仁也，即聖人之言仁也。且吾人亦豈能以無本之學出而爲用於天下，然而淺深離合之際，則遂爲千古之分途，是故必得乎其本者，無不可信乎其餘。自非然者，雖以古今不數見之人，而功名所從出之處，君子固不必求之甚刻，而未嘗予之甚恕也。今夫修之於身而措之世無不可者，仁是也。古今止此仁、不仁之兩塗，故論人必要諸仁，懼其入於不仁也；然古今亦必無去不仁而即仁之一塗，故論君子正不易要諸仁，懼其託於仁也。一日者，武伯問子路之仁，而子對以不知，蓋由之於仁，誠有可知而不可知者乎？甚矣，仁之難也！及武伯又問，而子乃稱由之治賦；及武伯更問求、赤，而子乃稱求之爲宰、赤之對賓客。三子之仁不可知，蓋皆同也。甚矣，仁之難也！蓋仁之取數至多，即一念之足相及，可託之不窮，一事之足爲功，亦賴之甚溥，而況三子者，挾有爲之具，乘得爲之時，亦可以靖一國於兵車盟會之間，使必以不可知者絶之於仁，則空疏無據之學，反得託其從容諷議之習以相高，而世遂無以收儒者之實效；然仁之爲道甚遠，即功蓋天下，而未愜一心之安，名足千古，而可指一時之隙，假使有進於三子者，挾有爲之具，乘得爲之時，當必更可以措一世於禮樂兵農之大，而遂以其可使者信之於仁，則道德精微之地，皆得挾其功業文章之餘以相蒙，而世亦遂無以見吾儒之實學。所以學必期於有用，不必取人之長以自益，不必飾己之短以自覆，但使受任國家之重而自信緩急足恃之人，則文采風流亦自關治亂安危之數；而學必歸諸有本，或蕭然寂處而皆可信，或勳猷爛如而皆可疑，誠使置身用舍之餘而自有中心可樂之致，則天地名物乃畢歸高深意量之間。而三子者豈足以語此？甚矣，仁之難也。不然，千乘大國也，家邑之宰至劇也，賓客相望也，如三子者，顧不足多乎哉？

評：將「仁」「才」分合處看得細微透徹。三子身分既得，仁道難全處亦了然言下矣。後來作此題者，皆不能出其範圍。

子謂子産 一節

陳錫嘏 墨

學可匡時，思一人以風天下也。夫子産，固濟時才也，乃由其恭、敬、惠、義，思之而悉合乎道。君子哉，其不恃才而恃學者乎！今夫大臣不可以無才，才者，所以行其學也；而大臣尤不可以無學，學者，所以善其才也。乃有一人焉，求之才，則可與救時；而求之學，則可與法古。豈非其功名所從著之處，無一不衷於聖賢之心而出之也乎？吾夫子歷覽當世名卿大夫，見夫文章華國而心術未必其皆純，才略過人而經權未必其悉協。每穆然深念，以爲誠得一君子者，輯柔爾躬，靖共爾位，諴和爾萬民，庶幾古大臣風烈復見於今，而天下知吾道之尚可以有爲也。乃盱衡久之，恒不數數覯，而獨於鄭思一人焉，曰子產；且於子產博物之譽、辭命之能概置弗道，而獨於子產思數事焉，曰有君子之道四。雖然，子產之爲此，亦極難矣。遠當晉楚之承，近處駟良之逼，高則慮亢，而卑則慮貶也，則行己難；年少而越諸卿，歷相而更數主，權重則疑，而任久則震也，則事上難。悉索之餘，民力宜寬而不宜急；怙侈之習，民情可動而不可靜也。則養民難，使民尤難，而子產一以君子之道出之。名高爲世之所尤，氣盛爲物之所畏，子產不敢也，其行己也恭，是古溫溫之君子也；政令於是乎成，威福亦於是乎作，子產不敢也，其事上也敬，是古翼翼之君子也。而且鄭之力既已疲矣，敝之於外，忍復盡之於内乎，其養民也惠，古君子之父母斯民者矣；鄭之俗既已靡矣，其風自上，不且其流及下乎，其使民也義，古君子之教誨斯民者乎？非其生平夙聞道於君子，亦何以致此哉？地無論大小，而整躬率物，一人足表四國之型；時無論安危，而尊主庇民，一日恒貽數世之福。人謂子產才足稱也，子謂子產學有獲也。使爲大臣而不學，求一事之幾於道，而豈可得乎？

評：春秋之末，惟子産、叔向是曾於學問中有探討人，以詁此題，確不可易。此文初出，一時争爲傳誦，後來名流目爲平庸。然章法完密，字句斟酌，中材以下用爲準的，猶愈於好爲深奇而實悖於理、剽襲膚冗而無涉於題者。

歸與歸與　一節

方舟

聖人有歸志，而深幸道之有所寄也。蓋至困而言歸，而子之情蹙矣，然狂簡可裁，不有思之而一慰者乎？若曰：吾今而知天下事果非人所能爲也，君子之道，用則施諸人，舍則傳諸其徒。身之自處，非不綽有餘地也，獨恨吾初心有不止於是者耳。以予之棲棲而卒老於行也，回憶風塵之轍迹，幾自悔其多事，然未至於斯而遂決，則内顧而無以安於心；以天下之滔滔而未有所底也，丘復無意於人世，誰復能遺其憂，乃徒傷於外而無爲，即安得不再思以圖其反？歸與歸與，蓋吾之自計審矣。始非不知吾徒之足以相樂也，特謂吾之得吾志與失志猶未可知，而何必區區於此也，乃有所病焉而求息，則舍此無有大者矣；惟二三子尚得朝夕與居也，而吾黨小子之或爲狂或爲簡者，相違既久而不知其近之復何似也，及今不業之使有所至，則後而失其時矣。

以彼游心於廣大而以偏曲之學爲不足爲，所見非不卓然，而吾獨慮其擇焉而不精，語焉而不詳也，夫纖悉之或遺，則所爲廣大者已有缺矣，使能反其浩渺無窮之志，而益致其精，將可語於吾道之全，而惜乎其見不及此也；以彼抗志於高深而以衆人之行爲不足尚，立身各有本末，而吾獨慮其過高而難執，窮大而失居也，夫平近之未踐，則所爲高深者已無其本矣，使能抑其囂然自得之心，而務由其實，將可進於三代之英，而惜乎其猶有所蔽也。小子之所成已斐然有章如此，則所以裁之者，豈可聽其不知而不爲之計也哉？夫丘之窮於世久矣，以傀然如不終日之身，一旦舉其生平所負而釋之，而朝夕之斷斷於吾前者，又有所資以待老，私計非不甚便也，顧失之於彼而此得焉，雖於吾黨爲無憾，而所憾則多矣，然是豈吾所自主耶？使丘而得所願於時也，與吾黨或別有相資之道，而恐未暇從容陶冶而成之，今雖無所合以困而歸，然使斯道由是而粗傳，所裨未必不更遠也，然天下事汲汲已若不可待，雖或有望於後，而及吾身則已矣，終豈能釋然於懷耶？此余所以輾轉而不自克也。

評： 聖人初心，欲行其道於天下，到此始欲成就後學。「歸歟」一歎，機關絶大。得此俯仰淋漓，題意乃爲之盡。

顏淵季路侍　一章

張　瑗　墨

聖賢皆志於仁，各如其學以爲量而已。夫聖賢之學，皆所以盡仁。由也去吝，回也去驕，至夫子則大而化矣，故各托於志以見端云。今夫仁之爲道，外忘乎物，内忘乎我，且合物與我爲一體者也。聖賢以之爲學，即以之爲心，學有淺深，而心之分量隨之，要各行其仁焉而已。夫子於顏淵、季路之侍而導之言志，非以二子者各有所學則各有所願乎？乃由則以車馬輕裘與共對也，從來豪俠之爲，君子所不取，由非徒以慷慨鳴高也，積學數十年而不能去其吝心，則係累之私，賢者不免矣，由惟有緼袍不恥之志，始有車裘與共之懷，勇於從義而勢利不拘，幾幾乎春風沂水，其流亞也，此子路之求仁也；回則以善勞無伐無施對也，人世推讓之風，長者類能然，回非獨以謹厚鳴謙也，考道數十年而不能化其矜心，則盈滿之氣，性情中之矣，回惟有克復兼至之功，始有善勞兩忘之量，大道爲公而勳名可澹，幾幾乎德盛禮恭，厚之至也，此顏淵之不違仁也。凡此皆志夫子之志者也，然子之志必尤有大焉者，宜子路欲進而觀之也。子則曰：吾何志乎哉？凡志之動，必有所感，然人心之所以感與吾心之所以感，皆其相應焉者也；且志之行，必期其遂，然人心之所以遂與吾心之所以遂，亦其相合焉者也。在我，不能離老者、朋友、少者立於天地之中；在物，亦不能離安、信、懷處於人情之外。吾惟自盡其性，以殫安、信、懷之事；則物已樂得其欲，而共安於老、少、朋友之天。此而大其道於有爲，則德施普焉、道濟周焉，原於斯人無所加也；此而隨其分所可盡，則立與立焉、達與達焉，要於斯人無所損也。是則吾之志也。甚矣，夫子之志，安仁者也。蓋由與回以一己之願爲願，故不見有物，不見有我，賢之所爲希乎聖；夫子合天下之願爲願，故因物以付，而己不勞，聖之所爲希乎天。聖賢之志量有各殊，而同歸於仁焉已矣。

原評：理解精密，體格安舒，元氣渾淪，居然瞿、鄧家法。

評：選義按部，考辭就班。爲科舉之學者，以此爲步趨，去先正法程猶未遠也。

顔淵季路侍 一章

文志鯨 墨

聖賢均志於仁，而其量各有大小焉。夫由、回之志，固在於仁矣，然孰有如夫子之志之大哉！且人情各挾其私，而造物每多所憾，此固天下之所無如何也。夫所貴於聖賢者，爲其能去人情之私，而平造物之憾，故稱仁焉。昔吾夫子安仁者也，所志無非仁也，一日因顔淵、季路之侍，其志不覺隱隱欲動焉。然不先自言也，而詔二子曰「盍各言爾志」。夫吾夫子之欲吾黨之共體其仁也久矣，而吾獨怪夫世風之薄，而富者多以其服御自封也；而吾尤怪夫道誼之衰，而學者至以其才能長傲也。此其人之去乎仁之道也固已遠矣，而又烏能使之志聖人之志哉？乃以觀子路之志，則何其能超然不爲車、裘所累也，蓋不求不忮，但知有友而不知有物，由之所願如是也；而以觀顔淵之志，則何其能粹然不爲伐、施所累也，蓋若無若虚，善亦不使人知而勞亦不求人德，回之所願如是也。二子之志，其庶幾能體夫子之仁者乎？雖然，猶未若夫子之大也，夫吾夫子固安仁者也，此由所以進而願聞子之志也。而子乃自言其志曰：天下之大，俯仰上下，皆我與也；斯人之衆，養欲給求，皆吾事也。原於天者，理無不一，吾願與天下順其同；具於物者，分有各殊，吾願與天下因其異。惟吾有以因其異也，而大小親疏乃未嘗至於無别；惟吾有以順其同也，而哀懼愛欲遂無往不可相通。老者安之，朋友信之，少者懷之，夫子之志如此，則所謂安仁者也。夫中心安仁者，天下一人而已矣。故有志於仁者，必自二子之志始也。

評：迴出堨埃之外，説理正復處處確實。

評：理境融洽，無營構之迹。「自言其志」以下數行，一氣滚出，而次第深廣，口吻宛然。

顔淵季路侍 一章

陳鵬年　墨

聖賢皆以無私爲志，各如其量以爲言焉。蓋量有大小，賢與賢不必皆同，況聖人乎？惟其以無私爲志者則一耳。且夫志者，一人之私也，而極其量，遂可以公天下而無難。顧或挾其一日之虚願，而曰「吾能是焉」，天下亦無貴乎有是志矣。惟聖賢能適如其所已至者以相乎，而心之所之，皆其力之所及，故無不及量，亦無溢量。説在顔淵、季路侍，而夫子使之各言爾志也。夫季路，慕義者也，義重則財輕，豈私區區之車、裘於朋友者，有則必共而敝亦無憾，由也無難，而子路曰「由竊願之」，夫由也，學道數十年，何至去一念之吝而不可得，如由之願，皆由之所優爲者也；顔淵，樂道者也，道勝則己克，豈私區區之善、勞於一己者，善必勿伐而勞必勿施，回也無難，而顔淵曰「回竊願之」，夫回也，學道數十年，何至化一念之驕而不可得，如回之志，皆回之所素優者也。獨是情不能不有所待，假令無車無裘，而交際必窮，無善無勞，而功能已薄，此願何時遂哉？勢不能不有所格，即令有車有裘，而朋友之外亦難遍給，無伐無施，而善勞之外已無餘事，此志將何寄哉？微由也問，幾不知吾夫子之志可以隨地而自盡，隨時而各給者也。子曰：天下之大，有一人之不與吾接者乎，類情通欲，隨所處而皆有不容已之故，諉之無可諉也；吾人之身，有一日之不與斯人遇者乎，養欲給求，畢吾生而皆有不能盡之致，足之無時足也。老者安之，朋友信之，少者懷之，此則吾夫子之志，而即吾夫子所終身行之而不倦、因物付之而無歉者也。以視乎由，則老亦吾與，少亦吾與，而何私乎朋友，而何待乎車裘？以視乎回，則善莫大焉，勞莫高焉，而又將誰伐，而又將誰施？是則兩賢一聖所同者，無私之志；而其所不同者，廣狹之量也。聞夫子之言，二子亦自此深遠矣。

評：聖賢心境，層累相接。文一意到底，而其中高下大小自見。理脈既得，結構亦緊。

願無伐善 二句

錢世熹

大賢克己之學，徵諸言志焉。夫善、勞何以有伐、施？則己私之爲累也。願兩無之，非志克己者不能。意謂：學者苟不思自勝，則不獨身外之物爲累也，即身内之理亦爲累也；苟思自勝，則不獨身外之物宜忘也，即身内之理亦宜忘也。回何志哉？萬理具足者，皆備之初，是當游其心於廣大之内；一私不存者，至虚之體，是當忘其心於澹漠之中。若之何有伐善者？性命之精微，豈有分數可量，而尺寸遂欲據之以爲奇，微論非善也，即云善，善亦僅此耳，回也不敏，無由坐進高深，倘賴夫子之教，有所知，當更求知焉，有所能，當更求能焉，而顧片長自詡歟，彼學問安於小成，英華銷於末路，未必非「伐」之一念啓之也，願無之也；若之何有施勞者？事功之明備，豈有時日可期，而壺飧乃欲市之以見德，微論非勞也，即云勞，勞亦止此耳，回也貧居，無由設施焜耀，倘從夫子之後，用則行，當思功在一時焉，舍則藏，當思功在萬世焉，而顧薄績自張歟，彼道德流爲驩虞，功名鄰於亢悔，未必非「施」之一念階之也，願無之也。而如曰伐善，人將忌其善，施勞，人將没其勞，是以無伐、施，避善、勞之害也，非回志也，夫爲善之故而辭善，則爭之爲伐，讓之亦爲伐，爲勞之故而辭勞，則居之爲施，去之亦爲施，回願與之化而已；而如曰不伐，則善將益高，不施，則勞將益大，是又以無伐、施，收善、勞之利也，非回志也，夫知不伐之爲美，則伐之迹去，而伐之意存，知不施之爲難，則施之事捐，而施之心伏，回願與之忘而已。嗟乎！大道何私，無非不近名、不近功之事；至人無欲，即此不求知、不求報之心。回之志如此。

評：貼切「克己」，才是顔子身分。剖析精細，兩「無」字底藴盡搜。

雍也可使南面 一章

熊伯龍

大賢有君人之道，徵之辨「簡」者焉。夫南面之使，子必有觀其深者，即其辨「簡」而本之「敬」，詎非臨民之善術哉？且古今所以重儒術者，謂其實有學爲人君之理，而治天下之人不世出，則擇術疏也。聖門論人，未聞以「使南面」稱者，有之，自雍始。君子在世，安所得帝王之位而爲之大建其功名，事不可期，則以其學斷之，以明素所蓄積而已；君子議國，安所得聖人之才而與之深求於三代，度之既優，則以其名許之，以明道在儒者而已。雍之可使，豈無故而云然乎？且夫南面之難，亦難於臨民耳。臨民者存乎勢，雍可爲而未必爲；所以臨民者存乎我，雍未可爲而可言也。以彼博觀人物、興懷伯子，非以其行事有大過人者乎？夫子許其簡而命之「可」，寧有溢詞焉？而雍已鰓鰓然慮其簡之無以臨民也。蓋簡有從敬出者，有不從敬出者。從敬出者，心術正而綱紀立，法去其太甚，令戒其矯誣，天下見有蕩佚之樂，而人君常以叢脞爲心，此上世之所以治且安也；不從敬出者，性情偏而制防隳，百官有跛踦之容，庶民有流湎之行，朝廷日享無事之福，而天下皆以多事爲憂，此後世之所以危且亂也。嗟乎！爲治而至於簡，遠乎法術刑名之禍，而原乎道德清浄之遺，此其意宜無惡於天下；而自雍言之，若者可、若者太簡，何其深思而早計也，雖在聖人能取其説而易之哉？而吾竊由雍之言，想見雍之行事，則將躬習繁苛以御物乎，抑大度而養一世於和平乎？則將蕩廢準繩以便俗乎，抑小心而致上理於自然乎？君子知雍之必有異於子桑伯子之所爲，而可使南面之説誠非無故而云然也。願以告萬世之爲南面者。

評：實疏處深沈渾厚，轉落點次處紆餘周密，允爲此題傑構。

子華使於齊 一章

韓　菼

記兩賢之一與一辭，而聖人各有以進之焉。夫求、思之「與」與「辭」，善矣，而子各有以進之也，則凡與與辭者可審矣。且夫君友之間，學者之所謹也，得一二慷慨潔廉之士以爲天下之事君交友勸，此吾黨之所厚期而以爲難者，乃今一旦而又恍然失矣。試並舉二事，以觀聖人之所處，其可乎？大抵吾黨共侍夫子，處則相周旋，出則相恤，顧皆不得志。間有以禄仕者，又往往不屑以爲高，然每侍夫子，則所聞益進。嘗記子華使於齊矣：其可以使也，夫子必有説，而冉子顧爲其母請粟也。子曰「與之釜」，有宜於與之釜者在歟？又請，子曰「與之庾」，有宜於庾之益者在歟？而冉子猶與之五秉也。夫友道之衰也，讀「谷風陰雨」之詩而已極矣，自處安樂，而良友契闊之後，視若遺焉。若求之繾綣存恤，以慰征人將母之思，吾黨以爲難。而子則曰「赤之適齊也，乘肥馬，衣輕裘。吾聞之也，君子周急不繼富」。夫以求之於富者，其於急者可知也，豈不足於周哉？且友自一耳，豈以我友富而恝視乎哉？然而信斯言也，而「與」必有道矣。又嘗記原思爲之宰矣：其可以宰也，夫子亦必有説，而思果稱其宰之爲也。子與之粟，有宜於粟之與者在歟？粟以九百，有宜於九百之粟之與者在歟？而思猶辭也。夫仕道之衰也，讀「河干伐檀」之詩而多愧矣，一辭稼穡，而公家禾廛之外，趨若鶩焉。如思之能於其職，猶厲君子素餐之恥，吾黨竊韙之。而子則曰「毋！以與爾鄰里鄉黨乎？」夫以思之能辭，其必能與又可知也，豈不足於與哉？且粟自論當否耳，豈以鄰里鄉黨而冒昧乎哉？然而信斯言也，而「辭」亦有道矣。夫類舉一時之言論，以思其意之所存，學者之事也，故並記之使後世有以考。而凡吾徒之欲爲求與思者，皆可以自審焉。

評：淡而有味，潔而益腴，清思高韻，翛然筆墨之外。可謂自開蹊徑。

子謂子夏曰 一節

廖騰奎 改程

聖人辨儒之眞僞，而爲賢者決所從焉。蓋儒以學爲君子者也，自其中有小人，而儒術幾爲天下裂矣。非夫子明辨之，其不誤於所爲者幾人哉？謂子夏曰：古者道術出於一，而儒爲定名；今之道術出於二，而儒爲虛位。士苟不忍自欺其學問之意，則辨其所從入者不可以不審也。何則？志趨者，君子與小人分焉者也；而術業者，君子與小人共焉者也。言儒言也，行儒行也，以是爲完其性命之事，而求足於己者，君子儒也；言儒言也，行儒行也，將以自張於耳目之前，而求得於人者，小人儒也。夫先王牖天下之士而導以儒術，固欲其自爲君子；而學者既以儒自命，亦未有甘心於小人之歸者。顧何以天下皆儒，而確然可信爲君子者不少概見哉？蓋其人而君子儒也，則所知所能之不敢自恕者，時以内苦其心，而行之終身以不息，而小人儒之規規於形迹者，不難捷取於旦暮之間；其嚴氣正性而不忍自欺者，雖至爲身之困，而安於遁世之莫知，而小人儒之汲汲於世情者，無非私便其身圖之事。夫是以開其爲此、禁其爲彼而不得也。

嗟乎，未爲儒而自外於君子，尚可以開之使前，至浮慕焉而終以自遁，則詩書聖賢之説皆不足以啓其明；未爲儒而自安於小人，尚可以冀其一悟，乃陽去之而陰以自藏，則道德仁義之名皆足以長其詐。如是，則與自命爲儒之初心不大相剌謬乎？女也篤於天姿，自可以絶紛華之慕，而第恐規模太隘，亦易入於名利之私；勤於文學，庶幾能知六藝之歸，而究之節目既詳，尤當致謹於本原之地。夫學必定其所歸，而情易馳於所忽，是二者不塞不流、不止不行，出乎此則必入乎彼，不可以中立也。女第思先王導人以儒術之意，而返之自命爲儒之初心，則爲與不爲之間，當必有以自決矣。慎之哉！勿隳乃力。

評：思辭堅切，一洗浮光掠影之談。其篇法氣韻，亦深有得於古文者。

質勝文則野 一節

徐用錫

質文不可以偏勝，宜以君子爲凖焉。夫質文相須而不可相勝也，勝則野與史皆弊矣。然則彬彬之君子，其至乎？昔周末文勝，而夫子爲折衷之論。曰：學者納一身於軌物，固將合内外以規於盡善也，然天下之弊每以相持而流於偏，非調劑於其間，烏能歸於大中而至正也乎？今夫質也者，忠厚樸實以自將也；文也者，威儀辭令之不失也。今之人率以爲文者，章身之具也，即稍過焉，而猶可以列於君子之林，乃矯之者曰「君子質而已矣」。以吾觀之，皆非也。先王之教人也，六德六行以端其本，而不使習於便辟華僞以漓其天性之真；四術六藝以成其材，而不使安於顓愚固陋以闕其經世之務，而豈有相勝之弊哉？自大化不行而成德無具，於是有忠信而不學禮者，則質勝文也，當其純任自然，豈不足以式浮靡，而儀度之未嫻，即其所懷之質而有不能自遂者，則野矣；於是有講學而不修德者，則文勝質也，當其進退可觀，豈不足以祛鄙固，而情意之不摯，即其所致之文而有不能自愜者，則史矣。夫以質而掩文，有似於君子之務實，然文固由質以生者，而爲質所掩，非君子之質也；抑以文而掩質，有似於君子之令儀，然質乃文所自立者，而爲文所掩，非君子之文也。必也由質以觀，信乎其誠慤之獨至，乃喜怒哀樂之中其節，視聽言動之合其宜，極天下之至文而無以加，而又悉自質出也，野者當之而自失其文，並自失其質也矣；由文以觀，信乎其周旋之悉協，乃衣冠瞻視之作其恭，經緯區畫之當其理，極天下之至質而無以加，而又悉由文見也，史者當之而自失其質，並自失其文也矣。蓋存誠以養其性，而學聚問辨所以蓄其德者又詳而有要，故體用皆具而純然爲三代之才；主敬以操其心，而三千三百所以定其命者又大而能精，故損益有章而渾然見天德之備。如是而後可以爲君子也，而豈相勝之可比哉？夫核其實，則質與文豈無爲本爲末之殊；權其用，則質與文難爲畸重畸輕之論。偏於質者既不可訓，而偏於文者流而不已而失之愈遠，尤君子之所惡也。文質之道成於學術而關於世運，非君子，吾誰與歸？

評：「彬彬」自是現在成德氣象，然如何會「彬彬」，玩「然後」二字内有許多學力。實義虚神，曲折周至，不可以格調順時而忽之。

樊遲問知 一節

韓菼 墨

推「知」「仁」之事與心，而各得其所專及者焉。蓋鬼神亦義之存，獲亦難之驗，而所務、所先不存焉。此爲知、仁之事與心歟？且夫世有至人，其量固無乎不舉也，然其生平功力之所積，則必不雜乎其塗。事事去其可疑，而中之不精焉者寡矣；念念去其可欲，而中之不純焉者亦寡矣。故至人一出，而其事恒足以正天下之人心，而其心亦足以任天下重遠之事。昔者樊遲問知，子曰：知者以無不知爲大也，無不知，則不特以人世之所可知者爲知，而必以所不可知者爲知矣。今夫人心之知，至無窮也，無論耳目所睹記之物，日相尋於今古而變化以生，乃至屈伸往來之交，而能確然指其爲鬼爲神之故，斯亦極天人之致矣。而抑知知者正不以之爲教也，知者以爲民之所與立，獨有義而已。習之於君臣父子之節，使不遷於異物，經可守而權可達也；游之於詩書禮樂之途，使不惑於異言，德可成而藝亦可觀也。而至於郊壇日月之文、廟祧享嘗之制，已於敬之之中，寓以遠之之意，要亦明夫義之所當然而已。夫人惟有所不知，斯益相蒙於幽深曠渺之端，故好言知者，不爲民欺，而常爲神愚。若兹之於可知、不必知之介，斷如也，斯必其無不知而然也。雖欲不謂之知，不可矣。遲又問仁，子曰：仁者必無不仁而全也，無不仁，則必不以仁心之偶著者爲仁，而必以其無不得者爲仁矣。今夫人心之仁，致足樂也，勿謂斯須輒易失之物，日相求於旦暮而離合無憑，乃至憂勞積久之餘，而自悠然其有實獲我心之處，斯亦閲甘苦之塗矣。而抑知仁者正不以之居心也，仁者以爲仁之所克治，獨有難而已。審擇於取舍之大閒，而積數十年之力，去欲惡之念而不暇也；從容於存養之微密，而乘一息之隙，隳戒慎之素而有餘也。即至於不聞亦式之安、德音不遐之美，其所爲獲之之故，亦初無後之可言，要亦俟夫難之所自至而已。夫人惟有所未仁，不能無雜於計功謀利之閒，故驟言仁者，不惟私足爲累，理亦足爲累。若兹之於爲仁而即入於不仁之幾，謐如也，斯必其無不仁而然也。雖欲不謂之仁，而不可矣。若此者一語之以「務義」，一語之以「先難」。非明理之盡，不足以言知；非去私之盡，不足以言仁也。知、仁豈易言哉？

原評：反覆條暢，兼有蘇之豪、曾之質，所以能獨挺流俗而力開風氣。

仁者先難而後獲 二句

王兆符

心一於所難，而仁在是矣。夫有難則必有獲，然而仁者之心，知有難而已。先後之間，不可以知仁乎？告樊遲曰：欲求仁者，當知仁者之心，彼其於仁，惟無所爲而爲之，斯已矣。以有爲之心謀理，理必不純；以有爲之心去私，私必不盡。仁不仁之介，不争於其事，實争於其心焉爾。子問仁乎？仁之道至精，視聽云爲皆仁之資，而即不仁之所由伏，求一仁於衆不仁之中，而静不忘戒懼，動不廢審幾，難何如之？仁之效至大，耳目口體皆不仁之集，而即仁之所由運，化衆不仁於一仁之内，而内則不遠而復，外則天下皆歸，獲孰多焉？以此言之，難固仁之難，獲亦仁之獲也。然而一先一後，可以審所用心矣。仁者知天下至難之事皆天命之本然，以人心爲必可遏，以道心爲必可充，而寤寐之所弗忘，惟此矣，若夫行之而熟，至於危者安、微者著，固亦幾之必至，然第循乎天之所命以俟之耳，使於爲仁之初即豫設一悦心之境，以冀其少休，則不仁之端已潛藏而不自悟，仁者惟辨之於早也；仁者知人生至難之途皆吾性所固有，克己而必期於盡，復禮而必期於安，而精神之所自厲，惟斯矣，若夫積之而久，至於克無可克、復無不復，固亦理之相因，然第盡乎吾之所性以待之耳，使於爲仁之始即常分吾攻苦之心，以希其美報，則不仁之弊將横決而不自知，仁者惟貞之於一也。蓋難與獲本無二道，仁者惟知有難，雖至從容涵泳之時，只以爲惕厲戰兢之地，人之難在事，此之難在心也，難之事有窮，難之心無盡，而朋從之憧擾，忽不知其何以消矣；抑先與後更無二心，仁者惟知有先，即其淡泊寡營之内，總莫非自强不息之誠，於其勇而見爲先，於其專而見爲後也，後即見於先之中，先則並無後之迹，而義理之優游，忽不知其何以適矣，可謂仁矣。遲欲求仁，盍於仁者之心而思之？

評：語無龐雜，氣不囂張，由其理精筆鋭。

知者樂水　一節

朱元英　墨

聖人詳知、仁之辨，即其德之著者言之也。夫山水之情、動静之體、樂壽之徵，皆其著者也，而知、仁愈見矣，可不辨哉？若曰：吾觀天下，有真得於中者，未有不形於外者也，而忽而不察，則其人其德莫之窺其藴矣。夫德之至者，各從其天事之優，而實有其性分之美，常隨所事而自形焉，有心者蓋往往而遇其人也。夫仁、知之理同原，而仁、知之德有辨。吾嘗自其不可掩者而觀之：知者，吾知之於樂水矣，其明潔以善鑒似水，其疏通以善達似水，見乎其似而真者呈焉，而知者不自知也，想其存乎性者，有水之理焉，恒相喻於無言，故發乎情者，有水之象焉，亦留連而不去，則是造化之動機，其所心會者矣；仁者，我知之於樂山矣，其敦厚以安義似山，其嚴重以鎮物似山，見乎其似而真者顯焉，而仁者不自知也，想其存乎性者，有山之理焉，恒相深於默識，故發乎情者，有山之象焉，亦仰止而不忘，則是天地之静德，其所神契者矣。然知者、仁者非作而致其情也，非中無真得而假物以適意也。知者則動焉，名理之旨雖精，而知者取之目前而皆是，此豈滯其機者乎，心無成見之守則内存者動也，身無應迹之拘則外發者亦動也，人以動而得咎，知者以動而有功，動，蓋知者之天也，順萬物而無爲，宜其中之無累也已：仁者則静焉，宇宙之故雖紛，而仁者守其常經而不遷，是豈撓於物者乎，有一定之理在中則外入者不以摇其内之静也，以不易之道付物則内出者適以成其外之静也，人以不静而易窮，仁者以静而莫量，静，蓋仁者之天也，涵萬理而無思，宜其命之既立也已。由是可以觀其所養矣，由是可以徵其所得之不誣矣。以動言樂，知者之樂何如也，順逆之境，天爲之，知者因天而已不勞，憂患之端，人爲之，知者盡人而神不累，故夫物之乘我，雖屢出以相嘗，而動與天游，則此中之陶陶者自若也，其斯爲昭曠之明徵矣乎？以静言壽，仁者之壽可必也，修短之數，天定之，仁者敬天而安其理，勞逸之節，人定之，仁者養之而全其生，故夫物之擾我，雖無端以相感，而静以常貞，則此中之存存者不息也，其斯爲安敦之明效已乎？是故知、仁合一而克肖乎天者，聖人也。知其辨，則知知、仁矣：知知、仁，則可以達性命之理矣。

評： 界段極清，機神極洽。不揣摩時好，而舒卷自如，體質最爲完善。

如有博施於民 一章

熊伯龍

聖不可見，告學者以求仁之方焉。夫博、濟，則聖人有無窮之心；近譬，則立、達有漸致之效。子蓋欲盡學者之能事也，而非謂博濟之非仁也。今夫士之無志於仁者，曷足道哉？既好仁，又好名，不好仁可也。志無大小，期於徵實；功無廣狹，求其有成。學至於仁，或明天子至老而不以爲足，或匹夫一旦爲之而有餘，亦存乎論仁者之有遠近焉爾。聖門言仁多主内，至子貢乃有博施濟衆之説。蓋彼言其精，此言其大；精以治一己，大以治天下。使後世之知博愛以爲仁，自此言始也。夫子曰：是事也，吾思之，吾重思之，惜當世無行者。蓋子之所求者仁，而子之所言者聖，宜其不能行也。爲此者有天錫之德，有王者之位，有臣鄰之宣力，有兢兢業業千秋萬世之心，堯舜之憂所以大爾。乃若下學之所謂仁，則有道矣。上智可爲，中人可爲，桀紂而知自反，亦無不可爲者。夫施、濟之事多端，立、達則平甚；博衆之名至美，人則簡甚。井田、學校不能遽復，當盡心於飲食教誨之間；中國蠻荒不可驟通，當實措於鄉里骨肉之際。物之所受，閱以我躬，利害審矣，故受者無忤；力之所及，不假兵刑，取攜便矣，故及者有繼。以此求仁，非善術哉？若夫博施濟衆，吾思之，吾重思之，惜當世無行者。

原評：短幅中具有深山大澤之勢，可謂老横無敵。

信而好古 二句

李光地

聖人自明其述古之心，與古同志者也。蓋可信可好，作者之善也；宜述則述，老彭之心也。夫子於作者而信好之，故於述者而竊比之。意謂：聖賢之於天下，皆非有心以自見也，有所創造，有所修明，惟其明而已矣。如吾之述而不作者，以有古在也。夫古人豈得已而作哉？俗淳民質，藉有覺以開先；世變風移，各因時而立教。凡其存於今者，皆其事之確然而可以取驗於萬世，理之同然而可以興起乎人心者也。吾也生聖明之後，從誦法之餘，有見於此心此理之合也，則默而成之，不言焉而信，信而後益專於述也；有見於可愛可傳之精也，則學而不厭，好焉而敏求，好而後益篤於信也。豈無言龐事荒，有信不當信者乎，必也非古也，否則古之詭於道者也，若其昭然而可據者，則雖意言象數之幽渺，吾有樂玩終身，至於編簡之三絶者矣；豈無代遠人湮，有疑以傳疑者乎，必也非古也，否則古之失其傳者也，若夫炳然而足徵者，則雖鼓舞鏗鏘之微細，吾有流連累月，至於芻豢之皆忘者矣。蓋當作而作者，古也；當述而述者，亦古也。彼老彭者，豈非古之人歟？而聞其悉心於舊事，至今頌爲殷之獻民。況今日者，視老彭加遠矣，而安敢不極意於前修，使異日得爲周之遺老？吾故援老彭而竊比焉，庶幾後世猶有信而好者，古道復興，斯則老彭與我之志也夫。

原評：「信」「好」二字，講得親切有味，是夫子自道神理。

子之燕居　一節

朱　彛

觀聖德者徵之於容色焉。夫容色生於心也，苟非養之至粹，安能於燕居而有其申申、夭夭者哉？且聖人不世出，未嘗表異於時，吾黨雖善言，難以形容所絶。則嘗於請業之後，寂然無事之初，而得其燕燕居息者，庶幾可以論夫子也。凡人之傳聖人也，亦於聖人之接人者耳，然而神明玄淡，其未接乎人也，爲地已多，循迹而擬之，抑末矣；聖人之宅心也，亦存乎人所莫究者耳，然而形色爲昭，其所以喻此衷者，正有難强，絶類而窺之，滋遠矣。乃子之燕居何如者？殆申申如也，而且夭夭如也。從其静者而觀之，耳目未馳也，手足未勞也，而天地四時之理自具，惟子有性，子自敬養之，於時戒懼，有所不事，而百體之從令者，展布已有餘也，進而詳焉，從容樂道，在顔色之間，是則無心而觀化者也；自其動者而觀之，聲色時感也，倫物時交也，而喜怒哀樂之節不乖，惟子有情，子自宣節之，於時將迎，有所不用，而周身之任職者，動盪已無方也，進而詳焉，茂對優游，盎乎笑語之外，是則無心而有爲者也。肅乂哲謀，原不過生人之則，而以禮定命，斯化不可爲，蓋氣也而道積於中矣，而道所由凝，並非「申申」之所能盡；康好逸樂，雖時有燕閑之戒，而與天爲徒，則機非在我，蓋氣也而神不可測矣，而神所由發，又豈「夭夭」之所能盡哉？事非一端之美，登朝入廟，固裕之乎燕居之時；而理非一節可名，彈琴詠風，更可推之乎非燕居之地。噫，至矣！

評： 於所以申申、夭夭處，體認精細，故不消描繪題面，而人可以想像而得之。

子謂顏淵曰 一節

韓　菼

聖人行藏之宜，俟能者而始微示之也。蓋聖人之行藏，正不易曉，自顏子幾之，而始可與言之矣。故特謂之曰：畢生閱歷只一二途以聽人之分取焉，而求可以不窮於其際者，往往而鮮也。迨於有可以自信之矣，而或獨得而無與共、獨處而無與言，此意竟托之寤歌自適也耶？而吾今乃有以語爾也。回乎！人有積生平之得力，終不自明，而必俟其人發之者，情相待也，故意氣至廣，得一人焉，可以不孤矣；人有積一心之靜觀，初無所試，而不知他人已識之者，神相告也，故學問誠深，有一候焉，不容終秘矣。回乎！嘗試與爾仰參天時，俯察人事，而中度吾身，用耶舍耶？行耶藏耶？汲於行者蹶，需於行者滯，有如不必於行，而用之則行者乎，此其人非復功名中人也；一於藏者緩，果於藏者殆，有如不必於藏，而舍之則藏者乎，此其人非復泉石間人也。則嘗試擬而求之，意必詩書之内有其人焉，爰是流連以誌之，然吾學之謂何，而此詣竟遥遥終古，則長自負矣，竊念自窮本觀化以來，屢以身涉用舍之交，而充然有餘以自處者，此際亦差堪慰爾；則又嘗身爲示之，今者轍環之際有微指焉，乃日周旋而忽之，然與人同學之謂何，而此意竟寂寂人間，亦用自歎矣，而獨是晤對忘言之頃，曾不與我質行藏之疑，而淵然此中之相發者，此際亦足共慰爾。而吾因念夫我也，念夫我之與爾也。惟我與爾攬事物之歸而確有以自主，故一任乎人事之遷，而祇自如其性分之素，此時我得其爲我，爾亦得其爲爾也，用舍何與焉，我兩人長抱此至足者，共千古已矣；惟我與爾參神明之變而順應以無方，故雖積乎道德之厚，而總不争乎氣數之先，此時我不執其爲我，爾亦不執其爲爾也，行藏又何事焉，我兩人長留此不可知者，予造物已矣。有是夫，惟我與爾也夫？而斯時之回，亦怡然得、默然解也。

評：或謂上二句盡有理實可發揮，病此文太略，非也。一實發，便非此題神理。清深温潤，正與語意相稱。

夫子爲衛君乎　一章

儲在文

安於不仁者，聖人所不爲也。夫夷、齊無國而不怨，輒無父而不怨也，不仁如是，子且爲之耶？且國家之變，古今萬端，而其道有二，仁與不仁而已。夫其安於不仁而其心一無所顧戀者，猶其安於仁而其心一無所顧戀也。不仁而安，聖人所必絶也。昔夫子居衛，而適有以子拒父之事。當其時，輒稱兵於境上，宣言於國中，以爲亡人嘗得罪於父也，衛人和之，衆口一辭，而冉有、子貢亦欲折衷於夫子之爲不爲者。蓋春秋多君臣之獄，而以子訟父，實始於此，則無可比例之經；當世多篡亂之徒，而奉祖拒父，其事略殊，則或有解免之路。然而釋衛事、問夷齊，子貢之敏也；又直窮其怨不怨，子貢之密也。夫子曰：是賢人也，是求仁得仁而無怨者也，而輒之罪定矣。何則？天地之紀，必不可絶，故古人至奇之行，其理歸於至常；神明之地，必不可欺，故古人至困之時，其心有所至樂。今夫伯夷，其當得國之理百倍於輒也，棄幼而立嫡，未必遂違父命也，而孤竹之墟不敢投足焉，彼其心止有一父耳，有可以順父之命者，雖餓死而不辭，而後知稱兵以逆父命者之罪上通於天也；且夫叔齊，其可得國之勢百倍於輒也，舍長而立愛，不致大傷父名也，而首陽之下可以偕隱焉，彼其心獨有一父耳，有可以全父之名者，雖餓死而不悔，而後知宣言以敗父名者之罪擢髮難數也。空山之中，藹然孝弟，九原可作，至今如見其心；生我之愛，比於仇讎，一息尚存，此中何以自處？相提而論，而夫子之不爲，豈顧問哉？嗟乎！輒亦人子也，彼即薰心富貴，而清夜自思，未必無怨，至衛人譁然爲之，而輒果不怨矣。夫夷齊之不怨，非所望於輒，而猶幸其怨也，安於不怨，而父子之禍亟矣。夫子蓋傷之也。

原評：議論精嚴，骨力堅勁。父命、天倫二意，人人解道。但父命本易針對衛事，而天倫一層多未融洽。文以傷父之名立論，比勘極透。

子所雅言 一節

徐用錫

詳雅言之教，而其益人也切矣。蓋夫子之言，皆教也，而況雅言乎？詩也，書也，執禮也，皆其至切於人歟？且吾黨日侍夫子而以言爲述，苟於夫子所不輕言者而重視之，而常言則忽焉，此非善學者也。苟於其常言者繹而有得，則知吾黨之誦讀而服習者，無一非夫子之言之深切而著明者矣。吾思理之或涉於深微、事之稍遠於日用者，夫子偶及之，而非夫子之雅言也夫？夫子有所雅言者矣。言非有一定之時也，而其隨時而咨述者，習聽焉，而可指其復而不厭之端；言非有一定之事也，而其隨事而敷陳者，耳熟焉，而乃得其淡而彌旨之義。吾有性情而不知理，猶面牆矣，温柔敦厚，詩之教也，語多出乎男女飲食之故，而觀德畏義之獨至者，以其事切而情親也，則詩其一焉；聖有謨訓而不知考，罔有獲矣，疏通知遠，書之教也，迹多存乎聖帝明王之大，而議事立制之獨要者，以治本乎道而道本乎心也，則書其一焉；吾有節文而不知謹，倀倀乎其何適矣，恭儉莊敬，禮之教也，事亦極乎委曲繁重之爲，而視聽言動之有立者，以其措則正而施則行也，則執禮其一焉。若是者，非夫子創舉乎其義也，先王廣厲學官之法，其課之春夏與秋冬者，不憚亹亹諄諄以示正業之有常，故使門弟子博觀而約取者，不至修之師儒之前而隳之燕閒之地，則天命人事之要，擇焉而必精，語焉而必詳，以是爲夫子教思之無窮也已矣。若是者，亦非夫子之徒揭以示人也，聖人删定纂修之務，其所以考正而卒業者，不覺勤勤懇懇以致搜討之無已，故與二三子講明而嫻習者，即爲見之行事而不徒托之空言，則下學上達之實，索焉而皆獲，究焉而皆得，以是爲夫子學之而不厭也已矣。不皆爲夫子之雅言也哉？雖樂設之專官，爲教化之首，不可遺也，然詩諧於律吕，禮序於綴兆，而四術已於是而備；雖易與春秋自經贊修，爲誦法之要，不可緩也，然由此以斷事而始不爲蕩志，由此以知命而始不爲玩神，而六經悉以是而通。雅言顧可忽乎哉？

評：是一篇平暢文字，然隱括三經，語無龐雜。後幅推闡，皆近義理，非時俗所能及。

欽定清朝四書文卷四　論語上之下

子以四教　一節

蔣　伊

詳聖人之教，而知人皆可與於斯道也。蓋文行者，學中不容已之事；而忠信者，人所自具之心。列是以爲教，而道其盡人可入矣乎？且先王之崇四術以立教也，游之乎詩書禮樂，使徐而自得於身心之間。然其爲道迂回而難通，非時與地之寬然，不可以從事也。故聖人爲天下之學者而徑其入道之方，遂不得不直指其所以然，使依類以求，而隨在可以致力焉。蓋始以知、繼以行而歸於誠者，聖人之學也。故其教人也，必使之先明諸心，而後力行以求其志，允蹈於己而後反身以至於誠。約而舉之，蓋有四焉。其一爲文，文者載道之器也，勉强學問，則聞見博而智益明，自有子之教，而後知誦數討論皆以牖此心之明，而非玩物以喪志也；其一爲行，行者履道之實也，勉强行道，則德日起而大有功，自有子之教，而後知日用彝倫皆以盡此身之分，而非務外以爲名也。一則曰忠，忠者文與行之本也，不能自盡者非忠，自以爲盡而非道所宜盡者，亦未可以爲忠也，自有子之教，而後吾道大中之體隨時而可立焉；一則曰信，信者用力於文與行而可驗其所得者也，不能無違者非信，自謂無違而非道之無違者亦未可以爲信也，自有子之教，而後吾道大順之用隨事而可行焉。之四者，求端用力之初，固各有其事而不相假，而循而致之，亦交養互發而不自知；真積力久之後，固更相表裏而同一源，而因事以求，仍按節循方而不可略。在夫子，博喻無方，各因乎一時之所觸，而求其所以云之意，則其説萬變而未始出其宗；在學者，天資所近，或有所偏擅以成名，而究其所從入之塗，則缺其一端而無以幾於道。自記者表而出之，雖微言既絶，而後之學者尚得循是以爲入道之方。則聖人切於爲人之心，萬世而不泯矣。

評：明白顯易，於聖人立教、學者用功處，無不了了盡意。

我欲仁斯仁至矣

徐念祖

欲而即至者，以仁之本在心也。夫欲仁之心，固即仁也，欲之斯至，而安得以爲遠乎？且物之在外者，不能自必於念慮之間，而又不能捷收於俄傾之際，以是而曰「遠」，固其宜也，而斷不可以論仁。夫仁，人心也，吾固有之者也。其有時而離者，心之離仁而非仁之離心；其離而不復合者，念念之違仁而無一念之欲仁。抑思仁之在我也，有欲而不至者乎？有至而不即至者乎？念念皆仁之謂仁，一念在仁之謂欲，意亦無多耳，而仁之至也，正不必於其積也；念念欲仁之謂好，一念好仁之謂欲，時亦無幾耳，而仁之至也，正不必於其久也。不至則疑無仁，然使吾心無仁，而何以有欲仁之欲，以此見根心之理，原附載理之心以俱來，而舍固由我、操亦由我者，早惟其意之所如而勢甚便耳；即既欲猶疑未至，然使我心無仁，而何以知仁之可欲，以此見已發之情，早挾未發之性以俱露，而自我而亡、旋自我而復者，第視其志之所之而機甚近耳。故觀仁於至仁者之心而渾然全體者，夫人未及能明，不若觀仁於不仁者之心而忽然有覺者，夫人皆可自想，苟知欲仁之欲原即是仁，則知忽至之仁仍即是欲，正不得置仁心外而謂僅屬天地之心；抑觀於自仁而之不仁而續後復絶者，或猶自誣其本量，不若觀於其自不仁而之仁而絶後復續者，隨在可遇其天真，既知既欲之後仁從何來，則亦思未欲之先仁從何往，何得謂心本無仁而或自昧其人禽之别。顧世且曰仁遠者，何也？

原評：朱子論「求放心」之旨，是此題注腳。「欲仁之欲」即「仁」，所謂「求底便是已收之心」也。通篇發揮此意，語語精切，細若繭絲。

評：清真刻露，俱從心源中浚發，可以療直抄先儒語録之疾。

泰伯其可謂至德也已矣　一節

蔣德埈

大讓無名，得聖論而幽闡矣。蓋自夫子有至德之稱，而人始知泰伯之讓也，德所爲至也哉？若謂：古聖賢行事，往往晦於當日而白諸後人，然有待白後人之心，已非古聖賢之志矣。獨是由前而論，若睽庸行之常，歷久而觀，乃立人倫之極，有不禁人之代爲白者，尚論之間，竊有感也。我周自孟津會、牧野麾，遂以有天下。或曰此文之所留貽也，或曰此季之所積累也，而抑思誰爲古公之冢子，誰爲王季之元兄，而應纘岐封之舊者乎？吾乃今而思泰伯之德爲已至也。以端委之才，克君非忝，則愛伯者應無殊於愛季之心；惟神靈之胤，在母不憂，則立長者或不勝其立孫之望。然而誰命之而誰知之者？從來廢立之釁一開，即萌奸人窺伺之漸，度深沈之亶父，必不明示其機，而伯之視無形、聽無聲者，已微窺於冥冥之中也，吾弗避焉，而傷厥考心，吾顯辭焉，而益傷厥考心，蓋此時之將順苦矣；每慨長幼之倫稍斁，即啓數世覬覦之憂，度明類之英姿，必不樂逢其變，而伯之近傳賢、遠傳聖者，直永念夫綿綿之祚也，吾留也與哉，何以逮予季，吾行也與哉，更何以逮予季，蓋此時之意計周矣。民第見違西土，就南邦，幾笑伯爲不才子，而伯正以竄身僻陋，則人心之戴弟益堅；民第見挾仲偕行，棄親弗顧，幾蒙伯以不孝名，而伯更以絶義逋逃，則君父之行權始正。迄乎化家爲國，在天之靈未嘗不深鑒之，而當末命載揚，即父亦不得稱其子也，使知嫡長投荒，特爲愛憐少子之故，將必愀然不安，惟青宫自以采藥行，則寢疾不爲易嗣悔，此姬宗之太史莫由執簡而争者哉；厥後易侯而王皇矣，諸什未嘗不追遡之，而當因心篤慶，即季亦不得稱其兄也，使知兩昆越境，只爲一人得國之由，將必惕然難受，惟伯初不以父命爲辭，則季自不以天倫爲愧，此孤竹之逸民未及撫心而計者哉！嗟乎，征誅之局，至周已窮，而揖讓陰行，直軼唐虞之再禪；服事之忠，惟文爲至，而淵源付託，先留兖冀之三分。德至矣，弗可及已！

原評：題易馳騁，文却整煉，謹守規矩。可見排偶中未嘗不可運奇，未嘗不可用古。特流於散亂，則有乖八股之體製耳。

君子篤於親 一節

劉子壯

君子以仁厚待天下，而民心於是乎動矣。夫仁與不偷，亦民所爲心也，而非君子莫能興之，親與故，其動之之具乎？嘗觀三代而上，朝廷多盛德之事，而百姓無猥薄之行，非獨其風氣近古也。政令不先乎天下，而以一人觀其風；教化不出於宫中，而使群黎徧其德，蓋必自君子矣。君子有化成天下之責，而行吾之愛、與人之周，初非所以爲民，而見其行事者，每獨觀其性情之所注；君子有懷柔天下之義，而無失其親、無失其故，初非所以明厚，而長於諷諭者，遂若以爲董勸之在身。吾見君子篤於親，則民興於仁矣：既已爲君子之親，則其所應得者，原不足以稱我之惠，故在乎有以篤之也。骨肉之間、富貴之際，正恐望我者深，以不能副而或生其厭薄，而形迹之嫌既原之以其情，天性之乖又寬之以其法，其所以遇之者至矣。夫民也，見天子之尊猶有親戚，方且述之以爲美談，而昆弟姻婭之間，我不能富貴之，獨不能愛厚之乎？其興仁也，亦所爲篤爾。吾見君子故舊不遺，則民不偷矣：既與君子爲故舊，則其所相許者，誠無樂乎其末之隙，故戒其或有所遺也。在左右者有年、共艱難者有日，正恐恃我者素，或不相諒而致啓其疏絶，而樸誠之意既相保於其終，恩數之隆復不問於其始，其所以全之者多矣。夫民也，見天子之貴不忘知交，方且稱之以爲盛舉，而貧賤汝爾之分，不能以身許之，獨奈何以利賣之乎？其不偷也，亦所爲不遺爾。蓋民之不古，嘗足以釀隱憂，其始小相惡，而遂謂忠厚之非，其後安爲忍，而成其天資之薄，則以爲人心日以衰也，及觀廟堂上行一非常之典、加一破格之恩，而古道之在人，乃獨深於愚賤；俗之既疲，嘗足以困英主，其初志在雅化，而推之無本，其後習爲故事，而苦其不情，則以爲三代不可復也，及當宫闈間仁一先帝之子孫、録一先朝之耆宿，而天懷之中發，初無俟乎詩書。然則仁也，不偷也，蓋端自君子矣。

評：中、後四比，近情切理，亦從古籍沈浸得來，時文中言之有物者。

興於詩

一章

張永祺

學有全功，爲明其所自得焉。夫由興而立而成，學所必至之功也，非本之詩、禮、樂，將安所得哉？今夫自然之性不可恃也，所可得而恃者，其必由學乎？古之聖人爲之聲名器數，以引掖而造就之，使人日從事焉，久而知吾身心之所得，誠有必出於此者，烏可誣也。蓋學之始，貴於能興。好惡之誠於心，未嘗泯焉，而或無所感則亦寂然而止耳，有如鼓動振拔而不能已也，必於詩有得焉者乎？夫詩之爲教也，辭緣物類，吾錯綜以求之而意義深焉；事合貞淫，吾反覆以析之而勸懲立焉。以言感心，微而善入矣。彼夫觸之而益動，引之而愈長，拘者擴、蔽者祛而充其本然之量者，興也，而所以然者，則詩之爲也，則詩之爲功於學者深哉！學之中，貴於能立。强固之德於性，豈有閒焉，而中無所坊則亦靡然而徙耳，有如安貞静重而不可摇也，必於禮有得焉者乎？夫禮之爲教也，恭敬以直内，則神明安其則而欲無自生；品節以嚴外，則耳目守其官而物無從引。以理範身，約而可據矣。彼夫紛者乘之而不撓，似者眩之而不易，弱者振、蕩者止而還其中正之良者，立也，而所以然者，則禮之爲也，則禮之爲功於學者深哉！學之終，貴於能成。中和之則，天者全焉，而思勉之情未融則亦迹而不神耳，如其渾然純粹而無所於歉也，必於樂有得焉者乎？夫樂之爲教也，聲音之高下，可通性命之微而剛柔無或過；舞蹈之疾徐，可平血氣之用而喜怒無偏施。德以養性，從容而中節矣。彼夫不待感而自動，不待扶而自强，偏者全、形者化而游於義精仁熟之塗者，學之成也，而不知其然而然者，則樂之爲也，則樂之爲功於學也大矣哉！

評：循題語氣，各有發明，文家正則。

不在其位 一節

錢世熹

戒出位之謀，所以一政權也。蓋禁其謀於位外，乃可收其謀於位中。不然，將如政權不一何？夫子慮越分侵官者之貽患也，故爲之戒。曰：國家所以少任事之人，以議事之人多也，而議事之人多者，以一事而事内之人議之，事外之人又議之也。且一事而事内之人未議之，事外之人先代議之也，此在國體爲不尊，而在人心爲不静，患有不可勝言者。吾思先王任天下之官，則有位；立天下之位，則有政；出天下之政，則有謀。政也者，所課於下之職業也，然天下之人非不勤職業之患，而不自勤職業之患，不自勤職業，因以不勤矣；謀也者，所取於下之心思也，然天下之人非不殫心思之患，而不各殫心思之患，不各殫心思，因以不殫矣。蓋不在其位，則不謀其政，有斷然者。在其位，則位中之情形俱得而悉之矣，情形俱得而悉，斯利害俱得而籌，若未悉其情形而代籌其利害，其利害果不遺焉，否也，即籌之不遺矣，而一則軼於分外，一則歉於分中，不兩失乎，夫兩失，其可訓乎？在其位，則位中之功罪俱得而任之矣，功罪俱得而任，斯是非俱得而詳，若未任其功罪而代詳其是非，其是非果不謬焉，否也，即詳之不謬矣，而一則舍己而圖人，一則諉人而廢己，不兩曠乎，夫兩曠，其可行乎？雖曰政貴其相成，弗貴其相左，然聞其相成也，未聞其相假也，倘相假而不禁焉，將謀其當謀，亦謀其不當謀，其弊也，游士挾策於侯門，庶人進書於闕下，吾恐釀辨言之亂者必此矣；雖曰政取其相諧，無取其相蒙，然聞其相諧也，未聞其相侵也，倘相侵而不已焉，將公者以公謀，私者亦以私謀，其弊也，布衣抗論於公卿，名流觸諱於當路，吾恐開清議之禍者必此矣。則何如不謀者之所全大哉？

評：筆太勁快，便少深厚之氣。作者佳處在此，所短亦在此。

巍巍乎舜禹之有天下也 一節

楊大鶴

獨稱二聖之高，不以天下繫其心也。夫以天下之大而不足以繫其心，非舜禹，其誰能之？夫子所以有「巍巍」之歎耳。且夫身世之際，苟爲吾之所有，雖一物而莫解於心，非智不足，所居之卑也。夫惟聖人能不震於所有，故非常之遇，卒然投之，若固有焉；亦惟聖人能不滯於所有，故四海之奉，終身享之，如無有焉。亦足見其高不可尚已，何言之？己大而物小，則物不得而加我矣，人世之富貴福澤，原挾其厚力以奪斯人之性情，其相加正不小也，處己稍即於靡，而進退初無以自主；己重而物輕，則己遂得而勝物矣，聖賢之勢位功名，偏極其崇高以衡此中之道德，其相勝正不輕也，性量未居其正，而志氣豈易於孤行。巍巍乎，其惟舜禹乎？舜禹固有天下也，舜禹蓋有天下而不與者也。神器至貴，然安然而致之，或可適然而淡之，故語尊優不侈之事於從容世及之朝，似猶力所及也。舜禹之興，亦既岳牧咸薦矣，試之於職，然後總師，考之於天，然後在位，可不謂難與？富貴何足攖心，而人情所樂享者，恒在平昔艱難之處，拱手而觀萬國之同，謂藉是以償吾勞也，而舜禹於此正不啻其淡也。巍巍乎，以有天下若斯之難也而不與焉！帝王大統，然久屬意中之事，反可作度外之觀，故語崇高不炫之能於大勳漸集之世，亦或力所及也。舜禹之興，夫固尺土不階矣，耕田之子，一朝而揖讓，罪人之隸，一朝而代終，可不謂易與？富貴初無殊致，而人情所震盪者，乃在生平遇合之奇，布衣而膺歷數之歸，謂始願初不及此也。而舜禹於此，正不啻度外也。巍巍乎，以有天下若斯之易也而不與焉！先斯民之憂而憂，不後斯民之樂而樂，兩朝之天下，皆禹自平自成於其手，而卒菲惡之不捐，其淡泊爲何如也，若夫華蟲粉米，事事有帝王御世之榮，若未可同類擬焉，而實何與也，耕山漁澤之身，極之被袗歌風，而總歸於一致，蓋少一天下而不爲之減，多一天下而不爲之增，惟此爲敻絕耳矣；不再計而受之人，亦不旋踵而授之人，百年之天下，只舜自取自舍於其中，而成號令之三嬗，非達觀不至此也，若夫闢石和鈞，事事有子孫傳世之計，若未可同年語也，而竟何與也，受終改物以來，迹其飲食宮室，而無改於其舊，蓋即夏后有家天下之事，而聖人初無利天下之心，可不謂卓絶者乎。巍巍乎，其惟舜禹乎！

評：「難」「易」二字，反覆推勘，足暢人意。後幅舜禹互翻，亦能曲暢其説。

大哉堯之爲君也　一章

徐乾學

聖人贊古帝君德之大，歷形之而難盡也。夫堯之所以大者，堯德一天德，故不可得名也，而成功、文章，究何足以盡堯哉？夫子謂夫古今千百年之治統，而有聖人以立之極，其神明氣象有特隆者也。顧神明之所存，恒不予人以易量；而氣象之昭著，無不示人以可觀。斯真贊誦之難窮，而擬議所獨絶矣。以余尚稽古治，不能不穆然於堯。堯以廣運之聖，際垂裳之時，淵默不言，而當日之萬邦百姓咸自泯其知識，則宰化者神也；堯以光被之休，肇中天之運，神靈首出，而百世之經綸制作莫能及其規模，則操治者宏也。大哉，堯之爲君也！前此黄農之傳，至放勳而極盛；繼此虞夏之統，自文祖而始開。不觀之天乎，巍巍乎穆清之表，有獨超迹象者，惟堯與之等勢齊量而有所不讓，不徒欽若敬授，始成其大矣；而又不觀之民乎，蕩蕩乎溥博之量，有共深覆幬者，雖民欲爲之紀功稱德而有所不能，蓋至帝力胥忘，莫測其大矣。則意者淡漠爲理，無所經營與，巍巍乎，天地藉其平成，萬方徵其於變，其有成功也若此，而堯之大不僅在成功也；則意者垂拱不勞，無所表見與，焕乎，典物章其明備，政教著其精詳，其有文章又若此，而堯之大不盡在文章也。大矣哉，絶於名言之下，亦即遇之耳目之前乎，渾穆，同天之高，飲食，安民之質，若近於上古簡静之治，而工虞禮樂，無弗極其周詳，至於萬禩蒙一人之福，三代祖二典之書，久矣昭垂宇宙，而總爲贊誦所難窮；大矣哉，求於性量之間，亦即徵於事業之際乎，尊無上者天，天至是若忘其尊，易感德者民，民至是已忘其德，絶非有後世粉飾之事，而聖神文武，自無不極其崇閎，至於洪水無傷平治，茅茨亦見光華，久矣載在史書，而總爲擬議所難罄。大矣，蔑以加矣！

評：以「大哉」句統其綱，並攝「巍巍」四段。上下鎔鑄，具見爐錘。雖變先正體格，而經營極爲工穩。

大哉堯之爲君也 一章

李光地

極贊古帝之大，一天之所以爲天也。蓋無可名而有成功、文章者，天也。堯者，則天以出治者也，何以加其大哉？夫子意謂：君者，繼天者也。天統萬物而物忘之，而高明極乎終古之盛；君統萬民而民亦忘之，而勳華邁乎奕世之隆。求其克當此者，其惟堯乎？欽明文思之德，既藴於生安性成之初；四表上下之光，尤徵於皇天眷命之際。蓋大哉堯之爲君也，聖德與天位兩相值，而其軌遂立於不可加；天時與人事適相遭，而其盛遂幾於不可再。巍巍乎！神運而無方者，惟天之體之大如是其不測也，惟堯也克明之峻德，冥契乎無方之神，游其世者時雍於變，蓋莫能識其所以然而烏能名也，亦如天之神之不測焉爾矣；化行而無外者，惟天之用之大如是其不窮也，惟堯也廣運之帝德，仰符乎無外之化，庇其宇者耕鑿作息，蓋莫能知其誰之爲而烏能名也，亦如天之化之不可窮焉爾矣。蕩蕩乎！民無能名焉！所可見者，釐百工而庶績熙，巍巍乎成功之烈，千載一時也，蓋平成之世，必有以終其緒，堯初不過以無爲爲之，而不言而成者，天下之功莫尚也，斯則其不測之神之運焉者乎；垂衣裳而天下治，焕乎文章之華，萬代如見也，蓋文明之會，必有以通其變，堯初未嘗以有意顯之，而不見而章者，天下之文莫大乎是也，斯則其無外之化之形焉者乎？大哉堯乎！此其所以德配彼天，而事業與上下同流、聲明與日月争光也。雖有作者，唐帝其曷可及已？

評：堯之德與天準處，實能見其所以然。故無一麤獷語，是謂辭事相稱。

巍巍乎其有成功也 一節

許汝霖

古帝有配天之業，於可見者難窮其大焉。夫成功、文章，猶人之可得而見者也，巍巍乎、焕乎，豈非業之與天相配者哉？且天以穆然者處於上，不見其功，而運量乎萬物者普美利於不言；不見其文，而昭宣於庶類者經終古而常新。此萬物所以戴其高明而終莫能名其大也，而堯之則天而無名者，亦於是可想焉。蓋神明之默運難窺，而至德所蘊蒸，已盡冒百王之治法；典册之流傳甚略，而中天之氣象，常留於千古之人心。蓋巍巍乎不求有功，而天下之成功莫尚焉，洪荒既啓，更數十百世，初未有陰陽人事之災，天若以艱難開濟者特試聖人之才，而堯則遇事而各有以處之，至於天地平成、六府順叙，後之經營民物者，莫不本其規模以爲措注，而德之所運者閎矣；焕乎不求有文，而天下之文章莫大焉，上古聖人，雖盛德在躬，莫能破萬物屯蒙之氣，民若以渾沌鄙樸者重困聖人之智，而堯則因時而遂有以變之，至於百姓昭明、四表光被，後之張皇禮樂者，莫不奉其遺意以爲經緯，而德之所耀者遠矣。蓋堯惟行之以天道，故推恭讓之誠，使衆聖群賢自致於百工庶績之間者，皆其功之盛也，雖沴氣僉人未能盡殄，而不足以害治者，亦如四序五行各分其職，雖偶有愆忒，亦不足以傷大化之流行；堯惟照之以天光，故由峻德之明，使親義序别炳然於黎民族姓之心者，乃其文之本也，雖儀章制數未暇以詳，而歷久而彌章者，亦如日星雲漢常著其明，雖無意發皇，而愈仰其貞觀之不息。夫上下古今，繼堯之治而同其德者，莫過於舜。而南面止於恭己，其績皆見於登庸在位之時；協帝號曰重華，其光皆囿於欽明文思之内。後有作者，弗可幾也已。

評：於他人詞繁不殺處，以簡言該括，可謂語能舉要。

菲飲食而致孝乎鬼神

三句　　尹明廷

節微以勤大，所以思明德也。夫禹有大功於天下而不享其奉，至廟朝田野間，又何勤勤盡意哉？嘗謂樸略去而貴者日尊，大難夷而治將求備，爲之君者不亦難乎？若夫朕躬率從簡質，大事咸竭清衷，一時不敢侈、不敢略者，有可節舉以概其餘焉。如禹所處者，最易有間之時也。艱難初定，物力其可念矣，然而羲農去我遠，天下自我平，有晏然爲太平天子之意，則或謂帝王之體不當簡略，後人不免讀史書而微聞歎息之聲；草昧既開，制作其當盡矣，然而崛起在田間，勤勞在山水，無巍然爲開代盛王之度，則或謂勞苦之餘未遑經制，今日不免考方策而多致咨嗟之慮。乃禹也一身之事無不薄，而天下之大無不隆。飲食菲而鬼神則致孝矣：海物來自遠方，橘柚登於帝室，前此無其盛也，今其享茲玉食哉？而不忍也。追二帝百年之瘁，尚憫艱鮮，痛吾父九載之勞，未安粒食，得無顧梧棬而惻然乎？至於入廟而帝王同祖，南郊而嚴父配天，儉德雖嘉，豈可行於天親之際？是以豆登之美，奏大夏而升香，燔炙之芬，薦玄圭而將享，又何嘗不嘉其備物也。衣服惡而黻冕則致美矣：桑土之蠶既績，織文之篚充庭，前此無其華也，今其飾兹服御哉？而不敢也。思微時襏襫之勞，胼胝可念，被聖帝山龍之服，謙讓弗遑，得無撫浣濯而慨然乎？至於覲萬國之衣冠，對百神之陟降，古風近陋，非可加於朝祭之間。是以邃延日月，出庶物而凝旒，朱芾斯皇，奉清躬而爲度，又何嘗不美其文章也。宫室卑而溝洫則盡力矣：荆土之柏可伐，揚州之木惟喬，前此無其材也，今其麗兹王居哉？而不願也。念懷襄方出之民，其咨未奠，撫二后松雲之舊，隕越爲憂，得無臨堂陛而欿然乎？至於駿發而終三十，服耕而耦十千，民勞宜恤，非可逸於旱潦之謀。是以甽澮既浚，人力至而天不能害，東南其畝，地險設而農可爲兵，又何嘗不歌其勤苦也。唐虞以後，勢日趨於華盛，在上者不爲之慮，流風其未有止也，禹則服食居處，澹然無欲，所以力存中古之風；平成已奏，道難仍於荒略，嗣帝者不詳其制，文命其未可敷也，禹則朝廟井疆，釐然加意，所以首建三王之治。以云無間，亶其然乎？

評：切大禹時事以立言，時有清詞傑句，令人刮目。國初制藝，自卓然名家數人而外，不少高才宿學、爲時所崇者，然止求議論驚奇、詞語博麗，而不顧書旨、題脈。其相傳名作，間存一二，使學者別擇而知所祈嚮焉。

達巷黨人曰 一章

韓 菼

言有當於聖心，因與門人商所學焉。夫「博學」「無名」，其言未必知聖，自聖人聞之，而已悟夫學矣，故與門人不言「博」而言「執」也。且凡一言一物之入於聖心而無不有動也，況其在學問之際乎？聖人之於學，蓋嘗審慎於其間，而一言之合，以爲近於反本責實之論，則未嘗不亟以自考焉，而願與學者共擇之也。吾夫子生平以學自居，抑其所取於事物者則已博矣，蓋有其所以博者。世顧未之知，特以其學之多，有疑焉必問，問焉無不得其意以去，因相與驚歎，以爲孔子博學也，豈特一人一事哉？意黨人者亦必習聞之，而因歎孔子之大；大而以「博學」推之也固當，而特於歎美之餘忽轉一言曰「無所成名」。夫子聞之，瞿然有感，顧二三子而言曰：謂吾博學，吾何敢；抑名之無成，誠如若人言。吾嘗聞夫古之聖者矣，天地名物之數日開，聖人神智之數亦日益，何所指授而兼綜如是，此似有天焉，不可强也，而特其心思，當專用之時，有謀之一物而必無異物以相遷，創之一時而嘗經數代而始善，專精之至，而神奇自生，此亦畢生之無假外索者矣；吾亦見夫今之學者矣，歷山川而得其壯觀，探異書以窮其奧賾，終日不足而迄於無就，往往自傷焉，已無及也，而又其爲説，多高遠之過，或第舉大凡以爲得其意不必竟其學，或好言捷悟以爲涉乎此即可通乎彼，恍惚之餘，亦消歸無有，此亦吾黨之宜亟愧悔者矣。夫學固未可少也，而與爲能取，毋寧能棄，游思既富，而益歎專家之難，其甘苦有知之者也；名亦未可好也，而名可謝，其所以名可思，習業既久，至莫能喻其得心之樂，其微渺有不自知之者也。吾何執？執御乎，執射乎？吾執御矣，抑亦願二三子之各有以取之也。夫子固嘗以博學教，而兹之語二三子者謂何也？至射御二者尚不敢自謂兼，而其於學彌篤矣，其亦隱然動其下學之思乎？夫觸於黨人之一言而反覆決擇於學之塗，不苟焉而已，是則真孔子之大也。

評：但説聞人譽己，承之以謙，亦是自語面見得如此。其實聖人語内，却包含無窮下學之功、專精之意在，惟好學深思者於此參透，故意境獨超。

麻冕禮也 一章

馬世俊

聖人兩酌所從，而可觀今古之變矣。夫儉可從，泰不可從，夫子亦猶行古之道耳，而豈有心戾俗哉？慨然曰：身之用物也備，而上之制下也嚴，甚不可以不謹也。百物乘奢儉之運，而冠冕爲尊；五品分拜讓之儀，而朝廷爲重。乃以禮斷之，而古今升降居可見矣。盛王之制禮也，凡人所不樂從者，不以相强也，典章備而統紀明，安在無因性作儀之意；後世之行禮也，凡我所不難從者，不敢相戾也，風俗同而耳目一，安在有矯時忤物之懷？乃有甚拂乎禮之文，而猶不失乎禮之實者，三代損益之道，不過如斯，而我亦幸於今遇之；又有稍變乎禮之迹，而遂大悖乎禮之經者，晚季陵越之端，於斯爲極，而我又不幸於今遇之。當今日而思麻冕，不可復見矣。論其初，則禮也，崇其稱，則躋於衮鷩希玄之飾，有君大夫之慕焉；卑其制，則儔於臺笠緇撮之觀，有都人士之感焉。而今也則純矣，天下之樂趨簡易而畏習煩苦，或皆純之類也，不然，何物力競侈而獨嗇於元首也？然素絲不飾，猶有先民之遺，其寧朴而無華者乎？儉也，吾其從禮乎哉？生今之世，爲今之民，而有見於衆之可愛，吾從衆矣。當今日而思拜下，不可復見矣。論其常，則禮也，情莫親於燕享，君而賓客禮之也，必西階下拜而始升成拜焉；典莫渥於錫賚，君而車服命之也，必北面下拜而始升成拜焉。而今也則拜乎上矣，天下之實爲僭逾而名同脱略，大抵皆拜上之類也，不然，何情意疏遠而獨近於堂廉也？則冒上無等，流於驕慢之習，其君玩而臣亢者乎？泰也，吾其從禮乎哉？立今之朝，爲今之臣，而有見於「下」之難越，雖違衆吾從下矣。一事之儉，未可救萬事之奢，而忠質可追，吾是以懷服冕於宗周而不廢，毋追黼冔之舊也，從衆何必非從先也；舉世之泰，翻足誚一人之諂，而咫尺不違，吾是以懼名器之易假而不許，曲縣繁纓之朝也，從下何必非從周也。嗚呼，此吾所上考之於古制，旁觀之於世風，更進求之於吾心所安，而謹酌所從也。

評：迴旋欹側，一因題中自然節奏。於襯貼處，著意數筆，遂使精神躍出。　按，燕禮，賓始受命，阼階下北面稽首；及公酬賓，則於西階上，北面稽首。階分東西，北面則同。文以西階屬燕享、北面屬錫賚，誤矣。而評家稱其歷歷不誤，又斥大全慶氏之説而宗邢疏，更不可解。燕禮，惟賓一人升，成拜，主人獻公大夫，媵爵，司正卒觶，稽首階下而無升拜，衆卿大夫則獻酬，時惟與主人相答，及禮將終，公命撤幕，皆降拜稽首，升無拜。邢氏以燕與覲並舉，謂卿大夫、侯氏皆先降拜而升成拜，顯與經背。乃以爲大據，可乎？此文世士傳誦已久，記此，使知引用經語，不可不詳考其義。

吾有知乎哉 一節

陸龍其

聖人不以知自居，惟實盡其誨人之心焉。蓋夫子之教無不至，故世遂以爲其知過人也。有問必竭，子故特明其誨人之意歟？若曰：吾人苟有與人爲善之心，則不必生皆上知，而自可與天下相迪於無盡焉。蓋上知不易居，而與人爲善之心則固可共勉也。吾竊有以自審矣，如吾之殷殷誨人也，而天下遂以有知許我，夫使吾果有知而後能如是也，則是質非徇齊，遂可置斯人於弗問也；德非天亶，遂可遺斯世而弗顧也。不幾視吾太高，而生平所以開示來學者反無以自白乎？以吾自思，吾果有知乎哉？無知也。吾但以啓迪斯人爲心，而不敢謂天下有不可教之人；

以陶成斯世爲懷，而不敢謂斯人有不足施之教。故無論賢者智者，吾樂得而告之也，即鄙夫之空空，而苟問於我，未嘗以其鄙而有所隱矣；無論狂者狷者，吾樂得而與之也，即鄙夫之空空，而既問於我，未嘗以其鄙而有不盡矣。一有所言，而上下精粗無不發以相示，有一言可竭者，則一言已竭也，有累言可竭者，則累言始竭也，要其隨問而隨答，不過就鄙夫所能知者言之也，而其理何所不該焉？一有所言，而始終本末無不出以相詔，有顯言可竭者，則顯言以竭之，有微言可竭者，則微言以竭之，要之隨答而隨盡，不過就鄙夫所能行者言之也，而其旨何所不備焉？啓迪之念切，而不覺兩端之俱叩，初非以徇齊之質而能如是也，天下見吾之叩者如此，則謂吾有知如此，其實知因叩而生，叩非因知而生也；陶成之志殷，而不覺兩端之已竭，初非以天亶之德而能如是也，天下見吾之竭者如此，則謂吾有知如此，其實竭之而知生，非由知而能竭也。是則生而知之者，吾所不敢自誣；誨人不倦者，吾所用以自勉。天下有能諒吾之誨人者乎？獨奈何而不諒吾之無知也？

評：理境澄澈，氣體清明。向來分上半是「學」，下半是「誨」，諸謬解從此廓如，實有功於後學。

仰之彌高 一章

劉巖

大賢學聖人之道，深歎之而知化不可幾焉。夫大而化者，聖人之道也，宜顔淵歷序其學而歎化之難幾也。昔顔子希聖有成，而一間未達也，乃喟然而歎曰：回嘗有嚮道之心，而不知道之何所極也。幸而有入道之序，而冀道之可旦夕幾也，久之而合道之難，而知道之不可以人力與也，回殆將終其身於夫子之道焉爾矣。道其高矣乎，乃仰之而高不可極矣；道其堅矣乎，乃鑽之而堅不可窮矣；道其有前後之可擬議而得乎，乃瞻之無有方所之可定矣。大道之難求如此，而夫子以爲道之無窮無盡者，初不離日用細微之際；道之無方無體者，實不越尋常切近之功。故循循然教必由粗淺以造精深，而使學者由下學以幾上達。而回也得夫子之教，不敢冥其心使無所據，而必窮理以致其知，蓋天下無性外之物，則文之燦然、有條有理者，皆天理之流形於庶物者也，自夫子予我以探索焉，回殆有思之深而信之篤者矣；亦不敢馳其心使無所歸，而必返躬以蹈其實，蓋吾性乃萬物之一源，則禮之秩然、無過不及者，皆天理之降衷於吾心者也，自夫子示我以檢束焉，回殆有持之堅而守之固者矣。夫惟其誘我者善也，於是欲罷而不能；惟其博我約我者勤也，不覺吾才之既竭。至是而高堅前後之形，回殆如有所見也。蓋自悦諸心、研諸慮，吾性豁然其貫通也；利其用、安其身，吾心確然有依據也。無一物之不格以盡其心，而萬物之大原以著焉；無一事之不體以盡其性，而萬事之大本以凝焉。於斯時也，見道若甚切也，然而神不可致思也；體道若甚真也，然而化不可助長也。蓋存焉順焉，誠非智力所能爲；而養焉熟焉，將以俟盛德而自致耳。回將如之何而得與道爲一乎哉？蓋卓爾者，一貫之道也。賜從知入者也，參從行入者也，回則知行並進，此博文約禮之法，所以發聖人之藴，垂教萬世而無窮也哉？

評：細勘道理，境地淺深，實貼顔子用功先後，故確當完密若此。

子在川上曰 一節

趙　炳

聖心無窮，因所在而忽動焉。夫晝夜無窮，逝者亦與爲無窮，身在其間，奈何而不知也。且夫天地之事甚密，前人不得原其前，後人不得要其後，今人亦不得執之而成今，人生其中，日爲天地所動而不自知，可慨也。一旦夫子忽而歎曰「逝者如斯夫，不舍晝夜」，其有所感耶？其無所感耶？不知其言，知其言之之時，則在川上也。化以不留而愈新，不留矣，則是新者之不終爲新也，忽有接於吾目者焉，目中有之，又有接於吾目者焉，而前之所見，目中又無之矣，去者何所受，而不見其盈，來者何所取，而不見其竭也；數以有定而必變，有定矣，則是變者之終古不變也，忽有入於吾心者焉，吾心固然，又有入於吾心者焉，而後之所感，吾心又復然矣，古今應無大異，何故而必遷之，古人既不相襲，又何故而必續之也？我今所見如斯乎，斯乃所謂逝者乎？晝而夜矣，逝者不知有夜也，逝焉而已；夜而又晝矣，逝者亦不知有晝也，逝焉而已。天地間有形之物，皆有無形者運之而動，所運者嘗不令人見也，可於晝夜約略之耳，夫時之由晝入夜，相受之界，其孰分之，由夜趨晝，相傳之隙，其孰彌之，化之所流，且隱相推於此中而未有間也，是以觀往者多悲而不必悲也，來者紛紛，皆逝也，何必往者之日疏而來者之日親乎？天下無形之理，皆有有形者載之而出，所載者亦不令人知也，可於晝夜微察之耳，夫人一晝之內，心幾絶續，而晝無絶續，一夜之中，心幾存亡，而夜無存亡，氣之所至，且默相遇於此中而未有已也，是以觀來者多憂而亦不必憂也，未來茫茫，皆逝也，何必往者之已定而來者之未定乎？變化之移人而不覺者，以其有漸也：若觀於晝，晝有異焉，觀於夜，夜有異焉，愚者知之矣，惟此昏旦之中，無時不逝，不能名其時，不能異其見也，則自今日所見，以逮明日，見有異乎，自生初所見，以逮終老，見有異乎，自古人所見，以逮數百世後之人，見有異乎，吾將以逝者同古今之異焉；造物之閱人而莫據者，以其無恒也，若逝於晝矣，而夜猶是，逝於夜矣，而晝猶是，勇者乘之矣，惟此朝夕之間，各自爲逝，前者不相待，後者不相存也，則自今日見之，忽明日焉，所見存乎，自生初見之，忽終老焉，所見存乎，自古人見之，忽爲數百世後之人焉，所見存乎，吾將以逝者異古今之同焉。子其言川上耶？何必所言皆川上耶？

評：於逝者不息之機及勉學者時時省察之意，亦能了然言下。但詞語惝恍，令觀者莫得其義意所歸宿。而切按之，實多複沓，學者不可不知。

法語之言 一節

顔光敦

聽言者無遽使進言者窮也。夫法語、巽語，爲改且繹耳。以從與悦終之，庸有冀乎？夫子意謂：吾今而知聞善言而疾怒者，其人皆不善於拒諫，而猶可與言者也。天下之善於拒諫者，即又不必徵色發聲，而言者自窮。夫言者則何爲哉？非不知侃侃之論之逆聽也，然慷慨而爲之者，大懼後日之不悛耳，故當前面從，是言者意而不盡言者意也，蓋言者之望方自「從」之時始矣；非不知灌灌之説之倦聽也，然紆折而出之者，猶冀他日之無忘耳，故論説可喜，是言者事而非皆言者事也，蓋言者之責已自「悦」之時盡矣。而吾竊歎夫人心之不平也。得一言而可免於戾，此人求我者耳，何爲忘人之求於我，而若我之求於人，而曰「其改乎」「其繹乎」，受者曾不知其感，而施者且惟恐不受也；聆人言而增修其德，此我自爲者耳，乃反忘我之實自爲，而深惜我之曲從彼，而曰「已從矣」，「已説矣」，施者曾不以爲德，而受者且因以爲報也。不繹不改，亦復何貴也哉？夫不足以爲悦，吾將反吾巽言焉，不足以爲從，吾將反吾法言焉，前日之聽受，亦猶是斯言也，而未嘗以爲無稽，而未嘗厭其言耄，獨至今日而褎如者依然也已矣，能言者至此無辭矣，有窮而已矣。不説而不繹，吾異日猶待之説焉，不從而不改，吾異日猶待之從焉，前日之志慮，豈假之他人也，而亦嘗輕爲許可，而亦嘗賜之顔色，獨至今日而瞢然者轉甚也已矣，聽言者更於何日矣，有退而已矣。如之何哉？如之何哉？

評：步步與末句神會，筆亦靈雋絶人。

歲寒 一節

陳鶴齡

傷受知者之晚，所以勵全節也。夫使歲無寒時，松柏無受知日，此亦後雕者所深願也。迨曰知之，而時已後矣。今夫没世無名，君子所恥，乃有時有名，反不如無名者，非以得名之已晚也。我受名而使天下當其阨，則名既不忍言；我得名而使吾身並嘗其艱，則名更不樂受。物情既蔽於初，天道又窮於後，此亦物理之堪爲痛恨者也。即如松柏然，蒼鬱之色，不示人以可愛；扶疏之質，非予人以可憐。以此求知，宜其難也。雖然，勿謂知之無其時也。一往不返者天運，隨時屢易者人情。迨至歲之既寒，而知爲已後，吾於此未嘗不歎世人之無識而後雕者之固窮也。歲之寒也，在萬物已改其故，在松柏獨著其芳，似乎松柏之所滿志，而不然也，和風旭日之時，百卉已群沐其休，及一旦重陰沍寒，則又各歸根復命以幸保其生，而惟松柏之前不隨時、後不易轍者，獨立於天地不交之日，欲求一同心者而不可得，蓋其堅節而心彌苦已；歲之寒也，在萬物已落其實，在松柏獨呈其秀，似乎松柏之所快志，而不然也，摧殘剥落之秋，百卉已釀成其禍，及一旦陽回子半，則又將争妍取媚以競炫其長，而惟松柏之不知趨避、不辨險夷者，立持於剥復迭乘之下，至呼一共濟者而無與應，蓋其守固而力已竭已。是故謂松柏有傲寒之心，則其氣已浮，謂松柏工避寒之智，則其品更卑，蓋實有中立不倚者也，勢窮節見，獨留碩果於不食，雖天心已去而難回，人事迷復而莫悟，而惟此奇傑之概百折不移，此固松柏所堪自信也；且因寒以顯後彫之節，大造未必無心，因不彫以邀歲寒之知，松柏未嘗有意，松柏固遯世無悶者也，數窮運極，雖僅孤幹所能支，然凝陰栗烈以披其枝，衝風飄蕩以奪其氣，獨博此耿介之聲留傳人口，是又豈松柏所願聞哉？人亦自勵後彫之節，而無存倖寒之心，可矣。

評：正喻夾寫，詞語正自渾成。中二比議論，更爲前人所未摘發。

唐棣之華　一節

徐念祖

觀逸詩之自言，思則已深矣。夫思則已深，而尚慮其遠，後之讀唐棣者，其不廢思也幾希。

今以物與人之殊類也，而當其興有所托，雖生平不甚愛惜之物，遂亦不覺性情之可喜而形容之甚工，則思之爲也，而況於人乎？乃若工於賦物，而拙於懷人，豈思有時而不靈耶？此惟唐棣之説如是而已矣。吾觀其發端也，中有所思而托言唐棣，寄興偏反，其亦猶賦美人者先以榛苓、懷兄弟者比以杕杜也。其詞亦曲折三致矣，顧自申其所思，曰「豈不爾思，室是遠而」，何哉？吾今而始聞天下之境，乃有如此其遼闊者也，當其不遠，無待於思索之煩，及其既遠，亦徒傷擬議之苦，微詩人之自言，而諒之者已少；吾今而始聞一心之用，乃有如此其無益者也，遠在我思以前者，既阻於溯迴之無自，遠在我思以後者，又困於攀躋之莫從，有詩人之自白，而信之者已多。且夫百世以上、百世以下，而吾忽然思之，不知其爲何人也，若切而指之曰「爾」，則實有其人矣，明明知其人之所在，而寤寐之輾轉間於形聲，一如百世以上、百世以下之不能卒合也者，固宜其情之悲也；且夫六合以内、四海以外，而吾偶然思之，不知其爲何地也，若遥而望之曰「室」，則實有其地矣，明明知其地之所在，而中心之繾綣隔於山川，一如六合以内、四海以外之不能驟親也者，固宜其辭之迫也。由是言也，其所爲如怨如慕者，亦曾積日夜以相求，而扞格者無可奈何，雖復終日而亦如是矣，雖復終夜而亦如是矣，蓋持是長謝故人，謂吾力竭矣，無能爲也；推是意也，其所爲如饑如渴者，亦真廢寢食以相尋，而遼闊者卒無如何，則不如其寢矣，則不如其食矣，蓋幾欲風示天下，謂前途渺矣，無自苦也。如是，則思幾絶於天下矣。曷爲草木無情，反能達其體物之微；人之相知，顧莫極其緣情之用也？宜夫子既删之而復正以己説也耶？

評：若但於詩詞描寫極工，於論語紀載之旨有何交涉？文於命意落筆之先，伏下節神脈，恰又如題扣住，不漏下意。是爲神巧。

朋友之饋　一節

魏嘉琬

君子有所不拜者，觀於所拜者而見之也。夫友饋，非直以爲饋也，取祭肉以規車馬，而有以見君子之不拜矣。且夫拜饋之儀，禮誠有之，而君子獨不以行於朋友。以吾觀之，君子亦何嘗不偶以行於朋友，而正於其偶行者之别有謂焉，則轉以見其不行之爲常，此固不論物之貴或賤也。夫禮行於尊，而朋友固但處其匹；然禮要於敬，而朋友更以是爲交。夫遣使則拜，受書則拜，宜承饋必拜，而顧未見君子之或一拜。何也？則將無謂薄物乎哉，推而貴之，至於車馬可矣；則豈無一當隆禮者哉，别而求之，庶幾祭肉可矣。夫如是，則亦有以指君子之所或拜也；夫如是，則乃有以定君子之所不拜也。有見於不得不拜之故，而所謂不拜車馬之義，於此未可齊觀，則已置車馬在其外，夫既置車馬在其外，而當此之適以車馬相貺者，正宜追所拜以求不拜之因，謂此可權其義類也，縱或是路車乘黄之贈，其將震之乎？有見於不容等拜之故，而所謂祭肉則拜之義，於彼已得專施，則只於祭肉從其重，既只於祭肉從其重，而此外之不與祭肉爲類者，正可藉祭肉以明不拜之辨，謂彼自别爲凡例也，苟不在致胙致福之條，庸有異焉乎？且吾聞拜有頎乎其至者矣，有頹乎其順者矣。彼在祭肉，分哀逮敬，又多乎哉？拜車馬，則容有不至者矣，抑容有不順者矣。已不至且順也，奚拜焉？將曰是車馬而來者拜之，雖然，非祭肉而來者，不拜也。是何也？朋友則其貴矣，良未見車馬耳；車馬亦其貴矣，正不盡朋友耳。拜之，斯盡之矣；不拜之，所留者真。亡於禮者之意厚也。

原評：題義只重不拜車馬耳，中間横插「非祭肉」三字，此最文法妙處，然亦甚難安放。時文或先提祭肉，或車馬、祭肉平提，俱不合法。方孟旋文則通篇只發不拜車馬，末數語方補祭肉，未免太趨易路。文於入手不平不倒，以下「拜」與「不拜」合發，「雖」字「非」字，自然一一騰躍。

色斯舉矣 一章

方舟

聖心之時觸於物而有動焉。蓋人與物共遊於時之中，惟聖人知之而與之偕行，故於雌雉重有感也。且時也者，吉凶悔吝之所從生也，失之者無所往而不危，得之者無所處而不安。而吾獨怪夫人之有知而動與之左也，而吾獨怪夫物之無知而動與之偕也。不觀夫鳥乎？色斯舉矣，翔而後集，雖知幾之神不過於此矣。以鳥之與世無争而自謂無患也，而色將加之，蓋人心之多機，而細微之物無不失其性也如此。夫既不能不襲諸人間，而安有無人之地可以避色者哉？一人之色之不知，一時之色之不見，而舉將後其時而集將非其地矣；人人而察其色，時時而伺人之色，而集亦不得寧而舉終無時息矣。而鳥不然也。方其色之既徵、翔之未定，而目將擊焉，而心將營焉；而未舉之先、既集之後，志未嘗不坦，而情未嘗不暇也。若是者何也？時也。不觀夫山梁雌雉乎？天地之間，有一物則有一地焉以游其生，有一物則有一性焉以乘乎化，此固天之所爲也；然而所取之不多則無地而不可以足，所動之不妄則無時而不可以安，此又物之所自爲也。天下紛紛，孰是蕃其生而安其性者乎？以雉之無知，而乃得從容於此焉，不亦重可歎哉？時哉時哉！夫子所以愴然心動也。雖然，山梁亦雉之寄耳。其來也，固不知其所自，而其去也，亦不知其所之。嗅者不逾時而已作，山梁不逾時而已空；蓋共者之色不可掩，而時固屢變而不膠於一者也。大哉時乎！進退存亡之理，其孰有外焉者乎？然以物之所長，而人不能與之争者，何也？人以有知也而妄，妄之至而暗乘焉；物以無知也而無妄，無妄之至而明生焉。聖人有知也而能誠，故與時偕行，而物亦不能傷也。

評：與時偕行之理，只就物言。不粘不脱，品骨高峻。

欽定清朝四書文卷五　論語下之上

先進於禮樂　一章

熊伯龍

聖人於世之論禮樂者，而以身正之焉。夫野人、君子之論紛紛而不止者，無人焉正其身以感之也。從先進者，非聖人之責而誰責哉？意若曰：天下之用，莫大於禮樂矣。顧先王以禮樂變風俗，而後世以風俗變禮樂。其勢輕勢重者，非禮樂也，天下人之意也。能以天下爲憂者，自不忍與天下苟同爾。吾誠不意禮樂至今日而分先進、後進也，又不意其分野人、君子也。禮樂之數，非先進所能減，而當其用之之時，獨有一敦龐渾厚之意固結於其中，由今思之，日用飲食之質，儼乎可接也，而「野人」之稱由此歸焉；禮樂之數，非後進所能增，而當其用之之時，獨有一豐亨豫大之象流行於其間，生斯世也，彼都人士之風，殊快人意也，而「君子」之稱由此歸焉。嗟乎！人心苟相安於本然，雖先進至今存可也，有爲之相鄙相棄，而後進之勢成矣；賢者苟不安於習俗，雖後進亦當廢然返也，有爲之相推相許，而先進之意微矣。時變如此，此非君子自立之日乎？吾則以爲，人苟以禮樂爲亂端則已耳，誠念夫學問之事，斯須不去，則所爲養肅雍而去淫慝者，舍先進無由也，即叔季之人情爲古處，而退然無菲薄宗祖之心，此真禮樂之本也，豈其有違俗之累歟？人惟聽禮樂之崩壞則已耳，誠念夫文武以降，道在儒者，則所爲定民志而播民和者，舍先進無由也，即昭代之文物以深思，而僾乎見黄農虞夏之遺，此真禮樂之情也，豈其有變易之嫌歟？嗟乎！先進不流爲後進，則古今無氣運；後進不歸於先進，則聖賢無補救。氣運者移之自天，補救者正之以身。蓋自有生民以來，日新月異而人道終不至於盡者，皆此從先進者之一念爲之也。而奈何以人治之大，付之悠悠之口乎哉？

評：先輩名作如林，我朝庚午佳墨疊出。此文較之前輩，不愧繼武，後人更不能出其右。學者博觀而詳求之，可知聖賢之言任人紬繹而義藴終無窮盡。

先進於禮樂　一章

張大受　墨

聖人救禮樂之弊，惟決其所從而已。蓋禮樂非先進無可從也，乃人之論禮樂若此，將從其爲「君子」者耶？寧從其爲「野人」者矣。夫子爲用禮樂者救其弊也，謂夫移風易俗，莫善於禮樂，先王酌文質之中，百世無弊矣。而或上失其官，下異其議，聽人心之靡然而不能正其所守，則亦用禮樂者之過也。夫用禮樂者之稱先進也，自有後進始也。彼先進者，其用之也率由無過矣，而擬之後進，反以爲遜其文明：彼後進者，其用之也實意寖衰矣，而較之先進，自以爲改其樸陋。即遡先民之所尚，而導之以大禮必簡、大樂必易，猶恐人情倦而思去也，況斥之以「野人」之目也；即鑒末流之所趨，而戒之以禮勝則離、樂勝則流，猶恐人情習而難返也，況尊之以「君子」之稱也。自野人、君子之論出，用禮樂者竟將安所從耶？不知禮樂之用，久而必敝，將必有出而救之者，丘是以竊有志焉。彼先進漸流爲後進者，時既衰也，非文武爲之君、周召爲之相，必不能制禮作樂，翻然易天下之所從而不溺於習俗之非；乃後進可挽爲先進者，道不變也，即守官之柱史、執籥之伶工，亦可與定禮正樂，慨然正一身之所從而不失乎古初之盛。如吾用之，舍先進奚從哉？「君子」之譽，可蹈之而不願也，目欲睹官禮之遺，耳欲聞雅頌之正，吾不敢舍先進而從後進者，迹近於違時而志專乎法古；「野人」之譏，欲辭之而不忍也，辨其度而簡以栗，審其音而思以深，吾寧違後進而必從先進者，精之可以淑性而廣之可以同民。吾從先進，而人之用禮樂者漸去其踵事之華，是大道之幸也，非予之力也；吾從先進，而人之用禮樂者終厭夫樸略之舊，是世風之漓也，實予之憂也。執時人之論，禮樂之敝何所極乎？

原評：順題宅句安章，其中實具擒縱變化。不求異於前輩，正無一處非自出心裁，是謂同工異曲。

評：細膩熨貼，全於題之空曲處搜出意義，故見精采。

孝哉閔子騫 一節

儲在文

賢者之孝，自人言而益彰也。夫稱閔子之孝者，始於父母昆弟，而人言繼之，聖人亦從衆而已矣。且孝者，五常之本、百行之原也。人事至變，而行孝者祇一理焉；人類至別，而言孝者無二情焉。情理之極，動於天性之自然，故虚聲可以昭實德也。孝哉閔子騫！吾之聞是言也久矣。人情少見則怪，而有帖然服者，道不越庸行，而如有驚異之辭；末俗聞善則疑，而有釋然信者，事非必身親，而不盡流連之慕。吾不知始自何人，而藉藉者盈吾耳也，觀於其家，而知言之自其父母昆弟來也。既爲父母，無不望其子之孝，彼其父母何獨不然，乃聆其言而忻喜自道者，竊幸有子焉，非私也，人聞之而亦曰非私也；苟有昆弟，無不願昆弟之孝，彼其昆弟又寧不然，乃叩其言而愧讓弗如者，若難爲弟焉，非妄也，人聞之而僉曰非妄也。且其父母昆弟豈必誇耀於人哉？人之言亦豈附和而不察實者哉？人生不過日用周旋之地，而孝子久於其側，自覺其快然而無求；天下雖有勇悍難馴之夫，而孝子過乎其前，未嘗不肅然而起敬。而孝子又何知焉？吾見其朝問而夕視也，伯仲之間欣欣如也，方且不知所爲孝，又安問所爲言？而至性所流，入焉輒化，篤行之積，久而自彰。蓋至於父母昆弟灑然動容，而行道之人欲爲之流涕也；蓋至於宗族鄉黨翕然同聲，而孝子之心轉爲之惕息也。嗟夫！觀乎此者，孝弟之心可以油然而生矣。孝哉閔子騫！人言信也，吾又何間焉？

原評：字字入人肝脾，静對移時，彌覺其永。處變意，前人所訶，篇中渾然無迹，然何嘗不包括也。削膚見骨，煉氣歸神，此題傑作。

評：「不間」二字，能傳出一片真醇切摯處，故異於僅寫其貌者。

季路問事鬼神 一節

陸 師

示賢者以反本之學，盡其可知者而已。蓋事人之道盡，而鬼神在其中；生之理得，而死在其中。子之教子路者切哉！昔者先王嘗制禮明神道矣，作易言生死矣，亦曰幽明一理也，始終一氣也。然不求之昭昭，而徒索之冥冥，舍其彝倫行習之恒，而從事於渺不可知之域，烏可訓也？吾不知天下何爲而有鬼神，又何爲而有死也。生人之屬，皆以形接者耳，無端而奔走於壇壝郊廟之間，臨之者在上，質之者在旁，自古迄今，不以爲無而以爲有，則何説也？生人之初，皆以氣聚者耳，忽焉而消歸於寂滅無朕之地，與生而俱來，與生而俱盡，自古迄今，不以爲幻而以爲常，則何説也？子路之問有由來歟？而子則曰顯於鬼神者，則有人矣，事人未能，遑言事鬼；又曰先於死者，則有生矣，生之未知，何況於死。是得毋以鬼神爲不可事乎？非也：鬼神之大者，不過天地，而天地即萬物之父母也；鬼神之切者，莫如祖宗，而祖宗即已往之君親也。日用酬酢之地，凡人世之所爲，有恩相愛、有文相敬者，皆其有形之鬼神耳。爲臣而能事其君者，其人必忠，則郊焉而天神可格；爲子而能事其父者，其人必孝，則廟焉而人鬼以享。是以聖人詳其説於事人而略其説於事鬼，若曰彼之所爲有恩相愛、有文相敬者，猶不免扞格而未通，而何暇索之聞見不交也哉。又得毋以死爲不必知乎？非也：人死則肢體敝焉，然敝者肢體，而不敝者靈爽也；人死則形氣散焉，然散者形氣，而不散者理義也。飲食服習之中，凡生人之所爲，行而著焉、習而察焉者，皆其未死時之正理耳。有形而能踐其形，其生乃不虚，故存則順而没則寧；知命而能立其命，其死亦不朽，故志可遂而身可致。是以聖人詳其事於知生而略其事於知死，若曰彼之所爲行而著焉、習而察焉者，猶未免恍惚而難憑，而何暇求之有生以後也哉。今而知人鬼死生，聖人直一以貫之矣。有疾可以無禱，而子臣弟友，當勉勉以終身，治幽以明也；斯文知其未喪，而繫易寡過，尚乾乾於將耄，原終於始也。子之言，正切以教子路也夫。

評：實義虚神，俱得時文中之正當者。

赤爾何如 一節

何焯

賢者以小相自居，猶若待學而能焉。夫宗廟會同，惟赤能相之耳，而乃僅爲其小耶？且待學耶？今夫禮樂之爲用，其巨者在化民成俗，至於朝祀之間，止及夫儀章之數云爾。乃承之者猶不敢以爲遽嫺，方退處於因人成事之列，何其彌自下也，然真得君子風矣。昔求之俟，蓋俟赤也。夫子亦以爲吾黨中必將有君子出焉，因顧赤而詢曰：爾所爲何如？而赤婉焉對曰：赤也内顧所能，而華國方未遑也，雖長者期之，其敢侈陳微尚乎；徐議所學，而從公彌不敏也，然任使及焉，其不悉心加肄乎？非曰賓客與言，夙在夫子獎許之中，而掌故所藏，莫不如其素習；亦願俎豆嘗聞，稍竊夫子討論之緒，而行人所職，或得預其末光。則意者有事宗廟乎？在上者方合萬國之歡，而隆宗祀於明堂，備大袷於清廟，絲衣載弁之班，何以使人咸頌吾君之有恪也，固赤所瞻盛禮而徘徊者也，則如其適際會同乎；在上者方輯五等之瑞，而發禁以敵王愾，施政以代時巡，朱芾金舄之列，何以使人争羨吾君之無違也，固赤所思薦聞而逡巡者也，而赤將何所爲哉？惟是知赤者倘以生長東魯，親見夫閟宮有侐之頌，而謂顯相駿奔，即可因宗邦以推求其略也，於焉以赤承其乏，斯赤亦不揆逾分，而隨君黼卿黻以行，庶邀福於夷懌歟；知赤者倘以來學杏壇，應鑒夫不能相儀之恥，而謂煩言莫治，亦可假儒生以静鎮其間也，於焉以赤攝其官，斯赤遂欣佐下風，而託承擯紹擯之後，尚獲免於愧厲歟？言「相」未易能也，其「小」或可學也。服則有端，視輕裘之爲褻；冠則章甫，差束帶之爲宜。赤所願爲如是而已。吁，赤之於禮樂深矣，而所云願學止此，豈非真得君子禮讓之意者乎？宜乎求之俟之也。

評：節和音雅，文之以韻勝者。

點爾何如　一節

張玉書

志有合乎聖心者，不求知而自得也。夫人知之而志見，即人不知而志亦見也，此點所以異而子所以與歟？且吾黨居恒自命，即日用之際而有置身三代之思，亦安往而不得吾志哉？皇皇然以有待之勳名期許於異日，而慨於時不我知，殆未觀聖賢相喻之深矣。三子相繼言志，而點獨未對，一若無所爲志而不迫於自明，一若自得其志而不期於共示，則猶然鼓瑟也；及聞子之問，舍而作，作而言，觀其語默從容，而氣象之間，蓋已較然異矣。夫聖賢爲斯世而有志，行事豈必相謀，挾而持之，其撰殊也，亦行吾意焉而已；聖賢本學問而有志，性情豈必相强，實而試之，異無傷也，亦明吾意焉而已。此時點之意中，乃遂舉三子之兵農禮樂一無所繫於懷，而謂即此暮春時，吾志已遇也。言有服也，則服既成矣，言有游也，則游與俱矣。冠者吾徒也，五六人可也；童子亦吾徒也，六七人可也。沂可浴而浴，舞雩可風而風；可詠而詠，可歸而歸。點之樂無取乎同也，俯焉仰焉，何所需於物，而致感於天時人事之窮；點之樂亦無所爲異也，俯焉仰焉，何所私於己，而不公其樂行憂違之願。時不待擇而各因乎時，地不待擇而各因乎地，春風舞雩，亦特其寄耳，存此見者，知天地之間皆我所不容措置者也，吾夫子日與偕行之，而點也則微及之；有感於外而吾之性以通，有動於中而吾之意以適，春風舞雩，亦隨其遇耳，推此見者，知天地之大皆我所不容澹漠者也，吾夫子日爲惓懷之，而點也則隱念之。子與二三子籌知之時，不意點之志獨及乎此；即與點論志之時，亦不意點之言遂及乎此。而忽得其如此也，是以歎之深、與之切也。夫三子所志者，異日之知；點所志者，今日之樂。而子之與之，卒在此不在彼。此時夫子之意中，豈欲强三子之兵農禮樂必同於異撰之曾點，而其相喻有深焉者矣。惜乎！三子未深辨而遂出也。

評：前半詳記動止、坐作、語默，其胸襟氣象隱然可想，不獨「暮春」數語與聖心契合也。曾氏言外之意、孔子喟歎之情，最難體認。惟此篇一一清出，各有著落。義理既得，而風致悠揚，耐人尋覽。

點爾何如 一節

胡任輿 墨

隨所遇而志在焉，聖人之所與也。夫點志何異乎？春風沂水之間，有化機焉，子故用歎夫點耶？嘗思人生俯仰甚寬，而恒鬱鬱焉憂志之不遂者，何爲乎？異日之經綸雖實亦虚，何也，以其有待也；當前之寄託雖虚亦實，何也，以其無待也。若點之志足述已。勳業者，君相之遇合也，禹皋伊旦當時若無此遭逢，豈遂湮没以終老，天壤甚大，倘必有所待而後抒懷，設所如不偶，將畢生無自見之期矣；景物者，達士之功名也，黄農虞夏今日豈異此風期，安見熙皞之難再，人物依然，如其無所待而皆快意，將動與天游，任目前皆自得之致矣。維時點承夫子之問，鼓瑟方闋，餘音鏗然，容止之間，蕭然自遠。一若三子之兵農禮樂，何必不虚，而乃不欲爲其同；當前之物序人風，何必不實，而乃獨自見其異。彼莫春、春服，正知我時也；冠者、童子，皆合志人也；風浴、詠歸，盡酬知具也。雖各言其志，而以此思點，點何如耶？性情之際，安往不得，忽焉而值此時，忽焉而思此人，忽焉而娱此境，任耳目間之取攜，而生平不盡嘯歌之致，此其氣象類不在三代以下也，將點狂也，不幾於道歟；宇宙之故，安在可執，如必莫春而後爲其時，必童冠而後爲其人，必風浴詠歸而後爲其境，自命曠觀之高致，而寄情猶域形迹之内，此其意量不過石隱者流也，將點深也，不猶之乎淺歟？論者謂點之志與夫子老安少懷之志微有合者，故亟與之。

然而夫子當日惟是喟然嘉歎，至其所以與者，終未言其故云。

評：翩躚搖曳，越數十年，風調猶新。

點爾何如 一節

汪　薇　墨

異乎人而同乎聖，狂士之志也。夫言志於聖人之前而自以爲異，誠異矣。子之即其言而與之也，其相感殆有深焉者乎？且夫同堂晤對，各出其生平之隱，願以共質於良師友之側，豈不甚快？而顧乃負其卓犖之致，若自託於不可一世者之爲，此無論非人情、不可近也，即以揆諸聖人殷勤用世之意，亦豈有當乎？而其實不然。夫負高世之材者，必不屑苟同於人；懷曠渺之思者，間亦或寓意於物。當日點承夫子之問，方且雍容鼓瑟，作止自如，其氣象固已較然殊矣。而猶進而言曰「異乎三子者之撰」，斯時也，點之自視爲何如耶？今夫異不異亦何常之有？伏處而談往古，雞鳴風雨，夙夜不必相謀，此性情之爲也，必欲易彼之所非爲吾之所是，則學術亦病於拘牽；慷慨而商治略，水火工虞，神聖不必相假，此運數之爲也，必欲借人之所長掩己之所短，則天地亦疑其狹隘。子曰「何傷乎？亦各言其志也」，蓋不欲點之强爲同也。雖然，點何異？異莫春耶，異春服耶，異童冠耶？異浴與風耶，異詠歸耶，不然，異乎三子而即異乎夫子耶？東山泗水之間，杖屨優游，亦幾永矢而弗告，然而大道之行，未嘗一日忘也，西歸可懷，常抱此己溺己饑之願，則棲棲者終何時已乎；齊楚宋衛之郊，風塵勞攘，亦幾盡瘁而弗遑，然而時命之悲，不以一己與也，删定可娱，常懷此若將終身之志，則落落者何在不然乎？是故夫子一聞點言，即不禁喟然太息而深與之，其所以契乎點者深矣。嗟乎！聖人學於萬物，況其弟子乎？三代之英未遠也，覆載日在俯仰間也。點猶多存一異之見，而夫子不已深遠哉？

評： 掃盡此題習見語，實與曾氏所志及夫子與之精神款款相會。清思高韻，翛然塵表。闈墨中得此尤難。

君子敬而無失 二句

劉子壯

處變而求所以自善，君子之心亦傷矣。夫君子不幸而有兄弟之變，既不能正之，又不忍坐視，則亦敬焉恭焉自盡其道而已矣。且人倫之變，雖賢聖不能得全於天，而其所得爲者，正大以守身而已。夫骨肉之際難言，而憂患之來無方，惟致其慎而不開以端，則雖於事勢不必有濟，而所以自存亦善矣。吾子之憂兄弟也，豈惟安之若命，抑亦求所以自處。夫身居體分之尊，則秉道以正之，其或不率，亦以家法從之，蓋父兄之處子弟焉，而子之時既有所不能；抑事係國家之大，則聲義以治之，然而有異，亦以君命臨之，蓋明哲之定禍亂焉，而子之位又有所不可。無已，則惟以君子自爲，而敬而無失、與人恭而有禮乎？吾之與彼，既已異趣，則一言一動皆其所爲相迕者也，古來不善之人，豈必由其天性，常以競於意氣之勝而益烈，君子敬以積其誠焉，無敢失色，無敢失辭，何其周也，父母之下，尚可容其驕，兄弟之間，實難恕其傲，於此審處，可以知省身之方矣；彼之於吾，且亦殊性，則爲應爲酬皆有所難測者也，天下無常之人，豈必有所觸忤，常以起於來往之細而爲隙，君子與人恭以謹其節焉，以禮禮人，以禮禮身，何其詳也，人世之風波，可容忠信，家門之猜怨，非可調停，於此致慎，可以知處世之難矣。且夫人以一怒而至欲危其君，此其人非甚狂悖，直妄人耳，吾以敬示之，其亦明於君臣之故乎，彼此兄弟耳，而且不敢有失，況乎其上此者耶，幸在同氣，則吾之性情即彼之性情，終日儼若，而謂無少動於中焉，人情乎哉；且夫無故而至欲殺一聖人，此其人非爲愚懵，直粗人耳，吾以恭示之，其亦曉然於世故之然乎，汝我兄弟耳，而且與有禮，況乎其疏此者耶，既已一體，則吾之舉動亦關彼之舉動，隨處謙和，而謂無少救於事焉，人理也哉？古人出入於水火，而益致其親愛，而豈謂事未有及，遂無自全之術；古人感動於風雷，而各發其天性，而豈以勢無如何，徒爲不急之憂。吾子其以君子自爲而已矣。

評：題只是泛説君子處己接物之道，文緊就司馬兄弟發論。下文「四海之内」云云，使不甚融貫矣。其剴切真摯，實能惻惻動人。

文猶質也 一節

謝陳常

擬文、質而一之，有見於無文之弊也。夫文質豈無輕重，要之均不可無耳。苟無文，是無别也，而可乎？且甚哉夫子之欲去文而存質也！揆之以理，則失其平；度之以勢，則階之厲。夫文緣質而起，亦即輔質而行；質先文而立，不能不附文而達。原其始末，不無先後之序；權其輕重，實無緩急之分。近代雖日增華，而讓必至三、拜必至百，豈得謂忠信之遂薄，夫子曰「何以文爲」，自我言文，「文猶質也」；上世固崇樸素，而卉易而服、匏易而樽，已漸覺文章之可樂，夫子曰「質而已矣」，自我言質，「質猶文也」。且夫文之爲用也，君子以之藩身，小人亦以之循分。致飾之過盡，其失止於鮮實；簡棄之太甚，其流必至亡等。彼虎豹之貴於犬羊，别以質乎？抑别以文乎？由夫子之説，是鞟之也。昔則虎豹，今也則鞟，昔則犬羊，今也則鞟。鞟既一矣，奚知其異？君子將有救於天下，而一言之激，至使因救而得弊，而弊轉甚於所救，豈不重可惜哉？以是知文質輕重之間，理惟酌其至平，而論毋取乎過激，庶乎聞者足風，而言之者勿之有悔也。

評：一語不溢，題藴已盡短幅中。氣局疏古，更爲善學先輩。

居之無倦 二句

熊伯龍

聖人深言政，合居與行而考其心焉。蓋無倦與忠，莫非心也，以此考政，而知爲治固不在區區間矣。語子張曰：善爲政者，不治事而治心，治心固所以治事也。心之爲用，毅然任天下而有餘，坦然示天下而無不足，存發之際，可以觀政焉。子問政乎？言政則必自政所託始者言之：吾以察其居，以天下之不可自理也，而宅萬化於吾心之内。當其居之，固天下之所仰也，夫既爲天下之所仰矣，而王事之淺深、治化之久近，寧猶在氣數而不在吾心乎？誠以帝王爲必可學，以風俗爲必可成，以百年必世爲必可效，而多欲不以間於中，小喜不以間於外，則可謂無怠無荒矣。審如是也，爲之而立，而吾有以相深於久大，則圖將永也；爲之而不即立，而吾有以自勉於艱難，則勢將返也。蓋爲政者，功名豈必大異人，惟其志氣之不衰而已。不然，數十年之積而或廢於一旦，則前者可傷；一旦之勝而遂忘數十年，則後者可慮。其人豈無明作之才，而奈何一念倦勤以至此也，則何如審所居之之爲得也哉？言政又必自政所見端者言之：吾以察其行，以天下之不可意治也，而明其意於綱紀之中。當其行之，固吾心之所憑也，夫既爲吾心之所憑矣，而律度之原非四巡，官禮之微非六府，詎以實始而以名終乎？誠以法令爲必不可恃，以百姓爲必不可欺，以機智譽望爲必不可用，而經事則其常足守，權事則其變足安，則可謂必誠必信矣。審如是也，施之而應，而惻怛著乎黎民，此以見天下之無所貴術；施之而未即應，而浮薄自在當世，亦識王者之所以爲心。蓋爲政者，多方豈繄無險阻，惟其性情之足見而已。不然，去人之害而人不以爲樂，謂其奉成法而志弗存；興人之利而人反以爲憂，謂其喜紛更而弊將大。其人雖有君相之權，而未嘗得行一事爲可惜也，則何如慎所行之之爲得也哉？

評：舉趾高闊，措意渾成。學之者無真實力量，而彷其形似，則不免外强而中乾矣。

樊遲問仁 三節

張曾裕 墨

仁、知皆以天下爲心，分用之而愈合焉。蓋苟以天下爲心，未有愛自愛而知自知者。舉錯之用仁耶？知耶？且聖賢之不能一日忘情於天下者，惟此心耳。心不忍漠然於天下，而仁以生；心不敢泛然於天下，而知以出。於是聖賢無窮之意，往往寄之各不相謀之中，然而不可謂異其用也，則亦不可謂異其心也。説在樊遲之問「仁」、復問「知」矣。今以天下待命之切，而謂可一人慹置之者，此其人必非仁者而後可也，夫仁者以萬物爲一體，其慈祥愷惻之懷，有不盡天下而胥在所愛者乎，子曰「愛人」，誠哉，非愛無以爲仁也；且以天下品類之紛，而謂可人人概視之者，此其人必非知者而後可也，夫知者以鑒别爲己任，其聰明英達之姿，有不合天下而皆在所知者乎，子曰「知人」，誠哉，非知無以爲知也。雖然，聖賢之不能一日忘情於天下者，惟此心耳。自知人之説出，而辨流品、嚴甄別，求一念之姑恕焉而不得，則愛窮，此樊遲之所以不能無疑也。子曰何疑乎？爾今試有一人於此，其於天下爲是爲非、爲邪爲正，非不昭然共睹也，而乃存一因循姑息之思，直亦聽之、枉亦聽之，泛泛焉與天下相安於無事，此其人天下或有稱其大度者，然而是非不辨、邪正混淆，卒使賢者無以自見，而不肖者得以竊附其間，則其所傷不已多乎；又試有一人於此，其於天下爲是爲非、爲邪爲正，亦既燦然較著矣，於是奮其剛斷明決之才，直則升之庸之，枉則黜之逐之，斷斷焉與天下共曉吾意之所在，此其人天下容或有畏其嚴密者，然而是非既明，邪正共白，吾見懷才者咸有欣欣之意，而見棄者亦皆動其翻然勃然之心，則其所就不有神焉者乎？舉直錯枉，而枉者可直，「能使」之效彰彰如是。然後知仁、知雖分，其心之不能忘情於天下果一也。

評：節旨章脉，毫釐不失。疏爽英秀之氣，開人心目。

先有司 三句

熊伯龍

聖人三言政，皆所以任人也。夫爲政之人，實維有司，赦過、舉賢，又孰非任人之道乎？不言政而政盡矣，此夫子以宰天下者告仲弓也。曰：君子覘人國之政，豈能事事而詳之哉？宰者公私之意，即國事所爲興廢也。以政爲必自我立，則見朝廷之上行吾政，而得過者何其多也，而天下之才舉可棄也矣；以政爲不必自我立，則見朝廷之上行吾政，而得過者何其少也，而天下之才舉可用也矣。今與子揆當世之務，竊以爲凡政自我爲之，不若與人共爲之之有濟也；與人爲之而多所督責於其間，不若與人安意肆志而爲之之有濟也；與百執事安意肆志而爲之，又不若博求天下賢士君子群起而爲之之有濟也。是故國有有司，不可侵也，古之人明刑教稼，治一事而畢世不能相易，可曰予秉國鈞而明作廢群材乎，夫因官以授事，則人敬官也，因事以課官，則人興事也，先之，而下僚有報政之地矣；人有小過，不可求也，古之人殛凶塈壬，其先亦或養之數年而不動，可曰細行不矜而終身自此敗乎，夫無心之失而在上得而聞之，此其人必不遠於庸衆之情，物論之多而可摘止此數事，此其人必無大愧生平之理，赦之，而在廷無服政之苦矣；人有賢才，不可遺也，凡人敬業考道、積歲月而成一良士，古先王之所禱祀而求也，可曰吾有國政而不使聞乎，夫舉廉而不與、論秀而不與，此賢才之憂也，或流爲怨歎、或散之鄰封，此非僅賢才之憂也，舉之而書升，皆立政之人矣。蓋一代之功名，君相得而有之，君相不得而奔走之也，法三百六十之意以風於有位，而朝無苛禁，野無留良，則安見寬仁大度之心形爲綱紀，而周官不可以復作；國家之事權，操切之而未嘗不分，縱任之而未嘗不合也，考六計弊吏之法以集乃衆猷，而慎官刑以養廉恥，惜人才以爲社稷，則安見起士群扶之國刑書輟鑄，而禮樂不可以復興？此任人之道也，而政在其中矣。

評：稿中多雄傑峻厲之作，此獨信筆所如，有翛然自得之致。分三件平還，而開講及總提處串發，少乖體制，不可不知。

上好禮 三段

錢世熹

端所好以得民，大人之學然也。蓋學大者，大得民也。好在禮、義、信，而敬、服、用情因之，以視稼圃，何如哉？且吾儒潛修家食，而人必期爲大人，學必求爲大學者，非以大之能勝小，而以大之能統小也。蓋凡爲大人者皆上也，爲小人者皆民也。區區稼圃是學，必上之力不能得諸民然後可，而上無不可得諸民也有其自，得有其必得，且有其得則屢得；必民之習不知應乎上然後可，而民無不知應乎上也有其立，應有其類應，且有其應不一應。特患上之人不好禮耳，禮爲民心所共尊，故袵席豆觴，田間亦有修揖讓者，果其好之，而品式以章身、軌物以範世，民有不以敬應者乎，其敬也，蓋莫敢不敬也，此既以定天下之分矣；又患上之人不好義耳，義爲民心所共是，故慷慨俠烈，草野亦有樂景從者，果其好之，而可否以決事、賞罰以公人，民有不以服應者乎，其服也，蓋莫敢不服也，此又以攝天下之志矣；且患上之人不好信耳，信爲民心所共親，故然諾話言，閭閻亦有思報答者，果其好之，而袪僞以持躬、推誠以與衆，民有不以情應者乎，其用情也，蓋莫敢不用情也，此又以貢天下之忱矣。大人亦有平易近人之意，而終不敢自貶其道之尊，亦曰今日學之，異日將用之也，兩賤不足以相治，我以貴自託，則賤者皆爲所役，而風動自神；大人亦有勤勞民事之時，而終不敢自棄其業之正，亦曰今日學之，今日即用之也，兩愚不能以相下，我以賢自處，則不肖皆爲所驅，而感通自速。誠如是，尚憂稼圃耶？

自記：此節一氣趕下，題面似莊重而題神實走注。若將「禮、義、信」對「稼圃」呆講，較量大小，則舛矣。又有講到治道者，愈失愈遠。

評：以老筆寫緊勢，顧上按下，神理恰合。不用一語張皇，而「好」字中體用兼該。

誦詩三百 一節

韓　菼

詩足以致用，爲徒誦者惜焉。夫誦詩者，將以多而已耶？不能遇詩於政與言之間，謂之未嘗誦也可。且吾嘗博觀載籍矣，書以記言也，春秋以記事也。然書之教，疏通知遠，春秋之教，比事屬辭，故知善讀古人之書者，未嘗不事與言兼之。既而審定詩篇，相與弦歌，而又知感人之深，使人得之以成其材、以澤躬於爾雅，尤莫善於詩也。何也？盛世之音安以樂，則有豳蠟之遺，近世之音哀以思，則多茂草之歎，故王者省方問俗必陳之，陳之何意也，亦可知非徒學士歌吟之物矣；其爲和平之聽，有清風肆好之情，其爲怨誹之詞，亦温柔敦厚之致，故列國聘享會盟多賦之，賦之何意也，亦可知非徒一室詠歎之資矣。然則吾之逸之而存之，至三百餘篇，非徒云多而已。吾亦見夫今之爲政者孔棘矣，猛則殘，寬則慢，何道而競絿之胥泯也，吾曰「盍誦詩」；又見夫今之出使者況瘁矣，言不能足志，文不能足言，何道而輯洽之交致也，吾亦曰「盍誦詩」。蓋詩以道政，固也，吾獨謂詩所述之政則難耳，雅頌所紀，告成功於天地鬼神，二南所稱，被深仁於昆蟲草木，度今日授我以政，即俟之期月、俟之數年，亦不至責我以功之盛而化之神如此也，則學於詩之爲政者，雖使今日布之優優而尚多愧矣；詩可以言，固也，吾獨謂詩人之立言則難耳，勞人思婦，感時而能寫其所難言，孝子忠臣，遭變而曲明其所不忍言，度今日我行四方，即辭亢不可、辭卑不可，亦不至迫我以情之苦而勢之難如此也，則學於詩之爲言者，雖使今日出之亹亹而殊未工矣。若之何猶不達也？上下千餘年得失之林，遍覽十五國貞淫之異，而卒不能治一時焉、治一國焉，雖或有微長，而達則否矣，夫素絲毳衣，古三事大夫所夙夜者謂何，吾日誦之而負之也哉，若之何猶不能專對也；感發於匹夫塗巷之思，服習於朝廟文章之盛，而獨不能歷山川焉、奉玉帛焉，雖間有酬答，而專則否矣，夫雨雪寒暑，古駪駪征夫所咨諏者謂何，吾嘗誦之而謝之也哉，雖多亦奚以爲也？所以讀一詩而我情我才若皆有詩焉，願與之讀全詩，讀全詩而一動一言猶如無詩焉，未敢許爲能讀一詩者矣。吾嘗言詩之失愚，豈詩之故耶？

原評：寒碧齋稿擅啓禎之才調，神明於隆萬之法律。淋漓跌宕，不主故常，實則謹細之至，無不曲中題之節奏關鍵。於此文求之，可得其概。

誦詩三百　一節

張尚瑗

詩貴乎適用，不欲人以經生自處也。夫從政、專對皆備於詩，故三百不可勝用也。若以經生言之，詩僅六經之一耳，安得云多。且學者載籍極博，每曠懷乎古人，不知古人之博學，不逮今人遠甚也。夫其守一家之言，終身佩服不過數語，而試而行之，守國睦鄰，綽有餘地。後儒之稱經術者，必推古人爲不可及，豈無故哉？後人考古，必推六藝之繁，古人讀書，或不盡一經之數，若歌商歌齊，各有所宜是也；後人一室，能備列國之書，古人一國，止操土風之舊，若七子六子，不出鄭志是也。若是乎誦詩三百，求之古人，亦豈概見哉？蓋古人一詩必非苟作，其大者不外詠歌王澤、慰勞行役之篇，以爲吾第可以無貽國恤、無爲君羞，是渢渢者亦可不作矣，夫既不自已而見之辭，其必有關世道可知也，外此狡童怨女，亦皆傷時之所託寄，不可謂於二者無與也；古人誦詩亦非徒誦，其著者常有敦詩命帥、賦詩從享之事，以爲是誠無愧大夫之才、上介之選，彼翩翩者止以借觀耳，夫既借觀焉而有其效，其克堪此重任可知也，外此文人學士，或從他塗以自表見，亦大約與二者相類也。而乃畀之以政，謝弗遑，寄之以使，辭不敏，顧猶詡詡然輯六義之餘文，託雅人之深致，廣爲傳授，交相衍説。曰我將以藏名山待其人也，不亦輕朝廷、羞當世之士乎？蓋天下有大儒之學，有經生之學。讀古人之書即能以古人自命，單詞片語，猶畢生用之而不盡，況乎舉其全也，周公召公，入能致治，方叔召虎，出能靖亂，媲其烈者豈得自居三代以下之材；讀古人之書輒思與古人争名，補亡訂誤，數十年争之而未定，何有於舊文也，蟲魚草木，名不勝書，郡國山川，志不勝考，專其家者遂日繁於三代以前之説。若徒曰誦詩三百，是亦云多也，將使空疏固陋之儒，不以不能政事、未嫻專對爲愧，而反得誇三百以爲多。是又便於不知書者矣。

評：創意造言，具有書卷之氣，自覺瀟灑出塵。

子適衛 一章

張玉書

聖賢謀保庶於衛，皆不欲聽之民者也。夫庶而富，富而教，孰非有民者之責乎？明其道者顧力行何如耳。今夫有國斯有民，而民之待治於聖賢與待治於君相無以異，是君相之所圖成，固聖賢所日經營於意中者也。已然者留其有餘，未然者憂其不足，即此當前仰望之人，有不謀其萬全而不容已矣。昔吾夫子歷聘不一國，而眷懷斯世者，民皆三代之民；吾黨從夫子論治不一端，而相與綢繆者，政皆三代之政。嘗於適衛見之。夫衛自渡河以後，國已屢遷，人亦非舊，其所以保有此民者未知何如，而顧得其民，且得其庶也。「庶哉」之歎，子殆欲敬用此民哉？民數之盛衰，迭相倚矣，或十年而變，或數十年而變，謂盛衰爲天道之常，而不然也，先王先公樂利以懷之，親賢以育之，故留貽至今日耳，撫其成者，竟諉諸時衰時盛之適然乎；民氣之聚散，至難恃矣，或一再傳而易，或數十傳而易，謂聚散爲人事之常，而亦不然也，君子小人先疇之未遠，舊德之未湮，賴經畫在今日耳，環而視者，竟聽諸可聚可散之恒然乎？微冉有之問，子必恤恤乎議加。而求則以「既庶」請矣，人滿而患其貧，甚於土滿而患其寡，庶而不富，庶安恃哉，聚族而游食，則庶者立匱，聚族而勤動，則庶者亦易盈也，而誰其富之；求又以「既富」請矣，富國之較勝於貧，猶之庶民之僅勝於寡，富而不教，庶安極哉，驕淫之習，惟富者開其先，廉恥之興，亦惟富者易爲力也，而誰其教之？天下大利必歸農，故富始耕桑而次工賈，天下禮治行於貴，故教先公族而後庶民，權輕重以布之，一國之中皆其無憾於君師者矣，而尚疑王道之寡效哉；什一者先王不敝之法，故君之富亦藏於民，孝弟者斯民天性之同，故家之教可通於國，準人情而導之，一國之中皆其服習於仁義者矣，而尚疑儒術之迂疏哉？力而行之，非徒爲一衛謀矣。

評：於「庶哉」一歎中寫出聖人深情，通身俱有生色。實疏「富」「教」，更無一膚泛語。可謂毫髮無憾。

既富矣　一節

狄　億

「富」之所加惟「教」，爲保「庶」計者至矣。夫視既富爲無以加者，非愛庶者也。子曰「教之」，保富正以保庶耳。嘗謂民沃者不材，是言也，不可以爲信也，然上之人不敢不以爲憂也。憂而亟爲之所，則不材者且轉爲材，而況天下本無不材之民乎？冉有聞夫子加富之説，爲衛庶幸矣，抑末也。民非一世之民，蓋歷數千百年以迄今日也，加富矣，較之生靡樂之民，似有餘，較之户可封之民，則不足也，其爲治殆不免於得半者也；民非一國之民，嘗閲七十二邦以及兹土也，既富矣，吾有所再至而墟者，庶固不可終日，吾有所再至而瘠者，富亦不可終日也，其爲患有不止於失半者也。是惡可無加哉？子告之曰：民氣實矣，長民者益務有以實之，蓋富民之實者倉廩耳，閭閻之流失多端，尚有乘吾民之虚而入者，有如倉廩以實其外，而又有禮義以實其内，復何憾乎，而禮義非斯民所自爲實也，教之而已；民生厚矣，撫民者益務有以厚之，蓋富民之厚者衣食耳，習俗之漸靡已甚，隨有引吾民於薄以去者，有如衣食以厚其生，而又有道德以厚其心，更何患乎，而道德非斯民所自能厚也，教之而已。教有機焉，迎其所喜則易入，富也者，貧民所喜止於是，富民所喜將不止於是也，值俯仰之甚寬，常覺此身之不可棄，而吾因以教迎之，若曰爾由我則爲賢人君子，不由則僅爲富人而已畢矣，彼其愛富也必不如其愛賢人君子也，古之聖人驅天下之人而使不即安於富，恃此機焉耳；教有權焉，乘其所懼則易從，富也者，富民所喜恒於斯，富民所懼亦恒於斯也，撫盈寧之足樂，惟恐此境之不可常，而吾因以教乘之，若曰爾能率則免於驕盈矜誇，不率將求爲富人而不得矣，彼其愛驕盈矜誇也必不如其愛富也，古之聖人胥天下之民而俾得長享其富，誠有權存耳。不即安於富，必相安於教矣；下長享其富，則上長保其庶矣。尚何加哉？尚何加哉？

評：意無特殊，筆致疏豁可喜，頓覺超然不群。

苟有用我者 一節

方舟

聖人用世之事，實計之而心愈迫矣。蓋期月、三年，成功何若斯之易也，而用者其誰乎？如之何其勿傷也？子若曰：予窮於世久矣，以今天下用人之道，而合以吾之所守，蓋幾終無可望矣。夫予豈爲身謀者哉！蓋嘗默觀天下之故，而内顧吾身，似非無益於世，而竊有可以自信者，此予所以區區而不忍廢也。以天下相尋於變亂而失治平者數百年，揣天時而察人事，蓋不可一日而無人矣；以予不得志於宗邦而身周流者遍天下，揆國勢而覽民風，蓋無一不在吾目中矣。夫天下事非不可爲，而吾所欲設施於天下者，亦非曠日彌久而使人惛然其不能待也，特世無用我者耳。苟有用我者，而吾得相其機宜，先其大無道者而易置之，以返其積勢之偏，至於期月，而人心固已肅然也，由是而三年，則中外上下，油然各得其分而不自知矣；度其緩急，取其尤患苦者而更張之，以求合先王之意，至於期月，而舉目固已犁然也，由是而三年，則大綱小紀，依然不異於初而無所缺矣。橫覽七十二國之間，凡吾之所見而所聞者，其果何景象也，轉而計之，其朝野皆可以嚴肅而清明，其民物皆可以從容而仁壽，獨不得藉手以告其成功，徒坐視其洶洶而爲旁觀之太息，予亦安能恝而置之度外也；總歷吾生少壯之時，凡所爲若馳而若驟者，徒爲是棲皇矣，回而思之，其志氣方盛而於事無不可爲，其日月甚長而於功無不可就，乃失之交臂而今將遲暮，欲更期於異日而未知天命之何如，予又安能忍而與此終古也？嗟乎！百年必世，古之欲有爲於天下者，成功蓋若彼其難，而我近期之期月、三年之間，我豈敢自謂能哉？世變大而成功異，則近者可期而遠者可俟也，我豈敢以冥冥決事哉？乃我之於天下也蓋肫然，而天下之於我也蓋漠然。丘之身廢不用，亦已矣，豈天心而竟不厭亂也耶？

評： 真實作用、想望神情，一一併歸言下。評家謂作者將白文涵泳數四，早有一段至文在胸中，不覺下筆即肖。可謂知言。

父爲子隱　二句

張自超

知以「隱」全天性之親，則可以處父子之過矣。夫父子也，而因其過以爲名乎？隱之云者，慈父孝子之微情也。且慈孝之説，人知其不易，乃有時直以行之，亦有時曲以致之，誠以天性之地，有不容徑情自遂者耳。蓋自其常而言之，家庭樂事，亦相視爲故然，彼初未有難白之衷，而何用爲彌縫之術；自其變而言之，一行不檢，至難比於人數，幸猶未至形迹之著，而安得無曲諱之心？於是父之於子、子之於父，不得不相爲隱矣。父亦默自商曰：門祚之薄也，有子辱行，將不齒於人群，吾隱之能戢乎，未可知也，而初不設一能戢、不能戢之想也，但覺愛子之情與怒子之情聚而相薄，愈憤恨而愈不忍出諸口，故無論其爲慈父爲不慈父，而爲子隱過之深衷一也；子亦痛自裁曰：遭遇之艱也，有父敗德，將不容於物議，吾隱之能化乎，未可知也，而初不預爲能化、不能化之地也，但覺代父受惡之願與望父悔惡之願匿而自訟，愈憂懼而愈不敢泄其情，故無論其爲孝子爲不孝子，而爲父隱過之苦衷一也。向固有往而不回、剛而無忌之概，至聞其子之不肖，遂不覺其聲情俱索，懲之以溺子怙非之失，父亦何辭，然而父亦不欲有辭也，不隱而前事可羞，無所施其追挽之計，隱之而其名未敗，尚可徐申義方之訓，此其設心，亦大費躊躕矣；向固有一私不牽、一言不諱之節，至發其父之遺行，遂不覺其辭氣皆柔，加之以徇父作僞之稱，子亦何辭，然而子亦不欲有辭也，不隱而舊惡可念，已難釋爲夢寐之安，隱之而其志或移，猶可漸爲晚蓋之謀，此其用意，亦故多委曲矣。然試一深思，其中誰謂非準乎人情、合乎天理者乎？不此之直，而直證父攘羊之子，天下有直者，天下無父子矣。

評：思清筆曲，語語從父子天性中流出，言外宛然見得天理人情之至。

鄉人皆好之 一節

李鍾僑

采好惡於鄉人者，必先知鄉人之善不善也。夫皆好、皆惡，則善、不善者皆然也，而奚可哉？故類而辨之，斯得耳。且夫取人者，亦安能使一世之人盡與我合、盡與我背，而以之定是非之歸哉？夫不齊者，人也。吾欲齊天下之不齊者，而以之爲準，亦見其惑矣。是莫若各從其類，而使之各呈其情，則夫子與子貢論人於鄉之説也。子貢以人之行誼，其積於獨知者難見，而旁觀之褒貶已隨而議其後，則好惡其著者也；行之淑慝，昭然於一世者無幾人，而州里之見聞多有以得其真，則鄉人其近者也。而一曰「皆好」，一曰「皆惡」，宜夫子均以爲未可也。萃極不相類之人，而使之同其嗜好，必無可合之理，夫既見稱於長者，而宵小之徒又交口而讚譽之，此或有所挾而然也，世有矯情飾行以欺罔於君子，而又逡巡委曲以容悦於小人者，吾烏知「皆好」者之不出於此也；懷獨行君子之概，而舉世絕無知音，亦安有此終窮之事，夫雖不合於流俗，而清議之儔亦絕口而不道，此必有所因而致也，世有剛忿成性而濁世不能諧，行止乖方而正論亦莫之與者，吾烏知「皆惡」者之必免乎是也？必也先觀鄉人之善不善乎？善者之好善也，未嘗與爲親而不啻自己出，不善者之惡善也，原無與於己而自覺不能容，各寫其情以相輸，而絕無假借之處，故其好也出於公心，而其惡也亦由於確見；善者之遇善也，非苟求其好而忻歡者自不能已，善者之遇不善也，非故激其惡而忿疾者決不相貸，各呈其品以自將，亦無可趨避之路，故見好無黨同之嫌，而見惡亦無戾俗之誚。士固有遭時得位，而賢愚咸稱其美者，非皆好之比也，世際休明而善類道伸，故好者非特識也，其一二頑梗之徒相與口是而心非，特敢怒而不敢言耳；士固有離世異俗，瀕於困辱而不悔者，非皆惡之等也，時當否塞而群小力排，故惡者非公評也，其二三隱德之士相與咨嗟而屢歎，特有言而莫之信耳。美惡之好惡從其類也明甚，而欲以一法概之，可乎？吁！古者聖王取士於鄉，皆惡之説，自古未之有也，子貢將知皆好之不可，故激而云乎？他日夫子亦曰「衆好必察，衆惡必察」，其亦不以衆人之論爲定，而亦非盡反之也哉？

評：一義不增添，一語不造作。清深曲折，自在游行，此爲時文正派。

欽定清朝四書文卷六　論語下之中

君子易事而難説也　器之

熊伯龍

觀君子所以處「事」「説」者，而公恕之心見矣。夫君子以公恕爲心，而事與説隨所處而當矣，自人見之，則以爲易耳、難耳。意謂：夫人爲人所事者，必其足以致人之力者也；爲人所説者，必其足以致人之情者也。君子以成德之身而有動物之理，宜事且説者之紛紛而至矣，而君子於此，要自有性情焉以致人而不致於人，不可不知也。人之於君子，有見其易者，則事是也；有見其難者，則説是也。同此相與之際，而或進而有所效，或退而無所容，何取舍之異致與；同此一體之意，而或人人得其願，或事事别其嫌，何寬嚴之皆備與？夫君子，非有所不測於其間而忽易忽難如此也，亦事且説者之自爲而已矣。如其説之以道而不説也，雖謂君子非人情可矣，而外物之來，嘗我者多，君子能不緦緦然慮失己乎，彼非僻之干無論矣，即相感以所好之德，而苟其有所爲而至吾前者，衡以至公之心，則皆無情之結納而不可一念安者也，夫聖賢之迹往往爲不肖之所託，至是而後歎天下之得説於君子者蓋亦寡矣；及其使人而介介如是也，雖謂君子非人情可矣，而衆庶凴生，成器者少，君子能不鰓鰓然慮失人乎，彼營道同術無論矣，即人不甘舍其所學，而苟其可以成能於天下者，衡以至恕之心，皆所欲長養裁成而使之各得其所者也，夫道德之塗往往爲中材之所畏，至是而後歎天下之不得事於君子者蓋亦寡矣。是則事之所以易，而説之所以難也。蓋人情易溺，其慨然有爲者必欲爲淡泊寧静之所出，惟以易事利導之，而一長一善，皆相安於義命之必然，君子所爲率天下而正其心術也；人才無方，其懷思而進者亦或爲智勇功名之所寄，惟以難説風示之，而使貪使詐，皆曉然於在我之無他，君子所爲先天下而正其心術也。此豈小人可同日而語哉？

評：「難」「易」皆從君子心術發出，然其難其易，亦人見其然，非君子示以不測也。勘題精切，詞意深厚，後二比所見尤大。

剛毅木訥近仁

朱　書

質有近於仁者，當思所以成其質矣。甚矣，人之有賴於質也。知剛毅木訥之爲近，豈遂安於近而已哉？且人生而仁之全體具焉，其有理無欲之本原，固不以質之美惡而有加損也。然而與物相引，則自强者伸；與人相緣，則本天者貴。是故質不可恃也而可恃也。夫人外不必力爲拒，而非僻之私無由入；內不必嚴爲守，而邪妄之氣無由出。此純乎仁者也，下此則必視乎其質矣。蓋人必爲世俗之所畏，而後相狎而投我者無自得至乎其前，故寡所合者必寡所營也；人不爲物情之所喜，而後相乘而中我者無從得渝乎其故，故無所顧者必無所累也。則有剛者焉，氣之決也，物不能奪，性之直也，情不能縈，夫俗之靡也久矣，安得有人焉如是之剛者也；又有毅者焉，志之堅也，歷險不懼，力之忍也，歷久不衰，夫人之自廢甚矣，安得有人焉如是之毅者也？而吾更思一木者於此，才不足以勝人，見可欲而不動，貌不足以悦俗，處至淡而能甘，以視人之競華者爲何如也；而吾更念一訥者於此，寧拙於言毋巧於辯，故飾非者不能誇，寧議我隱毋議我躁，故華僞者不能囂，以視人之紛馳者又何如也？若是者，一往莫遏之氣出萬物之上而不能侵也，則憧擾之端於焉絶矣；泊然無營之衷入萬物之中而不能擾也，則外騖之念於焉鮮矣。以復仁體，仁體可復也，是天德之健也；以存仁心，仁心可存也，是人心之誠也。而謂非近仁者耶？然則未能近者，吾望其相反以相成也，柔靡反而爲剛毅，斯可任重而致遠，華辯反而爲木訥，斯可守樸而存真，盡其矯揉之力而後欲仁者，皆有用之才；抑已能近者，吾望其愈進而益上也，剛毅而進以巽順，則大力出於小心，木訥而進以文明，則英華發於篤實，加以變化之功而後利仁者，無懿美之累。人亦急求其近而又毋止於近焉而可矣。

評：四實字有洗刷，後二股尤得聖人勉人之意。

善人教民七年 一節

李光地

聖人計教民之效，知民不可以輕用也。蓋國之大事在戎，不教而輕用其民，可乎？故夫子思善人之教，而猶必以七年爲期歟？想其日覩春秋之世，率以戎事相競而棄其民，故言曰：國所與立者，民也，民而無衛國之心，國非其國矣；然民所待治者，君也，君而無教民之道，民非其民矣。今之紛紛即戎者何多也，苟其迂根本之圖，而急旦夕之效，則古之教民者誠不足師；而欲爲之建久遠之規，而出萬全之計，則今之即戎者未見其可。殆必得善人而以之教民乎？蓋其懷惻怛以爲心，則愛吾民者至切；而其本纏綿以立政，則謀吾民者至周。慮民之未恤其身也，而又爲而農桑之教興焉，里有正，鄰有長，遂有師，要使凶荒之無憂，而馬牛車甲之賦亦無不具，而又爲之獮以治兵，搜以振旅，出則老者居後，入則長者居前，則井牧什伍之中，而義勇之氣已素；慮民之未得其心也，而學校之教行焉，黨有庠，州有序，國有學，要使禮樂之漸興，而股肱射御之節亦無不嫻，而又爲之受成於學，獻馘於泮，將帥僨軍者不齒，戰陳無勇者非孝，則弦歌干戚之内，而文武之材已登。如是者有年，而民知護其私矣；如是者又有年，而民知死其上矣。約至七年之久，以之即戎，不亦可乎？原善人之心，惟以愛育休養爲事，然而有禽而利執言，則容民畜衆者，地水之象也，以是應敵而動，吾知儲峙之素供而節制之素明，三郊三遂之中，其亦可以建威銷萌而無守之不固矣。充善人之道，蓋以勝殘去殺爲期，然而射隼所以解悖，則救民除暴者，時雨之師也，以是聲罪而舉，吾知恩信之已孚而仁義之已著，東征西討之餘，其亦可以驚遠懼邇而無思之不服矣。七年即戎，吾故爲善人之教決之也。今之爲邦者，教道無聞而即戎不已，吾恐民無政而將潰，兵不戢而自焚，是之謂棄其民而已矣。不有善人，其何能國哉？

原評： 别處説善人，便要分别得斟酌，如此章及「勝殘去殺」章，正是説他好處，何暇替他稱量本領？時文有纏住「善人」，説他質美未學者，又有把「即戎」兩字説僅可以固圉自存者。自謂體認之至，不知先差了口氣也。如春秋戰國時候，假仁假義猶足以霸，真個得善人爲邦，又烏能量其所至乎？

評： 作者晚年析理之文，以經傳精意，運化治法度，無一題無見的語。然初學效之，多成庸淺，而司衡者又或目爲平平無奇。故特録其英華發露者，兼存少作一二，俾學者先用心於此，然後知其簡穆清真之文爲可貴也。

克伐怨欲不行焉 一章

劉巖

制私未足以爲仁，狷者毋安於所難矣。夫無私之與制私，則必有間矣，奈何不求所以無克、伐、怨、欲者，而以不行自多也哉？且學者患私之爲累也，必推其私意之所從來而深以治其受患之處。蓋仁、不仁之以公、私相辨者，在全體有無之際，而不在一時行止之間；公與私之相爲盛衰者，不争用力難易之名，而只争於消長存亡之介也。今夫仁之純者渾然而虚公，廓然而順應，與物本無間，而何所用其克？與物本無争，而何所用其伐？憫人之愚且貪而忘情於得失，又安有所爲怨與欲哉？憲也求仁人之用心而不得，得其去私之功而持以力，遂介然自居於仁道而無疑。不知仁體之精微者，一物之不存，故能統萬理而悉備，今克伐怨欲之隱伏於中者，反先入之以爲主，即制其流而不至於横決之太甚，然寂然凝一之中，而潛雜之以物我相形之意，已累其體而失其平，況乎其觸物而萌者，遏之太堅，未有不溢出而不可禦者也，是匿其害而自以爲安也；仁道之流行者，一念之不擾，故能隨萬感而皆通，今克伐怨欲之蓄藏於内者，且妄動而不自知，即防其患而不至於攻取之太深，然其坦然因應之時，而强守之以天人交勝之情，已滞其用而違其正，況乎其隨事而形者，抑之太深，未有不一發而不可復禁者也，是養其患而自以爲得也。故不行而與行者較，則彼縱其私也，而此制之，彼恣其欲也，而此窒之，斯亦可謂卓然流俗之中而自愛其身者矣；然不行而與無可行者較，則制其私而私猶未去也，不如去之而不留，窒其欲而欲猶未捐也，不如捐之而悉化，豈可謂兢兢堅忍之節而遂至於純也哉？憲誠有志於仁，甚毋力守其難而以自多也。

評：明白純粹，絶無艱澀之態。説理之文，此爲上乘。

愛之能勿勞乎　一節

張　英

原愛與忠之所必然，而天下無誤用之情矣。夫愛，非勞則必其不愛也；忠，非誨則必其不忠也。而謂人之所忍出者乎？今夫天下事，孰是其一往而輒已者哉？一往而輒已，必其情之非有餘者也，否則情之苟可以安而即止者也。自非然者，情之所深，往往至於逆用其情而幾不能以自白，則其事誠非得已者矣。我嘗以此思天下爲人父、爲人臣之心：凡事可聽諸遭逢，則無所用吾至性矣，乃我所屬望之人，此必不可以遭逢委也，於是生平用情之地，遂覺有有加無已之時；凡事可任吾徑情，則無所庸其曲折矣，獨我所係屬之人，此必不可以徑情置也，於是人倫遭遇之中，遂覺有不可明言之隱。天下亦孰非爲人父者，而謂我爲不愛其子之人，人情也乎哉！獨是攜持保抱之日則矜言愛，至强學勵行之日，又不覺其出於勞。愛與勞，絶不相類也，而用於一人，施於一日，有不能自解者。即令子而賢明，猶恐姑息以生其玩，而中材更無論也。觀此日家人之嗃嗃，亦祇見勞而不見愛矣，回思所以用勞之故，纏綿固結，又祇見愛而不見勞也，若舍勞而言愛，我知必無此情矣。天下亦孰非爲人臣者，而我忍爲不忠其君之人，大義安在哉！獨是委質策名之日既已矜言忠，則盈廷唯諾之時，即不能不出於誨。忠與誨，似不相謀也，而質之幽獨、揚之大廷，有不能自釋者。即令君而徇齊，猶思納誨以補其闕，而中主更可知也。觀此日王臣之蹇蹇，亦祇見誨而何敢言忠矣，回思所以納誨之隱，周詳愷摯，又祇見忠而不見誨也，若舍誨而言忠，又烏乎用吾情矣。是以優容而家有象賢，賡歌而朝無闕政，此亦天下不數覯之遇，初不欲爲人父、爲人臣者慕此名也，世之令子賢君未必盡成於天性，亦所遇之多淑耳，誰非用此愛與忠者，而可不深長思也哉；是以教不先而子克家，臣非直而君明聖，此亦天下至不可倖之事，更不欲爲人子、爲人君者受此名也，世之慈父忠臣豈求遽諒乎其隱，亦其心不可解耳，誰其受此勞與誨者，而可不深長思也哉？

評：義理淵然，情思藹然。所謂公誠之心形於文墨，豈小書生描頭畫角者可比。

爲命　一節

謝陳常　墨

維鄭多材，命嘉賴之矣。夫一命耳，必藉四臣以成，而四臣又各見其長不相掩也，此鄭之命所以善與？在昔春秋之天下相尋以兵，而猶相尚以禮；故鄭之所以立國者急於内治，而尤謹於外交。子嘗稱之矣，曰：吾觀鄭之孱也，介兩大之間，爲晉楚必争之地，能固其强圉，使内不被兵者垂四十餘年也，非辭命之善，恐結好之難終；乃命之難也，於修辭之間，得不亢不辱之宜，以行於四國而無羞寡君者，不徒執政材也，非協力有人，懼所行之不遠。吾蓋從鄭之命觀之，而知爲之者一人而能濟一事也，而又知夫爲之者之合衆人而共襄一事也。今夫命，必有草創者，所爲定謀於始也，而裨諶其人在焉；命必有討論者，所爲引前經以斷大義也，而世叔其人在焉。命必有修飾者，所爲片言不可易、博辯不可窮也，而行人子羽其人在焉；有潤色者，所爲文物以章之、聲明以紀之者也，而東里子産其人在焉。夫事必有備，不可略也；人各有能，不相襲也。向使以此數事而任之一人，立之專官，則草創者試之討論而詘，修飾者試之潤色而又詘也；抑使以四子而才不盡用，用違其才，則以裨諶之事委之世叔而不能爲，子羽之官委之子産而不得當也。然後知鄭之爲命也，能善始也，無憾於終也；子産之公也，集衆思也，廣忠益也。以三子各優之才力畢效於先，而宰執亦徐出其能，以善化其所短，此國有多士之功也；以譽望久著之名卿持衡於上，而群工得共宣乃力，以不掩其所長，此大臣體國之效也。以睦鄰封，以輯境内，胥是物也。命之不可忽也如此夫。

評：於題理分寸不失，氣味清雅，尚近先輩場屋中文字。中間改正處，照作者自定稿。俾學者知文字宜隨時改定，增之銖兩則加重，而足以伏人也。

裨諶草創之 三句

韓菼

一命而三善先焉，有使之者也。夫誰執鄭政，而委命於裨諶三子乎？然自三子各展其長而命幾成矣，非擇能而使，不及此。今夫秉國成者，不可以一人廢衆人之思也，貴竭衆思以佐一人之不逮，矧夫相國勢之急而審辭令之宜，尤不能謀之即底於成者乎？惟盈庭交贊，至於再三，而猶皆出自衆智，斯蓋有兼收之而使之各盡者矣。吾何以嘉鄭之爲命哉？自子皮授政而後，晉楚之駕不至於交争，知其皆慎辭之力；而自七子燕勞以還，風雅之流多長於贈答，知不獨執政之才。然則鄭之命獨爲之乎，衆爲之乎？不相爲乎，交相爲乎？一爲之即畢乎，次第爲之猶未畢乎？且夫命亦不易言矣。大國不加德音，而數以要我，其謂我敝邑不能造謀也，鮮定計於始也，其必不敢引前經、講大義以抗我也，不能以片言折我、以不可窮之辭服我也。若是則草創也，討論也，修飾也，非當爲之於命之未成之先者與？乃鄭固有使之遞爲之者矣。問誰草創，裨諶是任，蓋於諶之適野而材之矣。邑則蹈築室之同，野則有獨獲之智，諶善謀者也，故任之。當日者，不敢擅衆人之長，而第畫其大意，亦不必俟在廷之議，而已發所未聞，則諶之爲與？若曰折衷掌故，以協諸盟府之藏，則諶也謝不敏矣。問誰討論，世叔是任，蓋於吉之聞禮而器之矣。辨升降揖讓之爲儀，審先王經緯之爲禮，吉知古者也，故任之。當日者，動援舊章，示敬共大國之信，亦參伍事勢，無拘守載書之嫌，則吉之爲與？若曰斟酌簡繁，以愜夫訓辭之體，則吉也讓未遑矣。問誰修飾，子羽是任，蓋於揮之知四國而韙之矣。知族姓班位，以悉其人，知貴賤能否，以得其情，揮知今者也，故獨以行人官之。當日者，言或以約勝，有慷慨質直之風，言或以詳勝，有從容反覆之雅，則揮之爲與？若曰其風肆好，遂以彰行遠之文，則揮也不猶尚有待哉？辭命本屬一官，分之三子而不慮其相侵，此亦如各賦一詩焉以見志；三子豈無他長，共爲一命而猶虞其未盡，此亦如共制美錦焉以成章。余聞之，蓋子産爲政云。

評：筆筆暗藏子産，是三句作法，亦恰是當日情勢。字櫛句比，處處工穩。

文之以禮樂

李光地

學以禮樂爲歸，由德與才而進之也。蓋才德而非以禮樂文之，學猶未至也，夫子所以爲子路進與？意謂：聖人之道必有以立之極，君子之學必勉以求其至。子問成人，豈止於知、廉、勇、藝已乎？學而至於克有本末之後，則不可不以涵養之術充之也；師資而極乎當世士大夫之選，則又不可不以先王之澤進之也。必也其文之以禮樂乎？禮以敬爲本，而節文度數詳焉，吾惟一以敬居心，而日用周旋之間無不隆禮由禮者，循習久之，心志得齊焉，容貌得莊焉，彬彬乎其有質而有文也，夫然後爲能文之以禮也已；樂以和爲主，而干戚管籥備焉，吾惟一以和存心，而詠歌舞蹈之際無非德容德音者，涵濡久之，意氣得平焉，形骸得安焉，亹亹乎其情深而文明也，夫然後爲能文之以樂也已。蓋才德因於所近，三代以後，人材往往不能如古，則學校所以養而成之者無其具也；學術要於所歸，一長之士，其人往往不概於道，則聖賢所爲大而化之者未嘗聞也。以禮樂而盡人之性，則合敬合愛而王道備；以禮樂而極人之理，則同和同節而天地官。以言成人，必如是而後可爾。由也勉諸！

評：疏朗而義理愈融，簡要而氣象愈遠。於禮陶樂淑，本末源流，實能窺其奥而得其精。

古之學者爲己 一節

姜　檽

聖人原學者之用心，而深有感於世變焉。夫世運之變，至見於學者心術之間而極矣，爲己、爲人，夫子所以言之而增慨也。且世嘗謂古今人不相及，今而知非其學之不逮也。古人之所取，未必爲今人之所遺；古人之所勤，未必非今人所能勉。使不求其所以學之心而嚴其内外真僞之辨，吾烏知今之異於古所云耶？夫居今以思古，無事不隆於今，而其源皆出於學；即古以準今，無事不衰於古，而其源亦皆出於學。古之人非有異學也，第實見夫先王導天下以學，凡以盡人之才，而吾之早夜孜孜而不敢倦者，皆以勤吾職之所當然，而復其所固有也。涉於萬物之故而有未通，則己之心思有受其病者矣；度於古人之行而有未合，則己之性命有虧其初者矣。吾意中實有缺然不自安者，故畢吾力焉以求其志而自快於俯仰之間，非恐人之見其不足，不必人之知其有餘也。雖或分所不屬，而引以爲憂，時之未來，而預籌其故。然以爲己之所任而圖之，事雖在人，而所爲者則己也。其斯爲古之學者夫？今之人亦非有異學也，彼不知古人之自力於學，皆以求得於心，而以爲黽勉從事而不憚勞者，不過要其願之所欲，遂而由是假途也。亦嘗博涉萬物之故以蓄其奇，謂吾有所不知而人將窺吾之寡陋矣；亦嘗步趨古人之迹以求其合，謂吾無以自異而人將遇我以衆人矣。彼其心實有囂然不能靖者，故姑自勵焉以高其名而自張於耳目之地，不必己之實有之，不慮己之實無之也。雖名義所迫，中材亦欲成其仁，天性之事，君子不忍疑其僞。然以爲人之所多而蹈之，事雖在己，而所爲者則人也。其斯爲今之學者夫？要之，爲己，則所學皆實；爲人，則所學皆虚。三代以下，無事不衰於古，皆學之由，而學者安之。甚矣，其無愧而不知恥也！

評：道盡古今學者心事，層層勘入，精切似胡思泉，而氣更疏宕。

蘧伯玉使人於孔子 一章

韓菼

聖賢相知以心，於使之來如相見也。夫伯玉之使、子之問，其有心相知者乎？而何意於「使乎」一言道之哉？今夫朋友之情，其皆學問之事歟？我友之須我也，一如我之須我友，則情深矣；而我之期我友也，已得之我友之自期，則情益深矣。古之君子不待相見已相親，其心如告語焉耳。夫子適衛，嘗主賢大夫蘧伯玉家，無何辭去，然心念伯玉不置也；而伯玉居恒力學，久益不衰，一見夫子恨相得晚，後使來嘗無間云。嗟夫！如伯玉者，誠可謂賢矣！君子之適人國也，得一良友，心焉喜之，竊願相與共風雨明晦，以質其生平之所欲爲而規其所未至。然往往不可得，此昔之人所以致歎於賢豪之不常聚爲可惜也。而君子之心，則又不然。以爲意氣之感，離群尤切，夫賞奇析疑，第有既見之歡，而未極夫相思之致，惟各分散於四方而結遥情於千里，往往以數年之隔，而我友已大過夙昔之期，則樂之矣；克治之力，索居更難，夫晨夕勸勉，第有助予之快，不知棄予之悲，惟至予美之亡處而傷獨旦之誰語，往往積一心之失，而異日不堪爲知己之贈，則憂之矣。所以伯玉使來，而子即殷然與之坐而問焉，曰「夫子何爲」，夫夫子誠何爲也？人生無過可摘，必深君子之疑，積歲月而快其無負，惟覺悔吝之多一二端耳；即人生得過無幾，亦由閲世之淺，遇有道而堪與寫心，惟幸憂患之多一二念耳。噫！寡過未能，夫子之心何心也？吾子不見伯玉久，回憶曩者契合時，依依今日事。不意伯玉老矣而精力倍進，今者之伯玉，非復昔日之伯玉。彼使何人而深知之也？使乎！使乎！抑吾觀春秋時賢者甚衆，其隱於下寮者往往而有，如籥翟之碩人、管庫之士非歟？伯玉之使，獨非其倫耶？而要非伯玉之賢，是使何以知之哉？記之曰「蘧伯玉使人」，美伯玉也。

原評：亦處處從「寡過未能」句著筆，乃獨注意「何爲」一問。則使人與坐，周詳叙致，深情皆出，此文家工於取予避就處。

蘧伯玉使人於孔子 一章

陳世治

聖人於相知以心者，而深喜使能傳之也。夫使於孔子者，豈能使致所欲於孔子，而伯玉乃有是使乎？今夫君子不患獨學而無友，惟一心之疏密，喜其人之交有事焉，不必其迹之時相親也。然心同者亦不忍其迹之久疏，而能傳其心者則鮮矣。若夫子之與蘧伯玉交而使來，有足誌者。夫吾子以上聖而冀無大過，伯玉以賢者而能知其非，蓋士大夫風流相尚者所不解，其用意之苦，致力之專，獨兩人者相視而莫逆於心也久矣。道德之士，越山川而有以共信，知心理之自一也，而旦暮質證之切，亦急欲得之聞問之間；交修之純，殊衾影而識其未虧，諒内美之無疵也，而離群索居之久，亦自難忘於介紹之及。夫子於使之來，與之坐而問以「何爲」，良有以也。顧人有終日共對而邈然不得其意向之所存者，知其所爲而不知其所欲，君子悵然有我友之須焉，謂心之精微，非耳目近習之所能喻也；人有盡言見推而茫然不得其功力之所據者，侈其已爲而不計其未能，君子慨然惜我友之遠焉，謂功之微密，並非往來諮詢之所可通也。異哉！「寡過」之言，乃自使乎發之！此何其善似夫子之心乎，以吾子更求假年，還思學易，其至誠無息之懷，猶若旁皇於無過之難保，「何爲」之問，蓋急求切磋之意也，益信伯玉真良友矣；此何其當我伯玉之心乎，以伯玉昭昭之節，冥冥之行，其省身克己之思，畢生兢業於寡過之無時，「未能」之對，雖自道無以易此也，益歎是使爲賢使矣。蓋人非有在己之得力，未有能直窮人之過者，乃並其救過之意而得之；人非積一心之静觀，未有能默數其過之寡者，乃並其未寡之神而肖之。使者出，吾子既重爲使歎，益神往伯玉不置也。

評：詞致清雅，節奏安舒。用筆注定「寡過未能」句，而前後左右，無不環抱有情。

夫子自道也

朱　書

賢者明聖人之謙，知至德有全能也。蓋仁、知、勇，非己有之不能道也，然則夫子之無能，正夫子之無不能也耶？故子貢以爲自道也。若曰：天下事及之而後知，履之而後見，苟未至乎其境，不惟獨任之而不敢任也，即欲辭之而亦不知所以辭也。是故欲然不自足之心，常發於悠然自得之候，則至德之所歸，即其言而斷可識矣。有是哉！夫子於君子之道，而竟以爲未能乎？性情之盈虛，與學問而相長，在在以爲無憾，必遥望焉而不知其處者也，使静觀於淺深閲歷之途，每覺快意者少而不快意者多矣。世途之廣隘，隨詣力以相形，遇事偶能自全，亦幸中焉而不得其理者也，使濳驗於險阻艱難之内，又且攖我者多而不攖我者少矣。然則夫子之道及此也，非爲謙言以自抑，殆心知其然，而發爲甘苦之辭耳，夫聖心之仁、知、勇，固有立乎萬類之中而卓然與天合德者焉，此亦何物足以相累，然而惟天德之純，乃洞悉乎人事之變也，在旁觀者，見其利用之無滯，以爲此天亶之能，非溢美也，正與夫子之自道足相參焉者也。亦非讓大美而不居，殆下學方殷，不自知其所已至耳，夫人世之憂、惑、懼，固有日投夫子之前而坦然行所無事者焉，此由所性一無所虧，然而惟神明之克一，乃益凛乎憧擾之多紛也，在效法者，歎其應迹之無方，以爲此成德之期，非無見也，殆因夫子之自道實而驗之者也。篤實之儒，凡事有難心，聰穎之士，凡事有易心，究之，見以爲難者非難，見以爲易者更非易也，夫子以渾全之天極而自驗諸淵微，彌若有難而無易，則知從容中矩，正戰兢惕厲之所以日深。得半之初，以爲如是而已止，優入之後，以爲如是而更進，究之，學而不厭者無止境，化不可爲者又無進機也，夫子以變化之神奇而自考其性術，彌若有進而無止，則知謙讓未遑，正盡性立命之所以獨至。夫有不能則有能，無不能則無能能。君子之道，非夫子而誰哉？

評：但就題面推衍，何從見子貢知足以知聖人實際。似此方將聖人平日功力、言下精藴一一傳出。筆致鋭入爽達，非浸淫於江西五家者不能。

原壤夷俟 二章

李塨

兩記聖人之教，見非禮之無以立也。蓋原壤與童子，皆以舊禮爲無用而棄之者也，故夫子正之。且聖人有教無類，不忍天下有自棄之人也，而況廁朋友生徒之列者乎？昔原壤，孔子之故人也，子嘗過之而壤乃夷俟，於是乎責以不遜，詰以無述，而斥以身既老而猶將爲世賊，時則以杖叩其脛焉；闕黨童子，來學而請益者也，子使將命而或以爲疑，於是乎摘其居位，病其與先生並行，而斷以非求益而妄意於速成，使之聞言而自省焉。蓋壤故自命爲曠達者也，幼而習焉，老而安焉，以爲吾之道術固在於是矣，故夫子示以人道之常，使知前行之慝，觸耳而愧於心，庶幾近死之年，聞道而恨其晚，此聖人之忠信於朋友也；闕黨童子自負爲高明者也，居而安焉，行而習焉，以爲吾自是可附於成人矣，故夫子示以弟子之職，使周旋於長者，以徐悟其傲然自遂之非，且大懼於無成，而還思反躬求益之實，此聖人之曲造乎童昏也。故自有夫子之教，而後知天下無可棄之人，隨地隨事而自易其惡、自至於中，則矯習之偏而皆可成性；自有夫子之教，而後知人無可以自棄之時，循理由禮而老者毋偷、少者毋慢，斯順天之道而各以善終。抑於壤則疾呼而蹙之以杖，其疾痼而難起也；於童子則微喻而使之自思其機，引而不發也。比事以觀，而聖人之教思無窮，曲成萬物而不遺，其氣象可覩矣。

評：格調本化治之舊，魄力精神擅正嘉作者之長。我朝講化治體局而自名一家者，莫如李厚庵，此種殆可繼武。

無爲而治者 一節

儲欣

「無爲」僅得一帝，其治象可想見也。夫無爲而治，殆難言之，夫子獨歸之舜，所可想見者，第恭己之象耳，他何爲哉？且帝王南面而莅天下，時勢不同，同歸於治而已，而勞逸分焉。其逸而治者，聖人之德，尤聖人之遇也。惟然，故其治無迹可見，而僅得其象於慨想之間。吾嘗上下千古，而歎無爲而治者之難其人也。今夫亶聰明而作元后，聖人既特擅有爲之材；造草昧而奮經綸，天下又胥待有爲之烈。於是有躬居南面，早作夜思而天下未即治者焉，或治矣而未洽，洽矣而日有不暇給，典籍所載可考而知。甚矣，無爲而治者之難其人也！由今思之，其舜也與？舜以協帝之德而適紹帝之成，其所謂賓門納麓、封山浚川諸務，不過竭乃股肱，上襄光被，而異日適承其休，則夫勞於始而逸於終，聖人之遇未有若是之奇也；舜以官人之德而享得人之樂，其所謂敷土播穀、明倫弼教諸臣，不過一經簡命，奉以終身，而繼此別無推擇，此又勞於求而逸於任，聖人之遇未有若斯之盛也。遐想其時，天地平成，民物安阜，舉天下之大，無一事一物尚有待於聖人之爲，而聖人復何爲哉？以其身托之乎巍巍之上，以其心運之乎業業之中；其存諸神明者不可窺，而被諸事功者又無可執。恭己正南面，無爲者之治象如是而已。嘉謨之陳，尚交儆於無怠無荒，乃天下之太平翔洽亦已久矣，開明堂以朝群后，四方萬國奔走偕來，而聖人撫五辰以臨之，當日所目擊者此象也，今日所神往者亦此象也；帝歌之作，猶敕天於惟幾惟康，乃有虞之垂裳布化不再更矣，坐廊廟而念蒼生，解愠阜財斯須不釋，而聖人揮五弦以致之，千載以上所目擊者此象之外無他也，千載而下所神往者此象之外無他也。噫，至矣！夫帝王亦期於能治耳，無爲而治與有爲而治，一也。然孰如舜之德遇兼隆，曠世而一覯也乎？

原評：實境易鋪，虚神難會。涵泳白文，躍然有得，筆之所至，有生龍活虎之勢。

顔淵問爲邦　一章

徐乾學

聖人與大賢論政，而治統於是備矣。夫極盛治之隆，而必有所謹者，此邦由以固也。聖賢治天下之略，豈外是乎？嘗論帝王之書，政事備焉，欲有爲於天下者，非得其一而遂足爲理也。立綱陳紀，迄於大定之餘，而孶孶保治之意，猶毖敕而罔斁焉，所以根本固而大統攸屬耳。顔子在聖門，具用行之略者也，而問爲邦，豈非欲以得其全哉？子以爲治之大者在天人之際、損益之序、質文功德之數、理欲清濁之原，隱驗於古今之所宜，而顯持於道法之所守，如是焉已。治莫大乎頒朔，則夏時爲善，三統各有其義，而著物生之始，由黄鐘而達之，至是乃盛焉，布德和令以順人事，皆從此出也；治莫大於同軌，則殷輅爲善，五輅各有其制，而崇渾樸之質，辨等威而出之，惟是爲能久焉，厚德應地，簡而可大也；治莫重於章服，則周冕爲善，采旒爵弁，古有其則，而昭南面之崇，於郊廟而用之，惟是爲有章焉，元德象天，尊而彌光也。若乃操三重以寡過，制禮尤欲審音；稽三代以立隆，宗王必欲祖帝。有聖人之樂，而復有聖人之舞，則韶舞尚矣。王者德既如舜，治已如虞，被諸管弦，形諸綴兆，表揚絶業，風諭衆庶，可謂和樂者乎？蓋治法於是始詳也，然始未嘗不祗肅，而後稍陵夷者有之矣。自古賢聖之君，必從而謹之，戒彼新聲，防兹匪僻。列國之歌非一，而鄭爲甚；近習之蔽非一，而佞尤深。宮商奸律而傲僻之志荒，惟其淫也；邪佞當前而中正之塗塞，惟其殆也。人主謹嗜欲，絶聲色，而典章文物之盛由此益開；親君子，遠小人，而質文制作之宜自此益備。蓋明禮定樂每代不同，而節性防淫百王不易，通乎古今之宜，而要以道法之守。此治天下之大略也。

評：語語質厚，字字謹嚴。結營甚密，布局甚渾。

行夏之時

邵基 墨

治莫先於法天，聖人取夏時之正焉。夫天時，與人事合者也，授時則取夏，非聖人法天之治哉？且王者敬天以勤民，則治曆明時，固首出者之所有事也。順萬民之作息，道在於撫辰；極四序之節宣，功歸於興事。爲邦之道，所以釐工而熙績者，蓋莫先於此焉。顧吾思之，道本同揆，三代共此欽若之旨；而數與天合，萬世自有不易之經。周之建子，其立意未嘗不善，然萬象未萌，一陽方動，先王於是有閉關之令，而未可以趨事而赴功；商之建丑，其命義未即無稽，然星回於天，日窮於次，天子將以頒來歲之宜，而非所以肇端而履始。蓋乘天因地，生人自有其成能，布五行而成四序，王者所以順導夫民功，故出治以時爲柄，而授時以人爲紀；東作西成，兩間原有其定候，春祈穀而秋報享，王政所以上配於天行，故燮理爲君相之業，而農桑即婦子之經。吾得夏時焉，以寅爲正，以人爲統，上符天運，時甚正也；下布民事，令甚善也。爲邦者非以此行之不可。小民詎識占星，而示以時以作事之旨，則出入不敢以稍違；朝廷不尚改制，而正以始和布令之規，則上下均堪以恪守。是非夏先王創一人之見也，鳥火虛昴，不能更作訛成易之期，察政窺璣，不能改二月東巡之候，前之聖人已精其占驗，而此乃率由焉而不忘，則惟夏時可以考而不謬也；亦非夏先王矜獨擅之奇也，豳風當商政之年，而流火授衣之不逾其節，月令爲晚周之籍，而行慶詰暴之不易其規，後之聖人默受其範圍，而此更晝一焉而不爽，則惟夏時可以俟而不惑也。回也，相天子以頒朔，佐明堂以出治，必先之乎此。而由殷周以溯有虞，則悉有可采矣。

評：時尚華采文字，大都貌爲冠冕，其實全無考據，往往語句雜湊，殊不成章。此篇可謂穩稱。照自訂稿削去枝葉語，倍覺莊雅可誦。

君子疾沒世而名不稱焉

曹一士

名以永稱，疾其與世俱遷者也。蓋迄沒世而無稱焉，悔何及矣。君子之疾也，終身以之耳。嘗謂閱世生人，閱人成世，惟我有足以重乎世者，斯世盡而名不與之俱盡。依古以來，世凡幾易，其名磨滅而不彰者，何可勝道？閒嘗俯仰而知其故矣。其始每誤於有所恃，年少氣盛，謂不朽可立致也，無何而有用之歲月，半消磨於妻子仕宦之胸，而冉冉者行沒世矣；其終多敗於有所溺，居恒發憤，謂聖賢自有真也，未幾而俗情之漸染，反足以奪詩書稽古之識，而悠悠者終無稱矣。君子念名之所自生與名之所由授，而瞿然以興也。天地之生人也，心思耳目皆處必敝之勢，獨此名之不敝者，足以配三才而立極，有稱而天地始有是人，無稱而天地遂無是人也，彼夫麟可徵祥、鳳可紀瑞，尚各留其光氣以泄宇宙之文明，我而靦然人面也，智慧聰明世莫靈而物莫貴，徒奉此式飲式食之躬，泯然以澌滅，何虛生若此也，中夜以思，有不可爲人而已矣；父母之授子也，身體髮膚皆無能久之理，獨此名之可久者，足以成孝敬而亢宗，有稱而父母始有此子也，無稱而父母似無此子也，彼夫帝世元愷，王朝達适，皆各標其品望以重古今之氏族，我而念厥先人也，德行道藝里不登而史不書，虛存此以似以續之軀，頑然以待盡，何不才至是也，中夜以思，有不堪爲子而已矣。當吾世而偶見長也，豈無一二有道者爲之延譽而增重，至沒世而朋友之力窮矣，君子知名自己立，沒世後斷無助予之人也而不稱，而復何所望，則安得不置身千載，時設一莫推莫挽之情；並吾世而相爲輕也，豈無一二寡識者使我攘詬而忍尤，至沒世而讒謗之焰息矣，君子知名由論定，没世後並無忌我之人也而不稱，復何以自解，則安得不深自刻責，時作一何有何無之想。有志之士，未有營營於目前而昧昧於没世者也，是以君子重疾之也。

評：此題精義，從前名作發揮盡矣。故轉從淺近處著想，情真詞切，正復軒爽動人。

君子不以言舉人 一節

儲欣

「人」與「言」之益，惟君子能兼收之也。夫未定其人而以言舉之，與人之既定而並廢其言，是兩失也。不舉不廢，如君子而人與言之益始全。嘗思上之人所皇皇有求者，皆曰人耳、言耳，而收其益者蓋寡，良以人則失之輕進，而言又失之輕棄也。曷觀之君子乎？今夫用人而或緣他塗以濫朝廷之爵祿，此稍知治體者所必斥也，若明明有先資之言，足以感動乎君相，其誰不愛焉，用其言而顯其身，惟恐後矣。聽言而或挾私意以抑賢豪之建白，此稍念國是者所不出也，若明明爲匪類之人，業已指目於朝野，其誰不畏焉，逐其人而屏其説，所必至矣。然吾以其舉爲已躁矣，上之人之所以舉是人者，必其人之可信也，信其人之可而舉之，是其舉以人，不以言也，如以其言之可而絶不計其人之或不可，則何如徐而俟之之爲得乎？抑吾以其廢爲已激矣，上之人之所以廢是言者，必以言之不當也，察其言之不當而廢之，是其廢以言，不以人也，如以其人之不可而因並絶其言之可，則何如分而觀之之爲得乎？忠言讜論之來於前者不知凡幾也，君子之聞言太息而恨其入告之晚者亦不知凡幾也，乃起視其朝，有側陋而升庸者，而若人不盡與焉，有下僚而薦拔者，而若人不盡與焉，人或疑君子何惜一舉以作天下敢言之氣，不知君子所求者人耳，人足以應吾求，即樸遬少文者，吾録之，豈慷慨敢言者而吾反置之，而非然者，則無寧靳也，可見君子舉一人，必思得一人之益，此衆賢之所以聚於朝；静言庸違之害人國者不謂不至也，君子之甄别流品以杜夫邇奸之萌者亦不謂不至也，乃起視其國，利日以興，而若人之所敷奏者亦在焉，弊日以去，而若人之所指陳者亦在焉，人或疑君子何憚不廢以息一時宵小之望，不知君子所求者言耳，言不足以副吾求，即出自正人者，吾置之，豈發諸宵小者而吾反行之，而非然者，則無寧采也，可見君子廢一言，惟恐失一言之益，此萬事之所以得其理。蓋以言舉人，當人之未定而輕進之者也，君子必待諸克知灼見之餘；以人廢言，因人之既定而輕棄之者也，君子别自有芻非芻蕘之擇。故兩益也。微君子，其誰與歸？

評：兩「人」字殊不同，兩「言」字亦微有偏全大小之别。獨見分曉，文亦曲屈盡意。

吾猶及史之闕文也 一節

方舟

聖人於所及見，而不勝世變之感焉。夫史闕文、馬借乘，而子之及也僅焉，能無撫時而增感歟？且人心之淳、風俗之厚，不必溯之大道行而天下爲公之世也，即吾一人之身，而俯仰前後，其可爲感慨者多矣！夫我生之初，先王之政教已無復存焉者矣。然大綱雖斁，而細者或守其常；王澤既微，而餘風不至盡泯。故朝廷之上，刑賞舉措雖不能不顛倒以失實，而史氏之無容其僞者，猶不敢作聰明以紊典型；鄉黨之間，禮義風教雖不能不變亂以行私，而士大夫之蓄所有餘者，尚不至務纖嗇而私貨力。使不有今日，則吾第傷心於先王政教之衰，而是戔戔者亦不復置之意中矣。乃自今思之，則猶幸吾之及此也。彼史之闕文也，以是爲一事之不失其官，猶之淺也，而先王正性命之理，以養人心之直而不忍自欺，其源深也，而今之無此，尤可痛也；有馬者之借人乘之也，以是爲人情之好行其德，固足尚也，即當時因物力之豐，以成習尚之厚而不甚愛惜，亦可思也，而今之無此，尤可懼也。夫我生之初，失治平已數百年矣，而遺風餘俗經十數王之所蕩，而猶有一二之存，以此知文武周公之詒謀者遠也；我生之後，不過上下數十年之間耳，而目見耳聞遂至月異歲不同，而一旦掃地以盡，以此知流失敗壞之末流更烈也。夫人心風俗，大抵習於所見而成耳。之二者猶吾所及，故以今爲異而感慨係之；其後乎吾而不及者，且習以爲常而不知其非矣。世變甚，則挽之愈難。及今爲之，已不若我生之初之易爲力，而況靡靡以聽之於後耶？

評： 勘題真切，實有關於人心風化。非具此心胸識力，不可以代聖言。

師冕見　一節

王汝驤

見者之爲師也，聖人有可詳記焉。夫自階而席而坐，子之詔師詳矣。記者從旁觀之，故其記之也亦詳。且吾夫子所謂動容周旋中禮者，固安往而不然哉！即如子見瞽者，吾黨嘗記其雖褻必以貌矣，此豈非胞與之懷，倍深於殘疾；而悲憫之念，無間於偶然乎？況乎一旦而來見者爲師冕也，居樂官之長，則禮貌固在所必虔；覩蒙瞍之倫，則矜惜宜有所獨至。吾黨乃尤樂於此乎觀聖人也。夫以吾夫子從大夫之後，階則五尺也，席則再重也。凡得登夫子之堂，孰有愆於儀而敗於度者，而無如見者之爲師也。當是時，先冕而在者不一人焉，聞冕之至，咸起於席而屬目焉。將命已訖，賓主聞名，夫子則降階迎客於門外。意冕下車時，固知其爲門，抑亦自有介焉，故不待夫子之有言也；夫子入門而右，師入門而左，師固嫻於儀者，此無足慮。無何而及階矣，使師於此倀倀然不知級之拾，而奚免於足之蹶乎，吾黨方竊爲師難之，而子則曰「階也」，師於是拱立以俟，夫子乃請入爲席，然後出迎師，師乃儼然就西階，先左足，無以異於常人之升階矣；自是而及席矣，師於此倀倀然且不知席之何鄉，而又安知讓而何受乎，吾黨又竊爲師苦之，而子則曰「席也」，師於是止其接武，夫子乃跪而正席，師亦儼然跪撫而辭，請徹重席，無以異於常人之踐席矣。於是師坐，夫子坐，向之起者皆坐。吾黨於此則少安焉，意坐者於師，固不妨姓氏之自通；而師於坐者，亦不難聞聲而相悉，可無藉於夫子之諄諄矣。而子則又告之曰「某在斯，某在斯」，於是滿堂之客，得恬然於晉接之度；而賓席之師，得泰然於應對之間。是日也，冕遂自忘其爲師，凡與於坐者亦俱忘乎冕之爲師。而禮儀卒度，笑語卒獲，無以異於常人之見於夫子也，歡然竟日，成禮而退；則師之離席下階也，心識夫子向者之詔，了然不復有疑，出門上車，自幸無過。於是坐者亦皆得其意以去，而子張子乃獨有請於夫子焉。

評：次第起伏照應，似歐陽氏學史記之文，記事體之正軌也。

天下有道 下二節

儲欣

聖人察世變之所歸，而亟思夫有道焉。夫大夫專政而庶人私議，此春秋之變之所歸也，惟天下有道可以救之。子能已於思乎？意謂：予曠觀世變而慨然矣。十世、五世以訖三世，蓋世變爲已亟焉。然天下之變相循而不已，則其患必有所歸，而吾之憂乃益深，吾之望亦愈切。何則？善察天下之變者，必當觀其漸之所積，積而不已，則其至於偏重者勢也，偏重焉而遂非理數所能拘；尤當慮其情之所激，激而一決，則其出於過正者又勢也，過正焉而亦非法令所能禁。然則當今之天下，所謂偏重者誰乎，非諸侯也，諸侯由盛而之衰，政已下移也，非陪臣也，陪臣甫盛而即衰，政難久據也，今天下偏重之勢在大夫矣；所謂過正者誰乎，非諸侯與陪臣也，諸侯與陪臣不敵大夫之重，畏焉而不敢議也，然亦非大夫也，大夫獨操諸侯與陪臣之重，專焉而不必議也，今天下過正之勢在庶人矣。大夫曷爲偏重，曰積也，五伯迭興以來，凡諸侯之得擅乎禮樂征伐者，大夫亦職有微勞，而其後遂不覺邢丘溴梁之見告也，是大夫之得政於五世以内者，其積淺，而其竊政於十世以内者，其積深也，天下且如此大夫何也？庶人曷爲乎過正，曰激也，齊盟狎主之日，凡諸侯之自擅乎禮樂征伐者，庶人已嘖有煩言，而況其日覩夫大都藏甲之皆然也，是庶人之矢清議於十世以内者，激而未至於甚，而其發憤議於五世以内者，甚而不勝其激也，大夫且如此庶人何也？然則若之何而救之，曰惟天下有道可以救之。奚以知其然也？蓋有道則天下之政出於一，雖莫大諸侯俱不敢自爲政，而大夫又何所積以專天下之政乎，且夫有道之天下，其所慎重而不輕者大夫耳，爵一大夫焉必以告，刑一大夫焉必以告，而且節春秋，則曰守臣也，錫黼冕，則曰監牧也，待之愈重而大夫愈不敢有所覬覦，以積成難返之勢矣，問政之在焉，無是也，無他，禮樂征伐自天子出也；抑有道則天下之議出於一，雖賢士大夫俱不敢參末議，而庶人又何所激以肆匹夫之議乎，且夫有道之天下，其所虛公而不棄者庶人耳，爵人必與庶人共，刑人必與庶人共，而且詢芻蕘，欲其謗於市也，采工瞽，欲其諫以藝也，處之愈公而庶人愈不敢有所是非，以激成矯枉之勢矣，問猶有議焉，無是也，無他，禮樂征伐自天子出也。否則大夫據不拔之形，庶人逞難靜之氣，吾恐五世之失並不足以限大夫，而橫議之徒亦將不知所終也。世變所歸，歸於此矣，吾能無懼乎哉？

評： 於大夫專政、庶人竊議源流，一一洞徹。所以行文汪洋恣肆，投之所向，莫不如意。

欽定清朝四書文卷七　論語下之下

畏聖人之言

王汝驤

見聖於言，有不得不畏者也。蓋君子之於聖言，非猶夫人之視之也，而其爲畏，豈作而致之乎？且君子者，學爲聖人者也。顧千百載以上之聖人，見之何由而法之奚自哉？所幸者獨其言在耳，故有三畏之君子。既畏天命矣，則夫聖人者能體天之命而盡其理者也，謨訓之昭垂，孰非帝謂之精矣；且畏大人矣，又況聖人者兼大人之尊而又有其德者也，方策之布列，赫於親炙之教矣。故其爲言也，明訓悉有深心，一體驗焉，而皆吾龜鑒；微言莫非大義，一闡發焉，而凜若風霆。蓋可畏若斯之甚也，而非君子其孰能畏之？日習於考稽之泛，典策幾陳言耳，君子自窮理盡性以來，於聖人之義旨實有入於性情之故，故悦心研慮之餘，即片語單辭皆有如天如地之藴涵，服我於寤寐也，服，故畏也；心懾於文章之盛，博涉猶荒棄耳，君子自躬行實踐以來，於聖人之涯涘實有窮於窺涉之情，故擬言議動之時，即日用恒言皆有莫究莫殫之體用，愧我於畢生也，愧，故畏也。而非直此也，詩書具在，不能强誦讀者而生其恭，君子之畏不於言起也，嚴憚之心，時較然於明旦，而聖人之言適有以發之，無有師保，如臨父母，與聖人相對越，而所以自純其畏者益精；抑不但已也，嘉言孔彰，何取乎一莊誦而尊其教，君子於言不以畏畢也，齋戒之神，自日清於志氣，而聖人之言彌有以入之，靜玩其辭，動觀其變，與吾心相持循，而所以求副其言者必力。由是言之，聖言之畏，其源固由於天命，而視大人且更有嚴焉者。其斯爲君子乎？

評：「畏」字實從「聖言」透出，「聖言」又從「畏」字逼入。皆切己體驗而得之，故無一語廓落。

君子有九思 一節

劉巖

君子思誠之學，無一之不切於身也。夫心之官則思，君子無時不思，則其理無一之不得矣。九思，其思誠之要哉！且人非聖人，則不能無思而無不通也，於是乎盡其通微之力者，惟恃乎心之克舉其職焉。故思也者，聖功之本也，君子其有九思乎？當聲色聞見之未交，喜怒哀樂之未發，此性之靜而未離乎天者也。若感物而動，則視聽爲先，誠以耳目之官不思而易引於物也，斯無以立百體之綱維而定萬事之準則矣。惟以心之官爲主，則視遠惟明，而思非禮則勿視焉；聽德惟聰，而思非禮則勿聽焉。惟明與聰，則無知誘物化之慮，乃從而持養於容貌之間，則色無斯須不和不樂，而思所以消其暴戾之容也，貌無斯須不莊不敬，而思所以化其易慢之氣也；惟溫且恭，則有涵養純粹之美，乃從而致謹於樞機之際，則出言思其有物，而修辭以立其誠也，執事思以有恪，而主一而無所適也。夫言行謹矣，然尤悔之萌，其端萬變，必析疑去蔽，而後義可得而精；即審問之後，自明而誠，尤必懲忿窒欲，而後德可得而至也。是故至當辨者惑也，思所以解其惑者，不以好問爲恥而蓄其疑焉；最難治者怒也，思所以忘其怒者，不以一朝之忿而忘其身焉；至易溺者利也，思所以遠其利者，不以苟得之念而違乎義焉。凡此九者，思之於動而未形之初，則君子知幾之哲也；思之於有感將應之頃，則君子慎動之功也；思之於隨事省察之時，則君子思不出位之學也。由思誠之力以復其何思何慮之天，則寂然不動、感而遂通之可以致焉。故思曰睿、睿作聖也。

評：逐段挨講，義理條貫，足以自暢其指，起結尤完備。

見善如不及　一章

趙　炳

聖人爲世道求人，而咸思親遇之也。夫以今人求古人，百聞不如一見也。所聞善身者如此，而善世者又如彼，將何日得盡見之哉？嘗思人情之感一也，何以耳聽千世之言而不以爲異，目覩一世之人而遂以爲難，則豈書與書相傳而語愈多，世與世相降而人愈少歟？徒使我上極千載，中經百年，耳目之用僅得一合，欷歔乎哉！丘竊自惟，三代之民猶古，我願得匹夫好惡之公，與天下同其憂；君臣之道未息，我願見聖賢經世之心，與天下同其樂。因憶往時聞諸古人曰「見善如不及，見不善如探湯」，吾聞之，吾退而識之，以爲其人能執高節者也，一人之性，一代之風，世有其人，吾必遇焉；又聞諸古人曰「隱居以求其志，行義以達其道」，吾聞之，吾又退而識之，以爲其人能行大道者也，學在山林，名在天壤，世有其人，吾又必遇焉。斯二者日在吾寤寐中也。由前言之，而其辭激，其情若有所皇然而自危，其人何人，何其憂之遠也；由後言之，而其詞裕，其中若有所悠然而自得，其人何人，何其度之優也！乃吾所得見者何如人也，使其人而或别有表見，吾當載筆編年，豈敢以其潔己好修，輕入「獨行」之書乎；乃吾所欲見而未見者何如人也，使其人而尚優游林谷，吾過名山大川，豈敢以其清操絶世，遽作「高人」之目乎？吾亦嘗有志於當世，及吾身已老，但願目睹之耳，而聞見相殊，徒增悲歎，毋論其所未見也，即其所見而已寥寥不可多得矣；吾終不能忘情於斯世，故我身雖賤，終願親見之耳，而引領睇望，夢寐遇之，毋論傳其所見也，即傳此兩言而已耿耿不可磨滅矣。

評：於上下兩節抑揚唱歎之妙，未能恰合。而音節局度，令人諷味不厭。

見善如不及 一章

湯斌

聖人述所聞，而慨所見之不逮焉。夫好善、惡不善之誠，亦世之所謂難能而可貴者也，而求志達道者深遠矣，安得盡副其所聞耶？且夫觀古義之微，則思獨行之士；而感生民之變，則思命世之材。二者今古有同情也，而盛衰之感在是矣。丘也綱羅載籍，非獨太息於舊聞之墜，而實以尚友百世之人，凡其性情所近，與夫學問所成，至於度量規模之相越者，蓋無一不在吾意中矣；丘也環歷諸邦，非徒有志於大道之行，而實以陰求天下之士，其自鄒魯從遊，以及列國公卿，與夫山林草莽之佚遺者，又無一不在吾目中矣。夫觀人者，見善可以得其情，而見不善可以知其守，能好能惡，所謂獨行之士，名教之所宗也，置之鄉閭，可以表人倫而示之則，用之邦國，可以激末俗而使之清，吾目中蓋猶有斯人矣，而因思所聞「如不及」「如探湯」者，或庶幾焉；若夫處則君子觀其志，而出則天下望其道，能求能達，所謂命世之材，天人之所賴也，樂行憂違，而確乎其不可拔，時至事起，而悠然若取諸懷，吾意中蓋久有斯語矣，而合之所見爲隱居、爲行義者，孰是其人耶？天地抑邪與正之心，雖昏亂而不容盡泯，故生民之秀，時出之以持風教之衰，若夫天民大人，撥亂世而反之正者，必先有一代之事功、數百年之平治，而後生是人焉以會之，雖彼蒼亦有不容輕假者矣；聖賢側身修行之道，苟願學而皆有可循，故自好之儒，常慨然以爲吾身之任，若夫可潛可見，運造化而生於心者，非詩書所能啓牖、師友所能輔成，而常無所挾焉以造之，則人力固有不可强齊者矣。夫大道之行、三代之英，丘固有志焉而未逮也，乃今欲一見其人而亦不可得耶？而吾所得見者，亦不可旦暮遇之者也。吾若今之天下何哉？

評：俯仰古今，深究天人之理。落落浩浩，而題中精藴，包舉無遺，平生志事於斯可見。

見善如不及 一節

儲在文

聖人於修己之士，而幸其見聞之合也。夫好惡各盡其分而已修矣，見其人，聞其語，猶幸其相合者乎？今夫嚴是非、慎取舍，一己之業也。而士行流失，天所生以風世之人，又未嘗不在一好一惡之間，有能致其誠者，斯亦不負吾望也。然則宇宙遠大之業，必基於立身；學問消長之幾，不關乎時命。士無曠觀之識，而動云古今人不相及，豈篤論哉？是故一善也，好之而淡，與不好同，惟見爲將逝將去之物，追其後而無以自前；一不善也，惡之而浮，與不惡同，惟見爲可危可懼之形，墮其中而不可復出：則所云「如不及」「如探湯」其人也。嗟乎！古之爲是言者，必當風俗敦龐，人心樸直，其卿大夫秉賞罰之公，其士庶人遵道路之正，故爲摹其近似之情，傳其過當之語，激昂忼慨，流布人間而到於今，亦已遠矣。然吾嘗博觀當代，而其人往往有之。既用自慰，而又深念其所以然者。造物清明之氣，不能無所鍾，得其正者遂翹然異於衆矣，而賢達之風節、師友之淵源，又有以獎厲之，則善善惡惡之真不容没也；神明幽獨之私，不受制於物，高其願者遂可以力行而不惑矣，而嚮善之若登、從不善之如流，又有以激發之，則揚清激濁之任爲己責也。是故行芳志潔，列國播之風謡；秉道嫉邪，吾黨尚其風采。每一念及，輒爲流連久之，而竊歎古人之言不我欺也。先後之間，若合符節，百聞不如一見，不其然乎？若夫天地民物之大，擔其任者逾難；天時人事之窮，修之家者無補。吾不敢薄今人，而大道之行也與三代之英，則徒望古人而悠然神往也已。

原評：言足以滿本節之量，而下節自然關生，文亦遒古。

齊景公有馬千駟　一節

方　舟

觀稱與無稱之異，而人當自決矣。蓋人於生之時，未有不樂千駟而樂窮餓者也，而死之後，未有願爲景公而不願爲夷齊者也，尚未可以決歟？且夫人寄此身於天地，榮華寂寞之遭，亦惟造物者之所以置之。獨昧昧然而生，寂寂然而盡，爲可悲耳。若是，則人不可以苟富貴，亦不可以徒貧賤也。而吾獨怪世之人不憂德之不建，徒役役於富貴貧賤中而爲之悲喜也。夫人所羡於富貴者，徒觀其一時意氣之盛而壯之耳，亦未思其死之日也。疇昔身之所附以爲崇高者，一旦全非其有，而與之同歸於泯滅，蓋其不可恃也如此；而衆人之中有聖賢者，固亦生且死於其間，而獨異於衆人之爲，人雖死而不朽，逾遠而彌存也。如斯人者，尚得以貧賤少之哉？如徒以富貴也，則近世如齊景公亦榮甚矣，世人於小富貴亦忻之，況赫赫如景公者乎，乃有馬千駟如彼，而無得而稱竟如此也；如徒以貧賤也，則古伯夷叔齊亦已極矣，世人於常貧賤亦憂之，況困厄如夷齊者乎，乃首陽之餓如彼，而到今之稱竟如此也。放懷今古之間，人之富貴貧賤於其中者，特須臾之頃耳，不獨景公之豪盛而豐饒不能長留以自恣，即夷齊槁餓亦會有窮期也，快之須臾而已與有生同敝矣，忍之須臾而乃與日月爭光矣，君子所以不暇爲衆人之嗜好者，誠見乎其大，誠憂乎其遠也；生人不朽之故，與所遭富貴貧賤之適然，亦曾不相涉耳，不獨景公之湮没而無傳非千駟足以相累，即首陽高節亦豈以餓顯也，無可留於千駟之外者而千駟羞顔矣，有不没於餓之中者而餓亦千古矣，君子所以汲汲於後世之人言者，非喜乎其名，乃重乎其實也。獨是如景公者，知有千駟耳，豈畏民之無稱耶？若伯夷叔齊，民即無稱，而亦知身之當餓也。世之人習見夫貪庸者如彼，自好者如此，稱與無稱，死後之事，何足動其毫末哉？

評：言高指遠，磊落奇偉之氣，勃勃紙上。學者當求其生氣之所由盛。

邦君之妻 一節

李光地

正配君者之名，存内治者之法。蓋夫人，君之配也，故尊其稱，然不敢敵君也，故時而降其號。内外之禮正，而邦家之本定矣。周道之衰，夫婦之禮先亂。故或自卑其配，而宗廟之奉不明；或自耦於尊，而宫闈之順不著。是故古之爲禮者，必先正名以定其分，蓋必夫子嘗有述焉，而記者表而出之。以是爲邦君之妻言也，夫妻者齊也，男外女内，匹乎夫之稱也；然妻者地道也，陽大陰小，殺乎夫之義也。自其稱於宫庭者言之，君稱之則曰「夫人」，成乎婦道也；夫人自稱則曰「小童」，未忘乎女道也。春秋之法，天子逆則書，后而歸則書，女先尊王命，而後通其謙也；諸侯逆則書，女而歸則書，夫人先謹女節，而後成其貴也。自其稱於邦國者言之，邦人稱曰「君夫人」，尊君則尊夫人也；稱諸異邦曰「寡小君」，爲君讓則爲夫人讓也。春秋之法，其生也，則書「夫人」，蓋臣子之恒言，是邦人自稱之之辭也；其葬也，則書「小君」，蓋列國之來會，是對異邦而稱之之辭也。至於異邦人稱之，則亦與國人無異焉。春秋之法，與國之君敵吾之君，與國之大夫敵吾之大夫，故其於夫人猶是也。君則嚴於宗廟之主，率國人以尊其配，是以天下濟而光明；夫人則守乎宫闈之誼，示國人以不敢耦君，是以月幾望而大吉。稱名之際，其所關蓋如此。

自記：三段俱斷以春秋之法，知王荊舒所謂「斷爛朝報」者，枉讀一世書耳。

評：根柢經義，並見魯論所以特記數語，蓋非偶然。自有此文，便覺前此名作，不過時文家數。用此見立言者貴自豎立，雖制藝亦然。

子之武城 一章

張玉裁

學道可以爲治，聖人因一邑而欲廣焉。夫偃尊聖人「學道」之言，故有弦歌之治，使二三子皆如是，大道其行矣乎？且爲治者，莫不行其生平之所學，彼刑名法術，非徒政事之失也。聖人知其然，故先正吾黨之所學，以端其治本。聞之者固無間於窮通，行之者亦何分於小大乎？夫道以禮樂之興爲極，而其端時見諸弦歌。蓋變人之習者器也，故執干戈則思競，而執俎豆則思讓；感人之心者音也，故聽唐魏則思儉，而聽鄭衛則思淫。弦歌之器與音，殆進乎道矣。斯義也，夫子素以教二三子，而偃嘗以之治武城。嗟乎，子獨爲武城致望哉！宜聞其聲而以爲小用也。雖然，治特患不本於道耳。不本於道，則君子之聰明，不以敦詩書而以綜法律，小人之手足，不以服勤勞而以逞犯亂，貴賤各懷侮奪之心以相接，風俗所以偷也；本於道，則君子平其性情，而師保即取諸仁賢，小人柔其血氣，而孝弟可移諸君長，士民均沐惠義之澤以相安，治教所以行也。然則愛人、易使，非學道何由致？子誠不能易斯言，而偃復何憾於小用乎？若以偃爲小，則豈獨武城，即夫子爲政，藏甲百雉以戒君子，別塗信市以化小人，而三月之治未終，則攝相亦僅類牛刀之試；若以偃之言爲是，則又豈獨武城，彼二三子爲宰，或擇師友以親君子，或勤樹藝以勸小人，而吏治之良皆著，又安往而非得學道之意也哉？前言戲之，即微子言，二三子亦可證之於所聞矣，然後知道之不可不學也。兵刑皆飾治之具，而非道則足以殃民；富强皆報政之功，而非道亦流爲誤國。學之弗正，而以聖人之道爲迂，是驅天下君子小人於亂也。觀武城之治，其亦審所尚哉！

評：先王之道，莫盛於禮樂，而以禮樂教民，見端於弦歌。脈絡貫通，故運掉如意。鎔鑄題義，不拘故方，可謂巧法兼至。

昔者偃也　偃之言是也

殷元福　墨

賢者尊所聞，聖人是其言焉。夫道，盡人宜學也，偃述所聞而子是之，殆深明古治之可復乎？嘗思道散於天下，而禮樂其顯焉者，禮樂不興，則所學皆非也。此其意，惟子游能知之，亦惟子游能言之。故因「割雞焉用牛刀」之言，起而對曰：今日之治，偃非敢私心自是也，夫亦猶行子之道也。子謂無人不當學道，無地不當學道。君子學道則愷悌日生，而動静皆惻隱之天；小人學道則忠順不失，而勤勞安子臣之誼。愛人易使，昔者偃也嘗與二三子聞諸夫子如此，然則今日之治，偃非敢私心自是也，夫亦猶行子之道也。爾時子聞偃之言大道之行，遂隱隱有動也。蓋三代而上，治出於一，而禮樂至於四達；三代而下，治出於二，而禮樂徒爲虚名。誠若偃之言，則兵刑之氣可静，而性命各正，胥由此充之焉；誠若偃之言，則仁義之休可復，而太和保合，胥即此積之焉。爰顧二三子而慨然嘉與，曰：偃之言是也，非獨是偃也，蓋將以學道之治，共望之二三子也。然則安上治民，莫善於禮；移風易俗，莫善於樂。聖賢誠有同心哉！故魯論特記之，以爲偃尊子之言、子是偃之言有如此。

評：短章而具變化起伏之勢，按之題義，亦無不周，足爲講求前輩格律者存此一體。

子張問仁於孔子 一節

史流芳 墨

求仁者求其行，可即天下以自考焉。夫仁不可見，而行則可見。以恭、寬、信、敏、惠驗之天下，其行也，則其仁也。且論仁者，謂其心無不足也，而非投之所往則猶在可信不可信之間。所以聖人言仁，必以實而可據者返之躬，而汲汲焉使生平閱歷之途一一有以自驗，而此心乃可無憾也。子張問仁於孔子，子曰：仁必有實見其爲仁之事者也。萬理皆備之初，何在而非仁，而天下不以仁歸之，非謂其不仁，謂其不行也，夫仁之取數恒多，而以五者爲不容謝之事，則雖境遇之來，莫能相必，而肆應不窮者可自主也；偶爾天良之動，亦足以見仁，而天下不以仁歸之，非謂其不行，謂其不能行於天下也，夫仁之所統不一，而以五者爲日相考驗之端，則雖天下之大，萬感紛然，而周通無間者固在我也。能行五者於天下，爲仁矣，張所以進而請問也。夫仁者不敢慢於人，恭其一焉；且不敢以之自隘，以之自欺也，寬其一、信其一焉；更不敢自即於怠、自安於忍也，敏其一、惠其一焉。由是問之，天下其皆與我乎，抑猶未盡歸懷也，夫人情不甚相遠，存之中而苟有所得，己快之，人亦快之，其未盡歸也，非天下之難通，必無有通焉者也，所以古之仁人，内念嘗毖，即使感孚有素，而一之未效，猶返衷而滋懼，無他，求其能行焉耳；由是問之，天下其未許我乎，抑爲之交相應也，夫身世未易相孚，凖之事而有所未當，人疑之，我亦疑之，其交相應也，非天下之易格，必有以格之者也，所以古之仁人，積累既深，即至險阻多端，而意之所及，自遠至而立效，無他，惟其能行焉耳。不然，世方侮我，衆未得而人未任；功心不成，而人不足以使。是豈能行五者於天下者哉？乃知聖人論仁，務示人以可知。非懼其託於寂，亦非約馳騖者而使之歸，蓋其道固如是耳。他日言仁，曰「天下歸仁」，曰「邦家無怨」，猶是意也。

原評：句句鞭辟向裏，文情復秀美清圓，最是説理之文所難。

能行五者於天下　恭寬信敏惠

張　江

爲仁有分形之功，無不可指而名者也。蓋五者乃所以密循吾仁之具也，能行於天下，而仁在焉。仁無形，而恭、寬、信、敏、惠固分出之，是豈徒名焉已哉？今夫含萬理於渾然，而不可以一德名之者，仁之爲道也。然而執是説也，不足以化專己守獨者之隘，而反便於窮大失居者之私。固有終日言仁，而還按以指歸之何在，卒茫無所據者，則皆渾然難名之説誤之也。是故子與子張言仁，爲課其功於能行、要其程於天下，而必分形其事於五者，豈不知仁之爲器重、爲道遠而取數多，固非五者所能盡其藴而窮其量也哉？蓋將宅吾心於理，而不至於蕩而無居，則必以五者爲之鄉焉，使吾與天下持循有所，而後於彼於此，皆不離其本念之要歸；抑將凝吾理於心，而不至於虚而無寄，則必以五者爲之質焉，使天下與吾繫屬有常，而凡無體無方，皆可引爲當身之附麗。是五者於人，固體事而無不在，亦終食而不可違，神聖之所爲通極於道德性命之全，而即下學之所當服習於出入起居之要者也。而能勿請問乎哉？敬慎者，仁之地也，恭，所以行其無慢者於天下也；温良者，仁之本也，寬，所以行其無惡者於天下也。仁不過物，行於天下而無妄曰信；仁必有勇，行於天下而無怠曰敏。若夫博愛謂仁，是惠之行於天下也，又以其所愛及其所不愛者也。凡此五者，有分治之能焉，不敢爲萬理渾然之説以眩天下於無端，懼吾行之多荒也，是故研而析之於條理之精，而恃此恭寬信敏惠之各正者，隨在而閒以則，斯吾仁不至於逐所有而淆；有形治之能焉，不敢爲一德難名之説以愚天下於不見，懼吾行之或詭也，是故迫而懸之於心目之著，而憑此恭寬信敏惠之有物者，依類以核其欺，斯吾仁不至於乘其無而遁。

蓋所以使心與理宅、理與心凝，以庶幾乎仁之在我者，莫此五者若也。是故不可不究觀夫能行於天下者之實得也。

評：無一浮泛語，無一囫圇語。思義清湛，局段渾成。

惟女子與小人爲難養也 一節

王揆

聖人論女子、小人之難養，欲人主慎之於早也。蓋女子、小人養之不得其道，故近與遠皆有其患，慎之於早，而又何難之有哉？且爲國家者，非外患之可憂，而内患之足慮；非有形之患之難治，而無形之患之不易以防也。夫固有法所不能制，理所不能喻，陰移人主之志於燕私，而或生不測之釁於肘腋。謂之女子、小人者，彼非有才能之可用，亦非有忠信之可憑。其始見以爲不足畏也，而挾人主之勢，則邪正混而威福移；其始見以爲無所能也，而邀近倖之私，則讒釁生而禍患起。若此者，養之可不知其難哉？養之難在近，君威非不畏也，習之既久，則潛窺其愛憎之意而不遜生焉，有陰用其不遜使人主不之覺而終近之者，有善用其不遜使人主覺之亦不罪而逾近之者，迨乎直行其不遜，又有使人主不敢言其不遜，而不得不近之者，夫而後知近之之難也；養之難又在遠，君德非不懷也，怨而擯棄，則頓忘其恩寵之深而怨生焉，有順用其怨使人主知其怨而悔其遠者，有逆用其怨使人主不知其怨而因以快所怨者，迨乎直行其怨，又有使人主畏其怨而不敢終遠，又不敢復近者，夫而後知遠之之難也。然則養女子、小人者，果何道以處此哉？師傅保母既掌后妃之教，而下逮嬪御，亦爲之正其服位、禁其奇袤，而統之以内宰世婦之官，則侵竊惑移之患絶；宫正宫伯尊以大夫之秩，而賤及閽寺，亦爲之選其德行、考其道藝，而領之以冢宰小宰之職，則左右近習之士端。嗚呼！此所謂女子、小人養之得其道，近之亦可，遠之亦可，而有以防無形之患者也。

評：中幅極道「怨」「不遜」之弊，則自見「養」之難。後幅正以「養」之道，則自無「怨」「不遜」之弊。如後二股，乃見聖人立言本意，不徒語本經術爲可貴也。

周有八士 一節

王汝驤

列八士於周，紀盛也。蓋周固人才之聚也，立乎春秋而追紀八士，有以也夫。且夫魯，文之昭也，開國之初，忠厚若彼，而迄於斯，賢人隱淪、正士散逸，一至此乎？君子於是不能不慨想當年。曰：我周之爲周，固何如者哉？四友、十亂之盛，比於唐虞；方叔、南仲之儔，歌於奕葉。此不可更僕數矣，乃紀載所不詳，詠歌所未及者，蓋有八士焉。曰「士」，德行之選也；曰「有」，足爲重輕也。而以「八」異，何哉？稽其始，曰伯達、伯适，聞之庶長曰「孟」，嫡長曰「伯」，達也、适也，俱以「伯」字，其嫡長而並生者乎，至於仲，即何必然矣，仲突、仲忽，猶之乎伯也；未已也，又曰叔夜、叔夏，聞之名子者或以事，或以其時，夜也、夏也，俱列以叔，其同時而並舉者乎，至於季，益非所望矣，季隨、季騧，又如其伯、仲、叔也。噫，異矣！伯仲叔季，適符乎次第之全；因而重之，不少示參差之數。想當日者，壽考作人，我周養士之澤，積數十傳而其風不替，故造物有餘之氣，間出其奇，而得此乎，濟濟多士，生此王國，是螽斯、麟趾之遺也；而至於今，生才非乏，當此叔世之運，多散於下而其美弗章，況一門競爽之異，其爲美談，可勝歎乎，無平不陂，無往不復，是匪風、下泉之思也。

原評：微子篇末繫以此章，自有因人才之淪喪而追思其盛意。文特如題，唱歎而懷古之情，味之無極。

子夏之門人 一章

魏嘉琬

兩賢之論交，各有據而已。夫子夏之交尚乎嚴，子張之道尚乎通，君子必有處矣。且夫人與人交，不能自違其性也。謹篤者無之不慎，遇物而辨之，必樂其少也；高明者無之不廣，引物而同之，必喜其多也。師與商之交，則師與商之所各據也。我思與子夏交者，人人有必爲君子之心，而朋友之道盛矣，交之善也。我思與子張交者，人人有樂就君子之意，而朋友之道清矣，交之善也；然而子夏之門人還質之子張矣，子張之所云殊深異子夏矣。子夏曰交惡其溷也，與善人居恒益，與不善人居，恒損，蓋學者之所擇，非苟而已，可者與，不可者拒，吾寧慎諸，借他山而攻之，亦取其玉不取其石也；而子張曰交惡其狹也，尊賢嘉善者，則君子投慕之誠，而容衆矜不能者，亦君子長育之道，惟大賢之所受，奚不可乎，我拒人，人又拒我，是兩病矣，返吾術而用之，恐入我室即操我戈也。「爾焉能浼我哉」，斯人之吾徒也，而吾與之，類族而辨物，何爲者也，然而熏蕕未能同器，素絲亦恐無恒，其謂之何？「無友不如己者」，我知其不類也，而我拒之，離群而索居，抑亦可矣，然而師失於三人之行，士止於千里之外，其謂之何？然而子夏則固有未嘗不厚者，明示以今日之拒，寬期以他日之與，不屑之亦教誨，正欲其人之反而自愛也，此其矜容之意微也；然而子張則固有未嘗無辨者，容之而已、不尊之，矜之而已、不嘉之，精明出之渾厚，正欲其人之反而自疑也，特其拒之之迹隱也。然而子夏之交誠是也，而不善用之，激揚之過甚，則訑訑之意或發於聲音；然而子張之交誠是也，而不善用之，塵光之盡同，則油油之偕久成爲玩弄。然則彼門人將何從也乎哉？

評：於兩下得失同異處，不作一低昂語。骨格名雋，在隆萬名手中，幾可與湯若士、歸季思肩隨。

切問而近思

王汝驤

以「切」「近」爲心者，見之於問與思焉。蓋問與思，皆所致於學也，切焉，近焉，徒問、思之善已乎？且以學之無窮、志之難副也，有不事乎問以達之、思以精之者乎？自夫人以問爲口耳之事、思爲玩索之功，而其致力之誤也有由然矣。吾茲爲博學篤志者進求之。夫問所以佐其學也，徒博，則其爲問也易疑於泛；而問所以通其志也，既篤，則其於切也自有相因。此無論浮談之無當也，即理居其要，而稽之吾力，未容歲月逮者，縷縷以示其能精，知其於問所由發，固未之親矣，切問者，不緣問起也，考衷度務，有不容已於求詳之故，而片言之訪，必中身心已；並無論講求之逾量也，即力所可勝，而坐而咨之，未能起而行之者，亹亹以矜其務得，知其所問之所獲，固不求實矣，切問者，不於問止也，因端竟委，必求有得於聽受之餘，而請事斯語，密於服膺已。而至於思，則尤理之研於心，而非徒問之得於人也。得於人者，尚不容以遠求；而研諸心者，豈顧容於不近？蓋思之易流，病亦不在思耳，神明本自無方，苟無與爲之宰者動乎其緒，而不覺其易馳，此不得於思制之也，宥密之地，有不欲役之於思者，理至吾前而由繹之有端，自有所依而不越，此其深謹之致，即思者幾不自知，而孰從窺之；且思之爲病，亦不止思受之耳，名理亦能爲累，苟任其與物爲緣者出而相逐，而更何以自操，此不得不於思閒之也，日用之邇，有所以循之爲思者，與心以易而引伸之有類，雖多所及而不棼，此其嚴約之旨，即吾思不能相蕩，而孰得淆之。蓋至此，則不惟問之所得不疑於泛，而學與志皆得其歸矣。仁在其中，不從可知乎？

評：「賢親君友」章言力行而不及學問，此章言致知而不及力行，道理只説得一半。文於一句中透入全身義理。按之題位，不泛不溢，此等制藝，實由力厚思深。

所謂立之斯立 四句

張　標

聖不移時而化，智者信其説也。夫作而應，應而速，「立、道、綏、動」之説，愚者疑焉而智者信。其曉子禽者曰：儒者身居後世，不知三代，身處三代，不知黄虞，其見日陋，其持論日卑，大聖人之所爲，欲出一語以彷彿之而不可得。雖然，世亦未嘗無傳語焉。夫人幸而生逢明聖，覩朝廷立一法，行一意，而百姓胥象指焉，則爲之揚扢其休嘉；或不幸而生當末流，慕古初建一治、奏一效，而君上若無爲焉，則爲之想像其盛美。於是言之不足，且長言之，曰化如何盛、效如何捷。居今之世，述其一二語，已不恒經見矣，況欲求其人以實之。苟非大聖，其孰能當此而無忝者乎？今使一邦一家之中不煩經畫，而已農桑醉飽、詩書弦誦，詠樂郊而雍雍丕變，君相可絶無事，宇宙可絶無功，此必不能。故有瀕於危者焉，望其有以翼之也；有倀倀莫適者焉，冀其有以開之也；有瞻烏靡定而鴞音未變者焉，思其有以安集而漸移之也。不有立之，奚自立？不有道之，奚自行？不有綏之、動之，奚自來且和？然而難言之矣。昔之有天下者，播嘉穀一聖，敷寬教一聖，典禮教胄，猶難兼官；賓四門一時，舞干羽一時，頑民悍侯，亦嘗接踵。又有甚者，英年踐祚，而衢謳奏於耄耋之期；父子皆聖，而雅頌作於數傳之後。若是乎上作焉不必應，或遲之而應，遲之又久而後應。今我爲之説曰，夫子而在上位也，作以一日，應以一日，其誰信之？且作以一日，盡帝王之事；應以一日，盡帝王之功，又誰信之？不知此非予一人之私言也。人亦有言，「立之斯立」，上方鞠謀，下已樂生也；「道之斯行」，董戒不勞，人已共率也；「綏之斯來」，人思豫附，版圖日廓也；「動之斯和」，黎民於變，兵革不試也。因念昔吾夫子衮衣惠我，三月而弭民謗；釋争謝過，一言以感强侯。此雖小試，其端乎？異日宰天下不當如是耶？而後撫

「立道綏動」之説而流連，起歎曰：「其殆謂吾夫子乎？其殆謂吾夫子乎？」

評：分虛實遠近，作數層跌落。題理題神，全在空際領取。當深玩其出没斷續之致。

謹權量　二節

李光地

政行而心歸，周之所以代殷也。蓋政不行則治具不張，心不歸則治本不固。兩者得而王道舉矣，周家受命，豈偶然哉？自古帝王之統一天下也，必有所爲維持而不敝者焉，必有所爲固結而不解者焉。是故一中建而百度貞，歷數定而謳歌起。若夫我周之承殷也，則尤舊政刓弊、人心涣散之日也，夫聖人之作則也，必以天地爲本、以日星爲紀，而又月以爲量、四時以爲柄，故時月正日與律度量衡，於庶政實相經緯焉。關石和鈞，王府則有，是萬事之本也。舉而措之存乎法，道一風同，其可紊乎？推而行之存乎人，天工人代，其可曠乎？是故權量謹而法度可得而審也，法度審而廢官可得而修也。革命者已日而既孚，申命者隨風而屢涣，以至於今，而千八百國混乎車書，三百六十釐然方策，雖萬世通行可也，況當日之六服承德者何如哉？且夫武王之伐殷也，未下車而封黄帝之後，封堯舜之後，下車而又封夏后氏之後，投有殷之後，故王業之新與明德之舊，於人心實相維繫焉。作賓王家，與國咸休，是萬年之基也。推之卿大夫則有世家，功德在民，可殄其祀乎？推之側陋則有遺逸，道德在抱，可棄其身乎？是故滅國興而絶世隨以繼也，絶世繼而逸民隨以舉也。一則公天下以爲心，一則相夾持以爲執，以至於今，而大邦維屏、大宗維翰，蒹葭之守周禮、「榛苓」之望西方，雖奕世不忘可也，況當日之萬姓悦服者何如哉？吁！此有周之王也。

自記：興朝規模，説得出。

評：古光油然，皆六藝之芳潤。

謹權量　二節

李鍾倫

聖人之行政也舉其要，而得人也得其心焉。夫由權量而法度、廢官，政之要也；由滅國而絶世、逸民，民之望也。武王加意於此，周之所以興乎？且人主所以維天下者政，所與共天下者民也，古之聖人撥亂反正，必以是二者爲兢兢焉。武王克殷之後，難既平矣，而蠱者未新；虐既蠲矣，而剥者未復。於是四方之治忽，决於施爲次第之間；天下之視聽，屬於興起在位之人。維時則何如者？以爲理財正辭，禁民爲非，則必取輕重多寡之貿亂不如一者而整齊之，故權量爲萬事根本焉，由是禮樂刑政或冗而不治，則徵諸王府之所有可也，協諸巡狩之所同亦可也，然權量法度豈能自行哉，於焉建其長、設其屬，而三百六十之典，駸駸乎緣是而興，當此之時，議之廟堂之上者，其法皆足以理人，其官皆足以行法，舉四方積偷積安之弊政，不降階序而振之一朝焉，聖人所以義正天下者，其在乎此矣；又以爲履信思順，教民尚賢，則必念黄農虞夏之子孫失其守者而褒崇之，故滅國爲衆建首先焉，由是諸侯大夫或絶而無主，則以小宗後大宗可也，以支子繼適子亦可也，然封國立家豈遂畢天下之人才哉，於焉求之國、求之野，而箕子、商容之徒，隱隱然爲時而生，當此之日，苟有功德於人者，没則有世子世禄之尊，生則有束帛丘園之賁，舉天下懷舊樂善之公心，不待聯合而歸之若性焉，聖人所以仁感天下者，其在乎此矣。夫四方之政行，則自上而下者，窮變之機何其神；天下之民歸心，則以下比上者，尊親之情何其至。三代之得天下，豈偶然哉？

評：取諸經義，逐句皆得實際，而無用經之迹。非讀書貫穿，不能到此。

四方之政行焉

熊伯龍

觀初政之行而知周所以王也。蓋政者，國所與立。四方有政，周是以有四方哉？且天之立君，所以慮四方也。自古帝王廓清誠誥之力猶少，而經紀敷錫之功爲多，豈不貴乎有政哉？雖然，政難言矣。其君知取天下而不知守天下，則將舉四方而羈縻之，而因陋就簡若無事焉，非無事也，道不足以立乎其事也；其君知守天下而不知治天下，則將舉四方而督責之，而殊風貿俗若無勢焉，非無勢也，事不足以乘乎其勢也。乃若所云謹者、審者、修者，周之盡心於四方之政何如也？而其政有不行焉者乎？朝廷者，起化之地，非化所究之地也，施之四方而以爲宜，斯莫不宜矣，我周一體乎四方之所當然，而百物由之而不廢，則安往而不遂乎，蓋自二國不獲以後，求如此之四達不悖也，抑難矣；君相者，立法之人，非法所行之人也，考之四方而以爲可受，斯莫不受矣，我周謹持乎四方之所必然，而一旦舉之而不疑，則何爲而弗成乎，蓋雖無侮無拂以來，以視此之受命改制也，抑有間矣。周之興也，克商事定，未嘗遑志於四方之人，則積玩或多，而政之所至，萬物無所角其材能，以此見天下事之大可爲也，即多士多方尚煩文告，而王制漸張，君子知國勢之不可動摇焉；周之興也，渡河八百，若有求助於四方之意，則震疊或難，而政之所加，列國不自爲其風氣，以此見聖天子之自有真也，即周官周禮未遑制作，而大體既正，君子知立國之遠乎苟且焉。由此觀之，取天下者，誠不可以四方之既服，而謂我可無政；又何可以吾政之未善，而徒咎四方之不行也？

原評：從「政」字儱侗説起，便可一節通用。比比翻入「四方」，又處處變换，最得先正遺法。

君子無衆寡 二段

張永祺

圖治於心身之間，而知泰、威之美也。蓋政未有不從心身出者也，觀泰、威之所以善，而君子之自治不亦詳乎？今言政者以是爲及人之事也，不知君子於此止有一自治之道而已。何也？人皆有所不可見之地，乃以爲不可見而積傲生焉，中既無以自主，則内顧而不得其所安，而所以接物者弛矣；人亦莫不有可見之端，乃以爲可見而致飾易焉，動既無以自持，則反躬而不足以相攝，而所以加人者驟矣。君子何以有泰之美也？凡物本無歧形也，吾處之者不能一念而衆寡分；凡事本無殊勢也，吾應之者不能一心而小大見。君子曰：此誰非待命於我者，而敢任其張弛乎？一以兢業之衷承之，出之性成者，不擇地而付也；積之學問者，不易節而施也。操存於此，以待天下之來。既無玩人，則人得而已亦得；既無廢事，則事安而心亦安。從容中節而無廣心好大之病也，彼侈然自肆者，一念之慢，流於恣睢而不自知，有若斯之恬適得自兢惕中者乎？不亦泰而不驕乎？君子何以有威之美也？規矩者物身之器也，盛服以飾之而衣冠重；威儀者定命之符也，聲色以引之而瞻視生。君子曰：此誰非作則於我者，而敢替其綱紀乎？一以尊嚴之道居之，持身非以責人，範圍不得而過也；正色非以陵下，中和不得而渝也。表正於此，以建天下之極。體統既肅，則莊莅而生其共；德隅既修，則誠形而至於動。澄心治氣而非作威倚勢之比也，彼威克厥愛者，求人以畏，流於暴厲而不能返，有若斯之肅將得自好禮後者乎？不亦威而不猛乎？而後可以言從政矣。

評： 不驕不猛，正是「泰」「威」美處。重發下截，反涉淺近矣。文於上截處處精透，理正詞醇，猶有先民之遺。

不知命 一節

吴士玉

欲爲君子者，以命定其趨而已。夫知命之有定，則所向專矣，不然而何以爲君子？且將學爲君子，而一切諉之曰「有命」，吾不知其安所置力哉？然至順逆不齊之數，妄與造物爭一日之權勢，且流於小人之歸而不悟。何則？其識眩而所置力者非也。今有人焉，利不苟就，害不苟去，斷然惟義是視而無所容心，如是則可爲君子矣乎；不爲威惕，不爲利疚，確乎以道自持而不移於物，如是則可爲君子矣乎？是誠可以爲君子矣，惟其知命焉故也。命稟於生初，故能息後起之紛紜而使之静；命成於一定，故能淡物情之營競而使之平。而奈何有不知命者哉？窮通之有命也，乃欲力而矯之，凡可以却貧賤而得富貴者，何弗至歟，夫求所欲、去所惡，毋論其不如吾意也，即令求之而得、去之而遂，要亦吾命之固然，而彼不知也，方且貪之爲己力而日孜孜焉，吾見隕獲於貧賤而約不可處，充詘於富貴而樂亦不可居已；禍福之有命也，乃欲詭而奪之，凡所以轉危殆而就安全者，曷有極歟，夫吉相趨、凶相避，毋論其往而輒左也，即令趨之而遇、避之而免，要亦吾命之適然，而彼不知也，方且恃之爲可必而日營營焉，吾見死生易其志而危不能授，夭壽貳其心而安亦不能俟已。將欲進取以成君子之務，則事幾所在，弗能斷也，明明吾分所必争，而勢將禁之、形將格之、時將阻之、物將敗之，中情憧擾，必至濡忍而不前；將欲退守以全君子之操，則大節所關，弗能决也，明明此事之當却，而戀之於中、牽之於外、繫之於前、冀之於後，舉念惶惑，卒至依違而不去。蓋既暗於定分，則計較之情勝，雖平居自視曉然，而臨事忽喪其所守；抑既昧於定數，則巧僞之機熟，縱事後悔而思返，而逾時復蹈其前非。其何以爲君子哉？必也信之者篤，而致命遂志，有以絶人儌倖之思；見之也明，而奉若不違，有以全吾稟受之正。不擾擾於所難强，自汲汲於所必爲。此君子之安命以立命也夫。

評： 正取正收，中間依題實發，反正兩面皆透。

欽定清朝四書文卷八　中庸上

天命之謂性 一章

方舟

君子不離乎道，故能盡性以至命也。蓋道成於教，而實根於性命，知其不可離而實致其功，則其終可以通於天矣。且道之大原出於天，人之離道，非失道也，失其所受於天之性也。失其性而不知檢，則内自悖其情，而害及於天地萬物，聖人之所懼也。夫世之言性者皆以爲虚無幽渺，而不知命於天者至實也；言道者皆以爲後起假合，而不知率於性者至順也；言教者皆以爲聖人多方以梏人，而不知修是道者至不得已也。使人皆不離乎道，以得其性而全其天，而聖人何多事哉？誠以天命之精，流行遍滿於事物之中，而須臾離之，則天命之真息，而事與物之附麗者皆虚。而人又不能不離道也，覩聞起而道離焉，事物交而道又離焉。以離道者之多，而遂若以道爲可離者，而不知可離非道也。夫人之離道有漸焉，其倡狂於覩聞之際者，必其恣肆於不睹不聞之中者也；其決裂於顯見之時者，必其簡忽於隱微之地者也。故君子戒慎恐懼不間於須臾，而必慎其獨也。夫道爲天命之性，而離者若此其多，不離若此其難者，則喜怒哀樂累之耳。喜怒哀樂足以累道，而人固不能無喜無怒無哀無樂，非惟不能無，又必有之而後道可行焉。何者？是性之感物以動，而皆有其節者也。其未發也，可以窺性之本焉；其既發也，可以觀道之通焉。第静不可不致其中，而動不可不致其和耳。人受天地之中以生，陰陽之氣有常，而或失其序，人亂之也；萬物賴人之道以立，化育之機不息，而或蹙其生，人戕之也。中和致，則可以通天地之命而類萬物之情矣；其位且育也，君子盡性之功之實而可見者也。夫人離道則失其性命之情，不離道則功在天地萬物。聖人之教，豈得已哉？

評：無首尾，無過渡，無承接，而細按之，乃循題位置，不失分寸。蓋於正嘉前輩法度之外，能自闢一塗徑者。

天命之謂性 一節

張瑗 墨

中庸明天人合一之旨，即性、道、教而申其義焉。夫性也，道也，教也，出於天而成於人，固一原而相爲用者也。明其所謂，不可以識所宗乎？自性學不明，而言道者日益紛，於是異端之徒各挾其教以争勝於天下。子思子慮人之失所宗也，爰述聖賢相傳之意而作中庸，蓋欲使由教而入者殫明道盡性之功，必先以原性見道者昭千古垂教之統。謂夫太極未分，理之在先天者不可得而言已，自兩儀立，而於穆之原與二五之精相爲凝合，則生生無方焉，與氣俱賦，而不雜於氣，命之所以不已也，與形俱成，而不滯於形，性之所以各正也，五事配乎五行，一物必具一則，極之品類紛紜，亦莫不載仁以生，負義以存，無異天，寧有異性乎，夫天下言性者多矣，離命以爲性，則性將入於冥頑，而氣質之説得參乎其間，抑知降衷之始，固有是粹然無私者，則「性」之謂也；人生而静，性之藏於密者不可得而窺已，及應感交，而心德之微與天下之故相爲流通，一如行其所無事焉，本健而率之易，本順而率之簡，性所爲道之門也，遇親而率吾愛，遇長而率吾敬，道所爲性之路也，聖哲只循其固有，庸愚亦順其自然，推之衆庶馮生，而戾蟲且知報本，微鳥與有摯别，無殊性，寧有殊道乎，夫天下言道者多矣，外性以爲道，則道將鄰於偏曲，而外襲之端得喪其所守，抑知天德之良，固有是坦然共由者，則「道」之謂也；至若理本大同而氣稟或異，在天固無如之何已，自聖人出，定之以中正，范之以仁義，繼天立極而品節之事起焉，修其政，而禮樂於是乎興，教之所爲節性也，修其言，而圖疇於是乎演，教之所以開天也，高者俯而就裁，卑者仰而思企，極之曲成不遺，而有生者不逢其害，懷方者得盡其材，何一非道，又何一非教乎，夫天下言教者多矣，舍道以爲教，則教將流於法術，而詭異之習且中乎人心，抑知綏猷之后，固有是因心作則者，則「教」之謂也。統而言之，則皆道也。

評：以宋五子書爲根柢，而條理布之。斯爲擇之精而語之詳。

君子之道費而隱 一章

徐乾學

中庸明道之體而總見其不可離焉。夫道固兼費、隱者也，始於夫婦而極之天地，無一可外道者，而謂道可離乎？且自有修道之君子而道以開，道固君子之道矣。然人第知戒懼慎獨，以爲道在君子也，而與之曠觀乎天下，則且無物而非道。惟無物不有，故體道者當無時不然爾。吾請得言君子之道。道必合顯、藏以成，道固實有其燦著者焉，其顯之未始非藏者，廣大即寓精微也；道必合體、用以爲道，故實有其散見者焉，其用之未始非體者，氣化皆有神明也。蓋費而隱者也。何以明其費也？天下知能總屬形質之倫，而天地祇分崇卑之位，皆爲道所貫而不能貫道，爲道所圍而不能圍道者也。道遺於夫婦，非費矣，而人倫日用，爲知能之各足者如此；道盡於聖人，非費矣，而古今事變，爲知能之所窮者如此；道全乎天地，是天地在道外、不在道中，即非費矣，而職覆職載，其不能無所憾者如此。如此而道無所不周，物物此道也，語其大，而莫有能載之者，即天地聖人皆在彌綸之內矣；道無所不具，一物一道也，語其小，莫有能破之者，即夫婦立性命之理矣。不觀之詩而有其察焉者乎？鳶率其性而飛於天，魚率其性而躍於淵，同此氣即同此理，不得舉鳶、魚而二之也，天下有形而有色者，何獨鳶與魚乎；鳶不能躍而安於天，魚不能飛而安於淵，有此機即有此象，並不必强飛、躍而同之也，天下可指而可睹者，何非飛與躍乎？然則君子之道從可識矣。原始則爲端，而要終則爲至；近莫如夫婦，而遠莫如天地。語小莫破，而出作入息，夫婦日在道中，近之履其事，而道有其原始者，造端乎夫婦也；語大莫載，而爲生爲成，天地不在道外，遠之著其理，而道有其要終者，察乎天地也。天下何者非道，何者非君子之道？顯而未始非藏也，用而未始非體也。其費而隱何如，而謂可須臾離乎哉？

原評：逐段直落，不用扭捏做作，自然理足氣貫。通篇只在道體上説爲是，他人粘住「君子」便鶻突。

評：詳密安閒，下語俱極斟酌。

詩曰妻子好合 二節

王汝驤

徵道之自，即於家而可見也。夫即妻子兄弟父母而道在焉，和順之有自，聖人不既言之歟？嘗思道有高遠，而自入道者言之，但有卑邇也。顧即一事也，吾行及之，而其未及者即不啻高遠矣；一理也，前言及之，而其未言者即不啻高遠矣。而於其中有相及之端焉，所謂「自」也。今如妻子也，兄弟也，父母也，此其於道固何遠何邇、何高何卑之可言乎？而吾夫子之説常棣之詩有異焉。詩曰「妻子好合，如鼓瑟琴」，蓋言夫婦之際，道宜若此其雍雍也；曰「兄弟既翕，和樂且耽」，蓋言友恭之誼，道若此其怡怡也。夫其所以宜若此者何也？詩又不云乎，室家以此而宜也，妻孥以此而樂也；而夫子曰是豈但已哉，蓋父母以此而順矣。夫人日侍父母之側，百求順而未能，今自詩言想之，確有此意外之獲也，而不當其地不知也；日與妻子兄弟謀所以順親而不得，今自子言思之，端有此意中之象也，而當其地仍不知也。嗟乎！人有周公之志，即文考、文母哀其過而無以疵其心；第存常棣之詩，即南陔、白華闕其辭而未始亡其義。天下事其不必相及，而必有以及之也，固如斯乎？辟如行遠必自邇，辟如登高必自卑，此足以觀矣。

評：相題甚切，氣息甚微。隆萬人難其渾古，啓禎人遜其周密。

鬼神之爲德 一章

熊伯龍

中庸以誠立教，而詳言鬼神以明之焉。夫鬼神之德之盛，至於微顯無間，而要之，一誠也，然則天下安有不誠之道哉？中庸引夫子之言鬼神者以明道也，曰天地設位而鬼神行乎其中，此道之大原所出也。明道者誠引而近之以著其實，使夫鬼神之説定，而人世疑玄之説無不定矣。蓋嘗由鬼神之德而思之，豈非甚盛而不可加者乎？夫人所疑乎鬼神者，亦疑其弗見弗聞耳。常人求鬼神於萬物之外，專以不見不聞者爲鬼神，則日見其無；君子見鬼神於萬物之中，即以能視能聽者爲鬼神，則曰見其有。物不息則不能生，而其息者即鬼，物不生則不能化，而其生者即神，彼夫寄往來於寒暑，參刑德於陰陽，齊萬彙於高卑，錯百竅於喁於，嗚呼，何其盛也，而奚必見且聞之昭昭乎哉？且吾見夫承祭者矣，忽而齊明，忽而盛服，忽而在上，忽而在左右，至使人愛之敬之，若忠臣之事其君，孝子之事其親，儼然得其嗜好飲食焉，德之昭明，誠有如抑詩所詠歎者，而又奚啻見且聞於鬼神乎哉？由此觀之，將以不見聞者謂鬼神爲微，而未嘗終於微也；將以體物者謂鬼神爲顯，而未嘗始於顯也。若此者，其微之顯乎？君子可以觀誠矣。天地之化，有氣則必有理，而成能於鬼神者，自然之道也；鬼神之行，有理則必有象，而顯能於天下者，亦自然之道也。鬼神實有所不得已於天地，則情狀列焉；天下實有所不得已於鬼神，則禮樂備焉。故曰誠也。然則鬼神之德一中庸之德，而物之不可遺一道之不可離也歟？嗟乎！鬼神且猶若此，而凡君臣父子夫婦昆弟朋友之在人耳目聞見中者，其亦無之而非誠矣。

評：精義入神之理，天空海闊之文，實爲超前絶後。

宜民宜人　四句

嚴虞惇

詩詠咸宜之德，而推其得天之無已焉。蓋宜民人者，令德之實也，以是受禄而天又申之，即所爲因材而篤乎？且嘗反覆於天人之故，而知德能動天，必先動人，人心悦而天意從焉矣。苟其德不足以通上下而合萬國之歡，則雖天命誕膺，而善其始，不克永其終，猶未極乎昭受之休也。若假樂之詠令德者則不然。德非徒一身之事，即群黎百姓之所觀而化也，我周忠厚開基，仁及草木矣，豈於民而或使之有違心，詩人若實見其德之不競不絿者，而著之曰「宜民」，所爲醉酒飽德以歌太平之風也；德非徒及民之事，亦百辟卿士之所則而象也，我周綱紀四方，敦睦九族矣，豈於人而或使之有拂志，詩人若實見其德之無怨無惡者，而著之曰「宜人」，所爲憲老乞言以成福禄之休也。夫天之愛民人亦甚矣。民者天之所養也，人者天之所簡也。民人咸和，鬼神休美，意者皇天親有德、饗有道，其在斯乎？而詩果以爲宜民人而受禄於天也。而由是俾彌爾性，保其身也；以引以翼，佑其行也；土宇版章，命之位也。斯時也，精誠通於上，休澤洽於下，諸福之物、可致之祥莫不畢至。夫亦可以無憾矣乎？而天之申之則猶未艾也。積遠近休嘉之氣，以蒸爲太和，故茀禄爾康，而又若丁寧於誥誡；萃億兆感孚之誠，以大其昭格，故有命既集，而又常眷顧其子孫。君子讀詩至此，未嘗不歎曰大哉天命，善不可不傳於後！夫非民人之宜，而曷以得天至此？甚矣，夫天之不假易，而德之不可以虚聲襲也！推受禄以明降鑒之有自，而不得疑其矯誣者，無非歡忻和樂以盡臣下之情；徵民人以觀疾敬之咸宜，而不敢泛爲頌揚者，無非齋肅恭敬以發先王之德。天之命周與天之命虞，固異世而同揆也，而又何疑於大德受命之故也哉？

評：雖根柢不出時文，而運用吐納，正與世士所謂「墨體」有別。

周公成文武之德

熊伯龍

誌成德之相，所以終無憂之事也。夫德施上下，文武之憂已矣。成德必言文武，武亦文也，周公之志也。稽古相業，未有顯融赫奕若周公之盛也。秬鬯錫之曲阜，生有榮施；郊禘擬諸帝京，殁猶美報。以爲功在孺子王也，乃自今思之，夫亦爲若祖若父答乃丕績也。何言之？武王受命之時，猶未濟之時也，守十五王之澤而執其小心，其事已動頑民之寤寐，惟是大難削平，馨香欲被於人天，而君相庸愚，不克興言制作，以黼黻一朝之隆盛，斯亦聖明之累也；合八百國之心而綏乃萬邦，其事姑聽後人之深論，惟是年豐敵克，歌謳欲洽於幽明，而王事缺微，不復引伸新美，以大服望外之深求，斯亦天家之陋也。惟我周公，則爲文王代厥憂，爲武王之德告厥成焉。其父爲聖人，其兄亦爲聖人，使彼觀時起事，建中和之極，必非後世帝王所可及也，公以一氣之人，行一德之事，則明察有本矣，七年之久，緯地經天，何弗隆備乎，觀治者以爲成周訪落之始，識微者以爲豐鎬化行之終，煌煌乎顯烈也，誰則爲之？其兄聖人而身爲天子，其父聖人而尊爲天子，使彼稽中定務，極廣大之情，必非後世儒者所可議也，公以材藝之姿，當宰衡之任，則典文該洽矣，九有之規，樹表立坊，何弗協應乎，爲大宗者萬年有世室之位，歌下武者哲王有世德之嗣，秩秩乎大猷也，誰則爲之？蓋爲一身盡子弟之分，則不必守無成之義以損其風施，衮衣繡裳，而奏潤色於皇緯，文公之所以稱爲文也，天而篤生元輔矣，昭考實右享爾，寧王實友於爾，斯豈鮮度之所得而危：爲天子服祖父之勞，則不必畏風雨之言而艱於著作，嘵音瘏口，以敷繹思於方國，成王之所以爲成也，天而右序有周矣，俾照臨者共仰耿光，使震叠者群瞻大烈，又豈二公之所得而助？是故周禮不可删，美周公之功也；魯後止於弱，報王業之本也。何莫非文武之幸哉？

評：亦人人所有之義，而出之巨手，便覺雄偉博碩、光氣非常。

周公成文武之德

劉子壯

觀德所以成，而聖父又有述之之子矣。夫述文者武也，而成其德者又有周公，聖人復何憂哉？且一聖人起，則必篤生數聖人爲之子以成之。其作之君者，肇統以集一代之勳；其作之相者，正治以濟兩朝之美。雖聖以繼聖，實子以代子也。文之無憂，豈真武王述之哉？當成王踐祚之日，正周公負扆之年。孺子委裘而多方未靖，武有所未成，即文有未成也，故列侯之國，而周公獨留；大功既立而弘文未昭，德之未遍人，即憂之有在天也，故義繫叔父，而道專子弟。乃武之所纘者緒，由文王而上溯太王，終乎作也；公之所成者德，由文王而下逮武王，終乎述也。渡河而載主，文之志，武其承之矣，而天下未明其德，登乎明堂，使其德上比於天焉，歌乎太廟，使其德上及於祖焉，是武王之所未就也，以成武者成文，而聖心於是乎大快矣；入廟而告功，公所成，武亦先之矣，而德未徧於天下，凡我子孫，赫乎無不監觀焉，凡茲臣庶，愀然如將見之焉，是武王之所未及也，以成述者成作，而先靈其可以永慰矣。當其時，謗之者未嘗無骨肉，疑之者未嘗無聖賢，而周公不敢諉也，居東者避其迹，征東者任其勞，若曰我文王之子、武王之弟，所不暇以小嫌是介，留遺憾於前寧；當其時，以父臨之、三叔不能愛，以身代之、二公不必同，惟文武爲心也，念親恩亦惜國體，治王事直如家事，若曰予仰惟穆考、率時昭考，亦惟茲祖武是繩，迪前光於文子。是故文得人心，未及天命，武受天命，未洽人心，而公兼其難，則以臣人而擬乎君人，實欲使天下戴子孫如其祖文；乘德者位，父有不遇，顯德者才，兄有不暇，而公當其會，則以紹述而統乎創造，實欲使萬世知輔相猶是父兄。不然，使無周公以爲之子，則父德且不光，雖聖如文王，豈能以無憂哉？

評：挑剔入細，不放過題中一字。筆格秀削，韻采葩流。「文王之子」數語，雖本史記，而於理未免蔽虧。試思伊、傅、呂、召居周公之地，其志事將有異乎？

追王太王王季 二句

儲在文

追王、上祀之典，成先德也。夫文、武既王，而太王、王季不追王，先公不上祀，可乎？周公蓋有以成之矣。嘗謂情至制盡、折衷天道者，聖人因人性而作儀也，而祖禰之親、追遠之思尤篤之矣。夫武王王天下，首謚文王，禮亦宜之，使周公繼厥後，而前此之廟號闕如、典禮未備，非所以對揚先志者也。蓋太王、王季於文武世近，是宜王，且王業所自昉，尚其追之。今夫受爵不敢過，受賜不敢過，子無加父之道則然，而未嘗不可以通其變，是故夏殷不追王，周獨追王，此爲「化而裁之」之義；稱曰「予小子」，稱曰「予一人」，王者貶尊之名則然，而獨不可以儉其親，是故文王受命而不王，太王、王季未受命而追王，此爲「光而大之」之義。若夫先公，雖親盡而義有所殺，抑氣通而禮宜於隆。天子之禮上祀，是以其纘緒之志也夫。且自三昭三穆推之先公，多在祧毁之列，而三年一祫，則天子之禮必不同於西伯，詩曰「相土烈烈，海外有截」，此言殷之祫先公，而今自組紺而上，實視殷相土，所謂監前代而精之也；抑自三昭三穆推之先公，亦間在七廟之列，而四時常祭，則天子之禮直已同於追王，詩曰「禴祀烝嘗，於公先王」，此言周之祭先公，凡自后稷而下，胥視太王、王季，所謂引遠祖而近之也。故曰情至制盡、折衷天道，其不然乎？其不然乎？或曰丁未之日，周禮未建，而武王曰「太王」，曰「王季」，疑文王實王之；抑「先王建邦啓土」，十四王而文始安之，是周之先公皆視殷元王也。或曰非也。

評：援據詩、禮，侃侃鑿鑿，當與章大力「追王太王、王季」一句文相伯仲。

上祀先公以天子之禮　及士庶人

張江

聖人以禮崇其先，而因與天下同之焉。夫先公非天子也，而祀以其禮，亦猶追王意耳。由是推以及於天下，乃善成文武之德者乎？今夫名號者，禮以義起者也；祀事者，禮緣情制者也。義有止而情無窮，故可以答千百年祖宗之靈爽於在天，亦可以通千百國人子之孝思於不匱。彼其追王太王、王季也，則祀以天子之禮可知也，等而上之，有先公焉。其功德雖不逮三后之隆，而命維新者邦維舊，豈得以忠厚勤勞之積而莫償其艱難；其世次雖或去七廟而遥，而仁率親者義率祖，何忍以木本水源之恩而長付諸闊絶。是太王、王季所不安，即文王、武王所大不安者，情也，情至而禮亦至，可無稱天子之禮以祀之哉？鷩冕而臨，固嫌以己爵加親，而九獻八佾之儀有異數；廟祧以降，亦漸以親盡而殺，而時祫大祫之期有合食。蓋義有所屈，則爵難盡擬於天子之尊；情有所伸，則禄皆當享以四海之富也。所爲報本追遠，而以成其孝事先人之德者如此。其祀先公以天子之禮也，則非天子莫舉，斯禮又可知也，等而下之，有諸侯、大夫及士庶人焉。其爲開國承家，誠不若有天下者可大其尊養，而屈烝嘗之往，則潔蠲以饗神保者，孰敢不虔；其爲服疇食德，更不若爲公卿者克備其禮儀，而睹時物之新，則烹熟以薦祖考者，咸思自盡。是人各有先，即各不能忘其先者，情也，情在而禮斯在，可無推上祀之禮以達之哉？廟有多少，而皆得循祀典之文以報先德，雖無廟而寢者亦不遺；田有等差，而皆得用生者之禄以明孝享，雖無田而薦者亦不廢。蓋義不可縱，則尊卑上下之級難逾；情不可抑，則悽愴怵惕之思宜慰也。所爲推恩錫類，而以成其孝治天下之德者如此。此則愛敬盡於尊親，孝弟光於四海。非聖人之緣情制禮，其孰能之？

評：準情酌禮，語歸典則。議禮之文，無如此昌明者。

夫孝者 一節

李來泰

推孝所由達，於志、事徵之矣。夫孝之不克全，志、事傷之也，而繼述之善在是。執是以論武、周，又何疑乎？今夫論人於天人之際，其著之一二人而善者，必其推之千萬人而皆善者也。安爲子之心，即以安爲父之心，而即以合千萬人子事父者之心。議者不察，以爲承志既多深渺之求，衡事亦傷時勢之異，是使我周無天子之名，而鎬京無以成王業也。論達孝者不然。

必謂創守所開，不宜殊於祖父，則舜宜遜國於有庳，而禹當底績於息壤也，彼上世之孝思不匱者已如彼矣；必謂功德所垂，僅襲美於高曾，則受斧鉞疑於逼父，遷豐鎬疑於棄祖也，乃文考之遹追來孝者已如此矣。則爲廣推夫孝者，而武、周所爲繼述，斷可識矣。唐虞五臣，皆有得天下之理，粒食以爲養，陳常以爲教，思文一詩，追王業之所自，昔以功配地者，今以德配天，武之受命，繼稷非繼文也；公劉之才，原足定一代之制，大禮如君宗，大典如軍徹，「皇過」數章，爲周禮之所始，昔以行一國者，今以行天下，周之定制，述公劉非述文王也。而其所爲善者不在是，則其所爲孝者不在是。美利所存，前人無其事者，未嘗不有其志，推而上焉，斯亦「善則歸親」之義，若非常之舉，功及子孫，而過引祖父，仁人所不忍言也，乃載主誓師，卒不令天下忘其服事之志，知其所全者深矣；事變所極，前人無其志者，不得已而有其事，推而廣焉，斯亦「無成有終」之理，若後起之名，事本身謀，而義歸前烈，先人其可欺乎，乃卜都定鼎，究能使後世致其敷繹之思，知其所本者大矣。故有行若繼其志，而不得謂之述事者，泰伯、仲雍是也，荆蠻之轍，亦惟古公之志是求，幸也太王聖而王季賢耳，不然，棄故都而遠遊，國事將誰屬乎？亦有迹若述其事，而至大傷其志者，管叔、蔡、霍是也，武庚之舉，必緣文王之事爲辭，幸也三年得而四國皇耳，不然，晝洛水而東西，先志能無恫乎？故論孝者必以武、周之達孝爲宗，武、周之孝，非武、周之孝也，夫孝者固如是也。

原評：注中本上章來，原就武、周講。必謂「夫孝者」宜推開說，便都虛虛了事，是舍曰不能而爲之辭也。末處只推開作一點，絶高。

評：旁搜遠引，意在語必驚人。更能運才思於典則，庶無流弊。

夫孝者 一節

史 普

有所以善於繼、述者，而孝始達矣。蓋必繼、述如武、周，而其先人之志與事於斯乎無憾也，故曰孝也。且世之論者，不明乎天道之所極與聖人功德之量之所際，固不敢以孝與武、周，謂其所自爲者初非其先人之志，而父子之間行事之不相類於斯爲甚也，而不知此乃武、周之孝之所以爲達也。何也？今夫人子之於父也，道以相長而後足，故志之所存，苟不能紬繹以盡其致，即其緒已自我而微，蓋天下相續之數，末必大乎其本也；業以漸增而始竟，故事之所在，但不能充積以致其隆，即其機已自我而遏，蓋天下層累之數，後必加乎其始也。故夫所謂孝者，繼志述事之間，其大較也。且夫周先人之志與其事，則固何如者哉？匪居匪康，積數十王之苦心，而文實總其會，彼其艱貞自矢，絶不敢一念以及非常，而其實昭事之小心所亹亹於幽明上下之際者，異日之發皇揚詡，皆其志之蓄而必通者矣；乃疆乃理，經數聖人之規畫，而文差集其成，彼其遵養彌堅，絶不敢一事以干非分，而其實肇造之顯謨所包舉乎天經地義之全者，異時之委曲綢繆，皆其事之積而必起者矣。故夫孝者之處此也，不謂守前人之迹已也，思及其志，然後其念深，其氣奮焉，武周當日髦年舉事，而其君臣兄弟之間，咨嗟儆戒，重有所不得已於心者，皇矣、下武，皆有僾聞愾見之思，斯不亦視於無形者之爲道哉？且不謂襲先世之成已也，能盡其事，然後其道隆，其規大焉，武周當日戎馬未遑，而於櫜弓説劍之餘，講求搜輯，重有所不容緩於身者，儀禮、周官，悉本紹聞衣德之意，斯不亦有子克家者之爲事哉？蓋先王以天道自處，故其志其事，一因乎理與數之所極，而未嘗有所泥；聖人以功德爲量，故其繼其述，雖值乎時與勢之所變，而適得其爲同。故吾之以孝與武、周者，繼、述之間惟其善而已矣。武、周之制具在，盍取而詳之？

評：盡倫盡制之實無不包舉，善繼善述之義確見真際。不以議論縱横見奇，自是文章正派。

春秋修其祖廟 二節

李光地

以祀典明繼述之大者，而必盡其制之詳焉。蓋繼述之善，祭祀其大者也。自修廟以至燕毛，祭之始終備矣，故中庸詳叙之。意謂：孝之爲道大矣，孝於前人者，亦必推前人之孝以及於無窮，此之謂善繼善述也。是故其事多端，祭祀爲大。彼其感春雨秋露之濡，舉時祫大祫之制，必合食於太祖之廟也，則先修其祖廟，而堂室爲之一新矣。祖宗有所傳之重器焉，陳之房序，而世守有以勿失也；有所遺之衣服焉，設之筵几，而鬼神有所憑依也。由是以時食薦焉，水陸之品，前宿既備；而裸獻之禮，質明可舉矣。夫所祭者祖廟，而所合者群宗廟之主也。於是有宗廟之禮，昭恒爲昭，而向明於北牆之下；穆恒爲穆，而答陰於南牖之間。在時祭則七廟之主以此序也，在大祭則毁廟之主亦以此序也。贊禮之王臣、助祭之辟公，莫不以爵爲先後，宗祝之執事、有司之奔走，莫不以能爲重輕，貴貴尊賢之道行乎祭之中矣；神醉而相獻酬，所以受介福也，而使子弟服其役，祭畢而言燕私，所以綏厚禄也，而以毛髮别其次，幼幼老老之義行乎祭之餘矣。蓋周廟祭祀，其始終大致如此。自今思之，孝子之祭也，如見其居處用御焉，如見其衣服飲食焉，敬其祀事而以禮行，萃其歡心而以恩終。此所謂廣先人之孝以行吾孝者也，繼志述事，孰大於是？

自記：兩節只是祭之先後次序如此。以「尊」「親」分配，又有分「時祫」「大祫」，上節爲「禮」下節爲「義」者，皆非也。

評：參伍儀禮中節次，則知制禮之本義固然。熟復周人之書，豈惟義理日明，即行文亦自高簡而有法矣。

春秋修其祖廟　二節

張　江

觀聖孝於所制祭祀之禮，有協乎神人者焉。夫自春秋所備以及宗廟所舉，而神人胥洽矣。中庸爲詳其禮制以明「達孝」也，曰：所以爲善繼善述者，蓋深有得於前人孝思之不匱，而推而行之，以流通於幽明上下，乃稱達焉，而要莫大於祭祀。是故其以人道而事乎神也，則有春秋之典。尊之而不敢褻，數則已煩；親之而不忍離，疏則已怠。前人當此而悽愴怵惕之心必不能已，則亦何所可已者。合食則於祖廟，灑掃黝堊，宫室修焉，庶幾入户出户如將見之也；守藏則有宗器，球刀圖璧，房序陳焉，惟是口澤手澤宛然如新也。有常棲者即有常依，衮冕鷩冕，衣之設不同，而如在其上者則同；有常御者即有常品，膏香膏腥，食之薦不同，而庶或饗之者則同。蓋自感於霜降露濡以來，即思其居處，思其用御，思其衣服飲食，凡慮事具物，靡不虚中治之，乃可致誠敬以交於神明也已。由是即以神道而治乎人也，則有宗廟之禮。上治祖禰，祔太廟者昭北而穆南；下治子孫，列阼階者前昭而後穆。前人當此而敬宗收族之誼必不容苟，則亦何所可苟者。爵則有序，或飲五而獻，或飲七而獻，或飲九而獻，辨名定分，一司士之正朝儀也；事則有序，孰可以詔相，孰可以祝嘏，孰可以盥沃，量能授任，一司馬之論官材也。貴者尊而卑幼亦勿之遺，旅酬之觶，子弟是舉，使皆以事爲榮，而得伸其孝弟之義；賢者敬而老成亦勿之侮，燕私之坐，毛髮斯別，使皆引年爲尚，而彌洽其醉飽之歡。蓋既講乎尊尊親親之道，復衆著於貴貴，衆著於賢賢，衆著於幼幼老老，凡合敬合愛，皆與天下樂之，乃爲得歡心以事其先王也已。是則幽明上下，莫非王者典禮之所會通，即莫非前人孝思之所充塞者也。稱曰達孝，豈虚語哉？

評：上節有「春秋」字，及「薦時食」，「宗廟」節注云「群昭、群穆咸在」，故舊有時、祫分節之説。但大祫亦須有修、有陳、有設、有薦，而時祭豈無「序昭穆」以下等事乎？祭義所謂「孝子將祭，慮事不可以不豫；比時具物，不可以不備者」，正與「春秋」節合，所謂「薦其薦俎，序其禮樂，備其百官」，乃入廟而行事，正與「宗廟之禮」節合。李作據此分貼，作者本其意而加以整練，截「昭穆」一段與「春秋」句作對，以領下四項，亦先輩朴中帶巧處。

春秋修其祖廟 一節

劉輝祖

詳時祭之典而亦如其志與事焉。夫春秋因時而祭，而廟也、器也、衣也、食也，則亦志事之所在也；修之、陳之、設之、薦之，豈非繼述之所寓哉？今夫人之於親，一堂聚處，有以娱其性也，有以被其體也，有以適其口也，而況於有天下者乎？而況不得已而思以致之於祭乎？雖然，其以春秋者何也？蓋養則以人道事之，祭則以神道事之，人則親，一日不見則嫌於疏，神則尊，一時數見則鄰於褻，迎來送往，因其變也，而此心之愴然者彌甚焉；生之理接於明，死之理格於幽，明則近，近則不必以時期而雖瀆不厭，幽則遠，遠則將必以時至而雖曠不忘，霜零露濡，非待感也，而此心之愀然者奚寄焉？則一在修其祖廟，神雖無不之也，而飄寓則安忍也，亦猶人之有室焉耳，而不於宫者，别之也，於是乎樸者飾之，蕪者除之，缺者補之，露者蓋之，而凡春若秋入其門則如有人門焉者，行其庭則如有人庭焉者，蓋一睹廟貌之新而知其時又過矣；則一在陳其宗器，神則必有好也，而棄置則弗道也，亦猶人之所需焉耳，而以爲宗者，原之也，於是乎若者在前，若者在後，若者在左，若者在右，而凡春若秋亦猶父没而不忍讀父之書也，亦猶母没而不能執母之器也，蓋一念挈瓶之智而知其時不忘矣。則一在設其裳衣，神則舊有衣也，而雖敝不敢易也，亦猶服之無斁焉耳，而必於尸者，似之也，於是乎啓之在笥，展之在几，覆之下體，被之上體，而凡春若秋不知者以爲此衣也，非人也，知之者以爲此人也，非衣也，蓋一瞻皇尸之起而知其時已久矣；則一在薦其時食，神則猶求食也，而得味則以馨也，亦猶人之食新焉耳，而因乎時者，思之也，於是乎維其有矣，維其多矣，惟其旨矣，惟其嘉矣，而凡春若秋豈其不足於供，而以非時者謂神其吐之也，豈其不給於鮮，而以過時者謂神不其餒也，蓋一經物候之移而知其時歷幾矣。武、周之時祭如此。

矣；自其精微者而論，則吾之饗帝饗親者，必且合其迹於無間，而天神皆降，地祇盡出，人鬼胥格，通造化之幽以達於明，而禮樂刑政皆其顯而著焉者也，凡天之屬，吾可以格天者及之，凡地之屬，吾可以格地者及之，凡人之屬，吾可以格祖宗者及之，而五行不相沴，四靈以爲畜，要皆義理之所極而已矣。故世無有明之者也，有明之者，治國如視諸掌，然而其義深遠矣。夫郊社禘嘗，肇於唐虞，更歷三代，因習以崇之，賡續以終之。至於武、周，無以復加，吾乃知聖人之孝與周之所以王也。觀於禮，而知王道之易易也。

評：上下截各還確義，磊磊明明，絶無一裝頭蓋面語。

親親之殺 合下節

張江

惟等、殺皆本於天，故必知天而後全乎修身也。蓋禮者承天以治人，使親得其親，賢得其賢，而與仁義相須而成也。君子而欲知人、事親以修身也，舍此曷由哉？且人事參差不齊之致，不知者以爲人之爲之，其知者則以爲非人之爲之也。萬物莫不本天爲周旋，而終身由之者，或不著不察，則情文悖而愛敬衰，無惑乎所以體道而成身者闕如矣。然則欲修身者，顧可獨講於親親之仁、尊賢之義乎哉？仁義者，非禮不成者也。蓋將致吾仁於親，而由身溯之，親不一親也，是有殺；將致吾義於賢，而以身接之，賢亦不一賢也，是有等。等殺之間，君子非放其私智而遂以畸輕畸重而爲之者也。古者聖人展親錫類，自廟祧壇墠以及公族子姓之文，皆原於天性無僞之本然，而毫不容以濫舉；古者聖人選賢建能，自師保凝丞以及綴衣攜僕之屬，皆準於天命有德之公理，而毫不敢以妄干。是何也？禮所生也。禮至則義協，義協則仁盡，是故禮也者，仁義之紀、尊親之範，而凡思以修身者之權輿也，而君子其容已哉？今夫君子有身，取人立政之本也，而身之所出有親，身之所輔有人，親與人之所從來有天。禮也者，天之見端也。其之於親也，則爲天倫，爲天叙，爲天秩，王者所爲以天道事親也，苟不明夫天之生物之一本，而仁者過乎仁，斯親者失其親，雖曰以此身上治、下治、旁治於其間，適以啓間親間舊之釁；其之於賢也，則有天位，有天職，有天禄，王者所爲以天道官人也，苟不明夫天之降才之殊致，而義者過乎義，斯尊者失其尊，雖曰以此身父事、兄事、友事於其間，適以滋逾尊逾戚之嫌。夫天理即在吾身，故倫物皆帝則之察；而人情莫非天理，故會通先典禮之行。此欲知人、事親以修身者之不可不務知天也。知天維何？曰辨其所從生而已。

評：以「禮」字、「天」字爲樞紐，渾成融洽，筆力蒼老。下節通結上二節，事親、知人、知天皆從修身推出，文處處帶定「身」字，體制尤合。

禮所生也

谷　誠

禮行於仁義之中，尊、親所以不爽也。夫仁者非禮不行，言仁義而禮寓焉，故曰「生」也。今夫人心至於安焉，斯已矣，弗安弗可以已也。然而何由得安？其適於禮也則安，其不適於禮也則不安。其適於禮也，用吾仁、用吾義則安，不極用吾仁義則愈安；而其不適於禮也，雖日用吾仁義而卒不安。故夫人之論理也，始於不可假借，而成於不相睽隔。不可假借，而後有以盡乎理之藴，如仁屬諸親、義屬諸賢，其大較也，準此以言禮，固將別爲之辭矣；不相睽隔，而後有以極乎理之變，如仁資乎義、義輔乎仁，其大較也，本此以論禮，無庸他爲之説矣。而臣謂禮之所生在是。自有親而我親之，此吾仁畢而注之之時也，而禮亦畢而注之，然而禮之意未顯者，禮而統於仁也，迨仁之數既以漸而減，而禮之數反以漸而增，則禮統於仁者旋且仁統於禮，夫是以軌物大彰，極於天高地下而弗可以易也；自有賢而我尊之，此吾義全而致之之日也，而禮亦全而致之，然而禮之名未立者，禮不勝夫義也，迨義之數不辭夫瑣細，而禮之數遂得其全體，則禮不勝義者又復義不勝禮，夫是以經緯大昭，宰乎萬物群動而弗可以逾也。故先王之爲禮也，雖神智卓越乎凡俗，而或損或益之故，亦不能憑心而造之，其損也，禮不得不損也，其益也，禮不得不益也，若無定，若有定，而總歸於生意之不息；後人之習禮也，即疏略不勝夫繁重，而貴多貴少之節，亦不得任意而裁之，其多也，禮不得不多也，其少也，禮不得不少也，若當然，若自然，而群赴乎生機之不已。蓋修道之仁不至，是不可以爲仁；而修身之道不至，是不可以爲道也。君子知所從事矣。

評：仁、義、禮雖性所同具之理，却自有次第。不到得尊、親、等、殺，禮亦不可得而見。「所生」之義如此，文特言之了了。

欽定清朝四書文卷九　中庸下

凡爲天下國家有九經 三節

蔡世遠

政有可久而可大者，盡其事而可舉矣。夫謂之經，則可久行之而效則可大。公欲爲天下國家，亦盡其事以舉之可耳。今夫爲治者，必先定其規模而後從事焉。規模不定，則不能由内以及外，由親以及疏，由近以及遠，而天下國家之故，舉足以紛我矣，又何以徐及其效而實致其功哉？臣嘗因方策之中，遥想夫文武之政。君勵精於上，臣工效能於下，大綱舉，小目張，天下率其化而沐其休。臣於是知天下國家之治蓋有九經也。經首修身，而尊賢、親親固將以修吾身也。至於大臣與群臣，則亦推尊賢之心以敬之、體之而已；庶民、百工、遠人、諸侯，則亦推親親之心以子之、來之、柔之、懷之而已。臣於是知天下國家不難治也。欲以建民極，則修身也；欲以決是非，則尊賢也；欲以敦一本、睦九族，則親親也。凡天下國家之可尊者，莫不有以尊之，則大臣獻其謀，小臣竭其忠矣；凡天下國家之可親者，莫不有以親之，則農工商賈各執其業，四方向風，諸侯賓服矣。文武之世，成周之盛，本一人懋修之德，行寬仁敦大之政，以推恩臣民、乂安海内，率是道也。自非然者，内外不飭，動越規矩，非所以修身也；遠君子近小人，聲色貨利日接於目，非所以勸賢也；刻薄猜嫌，失諸父昆弟之心，非所以親親也。而且朝廷之上，無禮賢下士之誠，又無膏澤恩施之布，大臣叢脞爲憂，百官持禄保位；供億輸將，民不堪命，興役煩多，工無寧日，遠人無向往之心，諸侯有背叛之志。而天下國家愈難治矣。不盡其事而欲收其效，雖文武之聖不能。故曰必先定其規模而後從事也。

評：一氣輸灌中，條分縷析，井然不亂。非深於古文法律者，不能有此。

凡爲天下國家有九經 一節

徐春溶 墨

詳爲治之目於經，舉之固存乎其人矣。蓋經之目雖有九，然非虚列九者之名而遂可以爲天下國家也，舉之不在其人乎？述以進君，若曰：人主撫有祖宗之成業，而欲綱紀庶務、綜攬治略，其道法蓋昭然明備矣。然而有爲之主，天資既已明敏，一二輔亮之臣進説於君，必以爲道貴通變，事在宜今，法先王之治者，師其大意之所存而已，其節目繁委之數，不必屑屑相拘也。不知其非然也。以臣言之，聖人立天下之大法，其由内及外、由近及遠者，皆原本學問之功，而非雜以智術刑名之數；王者經天地之大業，有一人必治以一法、敕一事必本以一理者，又皆詒翼子孫之計，而非僅爲苟且旦夕之謀。是故文武之政，皆其爲天下國家者也，豈必僅爲文武當日之天下國家，亦爲凡爲天下國家者也。其爲之者，不有九經乎？以九經之目屬於爲政者一人之眇躬，則繁矣，然而以宫府朝野之數相稽，則聖人預知吾之經極天下之至賾而不可厭；以九者之目列於天下國家紛紜之衆區，則又略矣，然而以君臣上下之心相考，則聖人又知吾之經舉天下之至要而不可遺。臣爲條其目，則曰修身也。夫身之不可不修，臣已略言之矣，而九經之首重者，固不外是也。豈非當日之止緝熙而迪敬義者必由是道，而後人之昭義問而念祖德者亦不可不由是道與？次則曰尊賢也，親親也，賢，身之輔也，親，身之本也，乃賢次於身而親次於賢者，意即臣「事親不可不知人」之説歟；次曰敬大臣也，體群臣也，大臣，身之貳也，群臣，身之支也，乃敬則尊而體則親矣，其亦猶臣「尊賢之等」之説歟？次曰子庶民也，來百工也，庶民之係於天下國家，厥惟其本矣，百工則民之餘也，而民至此乃及，工又繼民而及者，由親親而後仁民，子則親之推也，由農時而後及冬官，工又民之推也；次曰柔遠人也，終之曰懷諸侯也，遠人之昭君德，厥惟其廣矣，諸侯則與分治天下國家者也，然經以是終焉者，内治修而後及外，且兄弟甥舅之國，亦親賢之列，而皇華賓客之使，亦敬體之遺也。蓋其見之經者如此。由是思之，先王之建是經也，非僅飾太平之具也，將使後世英主可以神明吾意，而中才亦可循是而寡過，蓋是皆達道、達德之理，流布於千百年之上下爾；後人之舉是經也，非僅以彰率祖之名也，乃賢智既以狹小前人之制，而守文之主又徒存文具而無精意以相取，夫豈識人存政舉之功，盡備於皇極綱紀之内哉？君欲行之，蓋有其效與事在矣。

原評：蒼茫雄渾，無意取悦時目，而文歸典則。

評：此作闊達不羈，陸作謹守繩尺。學者統觀而有得焉，可以識文之變矣。

凡爲天下國家有九經 一節

陸龍其 墨

聖人告君以爲政之經，列其目而可勉矣。夫九經皆定於文武，政莫詳於此也。悉舉其目，而有天下國家者可不知務乎？夫子以爲，政之定於文武者，非徒一代之成法，而古今之治道莫能易焉。故行於當時則爲政，而傳於後世則爲經。其本在身，而其用達乎天下國家。方策所布，固昭然也。達道達德，臣既爲修身備言之矣，則請進而詳其經焉。蓋凡爲天下國家，其教令所施，因時而易者，固不可執一成之法而不知變；而綱紀所在，不因時而易者，則不可無一定之經以立其則。文武蓋慮之深矣，故熟察乎天下國家所不容斁者，而定之爲經；因詳審乎天下國家所不容略者，而列之爲九。謂夫經之本必在乎身也，則首列其目曰修身。身立乎天下國家之上，而觀瞻者恒於斯；則修必處乎天下國家之先，而强勉者恒於斯。而賢者身所由修也，則尊之要焉，未有好修之主而不藉乎師保之尊嚴者也；親者家所由齊也，則親之要焉，未有立政之朝而不講於九族之敦睦者也。至於大臣、群臣，則立乎朝廷之上，而内之爲一國之倡、外之爲天下之望者也，敬焉、體焉，而所謂正身以正朝廷者在是矣；庶民、百工，則又處乎一國、而天下之視聽係焉者也，子焉、來焉，而所謂正百官以正萬民者在是矣；遠人、諸侯，則又散於天下，而國之安危係焉者也，柔焉、懷焉，而所謂正萬民以正四方者在是矣。自其始乎身者言之，則遠近之儀型，視乎一人之勤怠，而修之固不可不嚴；自其達乎天下國家者言之，則内外之綱維，亦視乎一人之張弛，而行之俱不可不力。以此施之一時，則一時之政由此舉，經之所以爲可大；以此施之百世，則百世之政由此舉，經之所以爲可久。君何不勉焉？

評： 準平繩直，規圓矩方，先正風格於兹未墜。所不及先正者，氣骨之雄勁耳。一種優柔平中之氣，望而知爲端人正士。

敬大臣則不眩　則財用足

李光地

政行於朝野，可以觀其效矣。蓋大臣小臣，在朝而相維者也；庶民百工，在野而相資者也。欲使朝無廢職而野無廢事，非政之行也，可庶幾乎？意謂：人君以修身爲本，而篤於親賢以爲輔，則必有賢之等者焉，而將以收其勵翼之勳也；則必有親之推者焉，而將以成其樂利之治也。是故於大臣不有以敬之，則心志疑而聽聞雜，吾見其眩而已矣，冢宰掌宫中之政，而左右不得售其欺，六卿持邦國之綱，而遠近無不通其隱，能使吾君之心洞然者，非敬大臣之效乎？於群臣不有以體之，則分誼薄而忠愛微，吾知其報禮也輕矣，有棫樸之育養，故作其疏附奔走之勤，有鹿鳴之恩施，故發其皇華四牡之志，能使多士之義殷然者，非體群臣之效乎？無以子庶民，則民心離而邦本摇，而欲有人有土也難，果其子之也，出事南畝，則駿發乎爾私，入執宫功，則盡勞於君上，蓋在公在私無不勸也，則子庶民之效也；無以來百工，則器用缺而本業困，欲其有財有用也難，果其來之也，天生五材而咸用之，凡備物以利民者周，國有六職而居一焉，凡執技以事者恪，蓋在官在民無不足也，則來百工之效也。正朝廷以正百官，正百官以正萬民，由是萬民正而遠近莫不一於正者。王政之行，豈非旋至而立有效者乎？

評：用經籍，典切該括處似化治間先正。而氣質更爲光潤完美，乃作者功力獨到處。

敬大臣則不眩

吴學顥

知所以敬大臣，治道達矣。夫大臣能盡其職而萬事理，敬之，亦何事不達哉？故不眩有斷然者。且國家設庶司以共理天下事，其是非可否之機待命於大臣，此固不責其力而責其心者也。惟人主先盡心於大臣，而後大臣能盡心天下事，以盡心於人主，此九經所以有敬大臣之效也。夫隆其名曰大臣，非爲養望也，實將以參乎密勿者爲一人勵翼之資；抑專其責曰大臣，非爲具官也，亦將以殫其猷爲者總百僚紀綱之重。故大臣之聰明，人主之聰明也；大臣之聞見，人主之聞見也。敬之而不眩，所可必已。人主以形迹待大臣，大臣引分自嫌，事至而持兩可，名實所以淆也，敬之者，一德一心，體貌非以爲文，而大臣亦得坦然自信，竭其夙夜之忱焉，國有大政，而祖宗典故，時事機宜，有秩然不亂者，君亦可安坐斷之矣；人主以吏事責大臣，大臣奉法避過，事至而不敢承，百務所以擾也，敬之者，爲馮爲翼，心膂實隆厥任，而大臣亦得從容自展、抒其帷幄之謀焉，國有重務，利害決於崇朝而不摇，國是守於一定而不變，其釐然有章者，君亦可無事處之矣。夫燮理則問三公，耳目則任左右，自謂操駕馭之術，不知大臣者，可使畏一人之靈爽，不可使畏衆多之議論也，文武之世，常以明白正大之情，堅股肱一體之戴，即暬御前後，有不得間其聰明之用者，所以委任專而成一代之吁謨，惟此敬也哉？抑錫予則崇虚名，臨事則矜獨斷，自謂防偏任之憂，不知大臣者可責其虚公之度，不可啓以迎合之端也，文武之世，恒以謙抑下濟之衷，受予違汝弼之義，即深宫燕處，無在非誠意之孚者，所以聽信殷而翼一人之聰睿，惟此敬也哉？人君宜知所勉矣。

評：語能該括，氣亦充沛。筆力精神，頗與熊次侯爲近。

懷諸侯則天下畏之

熊伯龍 程

知所以畏天下，則建侯非失矣。甚矣，天下相服以德也！懷諸侯者，不期畏而畏至，豈非盛世之事乎？對哀公曰：先王散天下之大柄，即先王威天下之至計，臣於經所云「懷諸侯」者知之。文武之興由藩侯，不制天下之命，則我之爲天下與爲國家也何以異；天下之勢在封建，不獲友邦之心，則天下之視共主與視列辟也何以異？是故懷諸侯，非施德於不報也，天下所以畏之者恃此道也。明德懿親，天下皆知其有家人之義，而又不惜布惠推心，大發其天地生成之感，爾日之諸侯，其繡壤相錯者，一如伯叔甥舅之聚族處也，而磐石之宗不可動揺矣；建賢作輔，天下皆知其有君臣之情，而重之以寬仁大度，深動其子孫臣庶之思，爾日之諸侯，其徂維求定者，一如百官庶尹之指臂使也，而群扶之主倍有神靈矣。如是則王臣王土，諸侯所得而治者，天子皆得而治之，修身立政之朝，天下已不敢菲薄綱紀，而況謹度求章，有以塞違心於未兆也哉？如是則來享來王，諸侯所不得而及者，天子亦得而及之，柔遠能邇之世，天下已不敢輕量朝廷，而況彤弓旅矢，有以揚淑問於疆外也哉？蓋法立知恩，原非以忠厚開末大之漸；故德威惟畏，亦不假刻深爲震疊之謀。古天子諸侯相與之際，仁至義盡有如此者。

原評：雄深雅健，筆力氣象足以涵蓋一世。

評：鎔經液史，聲光炯然。

懷諸侯則天下畏之

曾王孫 墨

效著於天下者，有實致其懷者也。蓋天下不易言畏也，而懷諸侯者有以致之，其效不可觀乎？且先王以一人撫四海之内，而天下向風、兢兢懼無以奉一人之法者，豈有他哉？相天下勢之所在而急圖之，而天下遂不得不合其勢以歸我。乃後世不見政之强而見勢之弱，遂以弱勢議先王，而忘其强政，是未明於懷諸侯之效也。夫諸侯亦惟是伯叔甥舅，奉天子令以守天下耳，懷與不懷，似無異數也，然天下有時不服天子之令而服諸侯之令，則諸侯何可不重慮也？諸侯亦惟是禮樂征伐，稟天子威以致天下耳，懷與不懷，似無他適也，然天下有時不凜侯國之威而即不凜天朝之威，則諸侯何可不重念也？故諸侯當懷也，懷諸侯則天下畏之矣。天下之大勢在民，先王慮民之不得其所也，立諸侯以撫之，迨其後也，各私其民而民亦各昵其君，見一惠焉，曰吾君之德也，見一刑焉，曰吾君之威也，而諸侯之勢成矣，懷之，而諸侯肅然稟其政教焉，民將曰吾君如此，其何敢不共，民之所往，威莫大焉，而非懷之不至此；天下之大勢又在小侯，先王慮小侯之或侵陵也，建方伯以衛之，迨其後也，漸劫以威而小侯亦服於其令，或有患焉，曰彼能庇我也，或有違焉，曰彼能制我也，而諸侯之志攜矣，懷之，而諸侯皇然進於軌物焉，小侯亦將曰彼尚如此，又何有貳心，小侯之所歸，勢莫隆焉，而非懷之不至此。或謂此在有天下者行之而效，未有天下而行之而未必效者，非也，盟主之德威日著，即遠裔無不求成，此在假力猶然，而況乎王道之作乎也，昔我先王，虞芮質成，而有二之勢已集於岐右，降至周召分治，而成夾輔之勳，桓文迭霸，而奏匡合之烈，孰非懷畏之明驗也哉？或謂開創之天下得之而效，守府之天下得之而未必效者，亦非也，朝廷之舉措得宜，即强藩無不聽命，此在衰亂猶然，而況乎周禮之盡在也，昔我武王，封建未集，而負扆之朝大定於沖人，降至車攻奮興，復著會同之盛，東都侵弱，不失晉鄭之依，又孰非懷畏之遺模也哉？而其事乃可得而言矣。

評：只講得諸侯與天下相關處多耳。「懷」字中義理，却未洗發得出，所以不見三代以上協和撫綏氣象。然其筆勢雄横，議論翻騰，可以增人才思。

尊其位 三句

熊伯龍

敦本之事，三舉之而備也。蓋非位與禄，豈能安其外；非好惡與同，豈能安其内？近古之事，亦聞此乎？昔周之封君蓋八百矣，而同姓之國且至五十，先王於本支之間何嘗不衆建而少其力哉？雖然，衆建而未嘗以衆人遇之，少力而未嘗以少恩處之。所由與後世異也，一曰尊其位，一曰重其禄，一曰同其好惡。問先王之世有冢君失南面之尊、支子列齊民之數者乎？曰無有也。弱弟之戲，遂封桐也，夏與商未之聞也；介弟之貴，且分陜也，夏與商未之聞也。他若滕子末微，援宗盟而長外侯；蔡胡世辟，釋嚴罰而復舊土。亦惟天家爲永念焉，公今日者，雖還龍旂於故府，謝河海於鄰封，而驚冕信圭、居高無恙，誰之賜哉？問先王之世有覲頫鮮朝宿之授、峙粻靳湯沐之頒者乎？曰無有也。錫田曰大啓，宗邦之報功不敢不過也；分土曰惟三，庶邦之展愛亦不敢不及也。若夫晉之有陽樊也，王甸可以錫康侯；鄭之有祊田也，懿親莫重乎母弟。其在中主罔敢愛上錯焉，考之周禮，雖山澤所及掌於王人，侯國禄餘待用天子，而提封采甸、口不言貧，豈不優哉？問先王之世有流言而相鬩於牆、呼伯而靡所與同者乎？曰無有也。正則爲肥牡、爲釃酒，我可爲諸父昆弟談笑而道之也；變則爲斧斨、爲零雨，我可爲諸父昆弟垂涕泣而道之也。是以王有愾則賜之弓矢，此推而同之之義；國有故則上告天子，此引而同之之義。亦祈大宗小宗咸有一德焉。嗟乎！六衣之請也，私室好之，公室惡之；諸姬之盡也，異姓好之，同姓惡之。有王者作，除異族之逼處，布方伯以腹心，召好去惡，翼戴天室，豈有此患哉？

原評： 隸事太多，恒恐傷氣。此偏動宕有神致，無填綴之累、排比之迹。

評： 取材博而運以雄峭之筆，較同時諸家，獨爲雅馴。

忠信重禄 四句

張玉書 墨

勸有得乎士民者，其所以體之、子之者至矣。蓋君之予士不可不厚，而取民不可過嚴也，行政者尚思所以勸哉？且國有與立，大臣而外，士民其先焉。是故三百六十臣之身家，君統之矣，自君任之優之，而臣乃克有其身家也，生成之感，在君不在士也；億人兆人民之身家，君用之矣，自君愛之惜之，而民乃克全其身家也，寬恤之戴，在君不在民也。如經言「體群臣」，凡以群臣固士也，敬慎而辭友朋，每幸吾君可共功名矣，特以小臣新進，退而不敢有所言，進而不敢有所爲，此時望吾君推誠之心倍深於望澤，至於德足食君子之餼，而大君有衆人畜我之思，士於其時，實撫躬而嗟悼之，一日者，忠信以將之，君有心，布諸其臣，重禄以賚之，臣有身，謀諸其君，舉居恒太息之聲，有並不敢告諸僚友者，不意我后聖明，已取諸其懷而惻然也，竭百爾股肱之心以答予一人之忱，竭百爾股肱之力以答予一人之澤，我知立子孫之朝，猶有感泣祖宗之德者，豈非所以勸士者得哉？經言「子庶民」，凡以庶民固吾百姓也，竭蹷而奉公家，誠知小民宜愛君王矣，特以草野疏賤，朝耕天子之田，暮入司空之籍，此時自愛其力之心倍深於愛主，至竭舉趾滌場之力，僅以償車服玩好之供，民於其時，實傷心而隱痛之，一日者，使必以時焉，君無逸也，爲民慮其勞，斂必以薄焉，君不貧也，爲民思其富，舉煢煢無告之懷，有並不敢形諸嗟歎者，不意君恩高厚，已憫其艱而惻然也，頌豈弟者赴周官之令，媚君王者獻公子之裳，我知非惟正之供，亦有樂效子來之命者，豈非所以勸百姓者得哉？君之廷有士，君之野有民也，臣願君取方策而圖之。

原評：每段各有兩意，用反用正，易落排偶。此文散行處多，平列處少，故但覺靈氣盤旋，而題中情事已寫得十分警動。

評：纏綿愷惻之思，運以雋筆，達以雅辭，故無一語甜俗。

忠信重禄 二句

熊伯龍 墨

徵勸士之實，而仁義行乎其間矣。蓋忠信所以明義，重禄所以明仁，勸士者寧外取人之道而致之乎？對公，若曰：人主將致非常之士，而必待非常之舉，未見士之爲王前也。人情莫不相避於僞，而又欲自厭其心。誠使君有情，群斟酌之，臣有心，吾敬答之，非常之報亦往往而收焉。經言「體群臣」，凡以群臣固士也。無公孤之貴，則君王之色擬於帝天，恩威叵測，非所期也，亦播以朝廷之至意而已；從田間而來，則宣力之暇亦念身家，國典而外，不敢干也，亦予以臣子之厚實而已。然則忠信重禄，曷可已哉？以父母之身千里而事人，其心易爲天子之所疑，若曰彼特爲禄來也，而以概天下之士則大不可，今日者，有大利，則喜形於色，有大害，則憂形於色，至誠惻怛，無不爲子大夫取諸懷也，夫忠者，人臣之道則然，而顧已得之於其君，是忘乎其君者也，忘乎其君，何君也哉，而忍負之？以父母之身千里而事人，其心當爲天子之所悲，若曰彼實不爲禄來而又不得不爲禄來也，即古之稱良臣者何獨不然，今日者，逮其下，婦子寧焉，逮其上，祭器守焉，豝豕山桑，波及臣家者皆君餘也，夫禄者，人臣之所應爾，而此若獨得之於其君，是全乎其君者也，全乎其君，何君也哉，而忍負之？是以衰世之政，君非必鬼神，臣非不安飽，然任左右則易而任工僚則難，養廉節則難而逭官貪則易，所用非所需也，故人有服政之苦，而無以動其天地生成之感；先王之世官，不棄賢者，亦不棄小人，然弘無欺之度以處無欲之君子，沛有位之恩以謝有欲之駿雄，所用皆所養也，故人知事君之樂，而合以效其腹心奔走之材。由此言之，推小雅樂心之旨，稽周官馭富之隆，將無望於後人哉？

評：語語即乎人心，中乎事理。後二股所見雖淺，而議論實有根據。次句竟未點出，自是疏處。

言前定 四句

廖騰奎 改程

歷言前定之效，而知不可不豫也。蓋觀言、事、行、道之所由得，而不能前定者可知矣，若之何不求所以豫也？且吾言凡事貴於豫者，蓋人以無定之中，任事物之所值而遷徙以從之，則自一身以及百動從後而悔之者，常不可勝舉矣，而焉能有立而無廢哉？即如一言也，樸訥者將言而囁嚅，敏給者亦有時而流遁，蓋每患乎其跆也，乃吾人之言，非以析事，即以明理，苟實見夫此事此理之源流，則未言而所以爲言者已前定矣，雖當機之引伸觸類亦不必營度於未言之先，而自可從容以暢吾旨，故有堅强之辯，自謂人莫能難而無端見躓，而君子則反覆而必伸，蓋言之理已豫也；即如一事也，才分既各有其優絀，而時勢又互參其險夷，蓋嘗患其困也，乃天下之事，經則有宜，變則有權，苟實見其爲經爲權之旨要，則未事而所以爲事者已前定矣，雖臨境之變化屈伸亦不能逆料於方事之頃，而自可堅貞以遂所圖，故有敏達之才，自謂肆應咸宜而動輒得咎，而君子則坦行而無畏，蓋事之理已豫也。至於行，則言與事之總也，言與事皆卒發於一時，而行則要之必世，言與事之病皆外見，而行之病則返而自苦其心，久矣夫疚之難免也，而惟不能前定故至此，苟深求夫行之大本，則原於性情者有其自然，而達於倫物者有其當然，朝夕以循之而無有越畔之思，所爲惡於己志者無由而伏也，則行之本已豫也。至於道，則言、事、行之所歸也，言、事、行皆因時以起義，而道則其所從生，言、事、行之失可旋更，而道之失則任所發而皆悖，甚矣夫窮之多途也，而亦惟不能前定故至此，苟深求夫道之大原，則會爲一本者已燦然條理之畢具，而散爲萬殊者仍渾然本體之可窺，左右以取之而皆有逢原之適，所爲四達不悖者在在可恃也，則道之原已豫也。夫言、事、行、道皆非可膠於一定者也，而其本則有可前定者，亦曰誠而已矣。非誠之求，而執其私意以爲前定，亦見其敗矣。凡事何以立哉？

評：各段洗發，無一蒙語、弱筆。「不疚」「不窮」二段，更難得如此了當。

誠則明矣 二句

方舟

觀誠、明之同歸，而知人道之可恃也。蓋君子無慕乎誠之必明，而深恃乎明之必誠，以爲人道於是乎立矣。且性與教之分，特言其初之所從入者耳，其終則未有不合者也。蓋反諸身而爲誠，歷於道而爲明，其量固有所止，而其用亦實相須。則夫遲速先後之間，所爭正自無多耳。天下之物，苟非人之所固有而懸測之，則見以爲然而終不能信其然，有一固有而熟習之者，而其情形不待辨而白矣，誠之無不明，豈有異於是乎，仁與義充於心，則事父事君之道，曲折詳盡而不至於有所遺，性與命未嘗漓，則萬事萬物之形，高下參差而皆有以識其分，蓋動於心之莫解則其見必真，而得其理所從生則其用不敝也，世固有渾然無僞而貿然無知者，然彼無怪其不明，其所爲誠者固非誠也，誠則無事求明，而已操乎物之所不能遁矣。凡物之情，苟非己之所真知而强赴之，則心欲如是而心亦不能必其如是，有一深知而篤信之者，而其意向確乎不可移矣，明之可以至於誠，豈有異於是乎，深知夫吾身之離道而非人，則俯仰上下之間不敢自恕，而必求既乎其實，深知夫吾性之有善而無惡，則隱微幽獨之際不忍自欺，而久將慊乎其心，蓋苟且之意既除則其力隨在而可據，二三之見既絶則其情萬變而不渝也，世固有論則善之而行則背之者，然是無怪其不誠，其所爲明者固非明也，明則未能遽誠，而匿於心者已無僞矣。是故成於性者，有異人之誠而無異人之明，無異人之明，則其誠亦未爲絶矣。成於教者，不患其誠之不至而第患其明之不至，明之量果無所虧，則誠之事已過其半矣。此人道所以繼天也。

評：兩「則」字精神，俱從實理勘透，無一字可移置上二句。理醇氣樸，筆力復健。

能盡其性 六句

金居敬

極盡性之量，而至誠有功於天地矣。夫人、物、天地，其理一而分則殊耳，己性盡而人、物之性皆盡，至誠之爲功於化育，豈不然哉？今夫聖人之心即天地之心，而有生之體皆天地之體也。惟盡性以至命者有以得其會通，而修道以立教，斯中和、位育更無待於推致而後然耳。吾觀夫天地之生人生物，化之育之，一誠而已矣。群黎得之以正其君臣父子之屬，而篤其親遜；庶彙得之以容其飛潛動植之類，而至其繁蕪。舉夫故者化之使新，若有變通鼓舞之術；無者育之使有，顯其知始作成之功。而要歸於天下之至易至簡者也，而至誠者既有以得其全而立之極矣。則是仰觀俯察，無有以隘其濬哲文明之質，而知之無所不達；上蟠下際，無不可以施其徇齊敦敏之材，而行之無所不順也。以言乎人之性，豈得與其性同科哉，然而誘迪焉以啓其蔽，扶進焉以立其懦，雖使仁智者見於一偏，顓蒙者滯於日用，而至誠之造就督率之者無不至也，則人性之爲至誠所造就督率者亦無不盡也；以言乎物之性，又豈得與人之性相比哉，然而因其力者又有以制其力，養其材者又有以取其材，雖鷙暴者終不可以擾狎，隕落者更不可以敷榮，而至誠之茂對曲成之者無不至也，則物性之爲至誠所茂對曲成者亦無不盡也。若是則人也物也，天地生之而至誠成之，則謂至誠之化之育之也，夫誰曰不可？而化育則仍歸之天地，贊化育則歸之至誠者，何也？蓋其理則一也，至誠即有爲之天地，非天地不能有爲，天地即無爲之至誠，非至誠不能無爲也，一化一育，有與爲不違，有與爲奉若，固無彼此之間矣；其分則殊也，天地之所爲，雖至誠亦有所不能預，至誠之所爲，雖天地亦有所不能及也，化之育之，罔或弗裁成，罔或弗輔相，實惟左右以之矣。所以中和、位育之君子，必使無一夫之不獲，無一物之失所，至於四序五行之無偶失其常，而後乃安也。若猶未也，加戒慎焉。惟至誠之盡性，則有其自然者。此豈直贊之而已哉？

評：實義搜剔得玲瓏，舊義洗滌得新穎，以覩理無纖翳也。

見乎蓍龜 二句

邵基

實理之所形在物與身者，可驗也。夫誠之理未嘗一日息也，即蓍龜、四體而幾之微者著矣。今夫宇宙之内，謂之太虛，而實非也。氣之所聚，而於穆之命凝焉；形之所成，而人事之數應焉。司其柄者，鼓舞以盡神；效其能者，顯奇而洩秘。蓋實有不能自已者焉。彼興亡之機之先見者，吾得於蓍龜驗之：方夫數之未定，蓍龜未有其兆也，及夫用動用静而吉凶判矣，此蓍龜之見也，而蓍龜豈無故而見也乎？正元會合之運，實有醖釀於天人之交者，於是神物不能秘其瑞也；陰陽駁雜之氣，實有交勝於造化之際者，於是象數爲之兆其違也。苟非理之實徵其盛，將有疑其近於諛者矣，何以數十世之寖昌皆在燭照之下，及事後思之而不爽也；苟非理之實徵其衰，將有疑其近於誕者矣，何以百餘年之敗壞如在數計之内，及事後覺之而已晚也。蓋誠體物而不遺，而蓍龜即乘是以發機緘之妙，理之因數以顯者在此矣。吾更以四體徵之：方夫事之未接，四體未呈其機也，及夫周旋折旋而得失分矣，此四體之動也，而四體豈泛然以動也乎？皇降民秉之彝，附麗於身者已固，於是一俯仰而悉協其則也；仁義中正之極，託根於心者漸虚，於是一屈伸而盡違其天也。苟非帝鑒之所憑，將中節焉而未即爲得，何以清明在躬之日，即欲昏潰出之而不能也；苟非天命之所在，將矜慎焉而可以無過，何以致衰兆亂之頃，即欲勉强持之而不得也。蓋誠爲物之終始，而四體即因是以昭合散之能，理之因形以著者在是矣。而誰則知其「見」與「動」之微也哉？洵非至誠不足以知幾矣。

評：理醇正而氣疏達，是極意學正嘉先輩之文。變化舒卷處或有未遠，穩當老成已近似之矣。

見乎蓍龜

劉　巖

「幾」見乎物，誠而形也。夫天下事既見而後知，則非前知矣。蓍龜乃幾之先見者，知之者誰哉？且寂然不動者誠也，動而未形者幾也。幾在有無之際，問焉以言而受命如嚮者，莫甚乎蓍龜，然而知幾者鮮矣。夫筮人辨九筮之名，而詳分掛揲奇之法；龜人掌六龜之屬，而視上下左右之文。蓋志定於先，必以官占而斷；稽疑之用，尤以鬼謀爲徵。是故蓍有卦焉，卦有占焉，占有繇焉；龜有體焉，體有兆焉，兆有頌焉。此百姓可以與能，而吾獨謂知幾者鮮，何也？夫無聲無臭者，上天之載，而維皇之意，使吉凶常萌動以示人；沖漠無朕者，於穆之真，而神物之興，則幽贊於神明而立命。所以天地間，理爲之綱而氣以具，形上以形下者而凝；氣爲之運而數以生，無形以有形者而定。上春而相筮也，上春而釁龜也，蓋皆以歲首而聚生物之氣焉，夫坱然充塞乎兩間者無非氣也，而氣之爲休爲咎，常於物之至靈者見之，則蓍龜之氣之所觸發，即天神地祇之精英也；蓍以陰陽而其本則二也，龜以五行而其本則五也，蓋皆本乾坤而成變化之數焉，夫自然推行乎古今者無非數也，而數之或從或逆，常於物之至變者見之，則蓍龜之數之所燦陳，即二氣五行所發著也。夫氣與數相合無間，而理存乎其中；理與氣數莫測其端，而命行乎其際。惟天命真實無妄，而蓍龜洩其朕兆以紹天之明；惟鬼神體物不遺，而蓍龜乘其氣機以前民之用。是則非蓍龜占事以知來，固不足以開物而成務；然非齋戒以神明其德，必不足以極深而研幾。蓋幾微故幽，非誠精故明者不能感而遂通天下之故也。苟徒以前知爲術數之能，則一大人占之有餘智矣，而何貴乎至誠之道哉？

評：此章章首二句言「道」自可以前知，「國家將興」六句，則指「理之先見者」，所謂「幾」也。「善必先知」以下，乃言惟至誠能知之實耳。是「見乎」「動乎」單就幾動於彼而言，不得預侵「至誠知之」地步。唐荆川二句題文，到結處方起下「至誠前知」可證。此文就「蓍龜」上實發「見乎」之理，精當不減前人。獨前半預透「知」字，爲侵下耳。

誠者自成也 一節

趙景行 墨

中庸因誠以及道，原乎天而盡於人焉。蓋惟有誠而後有道，亦惟自成而自道者，莫可諉也。誠之於人何如哉？且天下一誠之所際也，苟不知誠爲皆備之理，無由知道爲當行之事，乃或以後起者之多所謝，轉疑最初者之多所遺，惡知自天之人之際，有其本然乃以有其當然者乎？吾與天下言誠矣。蓋所謂誠者，無妄之原，天地以之立心者，群生即以之立命，俯仰上下之間，即虚無之地亦且本是以充周，而況其爲形生者歟；無僞之宰，鬼神以之爲德而不可掩者，萬類即以之爲體而不可遺，曠觀飛躍之機，即無知之倫亦必資之以各正，而況其爲有覺者歟？蓋所以自成也。此其無爲者也，而有爲者，事即由之而漸起；亦其無待者也，而有待者，責即於是而有歸。夫然而道又可得言矣。自其發於心者而言之，喜怒哀樂皆有必不容已之情，而節必求其中，非假諸他人之懷也，雖裁成輔相，功在兩間，而專而察之，總不敢諉爲中和以外之事；自其成於身者而言之，子臣弟友皆有必不可辭之分，而道務期其盡，又非托諸他人之業也，雖禮明樂備，貫乎幽明，而返而求之，總不敢謝爲仁孝不及之端。明其爲自道，而人又安得自外於道以自歉於誠哉？以原乎天者觀本成之量，而即以盡人者著求誠之功。誠固如是，其甚切也夫。

原評：「自道」句易作沈著語，「自成」句往往無把鼻矣。「虚無之地」「無知之倫」，四語最是道得周密。嘉隆盛時，場屋文字乃見此等有根柢語。

誠者非自成己而已也 一節

雲中官 墨

成己者必及乎物，原諸性而知其故焉。夫己與物均此一誠，則仁、知之德固無分内外者也，安有施之不宜者哉？且自物與無妄，而凡天下之生而具之者，本無有盈歉之分也。物與我俱生，而所以待命於我者，已具於有生之初；則我與物俱成，而所以爲物立命者，亦豈有加於天命之始乎？不過即吾所固有者舉而加之，而固已無餘事矣。如君子而既有誠之之功，則於自成之體既已不虧，而所以自道其道者亦已無憾矣。顧吾之理既統乎天下之物以爲誠，則吾之功亦必統乎天下之物以爲自成。吾以誠自成，而天下猶有物焉遺於吾誠之外，此非誠之尚有遺物也，而即吾之所以自成者有不全也；吾以自成者自道，而天下猶有物焉棄於吾道之外，此非物之不統於道也，而即吾之所以自成而自道者有所缺也。故誠者非自成己而已也，所以成物也。奚以明其然耶？蓋天之所爲公乎物而不妄者，誠也；而人之所以具於心而各正者，性也。誠之理由合而見爲分，而仁體事而皆在，知周物而不遺，皆誠中自足之體、自裕之用，而己與物因有各見之功能；性之德雖分而本無不合，而心無私者必能大曲成之量，心有覺者必能全無我之真，皆性之德所以百慮而一致、同條而共貫，而成己與成物初無歧出之性量。如是，則安得有内外之别也乎？蓋惟其得於己者，仁即誠之通，知即誠之復，而於繼善之原既無所歉；故其見於事者，時乎措諸己而體仁者自具夫長人之元，時乎措諸物而知臨者悉原諸觀理之哲，而於參贊之業自無不周。於此知己外無物而成不獨成、宜則皆宜者，洵非外至而强爲之也，其故不亦曉然也哉？人誠能全此誠於己，固無憂道之不及於物也。

評：數層曲折，一氣貫注，不散不雜，理脈俱清。古文大家，非資材絶人者莫能問津。中人初學，求爲清真妥當，以此等文爲權輿可也。

今夫山 二段

汪士鋐

觀山、水之生物，愈以見天地之盛矣。夫山、水爲天地所生，而其生物之廣大不測如此，天地之盛何如耶？且夫天地之氣結而爲山，融而爲水，山水固天地所生之物也。乃山水得天地之氣以生，而復能生物於天地之間，以大天地之功用。吾觀四海九州，生者一天，成者一地，何以彼此物産之美，各傲人以所無而必不能强同，蓋天地固以山、水隔其東西，限其南北，而山、水之氣遂各有所鍾於物焉，故欲觀天地之生物者，宜觀之山、水；殊方異域，仰焉此天，俯焉此地，何以彼此風土所有，苟易地以相處而皆弗能爲良，蓋天地固以山水異其寒暖，殊其燥濕，而山、水之性遂各有所偏於物焉，故能窮山、水之生物者，可以知天地。吾始觀乎山之一節卷石，誰謂非山；吾始觀於水之一端一勺，誰謂非水？雖然，此未睹山之廣大與水之不測也。蓋嘗總山、水之所生者論之，其爲生民所取資歟，生之誠是也，乃若其質陋劣而無益於人，其性狼戾而有害於物，在世人安所取乎是，而亦儲陰陽之精以生之，何疾與汙之無所不藏納也！其爲日用之常物歟，生之誠是也，乃若玩好之足以蕩人耳目，珍奇之適以溺人心思，在聖人方深惡乎此，而反積英華之氣以生之，何美與惡之無所於決擇也！而不知此正山之所以爲廣大、水之所以爲不測也。是故極物之怪偉奇特，而或終爲人之所羅而致之焉，非人之智也，而實山、水之足供人世之求也；竭人之聰明才力，而或於物竟有不能取者焉，非人之愚也，而實山、水之難以人力相窮也。則試觀草木禽獸與夫寶藏之屬於山，黿鼉蛟龍魚鱉與夫貨財之屬於水，而豈徒曰卷石已乎、一勺已乎？嗚呼，此天地之所以爲盛也！

評：題甚堆垛，能以議論運掉，不落龐雜，自是能者。

考諸三王而不繆　二句

汪琬　墨

觀道於考、建，其盡善有明驗矣。夫三王、天地，皆前君子而備道者也，不繆、不悖，有一之未善者哉？且王者以一身立創制之極則，古今上下胥聽治焉。變通於百年者，宜今即所以法古；燮理於一日者，下應亦所以上符。紀綱既著，有不遠爲承而躬爲配哉？本身、徵民，未盡君子之道也。道莫盛於古今，而三王獨居其備，文物典章之具，君子所奉身以思紹者也。考其勢，可以觀變通；考其時，可以參因革；考其心，可以溯神明。故規模弘遠，遵三王所已爲者不嫌拘，肇三王所不及爲者不嫌創，以新猷而追曩烈，夏有書、商有誥、周有官，如見君子之協禮焉，夫何繆？蓋有道而後有三王，有三王而後有君子，其身爲三王所式憑之身，其民亦三王所共治之民也。用三王之兢業以持身，即用三王之典則以宜民，道在而俱囿於君子之規矱矣。迄於今，文獻猶可問也，豈有顯戾其章程者哉？道莫昭於上下，而天地獨統其全，高卑健順之能，君子所側身以求合者也。建在形，有與爲觀察；建在事，有與爲調燮；建在理，有與爲感通。故法象昭明，守天地所已備者不妨同，補天地所不及備者不妨異，以人事而協玄模，上有清，下有寧，中有貞，如見君子之合撰焉，夫何悖？蓋有道而後有天地，有天地而後有君子，其身爲天地所亶錫之身，其民亦天地所寵佑之民也。受天地之純嘏以物身，即受天地之降鑒以求民，道在而俱範於君子之裁成矣。迄於今，崇深猶可見也，豈有隱逾其氣數者哉？如是而鬼神之與百世、聖人，又可類推也。

原評：於他人下筆不休處偏能渾括，意盡語竭處偏能展拓。以同時名作參觀，自見其獨爲高出也。

仲尼祖述堯舜 一章

金居敬

原聖德而至於天地，因極贊天地之大焉。夫以堯舜文武爲一人，而天地且弗能違也。不言天地之大，而何以見聖人之大乎？且夫聖人者，與天地合其德而成位乎中者也。前之聖人，身爲帝王而立其極；後之聖人，身承帝王而集其成。故夫聖人體天地之撰，而天地未易擬諸其形容也。大矣哉！自有天地以來，聖人有作，未有如仲尼者也。以言乎遠，莫大於堯舜，而仲尼以祖述者宗其道矣，危微之旨，繹以克復也，精一之傳，闡以博約也；以言乎近，莫大於文武，而仲尼以憲章者守其法矣，從先進，猶之乎監夏殷也，修春秋，猶之乎丕顯承也。而豈但已哉？吾由其所以兼綜帝王者，而得其所以同流天地。上焉而動而不息者，非天時乎，仲尼以乾惕者律之，與偕行也；下焉而静而有常者，非水土乎，仲尼以安貞者襲之，應無疆也。大哉仲尼！内以藏諸用，外以顯諸仁；立其本以爲翕受之原，及於末以著敷施之績；如地之無不載也，如天之無不覆也；變通配四時，陰陽之義配日月也。堯舜文武所以財成輔相、參贊化育各極其盛者，萃於一人矣。仲尼之大，一天地也。而天地何如其大乎？天高地下，萬物散殊，固並育於其間也，動植者自如，飛潛者自若，不相害也；寒往則暑來，日往則月來，其道並行也，推遷而成歲，繼而生明，不相悖也。而其所以不害、不悖者何哉，天地之小德也，無極而太極，二氣而五行，於是焉而至於不可紀而莫能名也，殆於如川之流者矣；而其所以並育、並行者何哉，天地之大德也，自不可紀而莫能名反而之於五行，凝於二氣，太極歸根於無極也，必有敦厚其化者矣。天呈象而地成形，各給者不匱於挹注；乾知易而坤能簡，握要者不歧於統歸。天地之大如此，而吾所以取譬之意復何待言哉？

評：鑄局運意，全在前半篇。後則湘轉帆隨，風利不得泊矣。

仲尼祖述堯舜　一節

張　英　墨

中庸歸道統於聖人，而舉其備道之全功焉。夫仲尼之學，合古今上下而立隆者也，不可推爲備道之一人哉？中庸歷言天道、人道，至此將以明所統也。若曰：道在天下，固無往而不寓矣，若夫綜其成以爲功者，則不得不推立極之一人。蓋廣言之，爲至誠天地，虛擬之，爲聖人君子，皆可以仲尼之一身備之。道非自仲尼而始，必有其創垂者，故仲尼之學不可窺，所可窺者在帝王相傳之要；道惟賴仲尼而立，尤必有其範圍者，故仲尼之學不可見，所可見者在高深協贊之中。由今思之，道統開於堯舜，所以立百代之宗也，仲尼則祖述之，精一之微言，以數聖人咨儆於一堂，而猶懼其晦，以一聖人相感於曠代，而如見其心，非得統之獨尊者與，觀删書斷自唐虞，而知淵源有自來，蓋不啻高曾奉之矣；道法盛於文武，所以集百王之成也，仲尼則憲章之，制作之燦然，以數聖人釐定於前，而再傳或失其遺意，以一聖人修明於後，而奕禩共凜其典章，非爲法之大備者與，觀禮樂遵乎昭代，而知精微有默喻，蓋不啻章程凜之矣。道有自然之運，莫著於天時，仲尼則上有以律之，蓋法天行之健也，在天時之流行，爲用而不勞之化，在聖心之廣運，爲出而不匱之藏，夫豈有心以律之哉，時中之妙，有行所無事而曲中者，誠不俟仰觀而則效也已；道有一定之宜，莫著於水土，仲尼則下有以襲之，蓋因地德之厚也，在水土之流峙，亙古今而不易其常，在聖心之凝固，歷常變而不渝其守，夫豈有心以襲之哉，安敦之性，有各止其所而至善者，又無煩俯察而因應也已。若此者，道在一人，而遡之古帝以正其傳，考之今王以觀其備，仲尼所以曠古今而立隆；抑道在一身，而崇而效之與於穆同其功，卑而法之與奠麗同其體，仲尼所以等崇卑而合撰。更將何以擬之乎？亦擬之天地而已。

原評：格正理醇，神完法密。洗去浮華，獨標清韻。

惟天下至聖 一節

汪 份

至聖之有臨，惟其德無不備也。蓋以生知之質，而備四德之全，則臨天下之事豈尚有所不足乎？且人心莫不有知以載仁義禮智之性，而心之知不能有通而無塞，性之德不能驟復而皆全者，其常也。若夫天生一人，以爲天下所托命，則其得於天而成於性者，有不可以常理測者矣。何者？天下重器，帝王大統，勢力不可强干，則理必求其可稱；而屯蒙待以並濟，則事必有以相成。惟天下至聖，惟能聰無不聞、明無不見，而凡有耳目者皆絀焉，凡有耳目者皆賴以安焉；睿無不通、知無不知，而凡有心思者皆屈焉，凡有心思者皆有所式焉。以是而臨天下，則天下雖大，而臨之者恢恢乎其有餘地矣，而豈有所不足乎哉？且夫聰明睿知，固非虛而無所麗者也，蓋實有所涵之德焉，惟獨得夫清明之體而無累於氣質之私，故所性之理咸正無缺，而且曲盡其條理焉，凡寬裕温柔而爲仁，發强剛毅而爲義，齊莊中正而爲禮，文理密察而爲智者，皆聰明睿知所一一涵之者也；而足以有臨，亦非意而知其然，蓋實有可據之事焉，雖兼陳乎萬物之形而獨運以一心之理，則恃源以往，而殊塗百慮莫不各應其至分焉，凡仁之盡而足以容，義之盡而足以執，禮之盡而足以敬，智之盡而足以别者，皆足以有臨之一一可據者也。夫衆人自昧其本心之知者無論矣，即大賢以上，用其知以求復其性，而四端之充，或偏至而難求其備，强學所致，亦歷淺而未得其深，以是而入於萬事萬物之中，其不足之形，有更起叠出而不能自掩者矣；而至聖既獨擅生知之質而無歉矣，其所性之理，足乎己而無待於外，而又務竭其耳目心思之材，學問以成其變化，務盡其仁義禮智之性，擬議以合於中庸，如此則不必入於萬事萬物之中，而無所不足之實，有返觀默索而信其不爽者矣。蓋仁、義、禮、智者，生知之德；而容、執、敬、别者，臨天下之實事。德固不可假，事亦不可誣也。其不足者，雖强以飾之而衆不可欺；其無不足者，雖無以屈之而無思不服。凡所臨者皆有耳目心思以窺上之所藴，而可易言臨哉？故自至聖而外，臨天下者皆處於不足之數者也。

評：將「四德」併入「生知」内合發，非避難趨易，理本如是也。「大賢以上，學力亦不能造」，「生知亦不廢學」，二義尤勘得至聖身分出。文氣疏達老健，亦見作家本領。

舟車所至　八句

陶元淳　墨

極聖德之所備，盡一世而尊親之也。夫天下之尊親至聖，惟其德也，其光被何如哉！且夫託乎萬民之上而天下群然奉之，稱之曰「元后」，分未嘗不尊也，仰之曰「父母」，情未嘗不親也，而非有以廣被乎？天下之無窮，則雖其入之者深、感之者遠，而風聲所漸，猶可以道里疆界求之也。若至聖之聲名，其施及豈有既哉？彼夫六合之外，贄弗能賓也，譯弗能通也，況以天子之精微而寧喻之也；故夫八荒之遠，正朔不必加也，聲教不必訖也，然而天子之神靈則已震之也。言乎舟車，則梯航萬里，其載德以行者乎；言乎人力，則經涉萬國，其扶德以往者乎？過此則爲絶人之區矣，而天之覆、地之載，有不與之俱覆俱載者乎；至此則皆積氣之所矣，而日月之照、霜露之隊，有不與之俱照俱隊者乎？吾見天位乎上，地位乎下，萬物之含靈以出者，共稟乎陽剛陰柔之德以自全其知能之體；乃得陽之精而爲氣，得陰之精而爲血，心知之乘運而覺者，深感夫鼓舞變化之用而自生其愛敬之心。天下之尊吾君者猶神明也，乃絶俗何知，非僅若風氣之異者猶可以恩信孚也，而近者咸請入臣，遠者亦求置吏，其莫不尊者，猶我封域之内也，夫人主之衣冠瞻視亦有何奇，而傳之四國，猶凜然其震動，豈其有血氣者而不神明奉之也哉？天下之親我君者猶父母也，乃處勢既遠，非僅若嗜欲之殊者猶可以羈縻勿絶也，而歲時則來獻見，水土則貢百物，其莫不親者，猶吾赤子之倫也，夫盛世之山川草木亦復何知，而德之感被，猶競獻其禎祥，況乎有血氣者而不父母依之也哉？至聖聲名之盛如此。

評：題氣直下，中間更無停頓。前半如題順叙，極變化舞躍之致。後二股神氣相抱，通篇直如一股。

淡而不厭　可與入德矣

蔡世遠

即闇然日章者而申言之，而入德之方爲不容已矣。夫淡、簡、温，闇然也；不厭而文且理焉，則日章矣。欲入德者，可不知所謹以實致其爲己之功哉？今夫學以立誠也，誠之至者自不可掩，故敦本務實之修，君子所貴。然其端甚微，其功甚密，身心内外之間，下學之始基託焉。君子之道，何以闇然而日章哉？其言庸言，其行庸行，淡矣，而有物有恒，令人味之而彌旨焉，何其不厭也；辭寡而中，貌質而恭，簡矣，而藴德含章，令人挹之而不盡焉，何其文也；和以處衆，易以居心，温矣，而稱物平施，則權衡自定而條理井然焉，何其理也。是所謂闇然而日章者也，是爲己之功所馴致焉者也，君子之道大率類然。雖然，反己之修，必致審於人己相關之際；務本之圖，必洞悉乎本末相因之理。苟其心不紛於外慕，而内美中存；識復極於至精，而幾微畢達。深究乎千里之應違在於居室，而知遠之近焉；外著之光輝本於宥密，而知風之自焉；一心之退藏不能不大白於廣衆，而知微之顯焉。自其由外之内者而言，則知九經三重，不外行之以一本之於身；自其由内達外者而言，則知致中致和，即可天地以位、萬物以育。學至此，已能知所謹而功有可用、德有由入矣。蓋淡、簡、温而不厭而文且理者，是成德之事也，是爲己之功之明效大驗也；知遠、風、顯之由於近、自、微者，是入德之方也，所以密其爲己之功而審端用力於斯乎在也。又可引詩而畢其説矣。

評：詞無枝葉，語有倫次，足繼美正嘉作者。

上天之載　三句

徐用錫

聖德同天，故於天得其至焉。蓋「不顯」則無聲臭之可言矣，擬之天載，至矣乎！此闇然之極也。且德之從來出乎天，而其成也亦似之。此惟窺見本原之論，始能會意於思議之表，而有以得其真也。毛猶有倫，謂之「倫」則亦顯之類也；謂之「有」則未離乎顯之迹也，是皆非其德之至者。蓋志已立於人之所不見，而至於主静立極之真，非天下之至神者，孰能與於斯也；功已密於言動所不形，而至於神明默成之孚，非天下之至化者，孰能與於斯也？今夫物有聲臭也，已遠乎形而即乎氣，又氣之至微而介乎有無之間者，以此爲言，亦無惡其涉於迹象而間於精微矣。而文王之詩所云「天載」者，並此而無之。豈不以穆清在上，天本爲聲臭之元，而所以樞紐乎造化者，天未嘗自有其聲臭也，乾元資始，而神存於沖漠，誠之不貳者如此矣；豈不以神氣風霆，天本極聲臭之用，而所以根柢乎品彙者，天未嘗自私其聲臭也，陰陽不測，而化妙於無迹，命之不已者如此矣。若夫不顯之德，措之爲經綸，發之爲事業，極其盛，則含生負氣之倫莫之有遺，而推其功，則化育流行之大亦且有助，是豈聲臭之無者乎？然以云「不顯」，則神之所凝，聖不可知，舉天下之大有而悉與性體無所與，純粹以精，渾然與天一其神而已；化之所行，遠不可禦，舉天下之衆有而悉於性分無所加，不動而變，廓然與天合其化而已。無聲無臭，此可以云「不顯」之至矣。要之，君子之學惟爲己之一念基之。蓋與於穆同運者，即充其闇淡無文之心；而與大化同流者，即極其切近精實之務。此篤恭之德所以始終不顯，而天德無慕乎高遠，王道不雜於功利，聖神之絕軌不過爲中庸之極功也。子思子之意深哉！

評：此等題，一涉玄渺語，便非「不顯」實際。文根柢先儒，語無虚泛，最見心力之細。「神」「化」分貼，本瞿浮山。

欽定清朝四書文卷十　孟子上之上

詩云經始靈臺　於牣魚躍

韓　菼

詩詠靈臺，工於賦矣。夫述臺之成而及其囿沼禽魚之勝，詩何善爲賢者賦乎？國之有觀游也，或者以爲非宜，是大不然。往往有賢主作之，而一時歌吟，流播民間，後遂登諸樂章，以示豐功駿烈，煌煌乎一朝之盛事弗可及已。吾嘗誦周詩而得靈臺之篇。夫周之所經營者亦數矣，曩者館於豳也，涉渭而取材焉，而後此膴膴周原，俾立室家，皋門應門，制亦殫矣。迨其遷豐也，則方築城伊淢之不暇，而臺榭之是亟乎？且即以一詩言之，如辟廱，制之鉅者也，或宜歌以誌焉；若夫臺，實爲娱君之耳目，而何侈陳之爲？乃不意其竟以靈臺命篇而一再賦之不已也。夫臺必序其所以始，必序其所以成，必以爲出於民之心而非吾君之所爲，而又必極言吾君之所觀覽以示足爲吾君娱。作者之體，自皆然也，何必靈臺？然此往往出自詞人學士，託諷勸之微意，逞瑰麗之雄辭，而試問諸閭閻，何寂寂無頌聲作也？若靈臺之詩則不然。當其時，中林野人，漢南游女，類皆能文章、嫻吟詠。觀斯臺者，自寫其忠愛之誠，而想夫憩息之適；覽高深之殊致，狀禽魚之極觀，其猶二南之風歟？然而其音雅矣。臣嘗受其詩而讀焉，夫亦序臺之始與其所以成，以爲出於民之心也，而情自深矣；亦即言其君之所觀覽，以示足爲娱也，而意自長矣。請賦其首章，曰「經始靈臺，經之營之，庶民攻之，不日成之。經始勿亟，庶民子來」；未已也，又請賦其次章，曰「王在靈囿，麀鹿攸伏，麀鹿濯濯，白鳥鶴鶴。王在靈沼，於牣魚躍」。

評：波瀾意度，俱從作詩者想像而出，正是於下文兩「謂」字中探出消息也。行文似著意，似不著意，宜玩其經營慘澹、脱去町畦處。

不違農時 二節

馬世俊

王者盡心於民事，道建而業斯隆焉。蓋必民事盡而王者之心始盡也，自其始以觀其成，道斯全耳。孟子謂夫凡民易於趨始而難於圖終，王者知其然也，先定其規模以從事，而輕重緩急隨序以施，迨其後興化致治，舉斯民於三代之隆，而區區補救於目前，非所貴矣。大梁之國，田高土肥，池深木茂，其壤可賦，其澤可漁，其山可採，幅員千里，即以圖王不難。然而物力耗減，民氣嗟鬱。無他，其始不立，其卒不成，有由然也。臣謹獻其策曰：不可勝食者一，不可勝用者一。蓋爲國之道，和則就理，疾則離焉，必使吾民樂蠟吹豳，而後風化可幾也，王者所以不慕速效而敕之於先；治民之道，順則易濟，逆則止焉，必使吾民敦本茂質，而後誨諭可加也，王者所以不争霸術而重其所發。夫君之於民，至闊絶也，苟以爲吾心既盡，則又何不盡之有？矧其生有以養、死有以葬，民所求於君者不亦可以已乎？王者則曰，吾雖教民山不槎蘖、林不伐夭，而心未盡也，閒閒泄泄，取彼柔桑，而地利盡矣；吾雖教民尺計者市、寸計者字，而心未盡也，諸父諸舅，或佐乾餱，而物用盡矣；吾雖教民三時耕作、一時公旬，而心未盡也，豐年三日、中年二日、凶年一日，而天時盡矣。若夫上庠下庠、東序西序，既釋耒而横經，豈我負而子戴？民之克進於孝弟也，夫非猶是教以養生、教以送死者哉？今天下老者既不逢寬裕之俗，幼者復生當衰亂之時，寒利裋褐，饑利糟糠。民之嗸嗸，新主所資也。是以歎無裳而譏采蓄，衰世所以滅亡也；歌授衣而隆羞耇，盛世所以光昌也。王果有意乎此，則彼被潤澤而大豐美者，豈獨三晉之老成、兩河之俠少哉？禹湯之王興也勃焉，其道不過如是。若移民、移粟之説，無論其後之不可繼乎其始，先不足觀也。

原評：前半實者虚之，既無頭重之病，中間攢簇一片，無限堆垛，都化煙雲。最愛左氏叙鄢陵之戰，楚壓晉軍而陳，下既叙范匄、郤至語，却借楚子望中點出晉軍布置，極虚實互見之巧。作者豈亦窺尋及此？

不違農時 六句

熊伯龍

君誠盡心於民，當知食、用之原矣。夫物治其所生，鮮不贍者。農之於民大矣，洿池、山林，亦何可不盡心哉？嘗歎人君有衣食天下之資而不知取也。以君養民則不足，使民自養則有餘。苟順乎天時，因乎地利，謹乎國制，萬物之生息皆可得而權焉。撫禹甸而知墳壤山澤之利皆爲人用，其不惜獻力以遂生民之欲者，天之心也，天下之物，任天下自爲之，固有國者之所以爲體；考周禮而見土木水草之事各有深謀，其不惜委曲以安食貨之性者，聖人之法也，天下之物，任天下自爲之而自耗之，非有國者之所以爲心。國之本富，無奇能異術也。博民於生穀而畢其力也，豳風而既陳矣。農未有不知時者，其若罔聞知，則非農之罪也。人君震動恪恭於上，有司勞來於下，則土不曠而民不游，斯敬授人時者哉？乃臣遂以此爲屢豐年焉，何也？天下爲之而不憂其不生，生之而不憂其不足者，莫穀若也；臣所慮者，時難得而易失也，過此非臣所慮也。嗟乎，推愛農之心以愛物，何物不阜哉？如有魚鱉，非猶夫穀之不再食則饑也，然苟欲厚其生，則數罟可慮，夫四寸之目，誰非澤人所悉者，自人君無薄滋味之心，而漁師復借池澤之賦以取怨於下，而鮫師始困也，實能使之不入焉，蓋不待四靈爲畜，而魚鮪知其弗淰矣；至於材木，非猶夫穀之必耕耨而獲也，然苟欲全其利，則斧斤可虞，夫冬夏之制，寧非工石所審者，自人君無重興作之心，而百工復逞淫巧之藝以析及勾萌，而樵采始病也，實能使之以時焉，蓋不待地盡東南，而竹箭陳於稾至矣。此三者，原處有餘之勢，而法但防其不足，故物産日增其數，而立制無多；此三者，皆有至大之功，而事涉乎纖悉，故君相弗挈其綱，而造物亦倦。王而忽此，始勤勤於荒政矣。

原評：此題不可硬填經語，不可略涉策氣。以古秀之筆，寫先王撙節愛養之道，美麗精融，使人往復不厭。

省刑罰　三句

孫維祺

仁政去其病農者，而農事勤矣。夫刑罰殘則減耕耨之力，税斂重則失耕耨之資。上也省、薄，下也深、易，仁政之初效可睹也。若曰：王所慮者，國之喪敗耳，曷嘗計民之困憊哉？臣竊見井牧寂寥，懸耒而歎，流離轉徙，輕去其鄉，石田豐草，遍兩河矣。晉於天下，民莫衆焉，力莫饒焉，何爲至此？臣察其故，一在刑罰，一在税斂而已。武健之吏，以爲律不嚴則兵不壯；心計之臣，以爲餉不繼則師不雄。於是農官不設，保介無咨，督責之術峻，催科之考最，其亦不仁甚矣。且刑酷而自甘於贖，謂罰之可以逭刑也，乃百鍰之罰有加焉，千鍰之罰更有加焉，懸磬而免桁楊，反不若刑之無憂其婦子；斂重而群趨於末，謂税之可以逃斂也，乃園廛漆林之税苛焉，魚鹽蜃蛤之税更苛焉，奔走而懋供億，反不若斂之完聚其室家。是故拘縶之纍囚，南畝農夫也；納贖之金矢，中田膏脂也；一日之佩璲，萬人胼胝也；一湌之酒漿，終歲勤動也。民困何如，有不輟耕太息者，豈情也哉？而臣有以知仁政之所在矣。且夫執左道以亂人心者，皆游惰之民相率而爲非耳，臣以爲刑之所及，且先治之以曠土失業之誅，而即以夫布之罰繼其後，外此之眚災，尚從原宥焉，則省莫省於此矣；抑取市廛以約商賈者，驅末業之民盡返而歸農耳，臣以爲税之所加，不過定之以貨少貨多之法，而要以正供之賦斂諸農，過此之誅求，無滋悉索焉，則薄莫薄於此矣。吾見出一民於囹圄之苦，即增一民於隴畝之勤；減一粟於周道之輪，即留一粟於農畝之饁。我有手足，君王愛我，不桎梏之而笞棰之，使我秉耒，使我荷鋤，忍自逸也？我有倉廩，君王恤我，不傾圮之而灌輸之，使我饔飧，使我作息，忍自嬉也？庶幾哉！兩河之民，老死不登士師之庭，暮夜不聞追呼之吏。猶是耕也，而今則深矣；猶是耨也，而今則易矣。十畝閒閒，良士休休，而相忘於化日之舒以長也，則暇甚也。

評：上下營綰，皆有實義，故詞雖腴而質自清。

仲尼之徒 二句

潘宗洛

聖門黜霸功，以其事之非正也。蓋桓、文之事，不正所集也，豈游於聖門者而亦道之？今夫士君子之慎擇於學術，甚於人君之擇治術也。故近古以來，權略智計之士所争言者，獨概置而弗取焉，此其所挾持甚大而其淵源甚遠矣。王以桓文之事問臣，蓋志在桓文久矣，抑知臣之學乃得自仲尼者乎？三代之君，迹不相襲，道本同歸，至桓文而始别創其塗；百家之説，迹涉争勝，道鮮折衷，至仲尼而乃獨正其統。以臣讀仲尼之書，觀其言語文章，循循然莫不有規矩，言必稱先王。自周室之既東也，上而遡諸豐鎬，惟有歷年，更上而遡諸唐虞夏商，惟有歷年。其事固多湮没不爲世所稱説，而仲尼者猶獨網羅舊聞、參考載籍，與其徒講明而切究之。若夫仲尼之去桓文未遠也，牧民、山高之篇，與夫狐、趙之謀之載於晉乘者，赫赫若前日事，而其文不少概見。何哉？及臣從仲尼之徒遊，而後知仲尼之慮之深且遠也。仲尼以爲爲一時計不可無桓文之功，爲千古計不可有桓文之事。桓文之功，蓋在於獎王室也，故於春秋多恕辭；桓文之事，則歸於敗王章也，故於詩書寓微意。何也？魯僖之懲荆也，得列於詩之頌矣，以言乎召陵之役、城濮之師，苟鋪張揚厲，豈直魯僖而已哉，乃讀南山，知天之亂齊以啓桓，而其後無譏焉，讀渭陽，知天之假秦以啓文，而其他弗聞焉，霸者莫高乎桓文，而風雅正變之間，未嘗一載，此明以抑之，使其事不得託乎關雎、殷武中也；抑秦穆之悔過也，可列於書之末矣，以言乎葵丘之盟、踐土之會，其尊奬翼戴，豈僅秦穆之比哉，乃讀昭王以後之書，誥誡未衰，而宰孔之命齊侯者弗與焉，讀東遷以後之書，弓矢有錫，而王子虎之命晉侯者弗與焉，霸者莫顯乎桓文，而方策删定之際，未有表章，此明以絶之，使其事不得繼夫二帝三王後也。蓋仲尼之微意若此，所以七十子之徒口受其辭、心通其意，必無道桓文之事者也。嗟乎！桓文能挾天子以令天下，而不能得之於匹夫；能使尚功騖利者競慕其事，而不能使賢人君子之弗鄙棄而不道。仲尼之徒豈欺我哉？

評：才調富有，揮灑如意。後二股乃時士所歎賞，而求以義理之實則失據。桓、文興霸，實未嘗有詩以歌其事耳，若以爲孔子抑之，則甫田、渭陽之類無關勸懲者猶存焉，而獨削桓、文之詩，於義爲無處矣。凡見於尚書，非事關興衰，即文成誓誥可垂法戒者，宰孔、王子虎之命，寥寥數語，意盡於言，亦難與殷誥周盤並列。凡此皆時文家將無作有，以伸其説耳，而風致則佳。

今王鼓樂於此　何以能田獵也

韓菼

樂與獵猶今也，而民色喜矣。夫猶是民也，猶是鼓樂田獵之王也，而民喜，何耶？豈今之樂亦可喜耶？且夫甚可思者，爲民情矣，無端而忽憂，亦無端而忽喜。雖然，憂只爲其身耳，家耳，而喜則專，有所甚幸於其君，而忘乎其身與家焉。臣得侈言其盛，而王試察其所以然。夫疾首蹙額之民，非以王鼓樂田獵故耶？斯時必有諫王者曰「毋鼓樂，敖辟之戒謂何，其尚爲新聲之聽？」又必曰「毋田獵，銜橛之憂謂何，其不圖萬乘之安？」夫必毋鼓樂而後可，則是鐘鼓之懸必輟於崇牙，管籥之音不競於繁會也；必毋田獵而後可，則是車乘不御、僕夫不駕，而孑孑羽旄之盛不馳驟於藪之薪蒸也。而民必將曰，嘻，甚矣憊，我王或者其有宿夕之憂，以至斯極與？不然何自苦爲也？斯時也，王獨居深念，必悽愴悲懷，愀然不樂，而臣亦見王之民氣結而不揚，中抑鬱而若有亡也。夫王之民，固甚念其父母兄弟妻子之民也，然亦有時若忘乎其父母兄弟妻子而甚愛我王，且不惟此而已，更愛我鼓樂之王、田獵之王。今夫野人相勞苦，嗚旦暮歡，猶歌呼嗚嗚，擊甕拊缶，而又以其間獵豵豜，具伏臘，奉公上，況王泱泱表海，土風固雄，且羽毛齒革，地實生焉，其不惟君之所辱。王今日者，請仍命鼓師，召太常，鼓瑟之忌進，絶纓之髡侍，相與抗曼聲，娱長夜，如是者不改；王今日者，請仍馳軨獵之車，馭騄耳之駿，靡橈旃，樹珠旗，以射乎之罘，觀乎成山，如是者亦卒不改。民或者驚相告，曩者鼓樂田獵之王復然矣，而孰意不爾也。王試采風而聽，憑軾而觀，其有首額疾蹙者乎，曰無有也；其有念而父母兄弟妻子者乎，曰不聞也。其舉欣欣然色動者何也，曰喜也；走相告語何也，曰其庶幾吾王之無疾病也；何以知吾王之無疾病也，曰以王之鼓樂田獵也。斯時也，臣固見王之樂未及終闋，而父老已願須臾毋死、思見德化之成也；臣又見王之游未及還轅，而道旁觀者咸歎息且感、泣數行下也。

評：意在摹寫覆述語氣神情，故多從反面、側面翻騰跌宕，以注末句。筆勢飛動，興致淋漓。

此文王之勇也

熊伯龍

勇之大者，一見於周文焉。夫文非期乎勇也，而勇亦自著，然則文之不可及者，豈以不勇之故哉？且堯舜後，聖人而無憾者，文王而已，詩書所載，詳於德化，略於武功，故當時鮮怨惡，而後之窮兵者亦無所挾以爲資，識者深歎其臣節之終。蓋由乎此，而亦未嘗不疑其戡亂之才或有所未逮也，讀皇矣之詩而知儒者之論固不足以測聖人矣。天下有勇而不必爲聖人者，未有聖人而不勇者。凡人所爲，自始至終皆得以勇名之，而一值頹敗、中藏立見者，此以人從勇，有幸有不幸也，然人以一概觀之，有終身見其爲勇者焉；文王所爲，自始至終一勇不足以名之，而時當憤發、大滿人意者，此以勇從人，有露有不露也，然人以一概觀之，有終身忘其爲勇者焉。試觀赫怒整旅如此，此非文王之勇乎？自古安常之局，惟勇可以破之，其先固有事獯鬻之法，而所處之勢異矣，文王有大於人之氣，豈援祖宗以自便乎，當其時，曲直之形既分，彼己之情亦審，而智至此而無所用，豈非乘勢以立功者哉；自古度外之事，惟勇可以濟之，其身亦有事昆夷之法，而所值之時異矣，文王有大於人之志，豈狃夙昔以養寇乎，當其時，依京挾風雨之勢，涉河失險阻之形，而仁至此而不欲施，豈非趨時如響赴者哉？與人同功，無以爲威，「予懷明德」以後，皆稱天以重之也，赫赫者天，而憑爲誕告旅師之本，蓋才力所不能争矣，夫養晦雖其素蓄，觀乎此，而英略不已過人歟；等勢齊量，無以爲武，方伯專征以來，皆君道以治之也，業業者君，而奉其弓矢斧鉞之靈，蓋剛柔所不能較矣，夫觀兵豈其初志，觀乎此，而盛威不在千古歟？嗟乎！古未有以勇言文王者，而自臣言之；天下自是知征伐不可廢，而文王之心亦或以此傷矣。雖然，三代以下，猶願其爲文王之勇也夫。

評：義理平正，詞氣堅確。同時不乏積學之士，舉未能及其老潔者，則功力之有淺深純駁也。

此武王之勇也　二句

劉子壯

以勇安民，若無異於前王矣。夫一怒安民，文王已見於前事，而援書所引，即武王亦有然者，其勇寧有逐哉？嘗讀「有聲」之詩，以武功稱文王，至於武王，則曰「皇王維辟」「無思不服」而已。論者以文王造其始，而續而終之爲無難，又以見文王之文非不足於武，而武王之有天下非力取之也。顧我之論武王，有進焉。武以兵有天下，神武之略，同符古湯，則其勇無俟乎表而揚之也，詩人深没其詞而歸功於文，所以爲其承厥志之義；抑武以兵有天下，服事之德，幾傷穆考，則其勇固宜乎深而隱之也，史臣盛引其説而專美乎武，所以爲無慚於父之辭。則就書所云而斷之，曰此武王之勇也，而武王亦怒而安天下之民，有不異乎文王者。夫文之征伐，皆稟於殷商，則戰勝不有其功，孰與夫奏耆定而朝諸侯者乎，而武王則不敢，若曰：文之所安，我亦安之，載主而東出，若以託乎在天之靈，而勉小子之無良，明文考之無罪，則干戈之援及，非以誇夫予武，在父子之間，亦足以明其無異事矣；文之訊馘，無過乎阮密，則才武未極其雄，孰與夫胥如林而奏罔敵者乎，而武王則不忍，若曰：我之所怒，亦文王之所怒，宗祀而教孝，若以請乎明堂之命，而伐密爲王功之始，伐崇爲王功之終，即會朝之清明，初不過乎因壘，合詩書而論，亦可以見其有同揆矣。世徒見斧鉞之專，商實倒授以柄，而不知周家兵雄天下，本自司馬之法，蓋武王以仁義之師，一戎衣而底定，則教戰教耕，皆原於養兵不試之意，一旦奮發，伍兩卒旅，皆先朝之簡服，而質重氣鷙，亦託王靈而有貔虎之威；世徒見兵法之授，臣實曉暢其機，而不知周家世處西陲，素有昆夷之喙，且武王以沈毅之姿，幾百年而舉事，則麾旄仗鉞，已藏於遵時養晦之中，一旦稱兵，羌戎尹尉，胥穆考之留遺，而發揚蹈厲，亦依聖武而奏鷹揚之績。吾於是知武之述文，不必在取天下也，意主乎安，即藩臣可老，而天與人齊，可以明前人無教子逆節之理，則大勳未集，與實始翦商同論；武王之安天下，有不得已而一怒也，事止乎安，即建橐猶後，而憤與望迫，可以見聖人有輕身徇民之心，則勝殷遏劉，與講學行禮同功。即取「有聲」之詩以合書，而文武之勇不異論而同乎？

評： 比比寫「亦」字，縱横出没，具有精思偉論。

天子適諸侯曰巡狩　一段

陶元淳　墨

先王之觀及天下，以課侯也。蓋先王委所守於諸侯，而不可無以課之也，於是乎有巡狩之典。想其告景公曰：以臣觀先王之世，未嘗敢一日自暇逸也，其長駕遠馭之略，將使五服之内必有車轍馬迹焉。蓋其觀也，與公今者之欲相類，而重之以課侯，定之以十二年，則規模較宏遠而用意深焉矣。夫齊自賜履以來，岱宗在其封内，天子之明堂在焉，諸侯朝宿之地亦在焉。我東國世守之以望幸也，而時邁之典無聞，祭告之禮不舉，蓋天子之不巡狩久矣。然掌故所藏，可考而知也。想先王慮天下之曠而難制也，故分諸侯以理之，而又恐諸侯之負其險遠也，故動屬車之音以震之，豐鎬受命之邦，帝王之所光宅，而六飛所駕，則侯甸男邦之遠，無不奉其清塵已；先王慮天下之遠而弗屆也，故命諸侯以綏之，而又念諸侯之過於勞勩也，故勤玉趾之舉以親之，郟鄏定鼎之區，風雨之所和會，而萬乘所臨，則伯叔甥舅之邦，無不承其警蹕已。若是者先王豈好勞哉？謂我一二兄弟爲我守此土也，豈其封靡相尚以貽予一人之憂，顧或者侯績已懋而慶賞不行，采風之使未必能上聞也，且使天下謂予一人燕逸深宮，遂忘四國之卹保，毋有傷其志者乎，故巡其所守而後諸侯無不戢志也，雖供馬賦車不憚煩矣；我累世積累以承藉丕基也，豈其黜陟既明不足慰庶邦之望，顧或者考績雖優而政事實缺，躬覽之餘不盡如所聞也，且使諸侯謂予一人僅亦守府，非有高世之規，其獨無生其心者乎，故巡其所守而天下無不震疊也，雖道河周嶽不遑暇矣。而臣以爲天子之觀莫大於是矣。雖然，公諸侯也，臣請更以諸侯之觀進。

評：此等題，一入後世權術作用，雖議論發皇，於先王巡所守之意反無所處矣。文雖未盡洗脱此意，而場屋中有此醇雅韻秀之致，正非宿學不能。

春省耕而補不足　爲諸侯度

劉子壯

即一觀而不忘勤民，可以爲法於天下矣。夫春有補，秋有助，先王無不爲民而出也。齊備侯封，曷不念古夏諺之聞乎？且天子所至而百姓望恩，故輿蹕之地，古者謂之幸焉，所以皇仁洽而頌聲作也。先王不敢市德仁之譽，而陰其事於游觀；先王有所降慈惠之文，而風其義於藩邑。用此道耳，是故五年之典，既躬履列辟以頒其澤；而二分之節，又時巡國中以樂其風。其自祈穀以行帝籍，大享以報土功，春、秋已重其事；委積掌於遺人，施惠巡於司救，補、助亦兼其時。然而省耕省斂，尤復殷殷者，亦曰懼其有不足也，懼其有不給也。垂裳而理，天子不慕盛世之虛文，而問其疾苦，拯其災患，則艱難得之目矚，而簡稼器而巡稻田，辨種類而趣耕耨，不以備員於官師；降詔而咨，聖世非徒慰勞之故事，而貸之種食，捐之園林，則實惠得於躬親，而移用以救時事，合耦以助勤勞，無敢輕行其賞罰。夫民也，鑾旗在前，屬車在後，豈無侍衛擾而禾稼躪，而望玉步之臨如同風雨；率其父老，進其飲食，豈無費相當而勢相迫，而捧穀帛之賜遂入聲謡。則其所以感之者豈其微哉？蓋夏諺有之，曰「吾王不游，吾何以休？吾王不豫，吾何以助？一遊一豫，爲諸侯度」。當時手夷大難，王迹遍於山川，身履民間，農事通於玉帛。雖未知所以省之、補之、助之者於春、秋何如，而要其忘草野之固陋，作爲詩歌，感皇情之悦豫，諷及旬宣，非獨以奉一人，且以爲有國者勸也。若是者可以觀矣，而吾因以爲耕斂之省，古之諸侯有行之者。衛文維昔公劉，鞞琫容刀，陟則在巘，論者謂其以如是之容服，親如是之勞苦，爲厚民之至焉；衛文靈雨既零，説於桑田，傳者述其革車三十乘，晚年乃三百乘，爲訓農之效焉。蓋歲時之出無不爲民如此，而不然者，亡國恤而娱麀牡，吾恐其有會稽之典也。

原評：采藻焕發，不事馳騁而按律合度，在稿中爲謹守繩墨之作。

夏諺曰　爲諸侯度

鄭爲光

詳舉夏諺，而君樂爲民樂矣。夫游、豫固君之樂也，夏諺不獨歌休、助，且以式侯度焉，則其樂豈獨在君哉？孟子述晏子，意謂：臣嘗觀君民同樂之世，雖偶然之惠，若令人有媚於天子之意焉。百年之利，或身被之而口不能指，一日之澤，乃心憶之而語不能忘，蓋幾幸之詞也，而頌禱亦行乎其間矣。臣詳補助而述夏諺，蓋夏之民以歌頌其先王者也。其民目不覩土功荒度之勞，遂若忘胼胝之大務爲往事，而僅冀倖於倌人之夙駕，願見君王；其民身不逢玉帛塗山之盛，亦不必援王府之典則爲明徵，而即觀望於屬車之清塵，康我婦子。其補助也，夏民相與親其上而歡告，以爲此吾王之游也，夫君子至止，其不驚擾吾民，亦厚幸耳，而民若深慶其有此游也，又惟恐王之不有此游也，歌之曰「吾王不遊，吾何以休」，吾不知人主高居法宫，其貽休於民者何限，而小民不解，直以食其利爲感恩耳，故謂晏處而勤政，不若説於桑田者之獲我心也；其補助而游也，夏民相與親其上而歡告，以爲此吾王之豫也，夫君子樂胥，其於燕譽吾民，不相及耳，而民若深慶其有此豫也，又惟恐王之不有此豫也，繼之曰「吾王不豫，吾何以助」，吾不知人主蒿目焦勞，其裨益於民者何限，而小民無知，直以遂其私爲得計耳，故謂日昃而不遑，不若王心暇逸者之於我多也。抑夏諺非獨此也。君舉必書，即此來游來歌，而一似不可多得；民願至廣，當其式歌且舞，而猶望推及庶邦。終之曰「一游一豫，爲諸侯度」，若莊言之，若推廣言之。意謂此吾王之泮奐也與哉，無教逸欲有邦，恃此志也，蓋一人之慶也，而亦萬邦之憲矣；此吾王之愷懌也與哉，無封靡於爾邦，恃此志也，蓋百室之盈也，而亦百辟之刑矣。我意當是時，大臣不必矢卷阿之詠，而車庶馬閑，樂親顔色，夏諺竟可代太史之陳風；君上不必觀「無逸之圖」，而求寧求莫，慶溢里閭，夏諺直可當行人之誦志。此所爲君樂民而民亦樂其君者乎？

評：每於「游」「豫」之上，「補」「助」之前，襯出妙義。體裁既得，又善點化諺語。文情流美，最易悦人。

召太師曰　三句

楊大鶴

樂以誌君臣之盛，其遺音至今存也。夫君臣相悦，亦云盛矣。徵招、角招，其樂至今具在，景公、晏子不足法乎？且自「喜起」歌而虞弦遂遠軼於千古，至若三代以降，數十百年之間，何寂寂無頌聲作也？得非主臣之際以貌相承而心不相得歟？夫誠有合於「喜起」之遺意，則其事可傳，而其音響所留亦至於久而不廢，如齊景公是已。興發之舉，晏子言之而君即説之。吾見聊、攝以東、姑、尤以西，其民莫不樂湛恩之洊至，而晏子亦適適然喜陳善之得行，謂兹事之在吾君，果可以比於先王也。當是時，君臣蓋交相説云。乃公召太師而命以作樂，則何也？人情不能禁其所自喜，故事之出於一時者，恒欲有所託以傳諸無窮，夫相説之事，事之不數見者也，君能納諫，臣能效忠，已昭然在人耳目，獨念過此以往，時異勢殊，誰復知吾君臣間下濟上行，有如是之聯爲一體者乎，幸今日管弦播之，庶幾泱泱大風，可以示子孫而詔來世也；人情不盡忘其所自警，故情之動於一時者，更欲有所託以要諸久道，夫相説之情，情之不易得者也，君無忘艱難，臣無忘啓沃，已默相喻於隱微，獨念過此以往，日引月長，亦安保吾君臣間獻可替否，盡若今之咸有一德者乎，惟他日肄業及之，庶幾渢渢入耳，可以廣膏澤而全始終也。作樂之命，烏能已哉？是樂也，作之在春秋之世，傳之爲故府之遺，世雖遠而音猶在也，蓋徵招、角招是也。齊聲有表海之雄，爲太師者，何以不操乎土風，意者樂備六代，而獨取諸招，直欲奉當日之君臣與賡揚比烈，不可謂非誇也，然主上有盛德，而臣子樂盡夫頌揚，亦其宜矣；宫商有相應之和，爲太師者，何以别寄其節奏，意者招兼五聲，而獨用其徵、角，誠有見泰交之堂陛惟民事是圖，庶能相與以有成也，夫朝廷有盛節，而瞽宗獨究其本原，滋足誌矣。臣嘗受其詩而讀焉，請爲王述之，以畢君臣相説之説。

評： 綿邈生情，聲容並美。上下相注，亦自然一片。

文王發政施仁 二句

韓　菼

王政有先施，仁心之所及也。夫文王之仁政自有其大者，豈能一一於窮民而先之，亦曰其心之所至則然耳。且夫王者之立政，其於緩急輕重之故詳之久矣，初非有煦煦小惠自結於民之術也。然而王政亦本乎人情，夫人情所同惻然之處，而王者之心不汲汲焉，是其仁心爲質，反不若恒人之用情也，亦不足以舉乎其政矣。文王之治岐，王政也，即仁政也。今觀九一諸法，可得發政施仁之大概矣。此自遠觀乎一國之勢，必先行其寬大，而非有要約人心之私，益假史臣以行善之説；此自謹念夫立國之規，必早定其經制，而亦非有自居父母之意，益形朝廷以如燬之傷。若是而謂文王，以其至公之心與其政之至大者，而必沾沾於鰥寡孤獨無告之民，毋亦有其所不暇，且此固惠術也，非政體也。然臣謂必先焉者，何也？人情遇夫俯仰快然者，未必仁心之動也，有一蹙然者，其情不假躊躇而後悲，由是而思，聖人以什伯庸衆之情，迫什伯庸衆之痛，而忍聽其窮於天、復窮於我乎，吾想出玉門而獻河西，其時幾不保有岐山，而不勝疾苦請命之意，知其仁心有入人家室者爾；人情當夫號呼望救者，謂此仁人之事也，苟稍有力者，其身豈得徘徊而後往，由是而思，聖人以崇朝可及之勢，急須臾難忍之憂，而忍使其告於君、亦如告於天乎，吾嘗讀關雎以迄騶虞，其詞不聞賦一鮮民，豈必無耆老孤子之苦，知其仁風有釋人慘怛者爾。仁之政歷數十年而始成則甚難，仁之心感於一旦而輒見則甚易，四者施仁之易者也，文惟長不失此甚易之心，舉凡經營於高山周原之間者，皆可馴致而無難；以吾之仁爲天子撫斯民則甚順，以吾之仁與造物爭此民則甚逆，四者施仁之逆者也，文惟欲衡勝於甚逆之天，後之次第於出治明堂之日者，遂覺措施之大順。四者非必政之先務也，仁之先幾也。即文之所以施於四者，臣未有以考，而見之王制，不過皆有常餼。度亦若是而已矣，固未與九一諸大政同類而並重也。

評：並不是發政施仁之大經大綸處，何以獨先此四者？惟此能道其所以然。

所謂故國者 一章

張玉書

賢臣進而民賴之，其國可世守已。蓋賢者，民之所託而國所與立者，用人不慎，何以成故國乎？且夫一國聽命於君，而獨至人才之用舍，國人若與君陰分其柄。何也？民所不敢争者，君之權也，其與國同體之誼，每視君所親任之人引爲休戚，故善得民者，必以慎簡世臣爲託國計焉。夫謂之曰世臣，蓋當國家累葉之後追思舊德之辭。方其始進，何遽以世臣許之？而非也。其人思深計遠，常身履祖宗之朝而謀及子孫，既可與創業，亦可與守成，此真世臣矣，剪荆棘、闢汙萊，非所論也；且其人遺艱投大，常身處盛明之運而念及憂危，私則保其身，公則庇其國，此真世臣矣，魯之三卿、晉之六卿，非所論也。嗚呼，有國者孰不欲得世臣而進之？乃往往求一親臣不得，何耶？不慎故也。上方破登進之格，則立談要主知者至矣；上方急名譽之選，則虚聲動朝聽者至矣。尊之戚之，誼至渥也，或一旦而驟罷，徒有輕易舊臣之嫌；卑者疏者，未之深信也，忽一旦而驟進，復滋誤收新進之悔。惟其始少一如不得已之憂，及其後遂至欲已而不可復已。豈獨人才之難知哉？亦過聽左右、諸大夫者多耳。左右非盡佞幸，然竊權藉以禍國者比比也；諸大夫豈無正人，然恃黨援以誤國者比比也。夫亟望賢才之進而共食其利者，惟國人爲最真；當賢才未進而不惜争效其議者，亦惟國人爲可信。因而察之，賢者用可也，不賢者去可也，又其甚者殺之可也。總之，視國人如子弟，視國之有臣如主伯亞旅，凡其求賢若渴，無非貽一世之安，則朝野中外皆仰若臣而託之矣，衆志苞桑，而何讒説之輕撓國是哉？以老成引後進，復以今日之後進儲他年之老成，方其一賢登朝，已早植數世之報，則宗祊社稷皆相若臣而佑之矣，神人憑依，而何外侮之輕摇民志哉？嗚呼，民依於君，君依於賢，君與臣若民相維，然後能有其國。

世之人主，不思爲國樹人以盡父母斯民之道，而徒歎立國之難，何其無術也！

評：意度節奏與黄陶庵相近，筆力之健舉亦似之。

左右皆曰賢未可也

姚士藟

賢不以左右而可，於其易可者先慎之也。夫曰賢，出自左右，甚易可矣，矧皆曰賢乎？而國君以爲未也，蓋其慎也。從來君與賢之相遇，豈盡天作之合哉？蓋亦有人焉進説於君，以爲賢者先容矣。吾謂國君進賢之慎，尤當自左右之先容始。何則？左右之稱，有爲人主之重臣者，所謂置諸左右是也，其人皆保傅之尊，職司啓沃，而三代以下，久無此交修罔棄之虚懷，則典已廢矣；有爲人主之近臣者，所謂簡乃左右是也，其人止攜僕之屬，力給走趨，而官制日弛，又加以寺人愛倖之錯處，則品益雜矣。然則左右而曰賢且皆曰賢乎，而得遽以爲可乎？顧左右而曰賢且皆曰賢乎，而不易以爲可乎？其易以爲可者，何也？凡大僚之特薦一賢也，人主每以攬權而忌之，若左右之屬，小人耳，雖侈口曰賢，而恒諒其意念之無他；凡外朝之公薦一賢也，人主每以植黨而疑之，若左右所處，禁地耳，雖衆口曰賢，而猶念其交游之無素。雖然，不可以不慎也。左右即不好權，安知其不嗜利，進一賢而使利歸左右，名器不足復重矣，又況利之所歸，權之所以移也，且令左右絶不好權、絶不嗜利，而使吾賢因左右之言而進，而賢者不已輕乎；左右即不樹黨，安知其不市恩，進一賢而使恩歸左右，國是由此日淆矣，又況恩之所歸，黨之所以成也，且令左右絶不樹黨、絶不市恩，而使吾君因左右之言而進賢，而進賢不已苟乎？是故闇主之所可，明主之所慎也，左右之伺上甚微，其君好爲名高也者，而所稱必曰抱道之儒，其君好爲厚實也者，而所稱必曰濟時之彦，蓋國君之意旨各殊，能飾於大廷而不能飾於深宫燕私之地，固左右所微爲伺也，正以伺我甚微，而明君於此乃益加慎耳；庸主之所易可，賢主之所先慎也，左右之逢君甚巧，君或讀書而慕得人之慶，則共舉一賢以迎其所喜，君或退朝而抱乏才之憾，則共舉一賢以解其所憂，蓋國君之忻戚有時，未喻於百僚而早已喻於朝夕侍御之近，故左右得巧於逢也，彼雖逢我甚巧，而賢君於此止知有慎耳。慎之如何？亦曰未可而已矣。未可非絶之也，進賢之念迫，雖左右不逆料以不肖之心；然而寧聽之也，進賢之事重，豈左右而遽信其有知人之哲哉？故曰於其易可者先慎之，斷自左右始。

評：題之眼目全在「左右」二字，前半疏得分位分明，後半寫得情狀透露，無一語移置得下二段去。

滕文公問曰 三章

王汝驤

始終以死守策滕，機在爲善而已。蓋處滕之勢，必效死而後可以守，必爲善而後可以死也，去且非計，而以免爲耶？嘗觀小國之困於大國也，有民死其君、君死其國之志，則國有與立，而其避敵以圖存者權時之宜也，事人以苟免者自亡之道也。故孟子策滕，首斷之以守而堅之以死，豈迂論哉？短長五十里，既無夷儀楚丘之地可徙以自延；昭穆數十傳，忍以子孫宗祖之依遽捐以與敵？是故舍效死之義，計無復之也。嗟乎，彼事齊事楚以來，滕之民力竭矣，將誰與守之而誰與死之哉？文公之恐，蓋自知其不能得之於民也。雖然，得民何難？强爲善而已矣。能爲善而後民可與，深溝高壘，謀及後世而有餘；能自强而後死可效，父老子弟，失之一日而不忍。不然，天作高山，太王荒之，夫獨非畏於狄者哉？而去而卒王，寧無恃以處此？且無遽言王也，第能如太王之去，亦何所爲而不可哉？能使其民戴之爲仁人，即與之守國必固；能使其民從之如歸市，即與之效死必誠。然則滕之所自處可知矣。值不得免之勢，但當急而求諸民；處無可去之時，但當力而强諸善。以善結民，以民守國，民弗我去，與民死之；民即我去，以身死之。聽其無如何者於天，效其必弗去者於宗廟社稷。此有國者之正，而知所擇者之必出於此也。嗟乎，處小弱而不自强，徒恃其皮幣犬馬珠玉事大國以求免，否則，輕去其國而自取亡焉。

千古而來若此者何可勝道，皆以昧於效死之義而謀之不審，悲夫！

原評：貫穿鎔鑄，全是一片。精神團結，故能過奇横於嚴謹之中。

武王周公繼之　二句

張克嶷

大行必俟諸繼，蓋其難也。夫文王之後而復繼以武、周，此古今不多見者也，大行顧不難與？且王者躬有聖德，而推而布之天下，亦欲及身而興耳，安能鬱鬱待後世不可知之數哉？雖然，以德則不必有待也，以德之行則又不能無待也。德如文王，而百年未洽，行則有之，大行則未也。六州雖曰歸心，而如毁猶傷，此亦文之無如何者矣，彼稱受命者必歸西伯，皆史臣推本之論，而其實起侯服而集大統，原非文王自爲者也；二南雖云化行，而制作未遑，此又文之不得已而已者矣，彼誦始平者必於穆考，亦後人讓善之辭，而其實鑒夏殷而酌損益，初非文王手定者也。蓋其大行也，以繼之者有武王而復有周公耳。以執競而纘丕基，自具有臨馭萬方之略，是文之後有武，仍無異於文之後復有文，故文所已爲者，武從而振起之，文所不及爲者，武更從而光大之也，觀於大業將興，而陳師鞠旅，尚俟十三年之後，逮至會朝清明，謳思遍於萬國，而聖天子之經營固已不遺餘力矣，追憶陰行之初，豈意遲之又久一至於此，而遲久固已至此耳；以元聖而隆制作，自具有經緯天地之才，是文之後復有公，又無異於武之後復有武，故武之已成乎文者，公因而恪守之，武之未成乎文者，公又因而神明之也，觀於大物既改，而分官定禮，尚在輔幼沖之年，逮至禮樂明備，懿德敷於時夏，而賢冢宰之經營不知幾費拮据矣，追思養晦之日，方意遲之又久不必至此，而遲久乃終至此耳。且夫創業垂統，所可必者在己，而嗣續則有未敢知者，幸而元子神聖，家相多才，十五王之積累於是始畢耳，不然而子或不克承厥父，弟或不克相厥兄，將皇然抱此未竟之緒矣；積厚流長，所自信者天命，而人事則有難逆睹者，幸而錫齡有驗，赤舄無恙，五十載之勤劬差堪無憾耳，不然而武未受命遽以侯服老，公遭流言竟以明農終，幾殷然留此未盡之心矣。是非不足於德也，德之不能遽行者如斯也；抑非不欲行其德也，德之大行不能無待者如斯也。天下有幾文王，有幾文王而復有武、周繼之哉？以德若彼，以行若此，蓋王天下若斯之難也。

評：覷定下節一「難」字落筆，反覆皆中題肯，而詞亦開拓。

夫志氣之帥也 二句

陶自悅

明志、氣之相爲主輔，而知心之不離乎氣也。夫心宰乎體而體成乎氣，志爲帥而氣輔之，豈有能相離者哉？孟子曰：自二五各正以來，形生神發，莫非氣爲之也。顧天生萬物以氣，而獨與斯人以心，蓋即其氣之神明者，使之統攝運量乎氣，而氣之在人，乃爲五行之秀、庶物之靈，亦大異乎凡有形者之氣矣。彼告子之「不得於心，勿求於氣」，豈知此哉？方心之寂然不動，固即太虚之氣貞於一而無朕耳，未見心之有所命乎氣也，亦未見氣之何以效命乎心也；方心之湛然中存，又即妙合之氣復乎静而有常耳，未見心之有所用夫氣也，亦未見氣之何以應用乎心也。則試於吾心所乘之氣機而觀，夫志於何思何慮之中，而忽有所之焉，維時耳目之所加，手足之所措，指之則有向，導之則有方，未有志先而氣敢後者，蓋率乎乾知坤作之自然，而志固氣之帥也；則且於吾心所運之百體而觀，夫氣凡一官一形之生，而莫或有歉焉，是故耳目之爲視爲聽，手足之爲持爲行，從令則以位，用命則以次，未有體在而氣不赴者，蓋順乎陽變陰合之自然，而氣乃體之充也。若告子之「不動心」，是心不得有其志也，心不得有其志，則氣亦頑而無所用，獨不念人生氣以成形，苟無志以帥之，而氣之充乎一身者，其能無所節宣而不軼於攻取哉？且心不得有其體也，心不得有其體，則氣自虚而不足貴，獨不念人生體以載心，自非氣以充之，而志之宰乎百爲者，其又何所統紀而得成其變化哉？夫蓋不知心與氣之未始相離，而内外本末之不可不交相養也。

評：上文「心」「氣」對舉，此獨變「心」言「志」，蓋心之寂然不動時，本無端倪之可窺也。文於此處體認分明，通身詞義亦老健無支。

我知言 二句

張 爲

言與氣受治於心，正心之自爲治也。夫知言養氣，此心之爲也，而心乃由之不動矣，豈非治則俱治者乎？孟子意曰：人有所失，不可誣也；我有所長，不必諱也。蓋我之至於四十而不動心也，我則有道矣。心一而已，物之進而嘗我者將無窮，而必以言爲端，此静感於動之機也。方言之出於人心而入於我心也，與我異者皆是，與我同者未嘗聞；自謂必然者皆是，自謂或否者未嘗聞。我將任其異而然之乎，既以無心自欺；我將辨其異而否之乎，又以有心欺世。如是而我之心疑，疑則旁皇審顧，久之而後庶幾有以決其疑，而心之動也甚矣。我則以萬變者，天下之言也；不變者，我心之知也。夫亦惟是，虚以養其有覺之體，實以致其窮理之功。如是者有年，而未與言接，知在言先；既與言接，言在知内。進退伯王之略，折衷仁義之歸，不亦從容坐照而有餘乎？蓋心本常明，而不得於言者，其明不足恃也，故我之不動心，道在「知言」。心一而已，我之出而持世者將無窮，而要以氣爲用，此静極乎動之幾也。原氣之聽命於心而爲輔於心也，氣之盈歉，心爲之而心固得專其權；心之屈伸，亦氣爲之而心亦必藉其力。我以躁心乘之乎，氣將發而難收；我以怠心處之乎，氣將靡而不任。如是而我之心懼，懼則徘徊觀望，久之而後庶幾有以制其懼，而心之動也甚矣。我則以無定者，氣之能役夫心也；有定者，心之能養夫氣也。夫亦惟是，堅其志於任重道遠，正其趨於閑邪存誠。如是者有年，而氣藏於心，善養以觀其復；心運於氣，善養以得其通。處則當大道絶續之寄，出則樹生民駿偉之勳，不亦優游指顧而裕如乎？蓋心本自强，而不得於氣者，其强將中阻也，故我之不動心，道在「善養吾浩然之氣」。此則我之所長所由，與告子之「勿求」者異矣。

評：二句乃「不動心」根源，文於「知言」中補出存心窮理功夫，「養氣」中補出操持閑存功夫。理解獨到，文境亦清潔無滓。

行有不慊於心　以其外之也

張　江

明氣之所由餒，而知義不在心外也。夫心之所慊者義也，行不慊心而氣餒，義之非外明矣。告子曾不之知，又惡能集義以生氣哉？孟子蓋曰：氣之不可襲而有可生也，生於集義者之心而已。天下無心外之氣，心之得不得而氣從之；天下亦無心外之義，義之直不直而心受之。是故義非他也，吾羞惡之心見諸行事者也。其行而宜之者義也，理直則氣壯，所以爲不餒之本；其因時制宜者心也，理得則心安，所以求自慊之實。使吾豫内以利外者無用而不周，則直遂其心之本然，而心安者體舒矣，一有不慊，此時鬱拂之心將何以順布吾氣而塞天地乎，非心之不能帥氣也，義不在故也；使吾由中以應外者無施而不利，則大滿其心之常然，而心廣者體胖矣，一有不慊，此時虧損之心將何以張皇吾氣而配義道乎，非心之不能帥氣以充體也，義不在故也。然則氣之不外乎心可知矣，心慊則氣生也，外氣於心者非也；然則義之不外乎心愈可知矣，義集則心慊也，外義於心者尤非也。我嘗曰告子未嘗知義，豈非以此故哉？彼蓋以吾人之學聚問辨以精義者若牖於外也，而不知正吾心之所以觀其變化；彼又以吾人之遷善改過以充義者若形於外也，而不知正吾心之所以妙其推行。始焉以義爲外，「不得於言，勿求於心」，而此心之義之全體蒙焉，蓋惟恐曲直明而心滋以不慊也，其不動心也一冥然罔覺之心耳已；既焉即以氣爲外，「不得於心，勿求於氣」，而此心之義之大用墮焉，蓋惟恐惴往分而氣愈以坐餒也，其不動心也，一悍然不顧之心耳已。曾不思心之慊，義爲之，而可外義乎哉？氣之餒，心爲之，而可外心之義乎哉？此我之養氣必以集義爲事也。

評：「心」「氣」「義」三層，分肌擘理，對筍合縫。於人所易生枝節、極難融貫處，皆若行其固然，是謂力大思精。

非所以内交於孺子之父母也 三句

朱鑒

無所爲而爲之，可以識乍見之心焉。夫内交、要譽、惡其聲，人心時或有之，而非所論於不忍之乍發也，今人盍自驗之乎？嘗謂人心之僞也，大都得諸從容審計之餘，而猝然相遭，則勢既有所難兼，而時亦有所不暇。蓋舉夫勉强爲善之意而盡忘之，而中之充塞無間者可睹已。有如怵惕惻隱之心，從入井之孺子生也。斯時今人目中止見一孺子耳，安得更見一人，即果有人焉在其旁，猶之弗見也；則斯時今人意中止有一孺子耳，安得又有一心，倘別有心焉隨其後，已非乍見也。獨是事定之餘，或者舉以告人，而人已竊竊然議其後矣。舉此心以告孺子之父母，彼父母必感我也，人得而議之曰所以内交也；舉此心以告我鄉黨朋友，譽言至毀言息也，人得而議之曰所以要譽而然，所以惡其聲而然也。夫今人非聖人，非賢人，吾烏知其非内交？烏知其非要譽、非惡其聲？且三者亦猶非大遠乎人情之論也。然舉此三者以疑乍見之人心，則吾得爲今人解，吾得爲今人白。非有成見之設於中也，急投之而急應之，才力聰明畢出相徇而不給，所旁給者何塗；非有先入者爲之主也，驟發之而驟致之，耳目手足欲貸片時而不能，又何能以兩顧？藉令易一境焉，而已有一父母之心，已有一鄉黨朋友之心，一若環相伺也，而此際則外心之紛紜無隙可入；藉令轉一念焉，而已有一内交之心，已有一要譽、惡其聲之心，一若踵相接也，而此際則内心之篤實無地可容。夫功亦可居，名亦可立，考諸吾心之初體，本無是也，而何從得傷人害人之術？且有所慕而爲善，有所畏而不爲不善，質諸吾心之初念，舉無屬也，而並可得不學不慮之良。世有疑怵惕惻隱之心者乎？吾得一一爲今人解之白之，曰：非然也，非然也！

評：段落擒縱，頗具隆萬人長技。於題中急疊神理，尤能曲肖。

伯夷隘 一節

韓　菼

究兩聖之行之所極，君子有以自命矣。夫隘與不恭，亦從乎其行之所極而爲言，非必爲夷、惠隱也。學夷、惠而無失焉，是在君子。且夫古聖人各行其是於天下，豈必後人之我從，而流風餘思，每感動於不自已。夫事之獨居其至，以示於後，未有必能無失者。故爲聖人曲掩其失之所必然，斯亦小於視聖人；而知其失而以爲無傷，斯又過於信聖人者也。予述夷、惠之行詳矣，兩人各較然立意若此，而往而輒窮，然閲數百年，聲稱益偉，後之君子往往慨然而興，曰是可以風也。且夫聖固有不可知者、有可知者。不可知者，無不至者也，而得其似者亦寡矣；有可知者，偏至者也，而每易於有所似以成名於天下。是故吾竊知夫後之欲爲夷、惠者衆也，而之乎其塗而失焉，以轉咎夫始爲之者之開其端，即夷、惠何以解免哉？是不若早窺其所極而爲之説，此君子之責也，抑亦夷、惠之志也。且夫古人亦安所得百全之行而居之，假令旁皇審顧，必求無幾微之累於吾身，是必中立依違而後可也，夫古之君子欲行其志，且犯天下之不韙而不辭，而如夷、惠，猶未爲其甚者也；即論世亦安所盡得快意之古人而論之，假令爲書所愚，不敢加毫髮之疑於古人，是必雷同傅會而後已也，夫誠爲君子獨行其斷，且反古今之所是以爲言，而如論夷、惠，猶未離乎衆説者也。則吾得目夷以隘，加惠以不恭，是亦夷、惠之行之所必至，而君子之決擇誠不可以輕也。蓋古人立身自有其本，隘、不恭，充其類之盡焉耳，而世必將曰惟夷而後能爲隘，惟惠而後能爲不恭，推其失而轉以爲美，是何以處夫聖人之時乎夷、時乎惠而卒不至隘與不恭者也，君子落落焉挾是非之權，一無護惜之私，正欲審美善之微而已矣；古人措行自有其全，隘、不恭，舉其疵之小者耳，而世又將曰非隘不成其爲夷，非不恭不見其爲惠，摘其瑕以概乎其餘，是何其便於後世之即於隘、即於不恭而遂以貌於夷、惠者也，君子卓卓焉定從違之志，不恕古人之隙，正欲别留古人之真而已矣。故曰君子不由也。嗟夫，隘與不恭自夷、惠開之，而將不知所極也，則直隘與不恭爾，豈復有夷、惠哉？君子勿於此中求夷、惠也，惟不由而後可以不爲夷不爲惠，即不然亦可爲夷爲惠。是在君子。

評：隘、不恭，非夷、惠全身，乃就清、和偏處推極如此。孟子既稱爲「百世師」，又恐學者以隘、不恭爲聖之所以清、和，故特發此論，非攻摘夷、惠短處也。文四面圓足，深得立言本旨。

朝廷莫如爵 三句

魏方泰 墨

歷舉達尊之所屬，而知其各有所重也。蓋爵、齒之尊也以朝廷、鄉黨，而德之尊也則以輔世長民也，三者之並尊於天下也。今夫人之與人相等耳，不知何以有貴貴之義，有老老之義而又有賢賢之義也。及進求其故，而義有所取，用有所宜，天下之人因凜然於所共尊，未嘗有所偏輕偏重於其間也，振古如斯矣。如爵也，齒也，德也，爲天下所達尊也。而爵何以尊乎，曰有朝廷則宜然也，蓋兩貴不能以相使，兩賤不能以相事，不尊其爵以示之，天下之人有日習於陵競而未已者矣，於是序其爵之高者焉，更序其爵之尤高者焉，而後天下曉然知貴賤之有所統也，蓋自有朝廷以來，冠履有常，固無有與之比其隆者矣；齒何以尊乎，曰有鄉黨則宜然也，蓋雖天子亦必有父，雖諸侯亦必有兄，不尊其齒以示之，天下之人有漸流於倫外而不知者矣，於是序其齒之長者焉，更序其齒之尤長者焉，而後天下秩然知長幼之不容紊也，蓋自有鄉黨以來，尚年有典，固無有與之等其量者已；德何以尊乎，曰有世與民在則宜然也，蓋刑名不可以壽世，雜霸不可以宜民，不尊其德以臨之，斯世斯民有欲進於治安而無從者矣，於是出其德而爲之輔焉，出其德而爲之長焉，而後天下悠然蒙清晏之休、沐教養之澤也，蓋自有世有民以來，致治有由，必無有與之媲其美者已。夫天下而不止有朝廷也，則勿謂爵之外別無尊焉可也。

評：意正詞嚴格老，場屋之正宗也。近日講西江派者，不於義理原本處求深厚，但於字句格律中逞新奇。其蔽至於生澀怪誕，試就所爲文詰之，亦不自知所以云矣。急宜以此種正之。

孟子謂蚳鼃曰　一章

張大受

大賢不以齊臣自爲，正深責夫爲人臣者也。夫孟子不爲齊臣，故進退綽綽然也。彼有官守、有言責者，其又何説之辭？且人臣之事其君也，分固不可逃，情亦不忍恝，必置其身於可仕可止之地，待其君以若遠若近之交，何以愧後世爲人臣而不忠者？然而君子之用心，正自有謂也。彼蚳鼃不度於王而辭靈丘，請士師，則闇於進矣；數月而不言，而亦不去，則昧於退矣。已而言，言而不用而致政以去，雖未能見幾於進之始，亦能引身於退之終矣。微孟子言，幾不知官守之不得則去，言責之不得則去也。然而孟子之所以自處，亦正可於所以爲蚳鼃者而得之矣。溝壑者無罪而就死，四方者顛連之莫訴，齊有司所不能自達者，獨蹇蹇焉，蓋盡其職於不爲官之時，以度其可仕與否，而非恝然於齊也，且使泄泄者無爲口實也；好貨而誦公劉，好色而稱古公，齊諫官不能直諍者，獨謇謇焉，蓋盡其言於不當言之時，以決其可言與否，而非默然於齊也，且使諸諸者聞而知恥也。如是而可以進乎，君必責難，非堯舜不敢陳矣；如是而時當退乎，道既不行，雖萬鍾不欲受矣。彼可退而不可進者，但見不仕之爲高，而不思君臣之義，授之以官，曰「不足與有爲也」，責之以諫，曰「不足與有言也」，胡不效蚳鼃諫王之後也；彼可進而不可退者，但見三已之可愠，而不覺素餐之羞，職之既曠，曰「吾將有行也」，諫之不聞，曰「吾猶有待也」，何盡如蚳鼃數月之前也？由此觀之，赧然立人之朝，義不合而不去者，固智出蚳鼃下矣。若託於綽綽然之餘裕，徒委蛇進退以市其君，又豈知孟子之所以諷齊人者乎？

評：通篇以孟子作主，以蚳鼃帶叙，而於題中筋節更無遺漏。取徑既別，文境亦超。

孟子謂蚳鼃曰　一章

魏嘉琬

大賢無言責，故不同於言官也。夫蚳鼃，言官也，言行則進，不行則退，固然。若孟子豈以進退礙其言哉？孟子於齊不受禄，所以處乎事外，而其言亦爲事外之言，誠不願以一官縻其身而進與退皆躄躄也。乃齊有諫臣曰蚳鼃者，鄉官靈丘，後請於王爲士師，閲數月乃言，言不用遂去。其初亦不免牽制，而後卒於其責無負，可謂明於進退與？而不知所以然者，孟子之言之激之也。齊人不知，轉有以是律孟子者。豈孟子亦有蚳鼃之責，亦當如蚳鼃之去？王既不用其言，亦當如蚳鼃之去？善爲人而不自爲，詎進退之義於己反不知哉？不知蚳鼃本有言責也，盡其言始盡其責，而後可以守其官，故以言爲進退也。而若孟子之進退，固綽綽然也。豈其亦有官守，亦有言責也耶？乃孟子之所以不官者，何也？天下惟事外之人，可以無乎不言，即如士師言刑，而刑之外有言，遂以爲越俎，故必以刑爲言也，乃齊之失政也多矣，無一事不當言，而既受言某事之官，則他事多不得言者，惟無言責者可以無乎不言，既無乎不言，而齊之失政，王於是乎無不知也；且事外之人即不用，而猶可以不去而猶可以言，即如蚳鼃諫王而不用，不用而不去，遂以爲貪官，故不用即不可不去也，乃王之惡言也久矣，齊臣無一人敢言，幸一人敢言又以不用而去，而齊臣更無一人言者，惟無言責者可以不去而猶可以言，不去而猶可以言，則王雖惡言而不能不聞其言，而齊猶不至無一人言也。不然，孟子即受一官、守一職，僅能言其當言耳，況言之不用遂以去繼之，曾何補毫末於齊而衹以一蚳鼃之進退爲進退也哉？

評：能於題外詰題，見孟子惓惓行道之義，識力高人數籌。

欽定清朝四書文卷十一　孟子上之下

五百年必有王者興 一節

陶元淳

觀古君臣之遇，而知運會非偶然也。夫乘五百之運，而王者與名世並生於其間，此元會之必然也，豈獨古如是哉？從來天下治日少而亂日多，其亂也必有人以致之，非獨其主愚也；而其治也亦必有人以開之，非獨其君賢也。蓋君臣之際，交相需也，而其數大約俟之五百年，何則？開創者之精神法制，雖足及乎千百世之久，然大約肇其基者幾年，享其成者幾年，其後乃因循頹墮，傀焉不能以終日矣，然而先世之德澤未湮，一時之流風善政猶未盡改革也，天下之人思其祖功宗德，未嘗不恕其子孫，迨至紀法盡壞，陵遲至於不可救，而後窮變通久之用乃自此而開，故夫五百年亦人事將返之機也；造物者之監觀求莫，雖未嘗或已於一息之頃，然大約眷顧定命者幾年，保右申命者幾年，其後乃氣象衰颯，駁雜不可爲理矣，然而帝心之仁愛未忘，一時之災祥變故猶足以警惕也，繼體之君苟能恐懼修省，雖無道不失天下，惟其百六之會，窮而無所復之，而後始終往復之運乃自此而更，故夫五百年又天運循環之日也。於是一姓不再興，而忽焉草茅側陋之中，有受命而爲之帝者，蓋自開闢以來，五帝官之，三王家之，要皆際昌期之運以與天下更始，而必非尋常力征經營之主所得與也，夫使力征經營者而可與，則古者大彭、豕韋之屬，亦可乘乏其間而姑攝夫帝王之統矣，而天必爲之更生王者，固知此剥復之道而天人理數之不可易者也；因而天子不能自爲，而忽然耕屠版築之間，有崛起而爲之臣者，蓋自古今以來，五帝其臣莫及，三王臣主俱賢，要皆依日月之光以共贊王業，而必非苟且霸顯其君之輩所得並也，夫使霸顯其君者而可並，則近世管晏狐趙之屬，亦可旋轉其際而伯仲於伊吕之間矣，而天必爲之更生名世，固知此上下之交而明良遇合之所一定者也。夫既理有可必，故生民不憂無主而天下不至於常亂，即不幸丁末流之運，而人心差可自安，以爲運之已極即運之將轉也，蓋不獨自古爲然也；惟其數更不爽，故賢人君子有以自見而吾道不至於終窮，即不幸遭阨窮之遇，而吾心亦可自慰，以爲道之將廢即道之將行也。蓋於今當亦無不然也，而竟何如耶？

評：胸中無經籍，縱有好筆，亦不過善作聰明靈巧語耳。一涉議論，非無稽之談，即氣象薾然，蓋由理不足以見極，詞不足以指實故也。此等文堪爲藥石。二句神脈重在「名世」一邊，乃孟子爲己身寫照也。文於此尚未審輕重，不可不知。

夫天未欲平治天下也　一節

方舟

大賢原天之不可强而自明其心焉。夫以平治天下之人而遇未欲平治天下之天，而何能豫哉？而亦何爲不豫哉？孟子若曰：今而知予向者猶未知天之深也。予蓋外觀當今之天下而内決之吾身，而以爲治平之有日也；乃今内卜之吾身以外決之當今之天下，而不禁爽然矣。蓋數已過而時則可，人之貪亂極矣，而天下當狹隘酷烈之餘，而時有幸心焉，以爲人之心不悔而天之心未有不悔者也，而不知天之心亦有時而不可恃也；即天之不弔亦甚矣，而吾儒觀古今往復之數，而常以理斷焉，以爲天之造禍亂者益深則其欲治平亦愈急也，而不謂天之理亦有時而不可測也。夫天之未欲平治天下也，蓋觀予之身而可以決矣。何者？當今之世，亂天下之材甚多，而平治天下者吾蓋未之見也。偷合取容以爲一身一家之計者有矣，其能任萬物之憂而不私其利者誰乎；立事程功以爲一國一時之計者有矣，其能用仁義之道而胥匡以生者誰乎？以今之世，度今之人，如欲平治天下，舍我其誰也？而吾之所遇如此，是非天欲困予一人之身也，彼蚩蚩者猶當轉於水深火烈之中，雖欲開予而不可得也，夫使吾之身廢不用而天下尚有可屬之人，而其待治平猶未若斯之急，而吾猶可以自解也，乃今之所蒿目以憂者猶如彼而向之所私心自負者已如此，而何能釋然於懷耶；抑予向者皆爲逆天之事也，其皇皇焉自以爲及時應數之人，而不知天之所廢不可興也，使天欲有所轉於天下，而何遂憒憒以至於今，使天猶欲有所用於予，而何必遲遲以待於後，此又事可逆覩者也。在予固無如何，而歎我躬之不閱；在天亦必有道，而非盡造物之不仁，而究亦何所容心哉？而吾何爲不豫哉？予之身，惟天所以處之，而今之天下，亦惟天所以置之。汝第外觀於今之天下而內決於予之身，而又以觀於天之所以處予與天下者，而可以無疑於予之不豫矣。

評：題面是「何爲不豫」，題神却句句是「不豫」。文能曲肖神理，浩氣獨行，宛然如自孟子口中流出。

詩云晝爾于茅　有恒心

王汝驤

即民之不緩其事，而心所由恒可識矣。蓋民之心係於其事也，豳風所稱，非其所事於恒產者乎？孟子曰：人君爲國，期於得民之心而用之，而臣獨汲汲於民事。君得毋謂民之事民自急之，而勸功樂業之常，無待上人之措意哉？而不然也，民事不可緩，非臣一人之私言也。古之人明於經國之計者，首重乎民之所以爲事，自衣食以至孝弟，皆有不容已於規畫之圖；而明於敬民之原者，先審乎民之所以爲民，自于耜以至滌場，皆有不容已於歌詠之致。豳風之作，周公以民事告成王也，詩云「晝爾于茅，宵爾索綯，亟其乘屋，其始播百穀」。思東作之將興，而冬春並日，何其愛土物而心臧；念宮功之既執，而宵晝兼營，想見服勤勞而思善。蓋周自陶復陶穴以後，在巘在原，所以定民居而授民業者，閱數百年之舊，而人有可戀之田廬；故其民自乃疆乃理以來，侯亞侯旅，所爲春在野而冬入邑者，非一朝夕之依，而人克自勤於保聚。若是者何也？民之爲道也，食貨之原，有其生之而不匱，故曰産焉；地著之本，苟或遷之而弗良，故貴恒焉。夫是恒産也，謂是養民之身已耳，而口分世業之餘，置其手足者於此，即所以習其性情者於此，稼穡維寶，心復何之已；謂是克恒其生已耳，而菜畦桑圃之間，長其子孫者於此，即所以遠其龐異者於此，血氣和平，莫恒於是已。今即詩言思之，「晝爾于茅」，尚有當晝而嬉者乎？「宵爾索綯」，尚虞日入慝作乎？「亟其乘屋」，誰不愛吾廬乎？「其始播百穀」，四時之間何日休息乎？有恒産者有恒心，亦其驗已。不然，種不入地而邑有敖民，即周公安所得豳風而繪之耶？

評：即上截之事，現下截之理。體格雅淳，穆然静對，其味彌永。

詩云晝爾于茅　有恒心

張　江

民亦自勤其事，可思恒産之係民重矣。蓋宵晝皇皇，皆爲播穀亟耳。恒産也，亦即恒心也，彼以民事爲可緩者，盍誦詩？嘗思好佚者人情乎，蚩蚩者何心而不憚煩也，亦曰吾以爲生耳，而善論治者遂因此而得風俗焉。是故用天之時，分地之利，盡人之力，以立民命，即以立民心。事固莫有重焉者也，而爲國者顧得緩視此乎哉？今夫人君之緩民事與其不緩民事者，亦各有道矣。蓋粉飾治具者，動侈口於禮樂文章之盛，謂道一風同乃稱至治，而不屑以農夫手足之烈漫費其經營；而憂勤治本者，惟盡心於蠶桑耕織之圖，謂思深俗儉實始王基，而時樂以小人稼穡之艱箴警於朝夕。昔者周公其知道矣，爲之詠豳詩，蓋七月八章，大率皆爲民之勤於百穀而作也，而其較著者尤莫若「于茅」「索綯」數言。觀其綢繆家室之時，即不忘樹藝疆理之事，憂思之遠，勸勉之諄，無敢須臾少緩焉，而求其淫心而舍力者固已寡矣。美哉！非知道者其能爲此詩乎？蓋國依於民，必民有其恒心而後可相與爲國；民託於國，必君子以恒産乃爲能不失此心。且夫唐、魏之陋也，其纖嗇，至於「要襋縫裳」，其憂傷，至於「山樞」「蟋蟀」，比諸羔羊朋酒之寬大和平，其細已甚矣，而論者猶以其民有先德之遺，何者，民氣易流，道在操之於服勤作勞之下，此朝夕之黽皇，所爲勤以厲其心於勿放也；且夫齊、秦之强也，重環兩牡，人競勸乎蒐田，駟驖車戎，日争雄於伍兩，比諸纘武獻豣之忠順仁愛，亦大不馴矣，而論者猶以其民爲可用之國，何者，民生本淳，道在養之於安居樂業之中，此田廬之保聚所爲重，以固其心於勿遷也。不然，當日者有邰以穡事開基，公劉以夕陽定國，一切詩書弦誦未暇經營，而傳數百年，其子若孫猶得歌詠之，以爲風俗，是遵何道哉？有恒産者有恒心，願君誦七月而敬圖乃事也。

評： 後半才思濬發，具見平日讀書根柢。前幅更能綰合「有恒産」句則無遺憾矣。其佳處自不可掩。

徹者徹也 二句

韓菼

「徹」與「助」有同實，而若各有其意焉。夫「徹」與「助」既仍夏什一之制，而何異其名？然即其義思之，亦殊不相遠也。吾視累朝之法，恒於由舊之中寓維新之意。蓋一王代興，其國家各有恤民之隱，故嘗反掩其師古之名，而使其意若不相謀。千百載後，猶得考遺文而言其義也。如什一之制，三代皆然，則夏后任土作貢，殷、周既皆因之，而必「助」與「徹」之各異，何哉？制不改夫前朝，吾儕小人，其與君王者如故也，無何而奉上别有名矣，又無何而取民更有辭矣，即民亦不解其何故也；法已習於往古，父老何知，恒慮興朝之多事也，乃易一令焉而民樂矣，又易一令焉而民仍樂矣，即上亦不言其何故也。嘗思之矣，周以穡事開國，知閭閻之不可獨爲治也，夫昔吾先世嘗習手足之勞，亦在中葉曾度夕陽之舊，君公至貴，共爾民作苦久矣，爾民何自私焉，且使吾子孫食一民之德，以爲此千萬民所拮据而成者也，庶於「徹」之義有賴乎，夫在當年，第相傳爲「徹」已耳，傳之，竟忘之矣，而此意亦何可没也哉！殷自玄鳥正域，知草野之不能下堂理也，夫既不如夏后王躬則壤以定賦，復不如周先人致乃粒以乂民，國家曷賴，惟爾民圖利之矣，爾民忍自薄焉，且冀我後世立萬民之上，不敢忽我農人爲罔報於君者也，庶於「藉」之義有合乎，夫在今日，亦遥憶爲「助」已耳，憶之，幾置之矣，然遺意豈與同盡也哉？民愚，恒苦於更新，故夏、商之末亦斯民大懼之日也，而乃以「助」與「徹」安之，若曰吾第欲其共服田疇，吾第欲其乃心公家也，獻之上者不加多而輒有美名之可愛！法久，恒宜於小變，故貢上之名猶君民相臨之勢也，而乃以「助」與「徹」者維之，若曰此亦自爾樂公之，此亦自爾願將之也，取之下者辭愈遜而自覺新制之甚寬。故「徹」非有反乎古也，即起商先王而問之，而知其無他也；「徹」者徹也；「助」非不白於今也，即進我文武而求之，而亦知其無他也，「助」者藉也。

評：訓釋名義，皆有精思。描寫虚神，亦具風致。

夫世禄　二節

李光地

以世禄見助法之當行，爲其爲兩代之良制也。夫世禄，出於公田者也，行世禄而不行「助」，可乎？周之「徹」，猶殷之「助」也，故孟子舉雅詩以明之，曰：王者有改制之名，無變道之實。殷之助法所以善者，以其常禄不能無取而有同民休戚之意，故公私兩利焉。今君而能無百官有司、無禄廪賦税以使民自爲業也，則雖助法不行可也。夫世禄，滕固行之矣。官司之有奉，則必賦入之有經；惟正之有供，則必恒産之有制。蓋所謂助法者，經制既定而上下無猜。故當樂歲則公家之倉庾既充，而民間之囷積亦滿，脱不幸而有雨暘之愆，則上吁嗟禱禜而有憫下之勤，所謂取盈者無有也，下亦奔走祈望而有急公之義，所謂肹肹者無有也。周之先，公卿大夫皆有世禄，其禄入也皆有采地。故其詩曰「雨我公田，遂及我私」，此則世禄之家素有恩惠以食我農人，是以其下化之，悉其忠愛而祝其曾孫之詞也。夫言「公田」者歸之殷制，故曰治地莫善於「助」，似乎周之稍變於「助」矣，由此言之，則雖周亦「助」也。蓋其田雖有七十畝、百畝之殊，而其有公有私也則無殊；其於公田私田也雖有各收其入與均分其入之異，而其爲藉其力不賦其家也則無以異。自公劉遷豳，徹田爲糧，而乃倉積焉，一似舊制之久更；然至文王治岐，而耕者九一，仕者世禄焉，乃知良法之不改。故曰先王有改制之名，無變道之實也。滕誠不能無君子、小人，而取於民者不可廢乎？考古之迹，以復古之道，是在君之盡心焉耳矣。

原評： 落上節，能得題前語意，轉入下節，自絲絲入扣。後幅公劉、文王二證，尤極精確。

詩云雨我公田 一節

韓　菼

引詩以明行「助」，善「助」也。夫周之「徹」，參以「貢」而行「助」也。「公田」之詩，豈以此而始知行「助」哉？然於「助」之行益信。今夫一代之制，其精思美意、名實因革之故，學士大夫往往講聞而切究之，此即典故無徵、遺文散逸而猶不忍使其無傳，而況乎其猶可據者也。臣於滕之世禄而遐想夫周之盛時，受禄者勤於農以奉祭祀，而其農夫輒相與美之。如楚茨以至大田諸詩，皆世禄之詩也，其言田事詳矣，則有不獨可以證世禄而與「助」法足相明者，如大田之詩之詠公田者非耶？大田之詩曰「雨我公田，遂及我私」，君亦知公田所昉乎？凡有所與乎其下者，必使之得其所養，夫率土普天之義，小民豈得争尺寸，自商之助法行，田盡公有也，而使得私之，私之而人得其養矣，商先王之寓人情於力田之際也，此其道可百世也；凡有所求於下者，必使之忘其爲取，夫天下一家之治，天子亦豈得專玉食，自商之助法行，私盡君餘也，而稍示公之，公之而人忘其取矣，商先王之存君民於畎畝之中也，此其制如一日也。而臣由此知周之有是詩者，蓋有説焉，王業艱難之故，多入篇章，而楚茨四詩獨皆繫以豳，此非無意也，事莫重於逆暑迎寒，而此則與風之七月、頌之良耜，同吹葦籥之章，亦以爲此我豳國時所奉法於商家者，至今不衰耳；而臣由此知周之别名「徹」者，亦有説焉，涉渭取鍛之時，未改玉步，而公劉一詩偶變文爲「徹」，亦非以爲號也，後遂以此因時起義，此與「皋門」既立遂以名天子之門、「造舟」既始遂以名天子之舟，同爲著令所起，而不知其自豳館後所規度於田功者，亦惟由舊耳。然則讀大田之詩，不可信周之行「助」哉？夫是以當其時民多媚其上之文，而一言有不忘君之意，其詩勤而不怨，其情勞苦而不自德，其俗至於不獲斂而相推以利。美哉！富而仁行其間，臣是以忽有感於庠序學校之教也。

評：旁推經義，與題相附，乃作者長技。後多仿效者，而識解之超拔，詞氣之秀潔，莫能逮矣。「惟助爲有公田」句，尚少洗發。

設爲庠序學校以教之　射也

劉　巖　墨

教設而農皆可士，而因明鄉學之義焉。夫教民，國之大務也。庠序學校設而行於鄉者非無義也，教豈不重哉？且教化之興也，建首善之規由國學始，此化行自上者也，然亦未有教不行於州邑黨閭之間，而能萃天下之士以成其材而升諸國學者，所由國學與鄉學並建，而鄉學視國學以分舉也。惟助法既行，民有恒産，則可議此矣。當是時，授産分田之制定，則民自成童以後，既有爲農爲士之分；而黨遂都國之法行，則士自考較而登，必有小成大成之候。然則庠序學校其可以不設，而教其可以不興乎？庠序校之所教者，其人由鄉老之所簡閱而隸之於鄉大夫之職，而總其教於大司徒；學之所教者，其人由大司徒之所賓興而肄之於小胥大胥之職，而總其教於大樂正。是國學之所升即鄉學之所造者也，而鄉學獨異其名，何也？蓋國學之士由鄉學而升者，其質必皆美且文，而其業必已精且久。至於鄉之民則樸而無知也，取一義焉，特爲之著之，示有所專也；且驟而未習也，就一途焉，孰爲之陳之，示有所入也。古者勤執醬執爵之文，雖國學亦有養義焉，豈庠設於鄉而不寧我胡考，肄而筵，授而几，昭其孝也；古者興諷誦言語之材，雖國學亦有教義焉，豈校設於鄉而不肄厥詩書也，春而誦，夏而弦，昭其業也；古者行射宮選士之典，雖國學亦有射義焉，豈序設於鄉而不嫺彼決拾也，直而體，正而志，昭其德也。是則黨正族師所屬者，不周旋乎長老之前，即游心乎禮樂之地，既有以謹其居處服息而不至於流；州長閭胥所掌者，不講習乎德行之訓，即從事乎道藝之科，又有以斂其耳目心思而不至於雜。則他日之聚而升諸國學者，孰非此庠序校之所育而成之者乎？先王之於教也，蓋加詳矣。

評：詳核典重，詞無枝葉。鄉、國分合映帶處，皆有義理聯貫，由其經術深厚。

設爲庠序學校以教之　射也

陳萬策　墨

設教備於鄉、國，而其義可詳焉。蓋民食足則當思所以教之者，故庠序與校設於鄉而學設於國也。然鄉學之義又各有取，斯孟子詳之。嘗謂治化之茂，始於富庶而盛於人才；而化育之成，由乎一鄉以達諸上國。是故有國家者，知富而教之之不可以緩，必循乎次第而從事。顧其遺法具在，精意未泯，名義之間，猶歷歷可稽也。若滕之國修明世禄、公田之舊，是可以厚民之生而無疑矣。當是時，倉廩實而知禮節，則敬老尊賢之意方自形於寤寐而不自知；黍稌豐而興循俗，則講讓讀法之風亦自勤於朝夕而不容已。向亦惟是民事方殷，進之禮樂，尚未遑耳，今也因其勢而利導之，而庠序學校之教可以隨於其後矣。有所謂設於鄉者，天子行於畿内，諸侯行於國中，致政之卿大夫董其事，而士庶人之子弟皆造焉，其教之而有成，則司徒賓興之而升於國，此則鄉舉里選之所由興，而今日之設之也務詳；有所謂設於國者，天子謂之辟廱，諸侯謂之泮宮，國之樂正司成掌其任，而公卿大夫之子弟與凡國之選造皆造焉，其教之而有成，則司馬論定之而官於朝，此則道德風俗之所由同，而今日之設之也綦重。雖然，古之設爲此者，其名迭相因，而義各有當，誠不可以不心知其意者也。彼國之爲教者處其一，而鄉之爲教者處其三，又豈無説以處此？蓋京國爲首善之區，凡憲乞之典、詩書之術、容節之比，其道莫不備具，故但統而稱之曰「學」而意已顯；若郊遂爲廣化之地，凡養老以上齒，教人以上賢，習射以上功，其義或有專取，故分而别之爲「庠」爲「校」爲「序」而法益章。夫士必修於家，而後可獻於廷；教必先於族黨州閭，然後可以頒諸太學、布之成均矣。三代盛世所以淑人心而造人材，由此其選也。君何弗務耶？

評：前半多以「鄉」「國」分對，到下截不能相稱，往往鈎聯穿插以相貫合，何如實據四代之學補對「鄉學」六句爲渾成也？然非學有根柢，恐亦見不到此。

設爲庠序學校以教之　射也

顧圖河　墨

教民者極其備，鄉學之義可先舉也。夫庠序學校，古之設教者備矣，即鄉學之名而繹其義，其爲教也思深哉。嘗觀先王之教民也，蓋合鄉、國而大爲之制矣。論教所由成，以建於國者爲之本；論教所由起，尤以行於鄉者爲之先。州黨所掌，與井田爲至近，而其義不可不求詳者也。吾讀大田之詩，竊計其鄉之民率其子弟，奉其父兄，群然講習於孝弟力田之義，而三農之隙，弋獵獻豜，熙熙相樂也，是即一民事而教已隱寓其中矣。雖然，教之必有其地，春誦夏弦，無一定之所以爲之聚，則言龐事易而不可以有成；教之又不一其地，選俊造士，無遞升之處以爲之誘，則志衰氣惰而莫能以上達。是故由農以入於士，由士以入於官，惟其才之有造而廣而厲之，相與群分類聚以備用其甄陶；頑者擢其秀，秀者觀其成，視其人之所就而差而等之，不惜委曲周詳以善行其啓牖。庠也，序也，學也，校也，所設以教之者至詳且盡也。迄於今，辟廱鐘鼓，遺澤寖微矣，即黨塾之間循名失實，湮没而無稽者可勝道哉！且夫先王之法制，不求其故而徒襲其文，雖鄉曲至近，皆已習焉而莫之解；因乎其名而深思其旨，雖流傳已遠，皆可意會而爲之説。庠之爲義，於養有取焉，體天子臨雍拜老之意以行於鄉，而鄉之中近於父而知愛矣，近於兄而知敬矣，引年尚齒，庠所由名也；校之爲義，於教有取焉，仿司徒論秀書升之法以行於鄉，而鄉之中父與父言慈矣，子與子言孝矣，興仁講讓，校所由名也；序之爲義，於射有取焉，舉元日習射上功之典以行於鄉，而鄉之中爲人父者以爲父鵠矣，爲人子者以爲子鵠矣，比禮比樂，序所由名也。夫鄉者，王道之始也。先王之設教多方，而必以此立其基，使之化其僑野，作其親遜，率之於井閭，升之以孝秀，而庶乎可以觀光於國也。

評：分合映帶，無不澤以書卷。故但覺蔚然深秀，無聯綴之迹。

設爲庠序學校以教之　射也

姜宸英　墨

於養之後言教，而不同其義者可先舉焉。夫教不可廢，則庠序學校之設可緩乎？至養與教與射，其義之不同又有如此者。今自井田區畫，而同井望助，有藹然仁讓之風焉，君子以此爲教之所由興也。乃恒心之在士者已先於民而得之，此非即鄉學之所由起乎？然而教又不可以不廣也，彼民之稼穡者且散去於田間，吾因其散而或設之庠焉，或設之序焉，或設之校焉，事莫便於其所近，出也負耒，入也横經，比閭族黨之長，皆師儒之選也，而南畝歌其烝髦矣。教又不可以不專也，彼民之秀良者且進而造於成均，吾示以專而第設之學焉，業莫精於其所聚，授數有節，合語有時，興道諷誦之餘，悉性情之事也，而子衿不憂城闕矣。今以滕之蕞爾而欲舉庠序校而設之鄉也，又欲並學而設之國也，似乎繁重而迂闊，而不知彼固各有其義焉，且於義之中各有其所尚之不同焉。不明乎其義，則其名不可得而知也；不明乎義之所尚之不同，則其同者不可得而見也。夫於其名而可以得其義之所自寓，於其義之所尚之不同而可以得其所尚之無弗同，然後知古之爲教者如是其深長而可思也，則孰有如庠與校與序之設者乎？庠之設何也，吾聞之學矣，國老上庠，庶老下庠，蓋言養也，而庠亦有之，庠者養也；校之設何也，吾聞之學矣，教以詩書，教以禮樂，蓋言教也，而校亦有之，校者教也；序之設何也，吾聞之學矣，大射選士，燕射序賢，蓋言射也，而序亦有之，序者射也。夫隱其義於庠、序、校之名者，亦猶之「助」之爲藉、「徹」之爲徹，創制之深心，可微寓焉而不必以明其意；乃明其所尚於養、教、射之義者，亦猶夫讀「公田」之詩，悟亦助之制，古人之成法，可想像焉而不必以泥其文。蓋教之從來久矣，不然，彼夏后、商、周之世何以稱焉？而學之何以無弗同又如此也？

原評： 易繁重題，疏疏淡淡，首尾氣脈一筆所成。於古人有歐陽氏之逸。

夫仁政 二句

吴端升

仁政有自始，當辨井地之界焉。蓋井地爲仁政之大，而不先辨地，可乎？則經界其始事矣。語畢戰曰：天下事，其始不立，其卒不成，君子審定其規模而後從事焉。是故播穀者明倫之始也，授産者成賦之始也，而始之中尤有始焉者。君行仁政勉之，是在子已。仁政無速效，廣教化，美風俗，所以樂其政之成；仁政有先圖，制田里，物土宜，有以謀夫政之始。夫不自經界乎？井有界焉，昭其辨也；界必經焉，重其功也。經其水道，則始於廣尺之甽，而遂溝洫澮達於川者皆以倍爲數，此其界也，至於句矩之淵、稍溝之廣可知矣；經其輿道，則始於遂上之徑，而畛塗道路達於畿者皆以軌爲度，此亦其界也，由之封土爲堠、列樹爲表視此矣。而吾以仁政必始乎此，何也？經界之地利用隙，王者所以無游民、有棄壤也，彼提封萬井之間，高者幾何，下者幾何，以步百爲畮之數計之，當爲田幾億萬畝，而王者顧不争，爲廣爲深，水則漱焉，漱以爲界也，環塗野塗，土則曠焉，曠以爲界也，夫貨惡其棄於地，而以幾億萬畝之膏腴，悉置之高高下下之隙而不敢私尺寸者，志不存乎益國賦，而惟以限民田也，仁也；經界之勢利用阻，王者所以無分民、有分土也，彼畇畇原隰之旁，若者爲經，若者爲緯，以盡東其畝之説通之，亦得四達以利戎車，而王者顧不可，罄折參伍，注爲塹焉，塹則其界也，南北阡陌，依爲防焉，防則其界也，夫域民不恃封疆，而以戎車往來之馳道，勢等於重門四塞之阻而不欲致輻輳者，非徒取以限敵騎，而即以衛民田也，仁也。開國之初，萬事草創，而經界尤在所先，思我周服事夏商之間，其時疆理未移，溝域如故，何妨稍緩經營，乃周原之百堵勿遑，而乃左乃右，始謀宣畝焉，豳賦之三單未暇，而在巘在原，始相陰陽焉，蓋政惟由舊而略示變通，遂不得不勤勤荒度也，況欲大作於廢壞之餘者哉？沿習之日，庶務因循，而經界必不容緩，想田制漸淆於春秋之世，其時稅畝方興，爰田偶作，猶未殊厥井疆，乃齊因賜履之舊，而軌里連鄉，軍令之寄始此焉，衛因封畛之略而望景觀卜，桑田之稅始此焉，夫苟利社稷而急議整新，猶不得不勞勞規畫也，況欲一準於盛王之制也哉？子其勉之，分田制禄可次第舉矣。

評：考證於冬官，而能自豎義以馭之，故覺氣豪力邁。後幅證佐「始」字，雖不盡確，亦可借爲波瀾。

卿以下 二節

俞長城

有厚於常制之外者，仁政之所推也。夫養君子者不忘其先，治野人者不遺其類，準此以相推，而田制定焉，可不謂厚乎？且先王之厚臣民也，既立仁中之法，即施法外之仁，使無恒者皆歸有恒，而可緩者莫之或緩，則秩然不紊，彌見寬大之典焉。徹法行矣，此日之分田制禄不已定哉？顧浚明食采，皆爲生者計耳，然榮其子孫而略其宗祖，百爾君子，感秋霜春露，能無傷舊德之湮；二十受田，皆爲壯者言耳，然養其子弟而勞我父兄，相乃小人，覩暑雨祁寒，恐反議前人之拙。是故言世禄，必追世禄所由來，夫樂生返始，皆有同情，而内無以潔其心，外無以潔其物，安望其以妥而以侑乎，爰考卿以下必有圭田，厥惟五十畝，簠簋飭焉，興廉即以舉孝也，蘋藻修焉，象賢即以崇德也，拊梧棬以對高曾，毋忘君賜矣；言恒産，必思恒産所未及，夫土物心臧，能無深冀，而地曠則有餘利，民游則有餘力，可勿使肯播而肯獲乎，爰考餘夫之田，厥惟二十五畝，受業而處，勞力以治其心也，竭作而供，養身以佐其家也，執耰鋤以從主伯，共沐國恩矣。國家之制度，辨分則異，原情則同，故五等之頒禄殊多寡，而三廟之數禮合尊卑；天地之美利，聚之常充，散之常乏，故供八口者僅取百畝之資，而給一人者反得四分之一。田有宜分，仁主分之，分其半以厚君子，又分其半以厚野人，而經界不憂其不正；田有宜合，仁主合之，兩家合而爲一區，四夫合而爲百畝，而田穀不患其不均。所以大田之詩，祝曾孫而祈零雨，則公卿之誠於祭祀可知也；七月之章，嗟婦子而言改歲，則少壯之勞於稼穡又可知也。

評：二者在常制之外，後幅洗發，句句與「常制」相準，具見匠心。時文隨手作翻襯語，往往於理有礙。夫卿大夫士之田禄厚矣，若不賜圭田，亦斷無廢先祀之理。此等處不可不知。

禹疏九河　注之江

陳　詵

夏王之勞心於治水也，其南北有異宜者焉。夫北之水入河，而南之水入江，河難治而江不必治也，先後之間，非其勞心者哉？孟子引之，以爲天下未平，以水爲之災也；水之未治，以不能達之海也。夫水未嘗無入海之路，而支與幹不分，則水不可得而治；支與幹分矣，而不審南北之勢以揆其先後之宜，乃雜施而無所統紀，則亦不可以爲治。夫水有南有北，有大有小：北之最大者爲河，附河以入海者不一水，而濟與漯爲最著；南之最大者爲江，附江以入海者亦不一水，而汝漢淮泗爲獨尊。乃禹也審南北之異宜，明大小之異治：故治北之水不同於治南，而治南之水不同於治北；有先治其大而後治其小者焉，亦有先治其小而大可不煩而自治者焉。所爲北不同於南者，何也？凡水必先其分而後及其合，以爲分不治則奔趨滙聚之水源流浩大而無所施功，則似宜先衆水而後及河者。不知北之患惟河，河不治而太行壺口以南在在皆可以沖決，又況乎處河之上而皆欲附河以行者哉？禹則播之爲九，而河之勢平矣，河勢平，而凡流之壅隔而不能自達於河者一瀹之而已矣。若濟若漯，未治河而必不可以入河者，既治河而遂可由河以入海。蓋大川既疏，則小水得入，治其本而支自從之矣，而徐青兗冀之横流息矣。所爲南不同於北者，何也？凡水必從其合而徐溯其分，以爲合不治則條分派别之支，經緯錯綜而無可施措，則似宜先治江而後衆水者。不知南之患不在江，江雖治而汝漢淮泗之流當時未睹其深廣，孰有入江而與之俱行於地中者哉？禹則決之排之，而水之阻去矣，水之阻去，而其安瀾以趨於江者直注之而已矣。淮海維揚江之流無日不入於海者，汝漢淮泗之流亦無時不入於海。蓋脈絡既通，則朝宗自易，治其支而幹自統之矣，而荆揚雍豫之大難平矣。噫！先後之殊功，南北之勢異也；勞逸之異致，大小之患殊也。禹之治水如此，而謂其心勞乎？不勞乎？

評：作是題者，類多原本禹貢，旁證水經，竟於孟子口中自加辨駁。不知孟子此言，實總括全篇禹貢，而又以己意斷之。如北條之水，先治河而支流爲之從；南條之水，先治支流而江爲之從。其治水之源流本末於是乎在，大禹之勞心正以此耳。前人未有拈出者。

后稷教民稼穡 三句

陸　循　墨

帝臣勤於農事，即教以爲養者也。夫稷之於農事勤矣，然亦教之而已，育民者豈厲民乎哉？嘗謂：農，天下之本也，古之聖王嘗懼農事之不登，而又不能躬至田間與吾民相慰勞，惟以子惠元元之意屬之其臣，而其臣亦惟是奉上德意，詳爲規畫，一時之農功稱絶盛焉。禹治水而後中國乃可得而食，然亦曰可得而食耳，猶尚艱食也，則民人之待育何如哉？吾想其時，知農事者莫如堯，蠟饗之制，兆於伊耆，此其徵也；其時知農事者又莫如舜，歷山之間，久聞讓畔，此亦其徵也。然而堯舜在位，皆不耕以屬后稷；稷農官也，亦不耕。當日承帝阻饑之咨，而身播穀之職，相傳以爲教民稼穡、樹藝五穀云。蓋稷之教有善於創者也，先嗇之教既衰，烈山之嗣既往，豐草之不治已積歲年，一旦驅不田之人而習之以力田之事，故其教主創；然稷之教又善於因者也，厥田有上下之辨，距川有畎澮之分，田功之漸開已非一日，自此即不耕之土而納之以願耕之人，故其教主因。而吾獨意其時洚災之未遠，安必天行之悉協？且以後世田疇日闢，猶有一易再易之異，而況墾藝之初乎？我不敢知，曰其必熟也，其必育也，然而起視其時，固已五穀熟而民人育矣。大難既平，陰陽和而風雨時，天亦屢召其嘉祥以佐聖人之經畫，故不必史書大有，而民自熙然作息於其下，幾忘吾君吾相之勞；山川既奠，土田厚而水泉滋，地亦自效其蕃昌以成百物之嘉遂，故不必占協豐年，而民遂恬然游泳於其間，陰受保介曾孫之賜。然則當堯之世，爲堯之民，一若自育然者，且不知教民者誰之爲，而焉得有勞勞焉並耕於其側者乎？猗歟盛哉，稷可以拜手而告矣，帝可以揮弦而理矣，而孰知猶未已耶？

評：入手即跌起「民人育」，是三句題作法。針對「並耕」處，尤合章旨。

陳代曰不見諸侯 一章

劉　齊

君子不以利易道，則枉已不可爲也。夫曰王曰霸，以利言也，然而道既枉矣，尚何能直之有？君子是以不見諸侯耳。且嘗曠觀千古，竊怪夫後人建立何不逮古人遠甚，及深考其所由然，乃知始進之術固已殊焉，宜其所就之不相若也。夫君子之立身有大範焉，枉與直而已矣；君子之應世有大防焉，利與道而已矣。利與道不並伸，則枉與直不並立。而陳代乃以不見諸侯諷孟子，是欲於枉之中求直也。由代言之，以爲枉有多寡之分，而不知枉不可爲，尺與尋奚別焉？枉誠可爲，尺與尋又奚擇焉？昔者齊有虞人，君以旌召，即一至，所枉無幾耳，然卒守死弗去，蓋論枉直不計多寡也，且多寡亦何定之有？君子之論枉直者以道言，而代所謂王且伯者以利言。如以利言，則苟可以得利者無不可爲也，業已爲利而枉，未得利而遂已焉，則前此之枉爲徒枉也，故不可中止也；且其前此之枉者亦既視爲可爲，則今者即加甚焉，只此一枉無再枉也，故其心亦有所不惜也。自古功名之士，始而枉尺，繼必枉尋，皆求利之心中之耳。故誠欲求直，則莫若毋枉；誠欲全道，則不得計利。以王良之事觀之，馳驅之範必不可失，獲禽之利且不肯徇，乃自命爲君子者反棄其道以曲徇夫人，何御者之不若耶？嗟乎！彼非不知道之宜守也，然所以如此者，以求利之心中之也。殊不知求利者必棄其道，而棄道者即亦並不得利。故古之君子樂道不出，若無意於功名，而其出也，蒼生賴之，社稷倚之；而今世之士，因緣傅會、苟合取容者，卒使人主薄其爲人，舉世疑其心術，而志氣薾然，莫克自振。以是知伯王之業斷非枉己者所能爲也。嗚呼，君子之弗爲枉，爲道計耳。誠使一枉之後，伯王可致，固不忍以彼易此也；若至利與道而交失，雖枉己者亦未有不自悔矣。是以君子立身必嚴其范，應世必慎其防，非徒自爲，亦以爲天下也。

評：自首至尾，軒豁醒露，筆無停機，語有倫次，意度雅近前輩。

戴盈之曰 一章

蔣德峻

假輕賦以市義者，大賢直黜其非焉。夫什一、去征而姑曰「有待」，盈之非誠欲已也，特借此以市義耳，孟子黜之以「非義」，辭嚴哉！嘗觀宋國之君臣，無所不用其假也。其先有襄公者，爲假仁之君；其後有戴大夫者，爲假義之臣。其假義也於何見之？於什一、去征之説見之。夫賦行什一、稅罷關市，良法也；勢積重而返之輕、法難驟而需之漸，美意也。此言一出，當世必有以義予之者，而君子獨斷斷以爲不然。何哉？蓋使爲盈之者誠有見乎民生之日艱、苛政之當去，則必入告其君，使知古道之可復，博謀於衆，使知公議之僉同，而不必自有其惠名也。如是而說不行則諫，諫不聽則去，身不避首事之嫌，民得蒙再生之樂，豈不於義有當乎哉？乃當日不聞出此，而一則曰「請輕」，再則曰「有待」，顯慕美名，陰圖厚實；既以吾民漁利而民受其害，復以吾民市義而己受其美，是人皆攘利，此兼攘義。攘利者爲貪殘，攘義者爲奸僞，奸以文殘，僞以濟貪，君子以戴盈之爲何如人乎？孟子譏之以攘道，黜之以非義，蓋直有以窺其心、誅其隱矣，豈誠以義政可行而以「速已」望之盈之也哉？夫天下事不患其不知，患其不行；不患其不知而不行，患其知之而不行。以斯民刻不容緩之情形，僅博當事者撫心之一痛，於國是何補？而況假此以爲名者乎？且夫什一即行，於義終未合者，孟子知之，盈之不知也，當戰國之時，富者連阡陌，貧者無立錐，今不爲之正經界、復井田，而第曰什一，是惠豪强，非所以綏貧困也；且關市即去征，於義終未善者，亦孟子知之，盈之不知也，當戰國之時，力田者什一，逐末者什九，今不爲之平市價、禁淫奇，而第曰去征，是使民望南畝而却，趨都會如歸也。然而孟子不以告者，何也？則以盈之本無欲已之心，而僞爲欲已之說者也。故曰假此以市義也。

評：「義」字最是斬截，中間並無姑且安頓處。盈之曰「請輕」，曰「有待」，便是依違兩可意，故孟子直斥之文以假義。立論非苛也。

天下大悦 八句

張玉書

相臣治業得民心，徵之書而所成者大矣。夫天下至周而一治也，觀民心之悦而知謨烈之垂後，皆公成之耳。且聖人爲天下生民計，而使一代祖功宗德於是乎觀成，非其治術之光大歟？以輔翊盛化者被澤於當時，而以襄贊前謀者垂裕於後世，即人事之克協，而氣數因之一變焉。自如武王承文考以興周，周公相武王而戡亂，此時我公佐治之心，豈有憾於天下望治之心哉？自九十載以來，久繫仁人之慕，而惟大勳既集，斯揚我武者，一旦底於清明也；即十三年以内，時廑有道之思，而惟驅伐既行，斯取其殘者，一旦拯於痛毒也。當新創之餘而享安全之利，則感德於君相者益深，奉尊親而大和會，寧止東征見休之旅乎；承積亂之後而獲異舊之恩，則鼓舞於君相者益切，服臣僕而效奔走，寧止逖矣西土之人乎？以是思「悦」，悦何大也！其在武王，方合萬國之歡心上之於文，以明「善則歸親」之義，而天下之頌耆定者必於武；其在周公，又將舉四海之謳歌上之於武，以明「讓善於君」之義，而天下之美碩膚者必於公。蓋自公之相業隆，而文與武之貽謀皆代終矣。觀君牙之書，稱文謨則曰「丕顯」，而試思照臨四國、誕受多方者，微公之力，何自於明堂宗祀之年而光贊之也；稱武烈則曰「丕承」，而試思恭膺成命、克紹前人者，微公之力，何自於敷天裒對之時而繼述之也？一堂之治定功成，賴以勤施於上下，則繼世之覲光揚烈，如見夾輔之憂勞。佑啓後人，咸正無缺，孰非文始之、武承之、公成之者乎？此周業所以興隆，民心所以胥悦也。雖文之當日，未嘗以取天下爲心，而公之相武，則濟天下於艱難而克纘文謨之盛，蓋其削平禍亂者然也，而豈得已哉；抑武之當年，未嘗以得天下爲利，而公之相武，則登天下於袵席而益永武烈之傳，蓋其奮興致治者然也，而豈得已哉？故天下至周而一治也。

原評：平處少，側處多，正意少，補意多，極運化之妙。此從先民格律中來，讀者須細玩其經營慘澹處。

孔子懼 一節

王　庭

聖以懼而成書，知、罪所不計也。夫春秋之作，孔子方爲世懼，則雖非天子，爲之而知與罪勿恤矣。且人事之變，雖聖人無如何，而託之文詞以爲功，著作之業於是乎隆焉。然非曰此士君子之所得爲，可幸無罪已也，或既身爲之矣而實非身之所得爲，則聖人之心亦無能多諒於世，至是而「不得已」之説可推之孔子矣。維孔子之道大而難名，然其行在孝經，志在春秋。蓋孔子生亂世，見亂人，聞亂事，春秋一書以治治亂者也。於稽其時，厥有戒心。曰孔子懼也，夫前有讒而不見，後有賊而不聞；故當可懼而不知懼，及其懼也而又苦於無及。孔子之懼爲君父也，春秋之作，以君治臣，故天下知有臣，知有臣而始知有君；以父治子，故天下知有子，知有子而始知有父。然則孔子君與父與，曰我非君也，非父也；然則春秋曷爲而作與，春秋君若父之事也，且非止凡爲君若父之事也。君治其國，不足以治人之國；父治其家，不足以治人之家。夫班禮樂，正刑罰，教化齊軌，風俗一同，非天子不及此矣。春秋天子之事也，天下非身爲天子者不敢行其事；然當時之爲天子者，雖有其事而不能行。孔子懼而取之，不得已也，故孔子曰春秋我之所有事也。雖然，非我事也。爲我事者，我得而言之，我得而行之；非我事者，我得而言之，我終不得而行之。筆則筆，削則削，豈空文無補乎？知我者曰「不猶愈於已乎」？然又退而有後言矣，曰「夫夫也，是欲行天子之事者也。豈其君乎，豈其父乎？非君父也；豈其天子乎？惜乎不使生於三代之治，見罪於天子也。」使果得見罪於天子也，而我又何懼乎？是則孔子作春秋之本旨也。夫春秋魯史，列國來告者皆書之，彼魯之權不能以正三家，而春秋乃以治天下之亂臣賊子。此道之隆也，然既越俎而代之矣。

原評：只張皇「天子之事」，更不顧「是故」兩個字，難作轉捩，近人直有文無題也。縱横旋轉，恰毫髮不差，最能理會法脈，故多直用老蘇春秋論，未嘗有傷正氣。

欽定清朝四書文卷十二　孟子下之上

天下有道 三句

劉子壯

古者以道相治，而天下咸明於辨矣。夫小、大不辨，即德、賢亦不相服也，而有道則皆以道使之，此乃古之所云「役」乎？且觀聖世者，正其綱紀，必先明其道器。蓋名分無定，以道予之則相安，事權代乘，以道居之則各正。此其義必總於一人，而其勢全乎天下。其惟天下有道乎？天下者，有天下之一人也，神聖應時則名號自命矣，昊天其子，能代天者斯曰官焉，制器命爵，皆天性之所名。天下者，統天下之萬姓也，愚賤安心則豪傑無名矣，分民而土，凡有功者皆曰君焉，胙地錫姓，各才分之所至。我想其時，殆小德役大德，小賢役大賢乎？德者不止就其人言之也，又兼先世言之，其在天子，則羲農以來，以五行爲德，相乘而王，堯舜而降，以五官爲德，相代而興，至於諸侯，亦能奮聖人之迹，而當一王之初，天下有道之時也，則必使之居其地以治其祀，不以其無所積累而忘其先，而其中擇其人之有德焉，又差其先之所爲德焉，又序其德之近於時代焉，而以爲小大，天子統其上，而或二伯或三恪，自五等而及於附庸，通之朝聘，納其貢賦，以是爲役焉已矣。賢者不止就其德言之也，兼就其功言之，其在王者，則衣食未開，以養民爲賢，天子相讓，水火既亟，以救民爲賢，諸侯相推，至於將相，皆能應名世之數，而當一王之起，天下有道之時也，則必使之胙其茅以報其勳，不以其無所憑藉而忘其勞，而其中先其佐命之賢焉，又次其明道之賢焉，又録其賢之棄於勝國焉，而以爲小大，王者作其極，而或三公或九卿，自六官以逮於輿隸，内以御外，長以率屬，以是爲役焉已矣。於是知有道之時之至公也，瞽瞍以前，皆皇裔而越在畎畝，朱、均相繼，皆帝子而讓於匹夫，至於不才之子有四，雖爲蠻夷之長，而不使居聖人之中國焉，德賢不足也，使小大少有所私，則唐虞之天下舜禹且不能争，又安能雍容而分岳牧哉。又於是知有道之時之甚嚴也，貴貴爲驕天下之漸，而武猶以尚父下拜，親親爲私天下之始，而周猶以五叔無官，至於内官之品有九，皆匹外官之制，而有以分陰陽之正位焉，德賢無不在也，使小大少有所混，即天下中之一家文武且不能理，又安能均平而班爵禄哉？所以上世高士抱其微節，嘗有恥爲天子之事，而後世聖人得其大道，遂爲直接帝王之傳。雖其事不足述與其時有不同，然皆有崇德尚賢之義焉。嗚呼，邈矣！

原評：别白「賢」「德」，即先儒有未説到處。多讀書以廣其識，自可鎔經義而鑄偉詞。

評：議論透闢，理亦平正。前半行文更合紀律，則有大醇而無小疵矣。

曾子養曾皙 二節

儲在文

大賢之養志，事親之則也。夫養者，事親所同，而養志與養口體則有間矣，必如曾子而可。且人幸有親而事之，俾親有幾微不遂之心，皆子之咎也。善事親者，相遇於神明之交，固與貌奉者殊科，而得乎人心之所不言而同然也。守身以事親，吾於古得一人焉，曰曾子。彼其省身敦行，無忝所生者，兹不具論，論其軼事。當日者，曾皙在堂，日具酒肉以進，出入視膳，無異常人，而將徹必請分甘，顧問未嘗告匱，波及童穉，佐色笑焉，曾皙顧而樂之，怡然忘老。人不誦其子之賢，而歎羡其父之樂也。乃至曾元而此風一變矣。有酒在尊，有肉在俎，胡不聞所請也；每食無餘，亡何而又以進也。一户之内，數十年之間，人事變遷，遂成今昔。此即口體所欲無缺於供，特吾親一日之飽耳，其他又何問乎？而曾子深遠矣。高年之心，不堪多用，使事事待於記憶而已患其勞，意未起而早迎之，則其神較恬，而曠達之懷脱然其無累；垂暮之氣，幸其弗衰，使稍稍拂厥性情而大懼其鬱，心甫動而曲成之，則其天日暢，而倜儻之概至老而益新。事親若此，真所謂養志者矣。嗟乎，人盡人子也，彼尊養之至，既不可以語尋常；即顯揚之文，亦慮無以勝時命。惟此家庭之近，晨夕之常，奉言笑於籩豆之旁，而窺意旨於几杖之下，所謂進以愉、薦以欲者此也，所謂視無形、聽無聲者此也，必如是始足以爲人，不如是不可以爲子。君子觀於曾氏三世之間，而知事親之則不在彼而在此也。且曾子養志，尤在守身，不虧不辱，全受全歸，且以傳於其徒，而區區酒食之節，又竭情盡慎如此，故語純孝者必歸焉。此百世之則也。

評：筆致蕭疏自適，中二比可歌可詠。一從「必請所與」，一從「必曰有」兩句内著想，經有筆人道來，便爾意味深厚。

有不虞之譽　一節

吴襄

大賢甚言毁譽，而重慨其「有」焉。夫使直道猶存，雖無毁譽可也，況不虞之譽、求全之毁而又可有之也哉？且自三代之直之不概見於天下，而毁譽二者遂爲人情之必不能無。吾昔已傷之，乃今而知但言有譽而已，而猶未爲奇也：夫世即有譽人者，而或爲所譽者早已逆料其將然，一旦而譽及之，是則其人猶有可揚之處，而特揚之或溢其美焉耳，然君子猶以爲非緇衣之好者，凡以其爲譽也。而不謂更有溢乎其爲譽者也，仁聖賢人之名，無端取以相奉，而夫人之始聞其譽己也，猶疑其非譽己也，既而知其果譽己矣，自以爲念不到此，雖使譽人者設身以處，而亦知其念不到此也。然卒譽焉者，非無説也。今夫以物與人，雖其甚重而受之不甚感者，本其所當得也，必於其不當得者與之，斯大喜過望、圖報之不遑矣。濫乎譽者之欲結乎其人之私也，亦若是焉，是則不虞之譽而已矣，譽而有此，而豈復可信也哉？而吾向者猶妄意天下之無譽也！抑又知但言有毁而已，而猶未足異也。夫世即有毁人者，而或爲所毁者不能預防之平日，一旦而毁叢之，是則其人尚有可訾之迹，而或訾之稍過其分焉耳，然君子猶以爲非巷伯之惡者，凡以其爲毁也。而不意更有刻乎其爲毁者也，醜德敗類之事，忽然取以相詆，而夫人之始聞其毁己也，不知其何以毁己也，既而詳審其所毁者焉，自以爲庶幾免此。雖毁人者平心而論，而亦知其實能免此也。然卒毁焉者，誠何心也？今夫以我攻人，雖其甚暴而聞風不甚懼者，謂己固有備也，即於其有備者攻之，斯相顧驚疑、無不震慴者矣。刻乎毁者之欲使人畏己之口也，亦若是焉，是則求全之毁而已矣，毁而有此，而又安所底止也哉？而吾向者猶妄意天下之無毁也！

評：意義俱從兩「有」字生出，翻覆頓折，清空瀯宕，亦用間出奇之法。

智之實 二段

王　庭

推於智、禮之實，非二者莫與也。夫智不知之乎？禮不節文之乎？要之，二者其實也。豈别有知之、節文之者乎？且夫人有四德，惟元長之理一而不二也，至其分殊則又不啻二也。雖然，人之孝其親而悌從焉，愛其人而敬寓焉，則仁與義兼出其間矣。有與類舉也，有與並行也。

雖然，盡之矣，不可以有加也。今即所云智、禮者言之乎。夫人之貴於能智、不貴於不智者，以智爲詳盡事理也。今有人焉，於凡事理之差殊亦既詳且盡矣，可不謂智乎？而不詳盡於吾親吾兄，又可謂智乎？是非不智也，獨不智於智之所從本，獨不智於智之所從始，則非智之實也。何者？智之實，知斯二者弗去是也。吾有親而知所當事，且知其不可不事也；吾有兄而知所當從，且知其不可不從也。家庭之間至淺近焉爾，然而以性則深，以治則大，必知，始弗去焉，不可强也。迨於知之而得吾親吾兄之所當事且從者，則即得非吾親、非吾兄之所當推於事且從者。身名君友之故，推此而詳；性命神明之微，亦推此而著也。蓋智之極於高深者多矣，恐高深之智易托也，人事之知實焉爾，人事之知，則又以不慮而良知者實焉爾。人盡云智也，亦知斯二者之爲智哉？且人之貴於有禮、不貴於無禮者，以禮爲悉備經曲也。今有人焉，於凡經曲之紛紜亦既悉且備矣，可不謂禮乎？而不悉備於吾親吾兄，又可爲禮乎？是非無禮也，獨無禮於禮之所從本，獨無禮於禮之所從始，則非禮之實也。何者？禮之實，節文斯二者是也。吾事親而節文其所以事，未嘗徑情而直行也；吾從兄而節文其所以從，未嘗徑情而直行也。家庭之間無忌諱焉爾，然而過情則褻，過理則離，有節，斯稱文焉，不可苟也。迨於節文而得吾親吾兄之所以事且從者，則即得非吾親、非吾兄之所以仿於事且從者。拜跪坐立之數，仿此而嚴；冠婚郊社之儀，亦仿此而極也。蓋禮之著於經制者溥矣，恐經制之能易飾也，人倫之能實焉爾，人倫之能，則又以不學而良能者實焉爾。人盡云禮也，亦知斯二者之爲禮哉？此更可進言樂矣。

評：層折曲暢，雖無精深之義，筆致夭矯空靈，可爲庸腐板重藥石。

諫行言聽 二句

吴涵

念舊君者，不忘其舊事焉。夫昔之日而諫行而言聽而膏澤逮民，此舊事耳，奈何思之不忘哉？告齊宣曰：王鰓鰓然以舊君爲問，得毋疑臣之言實過，而獨思臣之事君也，將惟富貴之、榮寵之而遂可畢臣之願乎？抑必明良一德，大展其生平之所學，使其君民之不忘其臣者，一如其臣之不忘其君之爲得也。然則臣所致望於其君者從可知矣，當立朝之始而有惓惓不忍釋者，王聞之乎？然則臣所難已於其君者誠有在矣，即筮仕之時而有隱隱莫能必者，王思之乎？蓋必諫行言聽，膏澤下於民也。計其臣之始終而論，其諫其言，亦第得之偶爾之遭逢，吾一身之莫必，而獨此諍直之風留千古哉，乃有所未可恝置者，非徒諫也，諫行矣，非徒言也，言聽矣，夫廣廈細旃之上，動色而相規、正容而入告者，翳豈盡無良也，乃獨其臣之有俞而靡咈焉，夫轉圜之美，哲王之道固然，而臣顧何幸而躬遘之；且就其臣之蹤迹而觀，其國之民，亦第見之一時之臨莅，吾進退之無常，而獨此惠愛之思在閭里哉，乃有所不能遽泯者，諫之既行，而膏澤下矣，言之既聽，而膏澤又下矣，夫蓬樞繩牖之間，情深於望歲而誼切於戴天者，豎豈盡無知也，乃獨其臣之爲父而爲母焉，雖撫字之仁，我后之道應爾，而臣顧何修而身見之。夫勒其奏牘，自爲一書，考其謨猷，已成往事，君若曰已矣，此固子大夫留遺至今日者也，而臣則曰微君之故，胡爲留遺至今日也；抑望其恩施，比之陰雨，紀其遺愛，載在甘棠，民若曰已矣，此固吾大夫俎豆於不祧者也，而臣則曰微君之故，胡爲俎豆於不祧也。大抵人情所最感念者，多在坦然共信之懷；而一生所最經心者，尤在赫然可紀之績。若此，君忘其亢，臣獻其誠；上殫其心，下蒙其惠。凡在備官者，度其所願，不過如是而已，而況有進於是者乎？此臣所瞻顧徘徊而不能已於其君者也。

評：處處是去國後追憶神情，故無一「致君澤民」通套語。徘徊指點，情緒亦復深長。

博學而詳説之　一節

戚　藩

説有詳而得所反，則學猶不可據也。夫學而博焉，能遂約乎？詳説之，則將反矣，所以一説而異用歟？且理之存乎説之前者甚深而不可據也，則必謀夫理之寓於精言者以要之，然而急求其精，究至獲粗而止，蓋不能使理之曲折著於吾心，雖攬其大略，適得其末事已耳。夫學者以約期約而未有反也，孤陋者其情多歧，偶見其一而若可守，更閲其一而又可遷矣，夫惟極聞識於周通，則指歸不惑也，是故事有相反而乃以相效；即以博期約而未有反也，好古者其奇難棄，恃其所信而以爲安，將蓄其所疑而亦以爲富矣，夫惟衷同異於群言，則大要立舉也，是故功有相盡而乃以相足。則博學而又詳說之之爲說約乎？驅天下中下之資，迫與說要渺之理，鮮不以爲素不相識之物，斯難之矣，廣之耳目之塗，質雖愚陋，不容不悉心於其間，此時周咨極辨，幾於雜泛而難稽，然習之而知其數，又習之而明其義，將百言之意可以一言盡也；抑天下才識之流，强爲説易簡之撰，彼又以爲略而易盡之事，斯忽之矣，縱之文藝之中，雖有聰明，不能不委折以相赴，此時優游漸積，疑於迂闊而不情，乃乍閱之而得其粗，久閱之而得其精，將多言之旨可以無言概也。然則絶學孤鳴其說於天下，將何所反乎，要以人之説詳之，其説自可深也，苟爲己説所未及，即芻蕘采詢，亦自通至精至神之極，而實無有人之説者存也，存吾説焉已耳；百家争以其説相高尚，又將何所反乎，要以吾之説詳之，其説盡可廢也，苟屬吾説所力求，雖三代六經，亦自有可革可删之法，則亦無有吾之説者存也，存吾説之理已耳。由前之説可無讀古之誣，由後之説可無窮大之弊，則博、約爲相救之功；然始之説亦可不論不議，而終之説亦可生變生文，則博、約爲相兼之用。要人之能説約者蓋難之矣。

評：儇人爲文，心思極苦，往往不能自達其説。其刻入處雖多名雋語，而通身詞章不復能陶煉雅潔，惟此篇最爲開爽明晰。

以善養人 二句

俞長城

公善於人，不期服而自服也。夫善者，人所公也，而徒以服人乎？以養爲服，天下所由歸耳。嘗觀古之盛王，其所挾以正天下者若無異於霸者之所爲，而特其至誠惻怛之懷若不欲急白於天下，而天下卒如吾意以相應，蓋德莫厚焉，化莫隆焉。彼以善服人者，不能服人，何有於天下哉？上天立民牧，原非厚於元子而薄於庶邦，道德仁義，厥賦惟均，奉而體之，裕如已；先王建萬國，原使有相輔之情而非有相角之勢，學校井田，其法可考，率而行之，秩如已。故善者所不敢私，而服者所不忍言，庶幾以養人乎？接壤而居者，非其同姓宗盟，則皆甥舅之國也，思我邦家，利則相周，害則相恤，惟爾友邦是賴，而忍以勢御與，故一夫不獲，王者恥焉，明告以君子民之道，而默示以同好棄惡之思，使天下翻然悔悟，斯已矣；列土而封者，非其親賢世胄，則皆神明之後也，思厥祖父，功在天地，名在河山，今其子孫勿率，而忍以威震與，故一方未靖，王者憂焉，感動乎至情至性之隱，而式憑乎先王先公之靈，使天下煥然更新，斯已矣。時而天下未服，王者不急也，或則修德，或則修意，或則修文，勿先時以圖利，勿後時以除殘，其所以拯疾苦者一如饑渴之懷焉，而筐篚壺漿，誰不見休乎？及於天下已服，王者不矜也，漸之以仁，摩之以義，節之以禮，勸之惟恐拂其情，董之惟恐形其過，其所以敷德意者一如顧復之勞焉，而南朔東西，誰不偏德乎？蓋其始也，天下之不善責在王者，養之之心至深也；而其繼也，天下之善皆歸王者，服之之勢至遠也。而猥云「服人」乎哉？

評：一「養」字中具有天德王道，須此愷惻沈摯、正大光明，乃見王者氣象。

周公思兼三王 一節

張玉書

以相道兼列聖，而得其無逸之心焉。夫周公與三王事異而心同也，思而得，得而施，誠存之之君子哉！今夫前聖後聖相師於異日，而不能相聚於一時，此亦天之所無如何也，而聖人之憂勤惕厲由此起矣。歷觀古之君子，自三王以後，有臣道繼君道之終、相業總王業之盛者，其周公乎？周公統承重任，輔翼沖人，所履非三王之位，所遇非三王之時，而所治猶然三王之天下也，於是公之心迫而爲「思」焉。綜詩書而論治，其人已往而其事猶新，是即三王與我遇矣，我欲告無罪於天下，必告無罪於先人，既告無罪於先人，必告無罪於夏商之祖，蓋少缺焉而公心憾也；登明堂而懷古，其德配天而其事垂後，是即三王至今存矣，今日使天下見吾君之事，必使天下如見先君之事，既使天下見先君之事，必使天下如見禹湯之事，蓋缺一焉而公心憂也。以公之才，濟公之思，兼施四事，夫復何慮哉？雖然，事非一概論也。我觀文考作豐，公治東陝，寧王歸鎬，公治西京，即公之一身，而鎬京之治不盡合於豐，豐京之治不盡合於鎬；又況由周遡商，維有歷年，由商遡夏，維有歷年，天運代更，人事互異，强而合之，此必不得之勢也。而謂公能已於「思」乎，未嘗思之而事事皆可疑，思之而疑者，必求其一是，患伏於隱微，憂生於燕笑，三王處此，度有必欲盡之圖維，則孫子之謀安得辭其瘁也，亹亹於百爲未動之先，而惟恐疏虞以貽後悔，推是心也，不有焦勞中夜者哉；如是而公不以「得」爲幸乎，未嘗得之而事事不敢安，得之而安者，又必急於一試，禮樂休養於百年，家室綢繆在一日，三王處此，度有迫欲赴之成勞，則創建之謨何可晏然俟也，汲汲於同事不知之地，而惟恐遲豫以重流言，推是心也，不有宵衣待旦者哉？乃知聖人之事勢各殊，雖一家具有通變；聖人之心傳則一，雖異代亦可同揆。觀周公之存心，後之君子可以興矣。

評：如題安頓，不求異人而人自不能及。

王者之迹熄　一章

李光地

作經以寓王法，聖人之得統者然也。蓋王者治天下之法存於詩，故迹熄而詩亡矣。孔子取其義而以春秋繼之，此可見其得統於文武周公而文在兹乎？孟子意謂：帝王之道莫備於仲尼，删述之功莫盛於春秋。何則？王迹之未熄也，諸侯述職於王，則有燕饗歌詩，而勸戒之義著；王者巡守列國，則因陳詩貢俗，而黜陟之義行。及其後也，共主大號雖存，而迹熄矣；變風變雅雖具，而詩亡矣。孔子生於周末，傷王道之久廢，故作春秋而始東遷，其殆繼詩而存王迹者乎？何則？春秋，孔子因魯史舊文而修者也。列國之史，晉有乘焉，取其備國家之記載；楚有檮杌焉，取其誅奸諛於既死；魯有春秋，則又因天道以紀人事焉。三者之書一也，所有則齊晉代興、會盟摟伐之事而已，非有王者之迹也；所垂則列國史官掌記、時事之文而已，非若詩之爲經也。然則春秋之作何所取乎？孔子嘗曰「其義則丘竊取之矣」，蓋王者於諸侯有勸戒焉，義之所在也，彤弓、湛露不可作矣，孔子則借王者之法以示勸戒，此其大義之炳如日星者乎？王者於諸侯有黜陟焉，義之所在也，太師風謠不可問矣，孔子則假南面之權以明黜陟，此其分義之嚴於斧鉞者乎？定桓文之功罪，則事雖霸而實王；秉聖心之筆削，則文雖史而實經矣。迹熄而未熄，詩亡而不亡，以一時之義而維萬世列聖之道，不有孔子，人之異於禽獸者誠幾希哉？

自記：詩兼「風」「雅」，理始完備。蓋「雅」詩具勸懲之義，「風」詩是王者命太師采陳而行賞罰之典，於春秋所取之義爲尤切也。「其義」，「其」字亦非指詩，亦非指春秋，懸空對上兩「其」字説下，是謂春秋中所有之義也。畢竟此「義」從何處取來，夫子雖未明言，隱然是正王道、明大法，從周公典法得來。此春秋所以繼詩而存王迹也。

王者之迹熄 一章

韓　菼

史以繼詩，義起於王迹也。夫詩無有言及王迹者，則亡矣，非孔子春秋之作，孰明大義於天下乎？周之受命也，文武始之，周公成之，其心已有憂，而其思益以勤矣。亡何而俱往，存者其迹也，然尚可緣是以考，而群奉一王之尊，其迹也，其義也。此其義，吾蓋於詩得之。雅詩所載，歌詠二后之成功與夫成康之治迹，彬彬可觀也。自厲之衰，宣甫興之而又重之以幽，亦甚矣，獨至平而更甚焉。君子以爲平之不能爲宣也，不特亡宣之詩，並亡幽之詩。何也？幽之詩，刺譏怨誹，猶與王者相責也；而平之詩止自道其感遇之無聊、泣嗟之何及，若曰「已矣，無爲復望矣」，故君子以爲迹熄而詩亡。嗟乎！詩曷嘗亡哉？其義亡焉爾。孔子刪詩至此，於風雅升降之際，有微旨焉，而吾因竊窺春秋之作以此。蓋天下不可一日而無王，人心不可一日而無義。獨平之世數十年間，其各自絶於王者，不獨野人女子也，即以大雅之舊人，如家父凡伯，亦云老矣。而囊者南山與板之詩何爲今不作也，豈非不復思治之甚，而其後將安所終也與？故曰春秋之作以此也。雖然，春秋非孔氏之書也，其書與乘、檮杌等，而事取諸齊晉，文取諸史，何作乎爾？曰其義在則作乎爾。且夫天之下有權焉，君與史而已，義各有取也，然而楚取之則僭，齊晉取之則假，南董、史克、倚相諸人取之則散，不有君子，其能作乎？雖然，作之矣，何竊乎爾？曰其義在，則猶竊乎爾。義則王者之義也，取則匹夫之取也，竊也。是故桓文竊也，等而上之，共和竊也；推而極之，即周公亦竊也。孔子之言，其周公之思也與？雖然，春秋作矣，而孔子終有所甚望乎其詩也，是故序王風以「丘麻」終，甚其亡也，序列國「風」以下泉終，冀其不亡也。然未幾而鉏商以獲麟告矣，則又歎王者之不作，而迹終不可復睹也。於是乎春秋亦亡。

評：纏綿悱惻，則詩人之優柔、騷人之清深也；抑揚起伏，則公羊之宕逸、廬陵之婉折也。惟詩與春秋交關處，及春秋繼詩以存王迹處，尚未曾十分透徹。

匡章通國皆稱不孝焉 一章

王 庭

原章子之心，未可以不孝罪也。夫以責善故得罪，得罪之心可原也。謂章子孝，不可，謂不孝，則又過矣，亦曰是之爲章子爾。且論人者不推諸其心，其人不可得而定也；論心者不推諸萬不獲已之心，其心不可得而白也。苟當事之變而竟以常處之，此世俗人之所能，仁人孝子有所不能也；當事之變而因以變行之，又仁人君子之所不忍居，然或猶愈於不居也。知是者，可與論章子矣。夫通國之不孝章子者，就當日觀之，以爲失養於父，而不知先當日觀之，早無所致養於母。父與母等孝也，使必欲抱痛以全於母，則既無以處父；使必欲曲意以遇於父，則又何以處母，而究也卒同於陷父。故章子之廢養，非世俗五者倫也，正章子之責善也。且章子特以責善而不相遇，故不得近，非甘爲決絶而遂以廢養者也。蓋章子之心，幾自苦不爲全人，故章子之行，獨自甘暴其罪狀。其母不爲父也妻者，其妻亦不爲章子也妻矣，非以謝母也，萬一九原有知而益觸怨於流離之感，則章子之心愈痛也，然而不自已也；其身不爲父也子者，其子亦不爲章子也子矣，非以謝父也，萬一天性不回而重激怒於屏出之舉，則章子之心愈痛也，然而不自已也。其設心以爲若是，是「不得」爲罪之小者；苟不若是，是並甚其罪之大者。論章子於是，孝不孝俱不足以概之，亦云是之爲章子也已矣。究而論之，章子之責善是乎？曰父子責善，賊恩之大也。然而章子之責善非乎？夫責善，朋友之道也，朋友猶有所不容已，而獨忍於不善其親？親之過大而不怨，是愈疏也。故君子於此，深悲章子之遇之不幸也。若章子之設心，則雖仁人孝子不是過也。

原評：下筆甚婉，淡語都有深情。連作數折，鈎出末句，言盡而意不止。

評：「設心」二語，孟子之觀過知仁也。作者曲曲從此洗發，分外淒警，亦不略「責善」二節，布置尤爲得當。

詩曰永言孝思 四句

韓　菼

原孝於思爲尊養，通一則也。夫必以尊養之至者爲則，幾無孝子矣。惟思，故可則也。知此者可與說下武之詩。且君臣父子之間，聖賢往往不徒論事而必原心。千古無臣父之人，而窮不孝之所至，時有類於臣父之爲，何也，惡其意也；千古不皆尊養之至之人，而窮孝子之所至，必欲以此爲法以自窮，何也，亦善其意也。則吾有以論舜之孝矣。上古即多神聖，而孝之極至舜而始開，然舜自以孝而得天下，不以天下而得孝也，則當未尊未養之時，舜已居然一孝子矣；孝子恒歷艱難，而孝之途至舜而終順，然天欲以天下解舜之憂，舜不以此自解其憂也，則當既尊既養之時，舜亦別有所以爲孝子矣。下武之詩之美武王者，有曰「永言孝思，孝思維則」。至哉思乎！吾嘗以此詩通之於舜，而知兩聖人之心固各有所歉，而亦各有所白也。何也？文祖受終而後，瞍以春秋無恙之身，猶得極家人之樂，而武顧何如也，念九齡之既衰，僅以侯服終，而今日撫有天下，已不及享人子一日之奉，則以武視舜，有愀然傷心者，而君子謂武孝即舜孝也，在天陟降之容，亦無異旦暮温清之事，則仍然一思之所際而已矣；皇王繼序以來，文以燕天昌後之身，已得進明堂之享，而舜顧何如也，陟南郊而議配，必以聖人從，而今日即坐享隆貴，已無以爲吾親身後之榮，則以舜視武，有愴然歆泣者，而君子謂舜孝即武孝也，盛德百世之祀，且更饗胡公元女之封，則亦仍然一思之不匱而已矣。凡事有則而思無則，今必謂孝子之事有成迹可尋，則至性不出，然千古履憂患之孝子多思，而席豐盛之孝子亦多思，孝不同而思同也，若一轍焉耳；凡事可言而孝難言，今必謂孝子之心足歌詠自將，則中情亦淺，然千古思之悱惻者彌質，而思之流連者亦彌文，不可言而可言也，若告語焉耳。至哉思乎！吾以謂武者謂舜矣，通於思之故。即與子讀北山之詩，感王事之勞而常負將母之痛，亦何莫非此思也；又試與子讀雲漢之詩，慨周餘之民而忽念先祖之摧，亦何莫非此思也。

原評：虞、周相形，已成町畦。而英思辯才，皆前人意義所漏，爲是題一開生面。

孔子曰唐虞禪　一節

馬世俊

禪、繼皆原於天，可援聖言以斷焉。夫禪與繼殊，斷之以天而無不一也，有孔子之言而此義固較然矣。嘗謂仲尼不有天下，而天下之氣運皆自仲尼而論定之。春秋之際，盛衰之故紛如，孔子爲之黜功以伸德，抑人以尊天，而獨申大義於天下。曰唐虞尚矣，嗣此而夏后殷周，大統三建。其爲禪爲繼，豈非天哉？中古無爲，其任天下也易，其讓天下也亦易，乃弼服建師，至夏后而法始備，則以夏后之法爲法者，知天物不可以屢更；二帝揖遜，無留天下之迹，亦無去天下之迹，乃創淫懲傲，至夏后而心愈危，則以夏后之心爲心者，知神器不容以輕授。則禪與繼之必不能同者，皆有義行其間矣。如别其義而言之，不獨禪與繼異，即禪與禪亦異，何也，師錫創聞於側陋，奮庸考績於司空，不一也；如别其義而言之，不獨繼與禪異，即繼與繼亦異，何也，孝孫復辟於徂桐，沖人委裘於負扆，不一也。自我而論則不然，歷數在側陋，而群聖相揖於同時，若既以一朝而兼帝王之運，則鼎社之建，雖繼之數百祀而不復疑其私擁也，唐虞無私之意，夏后、殷、周之祖皆親見之，雖謂禹以禪湯，湯以禪武也，將無同；胤子非嚚訟，則嗣統寧異於敬承，乃復歷二代而分官家之局，則本支之寄，雖繼之億萬世而不復憂其可變也，唐虞不變之道，夏后、殷、周之世皆遞承之，雖謂湯以禪甲，武以禪誦也，將無同。然則唐虞以先無繼乎，曰有之，五德遞勝，何莫非神明之胄，乃當其賢，則顓頊可嗣軒轅之統，當其不賢，則帝摯不可續高辛之祀，唐虞擇人而畀，亦猶行古之道耳，豈夏后而獨有道更世改之嫌；然則殷周以後無禪乎，曰有之，百世難知，或更有非常之舉，乃繼非其人，則天命未改，猶有守府之思，禪非其人，則物望所憑，遂有篡竊之事，唐虞疇咨而命，早已立後之防矣，豈夏后而獨無亂紀墜宗之懼？嗚呼，舜禹何必不固辭，朱均何獨無德讓，而禪者終禪矣；阿衡叔父何必不久於七年，徂宅貽詩何必發祥於四日，而繼者終繼矣。豈非天哉？豈非天哉？

評：夏、殷、周同於唐虞之禪，孔子泛論之詞也，孟子引之，則側重夏之繼與唐虞之禪等耳。文步步顧定章脈，妙義環生，運用皆極飛騰之勢。

非其義也 四句

狄　億　墨

元聖之嚴於道義，雖小而不敢忽也。夫莫小於一介，而道義存焉，取與可毋嚴耶？伊尹之樂道，蓋至此而彌堅矣。且吾甚怪夫世之疑聖賢者過也，彼聖賢之所以自持者，必極之至纖至悉而未嘗偶弛，夫豈逆計後人之訾議而預絶其端乎？蓋謹小慎微之學，誠有不如是不敢安者，此意惟在聖人乃倍加惕也，伊尹於非義非道之大既能致嚴若此。豪傑慷慨之士，功名所係必争之，若事屬尋常，則以爲非功名之所係也，而往往當之有慚德焉；矯情飾節之倫，聲譽所在必趨之，若事屬微渺，則以爲非聲譽之所在也，而往往處之有遺行焉。尹則不然，蓋雖極之一介之與、一介之取，而必不敢自蹈於非義非道矣。如第曰一介之失必將積微成巨，則其所以衡道義者猶粗，尹非謂積焉者之可以無憂，而謂可憂之正無俟於積也，苟其以一介而忽之，則即此已昧在物之理，即此已乖處事之宜，縱後日悔而改圖，而目前不多此一失乎，則尹之兢兢於道義也精矣；如第曰一介之失必將充類至盡，則其所以辨非義非道者猶疏，尹非謂充焉者之可以無譏，而謂可譏之正無待於充也，苟其以一介而違之，則即此已不能盡乎天命之公，即此已不能全乎人心之制，縱君子不復苛求，而吾心其遂能自解乎，則尹之凜凜於非義非道也密矣。而吾乃知尹之有定見也，自人之所見，較量於大小之間而忽乎其小，一旦投之以大，識未有不爲之亂者，尹惟視一介如天下千駟，故能視天下千駟如一介也，而哲人知幾之全學，可於一介之不苟見之；而吾乃知尹之有定守也，夫人之所守，區别於巨細之交而略乎其細，一旦任之以巨，力未有不爲之靡者，尹惟以處天下千駟者處一介，故能以處一介者處天下千駟也，而志士勵行之全體，又可於一介之必嚴信之。嗟夫，尹之樂道若此，而顧疑其不自重惜以貽後世之口實也，豈可信耶？

評：見解透，筆力超，看其軒豁醒露，幾忘其義理之深厚。於前輩中極近錢紹文。

一介不以與人 二句

熊伯龍

取與之際，雖聖人不敢忽也。夫尚論伊尹，未有及其守之嚴者，由不與不取觀之，士豈不重小節哉？且自論聖人者舉其大體而略其細行，於是學道之士不以謹嚴爲先務，而後世之議由此而興。不知事有巨細，道無精粗，從古聖人未嘗不謹小慎微以明其志者也。尹之弗顧弗視，豈徒立其大乎？一介取與之間可見矣。天下惟事物未交之際，聖賢雖有刻苦之意而人不知，一介至微，而或以爲與，或以爲取，則精氣之先見也；天下惟往來不及之地，聖賢雖有砥礪之能而無所可用，取與亦至微，而由我以與，由我以取，則省察之易周也。尹豈以一介之非道義而姑與之，而姑取之哉？人必自忘其廉恥，而後謂他人之廉恥不足惜，與者無幾，悔悟之餘，遂令無以自處，非所以成物也，惟道與義可以服人，留一物而羞惡辭讓之良留於人心者無盡，雖欲與之而有所不能矣；人必未忘乎私利，而後以偶居之私利爲無損，取者無幾，曖昧之動，事已入於苟且，非所以成己也，惟道與義可以定分，謝一物而歆羨畔援之累謝於夢寐者無窮，雖欲取之而有所不敢矣。學問有一介之未辨其是非，不可爲精，施受往來，凡民以爲日用，而聖人思慮焉，蓋能審一介而後能審萬事萬物之理也；名節有一介之未底乎正大，不可爲一，簞食豆羹，群情以爲生死，而聖人淡漠焉，蓋能處一介而後能處千世萬世之變也。嗟乎，不與人一介而與人以身，不取一介而取人之天下。此則尹之可以爲權，而淺者遂謂其有功名之意矣。

評：他人將「一介」推廣言之以盡其藴，不若就「一介」推勘更見精微也，文之得解處在此。中股「人必自忘其廉恥而後謂他人之廉恥不足惜」，此種名理，從來未經人道。末幅精力少懈。

其自任以天下之重如此

熊伯龍

元聖身任天下，可以觀其志矣。夫世之苟且功名者，皆無志天下者也，惟尹重天下，惟尹重身哉！嘗謂天下將治，必有匡濟之人；匡濟之人將出，必有自立之志。蓋士不素蓄，不足以重國；道不專屬，不可以成功。是惟伊尹爲足法。命知覺者天矣，然吾不知天之果知有尹否也，天不必知有尹，而尹知有天，是以造化之氣機一人藏之；待知覺者民矣，然吾不知民之果知有尹否也，民不必知有尹，而尹知有民，是以萬物之性情一人主之。非任天下之重者能如此乎？非自任者又能如此乎？有深居一室而謂之爲人者，意主於爲人也，有經營當世而謂之爲己者，意主於爲己也，尹惟見一己之責必以天下終，而天下之責遂不得不自一己始，世無聖賢，任之以成吾能，世有聖賢，任之以盡吾分，如此則可謂爲己者與？有英雄之略欲其無意天下，無意則能養其才，有聖人之度欲其有意天下，有意則能行其道，尹惟見吾學之大小必以天下爲驗，而天下之治亂遂不得不與吾學相關，我不任而人任，懼性天之憾不釋，我不任而人亦不任，懼千古之患無已，如此則可謂有意者與？天下之人皆能任天下而弗知任者，嗜欲蔽之也，想彼自先覺以來，志氣清明矣，天人上下，相告於隱微，先一日而覺，即先一日而憂，上有君相，旁有師友，此際俱無藉手之處；天下之人皆欲任天下而弗克任者，非議惑之也，想彼自先覺以來，願力强固矣，帝典民彝，相係於性命，我所覺者非人之所喻，則我所任者亦非人之所知，前有千古，後有萬年，此際實具危微之幾。知其自任之重而前此者可知，知覺之辨，志固不在小也；知其自任之重而後此者可知，非常之原，意亦不得已也。蓋伐夏自此始矣。

評：將「任天下」歸入己之性分願力，則「自」字精髓自出矣。規模氣象，無不與阿衡身分相稱，是謂詞足以指實。

百里奚虞人也　二節

王汝驤

詳古人之本末，可以知其所不爲矣。甚矣，奚之被誣也。其爲虞人，爲秦相，本末彰彰如是，不可爲之辯乎？且夫自鬻要君之説，汙甚矣。不知其汙而爲之則不智，知其汙而且爲之則不賢。若而人者，其生平本末蓋亦不足問矣，而或以加之百里奚，夫百里奚何如人哉？吾嘗按其行事，所謂虞不用百里奚而亡，秦穆公用之而霸者也。當其時，虞蓋有兩人焉，一曰宫之奇，一曰百里奚。然奚之年長於奇，奚之智亦過奇遠甚。何也？晉欲伐虢，以璧馬假道於虞，其時奚已七十，見宫之奇諫不聽，遂不諫而去之，奚既去而虞亦亡矣。嗚呼，使虞公而可諫，諫而虞可不亡，奚與奇俱以虞人老，彼食牛干秦穆公之汙何自而加哉？然吾有以知其必不爲，正在於此。夫百里奚，虞人也，能以秦顯而不救虞之亡，豈忠於虞不若宫之奇哉？且宫之奇以其族行，其後遂無所見，而奚功業卓卓如是。蓋其知廢知興之智，既已見於去就之明；而顯今傳後之賢，尤足驗其挾持之素。然則自鬻之汙，將謂其不知而爲之耶，將謂其知之而且爲之耶？方其不諫假道之時，其品與識固已大定矣。好事者之云，多見其不自好也。

原評：下節靦縷，俱於叙上節時消納已盡。故入下節後，筆墨分外閒淨，筆之古峭不待言。

欽定清朝四書文卷十三　孟子下之中

智譬則巧也 一節

楊名時

中言智與聖之義，而知至聖之獨全乎智也。夫智之所及者精，斯聖之所成者大。孔子所以獨爲聖之時者，觀於射者之事而知之矣。且夫聖之得名，由乎其終而定之也，而所以審端於始者，實有以自定其規模，而爲後此之所不能易。此觀聖者當獨見其微，而入道之方即存乎此也。今論孔子之智與聖，猶聲振之始終乎條理，抑猶未足以盡智與聖之說也。智也者，本其天資之明睿以極深而研幾，觀萬物之理於身，而性命之原以得，定萬事之極於心，而歸往之途以正，蓋舉聖之所以成終者已於此決然而無所疑，非天下之至精何足以與於此，取而譬之則巧也；聖也者，用其稟質之剛健以任重而行遠，仁至義盡，行足以合撰於神明，禮中樂和，道足以爲法於古今，蓋即智之所以成始者能有以造之而臻其域，殆天下之至勇爲足以與於此，取而譬之則力也。

天下一事而巧、力備焉者，惟射爲然。今有射於百步之外，不惟至之而又有以中之者，就其「至」而言，固中者之「至」也，然此猶得歸諸力之所爲也，凡天下之射焉而能至者，豈其遂遠遜之乎；

若就其「中」而言，雖亦即至者之「中」也，然此則不得歸諸力之所爲矣，凡天下之射焉而能至者，寧能不共讓之乎？夫使有命中之具而力不足以至之，則終無以著其奇，不知射固鮮有能中而不至者也；如其無命中之能而力僅足以至之，究將何以神其技，是故射正難乎至焉而克中者也。孔子之智之足以成其聖也，亦猶是焉而已矣。夫三子亦非無智者，然視之孔子則不足；智既不足，則其所謂聖亦寧足擬於孔子哉？此有志於聖人者不可不知所先也。若夫行以知爲先，而知又以誠爲本，此則進德之始事；知之盡則行之至，而行之熟則知將益精，此又成德之終事也。

評：惟其知之至，是以行之盡。他人用力側注，未免著迹，惟此如題安頓，而「聖」「智」兼備，「巧」「力」俱全，自然融洽，文亦純潔無疵。

北宮錡問曰 一章

陶元淳

班爵禄之略，公而有制者也。夫爵禄之有差等也，先王以是公天下，而諸侯不便也，雖孟氏能言之，然亦略矣。蓋昔先王之治天下也，欲天下之同其利而不以自私，惡天下之争其利而折以法度。是故有爵禄即有等差，所爲奉天之道、因地之宜而治其人民、定其國家者，未嘗不詳且明也，至於後而紛然矣。始之所以總壹統類者，以其有等差也；繼之所以焚棄典籍者，亦以其有等差也。如北宮錡之徒，詳略俱無所考矣，然而孟子則嘗聞之。生人之多欲也，賤者欲貴，貧者欲富，凡在人情之中者，先王弗禁也，夫豈獨弗之禁，吾貴爲天子，富有天下，而使天下有不得其平之憾，於吾心有戚然者矣，且其材力有大小，志量有廣狹，雖盡滿其欲，固易給耳，故酌之爲等焉，酌之爲差焉，自天子而下，有遞及之施，無不及之患，而後天下各得其欲而止；生人之縱欲也，貴者尤欲貴，富者尤欲富，凡在人情之外者，先王深惡也，夫豈獨深其惡，吾貴爲天子，富有天下，而視天下有互相殘賊之形，於吾心尤有戚然者矣，且其機智足以相駕馭，勇力足以相攻取，欲盡滿其欲，又甚危耳，故限之爲等焉，限之爲差焉，自天子而下，有及量之施，無過量之事，而後天下又各制其欲而止。故天子公侯伯子男之等有五，而其受地則有千里百里與七十五十之差，降而附庸，又其微者矣；君卿大夫士之等有六，而其受地則有視侯視伯視子男與十倍三倍二倍一倍之差，降而庶人在官，則又準於農矣。論者謂天下之衆，勢均力敵，則有以相制而莫敢先動，今人情不肯相下，而又從而等差之，强者有兼併之資，而弱者亦無引分之志，是教之争也，然而造物不齊之數，固非人之所能爲矣，夫天下無主則亂，今民既有主而慮其莫肯相下，勢將降天子爲匹夫，是大亂之道也，故有等差而天下乃安；論者謂天下之勢，罷侯置守，則不至相抗而群奉一尊，今周家不廢封建，而但從而等差之，强者擅山海之利，弱者亦有甲兵之用，是争之資也，然歷代建置之國，固非後之所能盡矣，夫天道窮則必變，當周之初，勢未極而盡奪之，則其亂當不俟今日也，故但爲等差而天下亦安。夫均之不可，廢之不能，先王已有無可如何之勢。然則諸侯之患，豈至今日始知哉？

評：「人情之中」「人情之外」二意，不漏不支，恰該括得題中義藴。後半以封建論作反襯，惜有不能自暢其説處，而文自超拔。

天子之卿 一節

祝翼權

班禄者内同於外，公天下之心爲之也。蓋卿大夫士與侯伯子男爲天子臣無異也，臣爵等，故受地亦等，寧有私於其間哉？昔周之爲封建也，既命外藩，即置内輔，爵異其名而禄同其實，使内外之臣分協則情安，情安則勢固。要本此大公者以聯爲一體，而重内輕外之議，未足語於當年立制之心也。九州之城既與公侯伯子男共之，而班禄於畿内則何如乎？説者曰：周初泉建五侯九伯羅列天下，天子恐雄藩負固，故復有九卿、二十七大夫、八十一元士，優其秩而厚其權，以尊天下而戢群辟焉。若然，是示外臣以私也。夫示外臣以私，則班禄内臣，亦安得比而同之哉？乃其受地之視侯、視伯、視子男，此何以稱焉？曰此正周先王公天下之心也。蓋天子家四海而君萬邦，自内廷寮寀，外訖同異姓之君長，天子視之同焉臣也，原未嘗以卿大夫士而内之，以侯伯子男而外之也。當夫周室西興，旦奭分陝，是内之卿士可以外之侯伯任之矣；洎乎周室東遷，晉鄭夾輔，是外之侯伯可以内之卿士用之矣。夫然而天子之待卿大夫士，又何必舍此公侯伯子男者而别示以私也哉？爵可異則異之以位，等而下焉，不嫌屈也；禄可同則同之以地，等而上焉，不嫌抗也。此視侯視伯視子男之制所由起也。於是有以安卿大夫士之心焉，身居天子左右，不獲出操統馭之權，其勢親而不尊，等之以侯伯子男，尊之也，皇畿土田，皆若有各君其國之勢，使知天子遇我實與桓谷蒲躬有同貴也，所以絶内臣觖望之私也；於是並有以安侯伯子男之心焉，職任天子蕃宣，不獲入參宰執之列，其勢尊而不親，等之於卿大夫士，親之也，薄海封疆，盡同此上事其主之賜，使知天子遇我實與股肱耳目爲一體也，所以杜外臣猜嫌之漸也。夫卿大夫士之心安，侯伯子男之心亦安，先王封建之初心當如是止矣。若夫以内制外，以重馭輕，此亦法制之善勢使然耳，先王何庸心哉？

評：議論正當，筆力明爽。無封建論權謀譎詐之私，故爲得之。

敢問交際何心也　一章

吴啓昆

以交際爲用世之心，大賢之善於學聖也。蓋交際弗却，無非爲用世計耳。觀孔子於魯、衛，而其心可見已，又何疑於孟子？且聖賢無不憂道之心，即無不愛禮之心，而要其所以愛者不在乎嚴以峻其防，而在寬以通其變。禮行即道行也，然則交際又可却乎哉？心不忍遺世獨善，則傲物非所以爲高；復不能交泰大行，則絶人愈無以自處。故章問交際何心，而孟子直概之以「恭」，豈非以尊者之賜有不容以不恭承之者乎？何者？彼固以道來，以禮來也，而必以他辭無受，却道乎？却禮乎？揆之不爲已甚之義，吾知孔子斷不出此。若明知禮道之可愛，必爲窮究其根株，明知舉世之皆然，必爲醜詆其本末；則有以取民非義而竟當之以禦人之盜者，是即善其禮際而且欲比而誅之。吾不知今之仕者將於何侯之廷託足乎？殊不知孔子有獵較之權宜，則必有受賜之交際，正不得疑其委蛇從容爲非事道也。以獵較論，則先簿正祭器，其易俗必以漸；以事道論，則兆足以行而不行，其去國必以需。雖未嘗終三年淹，而亦未嘗執一途斷。不然，見可、行可、際可、公養之仕，周旋於桓子、靈公、孝公之間，何若是其惓惓哉？然後知聖人之心無非以道卜也。東周可作，何故來文衣駟馬之奸；富教可期，誰料有在戚登臺之釁？至使棲皇道路，與游説齊梁者同迹；饋豚往拜，與幣交必報者同意。而顧猶執今之諸侯，周内之以康誥之律，則誰復有交以道、接以禮者乎？吾恐兆亦從此絶矣。

評：從横穿貫，未嘗不按部就班，幾可與顧涇陽作並駕齊驅矣。

孔子先簿正祭器 二句

潘宗洛

觀聖人之所正，其道立矣。夫正祭器者，不充以四方之食，則獵較將焉用之？此孔子所以善爲道也。且君子未有當更化而不更化者也，但人心已習而安之，而我遽欲易其所安而予之以所不習，得乎？惟先定其規模而後從事焉，則無更化之名而固已有更化之實，於此可以知獵較爲事道矣。吾嘗讀車攻之詩，考分禽之事，蓋上殺以供祭祀，中殺以御賓客，下殺以供君膳，故其七章曰「大庖不盈」，言不多屬於君庖而有以奉東都之祭也。後世將祭則獵，或者自此昉乎？今徒欲罷獵較，而彼方託諸祭而無以解於衆也。抑知惟天子中興，列侯初附，故一以講威武，一以示誠敬耳。豈三廟以下所致祭於先人者，必以備物爲儀而以四方之食是供哉？然而孔子不明言也，亦不遽革也。第先取簿書以正祭器，而籩之數凡幾，豆之數凡幾，皆有不可損益者焉；因不以四方之食供簿正，而實於籩者爲何，實於豆者爲何，皆有不容易置者焉。由此觀之，彼有謂祭取備物，苟有可薦莫不咸在者，非古之制也。夫祭事莫詳於詩之頌，周頌三十一篇，多歌祖宗之積累，而所藉以右享者不過曰「維羊維牛」而已，所將以洽禮者不過曰「爲酒爲醴」而已，原其意，皆取民力之普存，以薦馨香而無讒慝，外此惟漆沮多魚，時取以爲獻耳，至於岐陽之地，不乏小豝大兕之饒，而未聞概登於祭器，或不欲以從禽所獲戚我先王也；即以魯言之，魯頌四篇，終美閟宫之有侐，而於皇祖后稷則必享以騂犧焉，於周公群公則有白牡騂剛焉，當其時，惟取備腯之咸有，以示蕃滋而不瘯蠡，外此惟毛炰胾羹，間列於大房耳，至於泮水之濱，寧采蘋蘩芹藻之菜，而未聞羅置於四方，或不欲以難繼之物煩爾虞人也。孔子蓋早爲酌之於古、準之於今，其必供者則存之，其不必供者則汰之。斯器正而食亦正矣，異日魯人雖欲馳騁於郊原而較所得之衆寡，夫獨何名耶？所謂無更化之名、有更化之實者，此也。

評：局段與「仲尼之徒」二句略同，點染引證處亦似之。若按之古典，禮則俎實豆實多用臘物。後二比云云，亦時文好看語耳。可知學者流覽五經，必當深求其義類也。其文則非時士所易及。

富歲子弟多賴 一章

李光地

究言才之無不善，所以終性善之説也。甚矣，人之才無以異於聖人也，以官體徵之可知矣，於性何疑乎？且夫氣質之説足以别異萬物，使不與人同類，而不能别異斯人，使不與聖人同類也。何則？物之生或體不全焉，或所好嗜與人絶遠焉，是之謂得形氣之偏而性隨以異。今夫人賦形稟氣無殊也，則降才無殊也，其種類同故也。苟以陷溺其心爲才之罪，不觀富歲、凶歲之子弟乎，不觀肥磽、燥濕、勤窳之蕣麥乎？無亦所養之殊乎，抑以爲類之異也？是故自足言之，而天下之足相似也；自其口耳目之好言之，而天下口耳目之好相似也。夫犬馬之性所不得與人齊者，形氣牿於外而性變於中，今使加犬馬之足以履屨，使易牙和味而進之，侑之以師曠之聲，陳之以子都之姣，吾知其踣頓自絶，不與人共其嗜好決也。如是而曰心之然否不與人同，吾亦曰心之然否不與人同也。今天下足相似也，人之有四端，猶其有四體也；口耳目嗜好相似也，人五官之有心，猶其有口耳目也。豈其體同而性異乎？豈其口耳目之好同而心之好異乎？易牙聖於飲食者，不過先得我口之嗜，曾是與我同類之聖，而非先得我心之所同然乎？由此言之，芻豢之悦不殊於易牙，理義之悦不殊於聖人，其致一也。夫我之去聖人遠矣，謂降才之異，理或不誣。雖然，聖人人也，我亦人也，其類同則其心同，其性同。才雖異，非若犬馬之與我不同類也。奈何歸罪於此而坐失其本然之同哉？

評：禽獸不獨性與人殊，氣質亦與人殊，乃前儒未發之覆。故言皆警切，不獨中幅飛騰，得周末諸子之逸宕也。

有天爵者 二節

徐春溶 墨

分爵於天人之殊，則惟古人能審所修矣。蓋爵雖分天與人，而惟得天者無所求於人，亦惟得天者無所遺於人也，古人其知此哉！今夫聖人之以爵馭天下也，非使天下競於功名之路也，蓋將明上天生人之意於帝王礪世磨鈍之中。乃其塗一開，而人心之趨益分，則聖人承天之意與礪世之旨俱微而不可復見。是故不列其由來之名，無以正天下之趨也；不著其自致之效，無以易天下之志也。夫人亦知有爵之説乎？人知爵之制於帝王也，不知帝王之爵孰爲制之，蓋濬明亮采，以是報天下道德之功，然非帝王之意而維皇陰騭下民之意也，則人實不能與天分功矣；人知爵之宰於時命也，不知時命又誰爲宰之，蓋屯亨明晦，以是識造物報德之心，然非造物之心而聖人正誼明道之心也，則天亦不能與人争遇矣。蓋爵有天有人，孰爲天爵，則仁義忠信、樂善不倦者是，有仁義忠信樂善之人於此，使其出於王侯之躬，貴矣，使其不出於王侯而出於匹夫，益貴矣，非貴匹夫也，貴匹夫之授於天者奇，故不假王侯而常尊也，此天爵也；孰爲人爵，則公卿大夫者是，有公卿大夫之人於此，使之受命於諸侯，貴矣，使之受命於天子，則益貴矣，非貴天子也，貴天子之受賜於天者厚，故以名位予人而益重也，此人爵也。是故君子之爲道也，内以全其性命之精，而外以明其淡漠之志，夫豈知爵之分天人也而爲其術以相致；隱以藏其心性之用，而顯以昌其天德之身，夫豈以人爵之殊夫天爵也而紓其塗以自居？蓋古之人嘗爲之矣，修其天爵而人爵從之矣。夫修之而遂從之乎，修之而即從之，無以處乎修之而不必從之者也；爲從之而後修之乎，爲從之而乃修之，則何以處乎不從之而亦修之者也？蓋古人自有古人之學，不以天人爲分觀；古人自有古人之心，不以身世爲顯晦。然後知析天人而二之者，君子所以正天下功名之術；合天人而一之者，古人所以明吾儒義利之辨哉！

評：理正詞雄，沛然莫禦，有如潮如海之觀。

高子曰小弁　一章

張玉書

以怨濟孝之窮，説詩者所宜知也。蓋處倫之變者惟怨可以全仁，孰謂小弁之詩不足語孝哉？且從來家庭骨肉之際，未有徑情處之者也，況父子之親根於天性乎？慈與孝相感，匹夫亦勉爲仁人；慈與孝相違，聖人曲全其孺慕。明此義以事親，則常可也，變可也，談笑可也，涕泣亦可也。昔宜臼以嫡子見廢，其傅爲之作詩以寤王。至今論者以爲平王之得位也，不能辭萬世之口實，何也，以其懟也；其猶得爲人子也，賴有小弁之一詩，何也，以其怨也。固哉，高子乃猶以怨疑之！嗚呼，由高子之説，不等父子兄弟於越人而驅天下於不仁不止也。今夫六經之教，大旨歸仁，而小雅之哀，窮極斯怨。天下幽憂煩冤，委曲難白之隱，惟怨可以達之；人主信訛甘讒，口舌難争之會，惟怨可以回之。故論其迹，疑於親而疏之也，似彰君父之過；原其心，實不忍疏而愈疏也，務篤毛裏之仁。不然，平時積誠感悟，既不能底親於無過，及不幸有過，復以一怨塞責，是尚得爲人子哉？夫親之過不大，亦不怨也。彼龍漦召殃，而宫寢之讒日熾，非僅同不察罪之申生；投兔靡措，而宗祊之託何人，又難爲不得國之泰伯。親之過延及於宗廟社稷，故親親之怨亦求告白於先王先公，而欲太子與凱風之七子同處，得乎？所可惜者，小弁之詩怨而太子固未嘗怨也。怨則未有不慕者也，驪山之禍，千古未聞，殺父之仇，一旅莫問，倘以大聖人終身慕親之義責平王，我知其無所逃罪矣。嗚呼，豈非怨之不終以至此哉？使古今之人子盡以虞舜爲法，則當其始，深山號泣，無不可格之親心，決不至有身遭放廢之事；及其後，九廟烝嘗，無不克共之子職，更何至有終天隱痛之時。其怨深者其仁至，其仁至者其孝大。明乎此，可與説詩已。

評：於大舜之怨慕體認真切，故推論比方，意義無不精確。必如此，乃能擺落陳言，自出機軸。

舜發於畎畝之中 二節

李光地

歷舉古之興於困者而推之，以爲天意焉。蓋自舜、説以下，皆受大任於天者也，庸詎知天之降之者必有所以成之哉？故孟子述之以勵天下也。曰：天之於人也，哲命賦於其初，明命鑒於其後。而其中人事變化之不齊者，人以爲氣之爲也，非天意也，然吾謂天之意實存乎其間。吾考古來之德業勳名赫赫於今者多矣，然而舜之未發，則歷山之耕夫也；説之未舉，則傅野之胥靡也；膠鬲之未舉，則澤中之賈竪也；夷吾、孫叔、百里，或罪人釁沐之餘，或荒裔窮閻之士。世俗嗟其先窮後通者遇之幸，君子以爲屈極而伸者道之常，然吾以爲皆知天之未至者也。天之篤生之也厚，故其所以玉而成也深；天之簡畀之也隆，故其所以試諸艱也備。勞苦窮困，是天之重待聖賢也；德修業進，是聖賢之善承天也。故不特近世功名之徒，窮而自奮，而帝臣王佐之材，亦若假靈於冥默者，以是知天命之性墮於氣質之中，雖上知亦必變動而光明；不特叔季遭遇之難，士多側陋，而唐虞殷周之盛，亦有播棄於幽遐者，以是知大業之起生於藏器之深，雖明時亦以迍艱而啓聖。彼不知天意者，當其窮則戚戚，及達則享其富貴榮華已爾。已則棄天而天亦棄之，非天之不降以大任也，其所以自任者輕也。

評：精透處，實前人所未發。不作一感慨激烈語，而光采愈耀。

故天將降大任於是人也 一節

張榕端

惟天任人者大，故其成人者備也。夫大任誠難其人，萃多艱以成之，天亦預爲任之之地耳。今夫碌碌無奇，天不任之則不窮之，乃若天爲斯世而生一人，所責既巨，所試必周，所試既周，所益必多，然後任之不虞其不勝。此人事也，正天意也。歷稽舜、説諸人，其終固皆當大任，無所不能矣，而揆厥由來，抑何心叢百憂，身經多難，惟所欲爲而不獲如願乎？此其故皆天也。天意隱於莫測，孱弱者諉而任之，是謂棄天；天意久然後明，英俠者矯而出之，是謂衡天。又安能上識天意哉？吾就天意度之，而覺天之於人，有將然者焉，天不能自任也，寄之人，任不可輕降也，惟其人，天之爲人計也慎；有必然者焉，惟心惟身，無使之逸，所行所爲，無使之順，天之爲人計也蚤；有所以然者焉，人心自静，動之以益不能，人性自恬，忍之以益不能，天之爲人計也備。夫古亦有降大任而未歷艱苦者，如金天之繼父、伊耆之紹兄是也，不知旰食宵衣，聖王自有神明之艱苦，而不得謂天之待是人獨優；古亦有習奇窮而究不降大任者，如孤竹以首陽終、尼山以布衣老是也，不知維風敦節，聖人自有名教之大任，而不得謂天之待是人獨嗇。人果上識天意乎？於其將然，無或恃焉；於其必然，無或疑焉；於其所以然，無或負焉。天意當矣，又烏得而棄之？又烏得而衡之？

評：文所以可久，以於義理實有發明耳。中二股卓立不磨，前後亦無駁雜。

萬物皆備於我矣　一章

嚴虞惇

大賢明所性之全體，而勉人以盡性之實也。夫性惟萬物之皆備，故誠則能樂，而未誠者必强恕以求仁也，可任其不備而不知求哉？且天生人而與之以性，使性之所有者本或全而或虧，則人亦可竟聽其自然，而又何事焉？惟夫在天者無一之不具，而後起之私或得而間之，則盡性之事以起，而安勉之塗亦以分矣。何也？自品物流形，而有一物即載一物之理，物虚而無所麗，必有以寄之，於是乎道與器俱，而我乃得之以成性；自衆萬雜糅，而有萬物即具萬物之則，物散而無所歸，必有以統之，於是乎理與氣合，而我乃得之以成身。置我於萬物中，至藐也，而我之渾淪無外者遂能以藐然之軀而藏乎微顯高卑之故，觀其後之無不足，則知其初之無不具也；以我立萬物先，至静也，而我之沖穆無朕者獨能以寂然之體而涵乎神明變化之原，觀其外之不可窮，則知其内之不可量也。其物與無妄者，即天道之所爲誠；而萬物之一原者，即仁之所以流行而無間者也。而可使皆備者僅爲天下之所同得而無與於吾身乎哉？果其反諸身而皆備者無之弗備也，則静而存主，而無或欺於心，動而推行，而無或欺於事，體驗之切，而天理之周流者可以隨觸而皆真，踐履之醇，而事物之發見者可以無往而不利，夫是之謂誠，則自然而仁，而有從容之適，無勉强之勞，樂莫有大於此者矣，此則自然而備之者矣；如其反諸身而皆備者未必皆誠也，則私意之未盡，當去私以存其誠，己見之未融，當克己而推於物，無行其所甘而行其所苦，則形骸之有隔者可以力擴之而使通，無行其所易而行其所難，則殘薄之爲累者可以逆制之而使化，夫是之謂恕，恕則雖未至於仁，而以强勉之力，求公溥之心，仁莫有近於此者矣，此則勉然而備之者矣。仁由恕而入，誠由恕而全，人、物可渾爲一身，安、勉可歸於一致。此則盡性之事，而學者之所當自反也。

評：説理明白曉暢，所不及先輩者，詞語少平緩耳。不如此而求之艱深滯澀，安能使人心目了了？

仁言不如仁聲之入人深也 一章

汪琬 墨

觀治道之難齊，而詳著得民之辨焉。蓋言、聲固難以並較，而政、教亦有不相及者，可不進詳其所得耶？且一代之民風，即一代之主術是也。善擇術者貴審其偏全以圖之，而後大化以成，蓋虛文既不足以感孚，而實治猶未臻於和洽，相形以觀，而知奏效有獨隆者。今人主孰不競稱仁哉？然而降温良之詔，非不足鼓舞閭氓，而德意未孚，則相漸者猶淺；循欒愷之文，非不足激揚下士，而謳吟未徧，則相感者猶疏。以言視聲，是固有不如者。若夫舉仁而被之於政，斯爲善政；洽之於教，斯爲善教。從來惟立政之朝爲能惇其孝友，作其君師；亦惟修教之主爲能布其典章，昭其文物。豈非異名而同實，殊塗而一致者哉？以是言不如也，其誰信之？抑知風尚所傳，或丕變者不同俗，而親親、尚功，遂區爲數傳之風化；觀感所説，或謳思者不同情，而明作惇大，遂別爲百世之模猷。則且分政、教之民，觀之民，一也，何以聲靈赫濯，恒出自文法誕布之餘，而動以天性者，獨藹乎一人之誼焉，詠豈弟而思父母，未嘗無畏，而畏不足盡也，則所以愛者可思也；抑分政、教之得民，觀之得民，亦一也，何以筐篚來王，恒得自法紀修明之日，而漸以德化者，獨隱然痌瘝之思焉，懷欒只而輸悃素，未嘗無財而財不足言也，則所以得心者可思也。然後知政亦有聲，法度修而輿誦作，是即政之仁聲也；教亦有聲，耕鑿泯而康謡興，是即教之仁聲也。然且升降異時，遲速異效，君子蓋不勝王霸之感焉。而況區區仁言，乃欲以文誥之空名，絜撫循之實化，豈可得哉？

評：章妥句適，中律合度，有隆萬之巧密而無其淩駕。我朝初年場屋文字，猶遵先正成法如此。

人之所不學而能者 一節

金居敬 墨

「能」與「知」有在學、慮之先者，謂之「良」焉可矣。夫人亦學而能、慮而知耳，不學、不慮而固已知、能也，非其良能、良知也乎？且强人以本無而予之所未有，不可以立教；責人以所獨至而不循之於所同得，亦未可以爲訓也。極人之所願，期其無所不能、無所不知而止，而繼善成性以來，固有其無所待而然者也。夫以人之有能有不能也，而告之曰「爾胡弗學，爾學則自能之矣」，此亦使人由不能以至於能之善術也，然曷不遡之其所不學而能者乎？性之真者無假於習，情之至者必著於事，其能之也豈以學也？然而過此以往，則必學矣，則必學而能矣。非阻人以學，非謂人可任此不學而能，而甚惜其所不學而能者有諸己而弗察也。或智故既深，而並其所不學而能者而倍之也，人亦静念其所不學而能者可矣。吾指之曰「良能」，則自有生以來未嘗學此矣，使由此能而充之以學，則可以爲無所不能之人。乃僅有此能而不充之以學，亦斷不得曰「之人也，無良能也」，人其可以或倍此良能也哉？而良能豈有時而泯也哉？夫以人之有知有不知也，而告之曰「爾胡弗慮，爾慮則自知之矣」，此亦使人由不知以至於知之善術也，然曷不遡之其所不慮而知者乎？機之所啓必自夫天，識之所開必依於理，其知之也豈以慮也？然而過此以往，則必慮矣，則必慮而知矣。非阻人以慮，非謂人可任此不慮而知，而甚惜其所不慮而知者有諸己而弗悟也。或嗜欲既多，而並其所不慮而知者而昧之也，人亦返觀其所不慮而知者可矣。吾指之曰「良知」，則自有生以來未嘗慮此矣，使由此知而進之以慮，則可以爲無所不知之人。乃僅有此知而不進之以慮，亦斷不得曰「之人也，無良知也」，人其可以或昧此良知也哉？而良知豈有時而息也哉？吾以是概論夫人矣。

原評：因言「仁」言「義」，人都信不及，所以切實指點出「良知良能」來，言外便有要以「學」「慮」充其「知」「能」之意。篇中從「學」「慮」打疊説下，於立言宗旨最爲吻合。

評：清思妙筆，曲折如意。必具此本領，方能作清空文字，否則平淺無味矣。

舜之居深山之中　一節

韓　菼

從深山以觀聖，而極形其所感焉。夫不能異於深山之野人者，自不遺一善者也，此可以觀舜云。百家言舜，尚已，即孟子論舜行事，亦嘗序其自田漁至爲帝時取善之大略，而至此獨論其居歷山時也。曰：予考舜在位，事不勝詳，即闢門數事，其求善之意甚至。而不知其心泊然無爲，窅然以處，曾不異曩者居深山時，是故吾即觀舜之居深山。一王之興，當其彷徨隴畝，必有絶殊之迹，而史即書之爲受命之祥，不知著爲異者必其中異之處無多也，而大聖人出處不驚，已非一時意計之所測；創建之始，當其隱約田間，必有自匿之思，而後因原之爲養晦之用，不知求不異者必其中異之見先設也，而大聖人舉動如故，竟爲百世神靈之所歸。故吾觀於舜而知其初無異也，共田疇而讓畔，已咸目屬聖人之奇，意舜亦微有自見者，而要不爾也，夫且居者可得而處，游者可得而狎，山中人而已矣，然何以爾時深山之見聞，自舜居之，而若不憂其陋，夫同一居山耳，箕潁居之而加隘，歷山居之而加廣者，此其際誠可意想也；吾又觀於舜而知非故爲無異也，往於田而自傷，已竊自比勞人之侶，意舜亦有不欲自震者，而亦不然也，夫且一如木石之無心，如鹿豕之相忘，山中人而已矣，然何以一時野人之言行，自舜居之，而若不病其孤，夫同一見聞耳，韜鐸得之而非多，山中得之而非少者，此其神殆難擬議也。蓋幽人之致，有聞而如無聞，有見而如無見，必屏處以全其真，則淪寂之爲也，聖人之不見聞即可以見聞，其於萬物也相與受而已，故任愚賤之投而處之，亦如其居游之素；英明之姿，未聞而嘗若有聞，未見而嘗若有見，必先物而爲之所，亦天機之淺也，聖人偶有見聞而無加於不見聞，其於心思也不自知而已，故極挹取之致，亦曠然莫測其野人之天。則誠見夫深山之舜，其異無幾，而及其聞見一善言行，真沛然江河之決之莫禦也已。深山，静境也，吾以觀聖心之存；江河之決，動幾也，吾以得聖心之感。然則居者仁耶？決者知耶？

評：著眼「及其」兩字，「居」「游」之前，「見」「聞」之後，寫來融洽朗潤。只「若決江河」甚速而無不通之義，尚少理會耳。

仰不愧於天　一節

王汝驤

求樂於天人之際，君子之存心也。蓋俯仰間一自謂不愧怍而愧怍在矣，此君子之擬爲至樂而不敢知者歟？嘗思人生何者爲樂，不可得而得之，斯樂矣。天倫之際，聖賢多悲痛焉，即是以思，而君子之所樂於俯仰間者有如此父母兄弟矣。何則？仰焉共此天也，俯焉同此人也。君子自昭事以來，陟降左右，覺一息不與天相似，有愧於天者也，此際惟自知之也；君子自克己以來，正身率物，苟一事非天下所歸，有怍於人者也，此中恒自苦之也。天人交責之躬，畢生而奚釋其負；俯仰俱勞之志，千古而莫解其憂。君子於是慨然而勤思焉，曰安可得哉？仰不愧於天，俯不怍於人，則樂矣。凜然此知愧之衷也，上帝之於昭，何日不儼諸對越，正惟對越久，而下學上達之修，有獨信爲知我其天者，何待高談奉若哉，一舉首間，而臨汝者可念念質也，則此際之旦明，乃始無所庸其局蹐已；欿然此懷怍之心也，倫類之紛紜，何處不歉於分量，正惟分量明，而老安少懷之願，有不負乎斯人吾與者，豈必侈言康濟哉，一環顧間，而接我者可事事安也，則此時之酬對，乃信無所用其慚恧已。且天吾父母也，吾誠有以不愧之，視於無形，聽於無聲，仰此高高者宛然出入顧復之親，斯則生人得其所之極也，而何日其信然也；人亦吾兄弟也，吾誠有以不怍之，民吾同胞，物吾與也，俯此芸芸者依然綽綽有裕之風，斯亦兩間至坦蕩之境也，而何修而得此也？由此言之，又二「俱存無故」之象也，二樂也。

自記： 細思此章神理，「一樂」既孟子所無，「三樂」亦未足滿志，「二樂」若就現成説，反不見聖賢修己實功矣。可見俱是慨想之詞。此節地位，惟孔子足以當之，尤不得著一意氣語。

易其田疇 一章

儲　欣

足民有實政焉，足之至而民仁矣。夫始之以「易」與「薄」，繼之以「時」與「禮」，此足民之實政也。至足而民仁，聖人復何求哉？嘗思治天下而至於成，其亦難矣。雖然，民情者王政之本也，相民情之所急，深思極慮以規畫於其間，迨吾政行，而其所取效往往出於所期之外，以此見天下之治之無難也。今夫民貧則奸邪生，固已，然貧者可轉而富，富者可不復貧，此斷非百姓所能自爲而在上者之責也，是故治天下有實政焉。驅少壯而緣南畝，酌古昔以定正供，入其境而汙萊無歎、追呼不聞，則易與薄之政行焉矣；視豐約之歲、制其饔飧，辨貴賤之等、節其糜費，入其境而婦子尚儉、伏臘有經，則時與禮之政行焉矣。民情甚愛田疇，甚苦税斂，爲上者因而順之，適其所樂，去其所苦，是之謂利導之政，而貧者可轉而富也；民情易浮者食，易侈者用，爲上者逆而制之，裁其所浮，嗇其所侈，是之謂整齊之政，而富者可不復貧也。當是時，家給而人足，蓋藏之外，露積者不垣；賓祭之餘，洽比者不匱。此雖自古聖人所相繼而治之天下，奚以加此哉？蓋聖人亦嘗觀民之於水火矣。昏暮而求，求而與，聖人以爲此至足之徵，而菽粟之宜與同量也。故其治天下也，始必易焉薄焉，使菽粟之出如水火然，足矣；繼必時焉禮焉，使菽粟之用如水火之不竭然，至足矣。惟至足，故無則求之，非有父兄子弟之慈愛而望以取攜；求則與之，不待孝友睦姻之惕心而供其困乏。然後知聖人之治，先於至粗而後極於至精，專於民之相養相生而自及於民之相親相愛焉。有不仁者乎？所謂王政行而效出於所期之外者，此也。今日者，豆觴之間恒犯齒，耰耝之借有德色，議者咸惡其不仁，而吾猶憫其不足。蓋菽粟不足，雖父子不相保持，而當其足，雖行道之人皆不忍也。爲治不相民情所急而圖之，徒欲掇拾唐虞之遺文，補葺三代之故事，思以美教化而厚風俗，不亦末乎？

評：發首二節已透，得「使有菽粟」實際，故後半從容指點，自迎刃縷解矣。機神流逸，氣度安和，爲作者上等文字。

聖人治[illegible]

金德嘉　墨

[illegible]民之效可睹也。甚矣，聖人之汲汲於富民也，而民俗之仁即由是焉，[illegible]哉！且事有民生日用之恒，而帝王經綸之大端在焉。相天下之所急而潛率[illegible]治至[illegible]治天[illegible]此[illegible]意未嘗遂曰王道既成於天下，而論者以爲人心風俗之善未始不由乎此也。今觀水火至足之象，而知菽粟之於民甚急矣。夫民亦何幸而生於聖人之天下乎？聖人之治天下也，始焉患其不至於富，而思所以富之，是故井疆徭賦，盡其爲民元后之才；既焉患其不足於用，而思所以用之，是故天道王制，盡其爲民司牧之學。夫以聖人而治天下，其所以範圍乎天下者甚大，而所以曲成乎天下者亦甚遠矣，然觀聖人之治無他急焉，亦惟使有菽粟如水火耳。夫論治者不察菽粟如水火之故與夫菽粟如水火之效，則聖人治天下之心幾不大白於天下，惟觀於至足之世，而後歎聖人之治天下誠非一切之治所可及也。古者聖人之民享聖人之美利，而貧富不至於相耀，由比閭族黨以放於四海九州之遥，而皆有萬物一體之樂；古者聖人之民忘聖人之裁成，而生養自安於固然，自親長愛敬以達於睦婣任恤之誼，而皆有天下一家之模。若是者何也？仁也。而聖人先天下而念之，合天下而謀之，第恐菽粟未如水火之足耳。菽粟如水火，而民焉有不仁者乎？夫山高、牧民之書，得聖人之意而小用之，而猶足以伯；開塞耕戰之務，竊聖人之術而雜用

之，而且至於强。然則菽粟之於民，緩急輕重之數亦大略可睹矣。治天下者而欲使海内乂安、民氣和樂，尚於易疇、薄斂、食時、用禮數大政加之意哉！

原評：古氣磅礴，舒卷天然。不作尋常掉弄語，而題之筋脉節節靈動。乃大家得意之文，非苦心經營之所能到也。

評：頓跌鼓盪，一氣流轉，闈墨中僅有之文。

孔子登東山而小魯　一章

李光地

聖道大而有本，學者必以漸而至也。甚矣，聖人之道之大，蓋非無本而然矣。苟無成章之學，而欲一蹴而至於道，豈不難哉？此孟子學聖人有得，而以教天下也。意謂：望道而至，必得其所歸，嚮道而行，必知其所自。今天下學術紛紛也，不有聖人之道，安所統一哉？昔者孔子嘗[illegible]小魯矣，嘗登太山而小天下矣，所處益高，視下益小；舉是類之彼，觀於海者豈復有取乎徒[illegible]水，遊[illegible]者豈復有言乎哉，蓋所見既大，則其小者不足觀也。雖然，觀聖人之道，又無其無所不[illegible]。今夫水之無源者無瀾，其動而爲瀾者有源之水也；光之無本者有不照，[illegible]。聖人之道，夫亦有所謂瀾焉，混混乎其不窮；夫亦有所謂照焉，昭新奇之可喜，惜也弗近聖人也，迨得高乎天下者而從游，恍然入泰山之室焉，聆其仁義道德，風旨迥異，而前日之所知、前日之所賞，皆淡焉棄之如遺矣，蓋聖言全而群言偏矣，偏故難也。世獨不能使聖人無言、任百家伸其説耳，夫聖人無言，人得各持一言以相争，乃自與聞秘奥，毋論泛言莫與争焉，即名言亦莫與争焉，此非故小其言也，其人未大也，言者苟自返之，當亦自悔其言之陋矣。聖人亦不必窮天下之言、爲吾黨重其名耳，夫必窮其言，人且曲護其言以相敵，惟聽彼紛紜，只覺微言之奥莫敵焉，即庸言之淺猶莫敵焉，此非故大其言也，其人本大也，言者苟自悟之，無不樂求爲聖人之徒矣。蓋至於難爲言，而聖人益大耳。

評：思精而能入，筆曲而能出。股法淺深轉换，行文抑揚頓折，皆與庸手有别。學者解此，更無平庸合掌之病。

雞鳴而起 一章

趙炳

以善、利分天下之人，而爲利者庶乎其止矣。夫好舜而不能好善，惡蹠而不能惡利，人之情也。苟知舜、蹠即分於善、利之間，天下庶其懼而修乎？且夫天地生人之後，日分之勢也。天賦性以養人之心，而又生物以養人之身，心之所養者身未必樂也，身之所樂者心未必全也。於是一人之身而有必分之勢矣。我無從救之，我將以二人者救之。曰舜，曰蹠，一以人爲勸，一以人爲鑒也。事物至我前，舜求其美，蹠亦求其美也，舜之所美者在乎此，蹠之所美者在乎彼，或此或彼，我既不能以一身遁於兩人之外，則必有所入，既入之，弗能擇也，則莫如及其未入者而擇焉；天地予我身，我之神智日佐舜以引我也，我之情好亦日佐蹠以引我也，舜勝我則得我，蹠勝我則失我，爲得爲失，我既不能以一心和合兩人之是，則必有所遠，既遠之，弗待斷也，則莫如及其相鄰者而斷焉。聖人盜人，相近也已而相絶，相仇也已而相冒。吾以一言決之，曰爲善爲利，而千世之人未有不出於其中矣。萬物皆静也，而於雞鳴一動焉，當其寂焉不動，舜蹠同然聖人之心，然而無多時矣，稍遲焉則危矣，動而之於善者，利弗能爲之誘，動而之於利者，善亦弗能爲之進也；萬物皆聚也，而於雞鳴一散焉，當其燕息無心，舜蹠若處一家之内，然而無足恃矣，一去焉不反矣，天下之利無窮，蹠弗能盡利而反，天下之善亦無窮，舜亦弗能盡善而止也。無他，皆在此間而已。而幸也猶存舜蹠之名也，古來舜一人耳，蹠則何限，蹠其名者一人耳，彼蹠其心者何限，然而人稱我蹠則惡之，本無蹠於其心也，人稱我舜則樂之，本有舜於其心也，吾是以動之於其間也；而惜也猶多舜蹠之名也，世之學舜者，細考之皆蹠之徒，世之學蹠者，苟變之亦皆蹠之徒，蹠心中亦有舜，自以爲舜，故蹠也，舜心中亦有蹠，懼其爲蹠，故舜也，吾是以慎之於其間也。不早辨之於先而日求利也，宜乎天下爲蹠之多也哉！

評：爲善爲利，人但知爲兩途，孟子特舉出舜、蹠而判其機於利、善之間。立言之意，一層危悚一層，非此警快之筆不足以達之。句調亦微有近滑處，筆下過於快利者往往有此。學者不可不慎。

雞鳴而起 一章

呂謙恒

大賢欲人慎所爲，而原其所由分焉。蓋爲善爲利，至舜、蹠而大分矣，乃所分止此間耳，可不慎與？且人性不甚相遠，而相去或倍蓰而無算，何哉？蓋誠本無爲而幾有善惡，其判於方動而成於所習者，辨之不可不蚤也。今夫夜氣之所存，發於平旦；而一念之罔克，常在幾微。時當雞鳴，固善與利之見端，而可舜可蹠之界乎？何以辨之，則於所爲辨之。其人而爲善與，當雞鳴時而已孳孳矣，雖未必即舜，然而舜之徒也；其人而爲利與，當雞鳴時而已孳孳矣，雖未必即蹠，然而蹠之徒也。則若是其分矣哉！顧從其後而觀之，舜自舜也，蹠自蹠也，或聖焉，或狂焉，殆不可同日而語；乃從其始而揆之，爲善者此俄頃，爲利者亦此俄頃，於此乎，於彼乎，又不啻並域而居。豈有他哉？其分者，利與善也；其所以分者，利與善之間也。人而不知其所由分，則謂宇宙至大，尚可依違中立耳，無如出乎此即入乎彼，天下固未有不舜不蹠之塗以聽人之遷就也，人心道心，交集於一念，而微者不覺著焉，則其間殊隘甚也；人而誠知其所由分，則當朕兆初萌，幸可決擇自我耳，是必迎而距、平心而察，不使隱微中有一善一利之擾以至苟且自欺也，毫釐千里，力爭於一息，而危者使之安焉，則其間殊捷甚也。是以知幾者惟聖人，慎動者惟君子。學者希聖以復性，則必於雞鳴時一察識此善心哉！

評：醇正老當，詞無枝葉。起結用周子語，恰是題中肯綮。凡作文用五子書，必如此恰當細切，方無漫抄性理之弊。

君子居是國也　五句

畢世持　墨

君子之有益於國也，即用之、從之而可見焉。蓋用與從則不在君子耳，豈其居是國也而漫無所益於其君與子弟乎哉？孟子以釋「素餐」之疑也，謂夫天下之所求於君子者，其事亦奢而難副，而要之皆不足爲君子難也。顧君子於此亦有甚難焉者，則以其事或非君子之所得爲。夫以君子之所不得爲而概舉之以疑君子，抑何其量之淺而責之過耶？信如子「不耕而食」之説，是爲君子者迂疏寡當，既無補於國勢之寖微；純盜處聲，更不見有實德之感被。就令如是，亦必試之不效而後知君子之果無益於人國也，而試問君子所居之國，其能用之而從之者有幾人哉？遊歷乎王公之庭，周旋於倫類之中，而勢不相屬，功莫能致，則其居是國也，且與不居是國也等也。

即或陽隆之以文貌而意念不親，遠奉之以神明而觀感不切，則是其君用之而猶未嘗用也，其子弟從之而猶未嘗從也。如是而安得謂君子之無益於人國也？且夫其君之所期者吾知之矣，席先世之業而思光大其國家，曰安也，富也，尊也，榮也，獨不得旦暮致之耳，顧能致之者莫如君子而卒不之用，即君子亦無如其君何，夫誠一旦而用之矣，聽其言也，顯其身也，而不以爲泛而已也；其君之爲子弟期者吾知之矣，念習俗之非而思移易其心志，曰孝也，弟也，忠也，信也，獨不得蒸然向化耳，顧能化之者莫如君子而卒不之從，即君子亦無如其子弟何，夫誠一旦而從之矣，由其道也，尊其德也，而不以爲泛焉已也。則君子於此，將以其安富尊榮者徐而奉之其君乎，抑旦夕間旋至而立效乎？將以其孝弟忠信者徐而教其子弟乎，抑旦夕間風流而令行乎？吾見造其廬，聽其議論風旨，覘國者以爲彼有人焉未可與争也，外可戢窺伺之謀，而内可壯國家之勢；登其堂，見其車服禮器，仰德者以爲君子之教不肅而成也，熏其德而善良者幾何人，聞其風而興起者幾何人。是君子之大有造於國也，而又何「素餐」之云哉？

評：曲折生姿，宛轉作態。緣其筆底超異，故不落俗調。

桃應問曰　一章

熊伯龍

大賢之斷虞事，存其論可也。夫「殺人者死」，豈以律天子之父哉？皋必執，舜必逃，亦正告天下爲然耳。且處臣子之間，恒人能見及者理也、事也，不能見及者心也。究極於心，前此不必有其事，後此不必據其理，而論斷臣子必不可無是心，此聖賢之論雖創而實不易也。如子輿氏設論虞廷一獄，舜天子也，瞽瞍天子父也，以天子父殺人，必欲抗天子殺天子之父，是犯不可釋，以誅可釋也。且爲天子不能庇天子父，棄天下不得爲天子，反欲以天子之逃庇其父，何異授人以戈揮止其刃哉？雖然，執是以論，臣必不能行之君，子亦必不能行之父；反是以勘，臣不如是設心，必無以爲臣，子不如是設心，必無以爲子也。今夫爲天子臣，必不敢執天子父，此其心知有天子爾，爲臣而但知有天子，天子之外安有事天子者哉，蓋奉天子敢執天子之父者此臣，即奉天子不獨可殺天子之父者亦此臣，使知至尊莫如天子父，而殺人無辜則可執，亦何至立人之朝即無以執持於君前也？凡人父實有子，必謂有天下不敢議吾父，此其心仍重視天下爾，爲子而重視天下，天下之外亦安有事吾父者哉，蓋以有天下見父可免於天下者此子，即以有天下使父不免於天下者亦此子，使知難忘莫如天下，而竊負而逃則如蹝，又何至爲人之子必無以明樂於父側也？然則使瞽瞍實有是殺，皋陶實有是執，舜實有是逃，將皋陶視天子之父等於匹夫，舜之棄天下，終以父爲天下逋逃之罪人，法之可誅且不在瞽瞍而在皋陶與舜；使瞽瞍實有是殺，謂皋陶難以言執，舜難於言逃，將臣幸天子之父殺人可結天子，子憾父爲天子之父殺人，終無以謝天下，法之可誅即在處心並不必問其執與不執、逃與不逃。君父雖不幸，亦何利有此臣子哉？此子輿氏之論甚創甚不易也。

評：黄藴生、楊維斗作，皆於平正處發揮。此文又於題解之外另翻出一層道理，立格似奇而義更深醇。文氣清剛快削，更得賈晁筆意。

君子之於物也 一節

呂履恒

君子不泛用其恩，由一本而遞推之也。甚矣，仁與親之不可以泛用也。一本在親親而仁、愛以次及焉，夫是之謂善推耳。且夫兼愛之説，聖賢惡之，非不諒其意，亦憂其不繼也。何者？未嘗有所端而欲有所兼，以爲有餘於彼也而先有所甚不足於此，卒亦未有能兼之者，徒見其倒行而逆施已。吾思世之賴有君子者，謂其能仁民也，謂其能愛物也。而亦知君子之於物乎，物與我並生於天地，君子未嘗不愛之，愛之逾量，是仁之也，取之有道，用之有時，如是則已足矣，而或更從而溢焉，將並不取亦不用乎，不取不用而仁已窮於物，將有甚不仁於大乎物者，君子弗爲也；亦知君子之於民乎，民與我尤同此形氣，君子寧忍不仁之，仁之極致，是親之也，養之有政，教之有典，如是則已當矣，而或欲過其則焉，將何加於其政與其典乎，加之無已而親已竭於民，將有不克親於重乎民者，君子弗爲也。其弗爲焉者何也？將有以用吾仁而因惜其仁也，將有以用吾親而應留其親也。所親維何？厥惟吾親。天性之良，得之最先，惟於吾所不解於心者實有以致之，不必吉凶之同患，曲成之無遺，而其道自有以相及；孩提之愛，不學而能，苟於理之達於天下者先撥其本焉，則夫情勢之相隔，等類之殊觀，而其事更無以相周。是故君子特患不能親其親耳。既親親矣，由是而仁民焉，凡民皆吾同胞，有不容須臾緩者，而若或緩之，何也，民固共事吾親之人也，是故合萬國之歡而民心愈和，極天下之養而民生益遂，謂夫無忝所生者之必無歉於仁耳，不然，民之厚，親之薄也，雖欲仁之而無自矣，君子所以仁之而弗親也哉？既仁民矣，由是而愛物焉，萬物皆吾一體，有不容膜外置者，而若或置之，何也，物固生養吾民之具也，是故佃漁以厚生而物自咸若，斧斤以利用而物自繁生，謂夫盡人之性者之終無失其愛耳，不然，慈於物，刻於民也，雖欲愛之而無術矣，君子所以愛之而弗仁也哉？理一則分不得不殊，體立而用因之各得。聖學本天而異學本心，辨之不可不早也。

評：於三者施之各當、行之有序、推之有本處，無不發揮詳盡，筆亦軒豁醒露。

盡信書 一節

儲在文

讀書不可無識，盡信則弊生矣。夫書以傳信也，有不可盡信者，存乎人之識，識不足而弊可勝言哉！且自書契聿興，用以傳世行遠，而後人得所折衷，惟其信而已。然古人有記載之功，不無文辭之過。使無識以權衡其間，則泥古之患甚於蔑古，而書遂爲世所詬病，此之不可不知也。何則？天下形迹之地，衆人勉强以材力争，而至執簡策以成一代之書，則將屬之博雅之士，夫博雅之士所恃者才也，其中有要歸之旨，必馳騁焉以盡其才，反覆縱横，如是而後快，而遂有寧爲過量、無不及量之辭；天下言論之選，能者取辨於旦夕間，而至通古今以成一家之書，則務歸於著作之體，夫著作之體所尚者文也，其中有表章之實，必潤色焉以壯其文，鋪張揚厲，如是而後工，而遂有寧近於誇、無近於野之意。是故書之不可盡信，理也，勢也。惟以我之識爲主，雖日取書而讀之，不爲古人所役，而如其不然，於是有讀書而爲害於書，且以書而害天下者。拘牽之學，大旨所不求，沾沾於章句之末，則以附會爲訓詁，雖書有不檢之文，且矜其創獲者矣，而又執一説以繩之，不顧其義類所安，强古人以就吾之繩尺，待解而明者什之一，因傳而晦者什之九，則何如置之不議不論之列哉？堅僻之學，世變所不問，詹詹於前事之師，則以空文經世務，雖書有過當之語，猶奉爲蓍蔡者矣，而又參臆見以斷之，不權其時勢所宜，援古人以肆吾之學術，作者本治世之業，述者爲亂世之資，則何如聽之若存若亡之表哉？是故識足以定邪正，則詘八索，除九丘，以不信爲信，而論者謂東魯之聖，功在文章；識不足以正是非，雖稱五帝，誦三王，信其不可信，而説者謂刑名之家，原於道德。蓋穿鑿之過，必至支離；支離之過，必至誕謾。行其説，既爲禍於生民；廣其傳，亦流毒於學者。紛紜顛倒以汨亂古人之書，不至舉而盡廢之不止。吾故憂其所終極而激爲反本之論，曰盡信書不如無書也。世有識者，其諒予之心也夫！

評：於所以不可盡信之故，推闡曲盡，又與下文武成一節隱相關照。似此議論醇正，方可以史解經。

聖人百世之師也

王汝驤

師及於百世，惟其人之聖也。夫人而得成爲聖，豈易言哉？百世之師，孟子蓋見於其至也。若曰：古今來何以有此世哉？有所以維之於不壞者，曰君，曰師。顧君以權用而師以道尊，以權用者功不待表而明，以道尊者人必待推而得。若此者，安得不思聖人矣？夫聖人之行不同矣。中庸不可能而跡之以奇著者，行高志潔，各有不可再於天壤之神；大成不可學而詣之以偏至者，苦心孤詣，俱有無以加於其道之實。久矣夫聖人者世之師也！自我思之，豈但已哉，聖人百世之師也。人類之不齊也，耳目之間有以耀之，則顓蒙有共見之樂，故惟事之以奇著者，其爲教彌廣，忠臣孝子，一節之奇，經閭巷之流傳，而歌泣不遺於婦孺，况聖人之獨有千古者乎，而爲教之廣，尚容以時代隔乎；人心之多蔽也，血氣之陰有以動之，則沈痼有立開之效，故惟道之以偏至者，其入人愈速，匹夫匹婦，一往之誠，得氣機之鼓舞，而感發不問於斯須，况聖人之百折不回者乎，而入人之速，猶可以世數計乎？故凡美之既彰者，驟而異焉，苟其傳既習而情亦淡矣，聖人者落落數大事，昭於日星耳，而世之人舉熟悉之陳言，日相嗟誦而日有無窮之甘苦，味之而愈出，則惟其所自盡者固有其無窮耳矣；即德之感人者，近而明焉，苟去之已遠而迹亦微矣，聖人者遥遥數百年，幾成上古耳，而世之人取無關之陳迹，每一流連而每有不敝之光采，久之而愈新，則惟其所昭垂者固有其不敝耳矣。嗟乎，彼聖人者何嘗有意爲世師哉？而百世之後且賴之以有斯世也。伯夷、柳下惠，不至今存也耶？

評：一語函蓋通章，實際全在下文，寫來偏自俯仰淋漓。正希之傲岸與大士之敏異，蓋兼得之。　中股兩疊句「乎」字，兼露「况」字，在文勢不得不爾，意義實未嘗侵下也。

齊饑 一章

仇兆鰲

客卿無救荒之策，援晉人以謝之焉。夫仁政不行，饑而發棠，其可再乎？爲晉人搏虎之説，孟子殆將去矣。且賢者之在人國也，道隆則隆，否則一言以紓其急，亦國之幸也。然使所學不行而喋喋焉爲權宜之策，雖偶一聽從，於百姓奚濟焉？昔齊饑，孟子請發棠，王從之，此亦一時不得已之權，而國人遂悦之而以爲可常。至是齊又饑，嗚呼，齊何饑之屢也？其弊在不行孟子之仁政，有仁政則國無横征，民有餘食，故歲有恙而民不饑。今王不能用孟子之言，急而以棠請，非孟子意也，胡國人至是竊竊然以前事相望耶？陳臻聞其説，試問之。孟子曰：噫，是欲馮婦我也，是欲我爲再搏虎之馮婦，以取悦於國人而爲天下士所竊笑也。齊之政不能易矣，徒以羈旅之言而脱民於難，小道也，一之爲甚，豈可再哉？蓋斯民危急之狀，驟言之未有不動心者，而瀆陳之即厭爲常談；王者賑發之舉，創聞之未有不動色者，而再行之即等爲故事。「殆不可復」，陳臻言是也，且棠之不可復，非關於王之聽與否也。搏虎之人非善士，發棠之政非良法。彼馮婦之技，其能盡虎乎，不如反而行善；棠即再發，保更無饑乎，不如退而修政。不然，齊境之粟聚於棠，屢饑而屢請棠，棠必竭，是不發亦饑，發亦饑也；棠竭，王必復斂民而實之，是賑饑者發棠，饑民者亦發棠也。使孟子再言於王，王必不聽。即聽矣，王不愛一棠以謝齊國，而志安天下者徒以發倉之故，補苴於豐歉之間，而國卒以無救，幾何不令三齊之士與馮婦同類而並笑之也哉？夫臧辰如齊告糴，君子譏之，爲其治名而忘實也。客齊而再請棠，與相魯而急行糴何以異？君子知幾而默，固所爲知足不辱、知止不殆者，自是絶口不復談齊事矣。

評：以不行仁政爲本，而以發棠事低昂其間，一縱一擒，皆成章法。

聖人之於天道也

儲　欣

惟聖人爲能備道，亦有未可概論者矣。夫道原於天，而備之者聖人也，然猶不可概而同之，此何爲者耶？且道在天下，苟原其所自來，固天下之公也；爲思其所兼備，則非天下之公而聖人之私矣。道私於聖人，顧私之中抑又有私焉。其彼此不齊之致，雖欲截然出於一而不可得也。仁義禮智，不謂之天道，可乎？天無不愛之人，而棄天者弗思也，昧昧者所在多有耳，有人焉，知之而極其精，此天道之所亟相待也；天無或遺之人，而褻天者弗顧也，悠悠者舉世類然耳，有人焉，行之而造其極，此天道之所專相屬也，聖人也。人非遽聖，一視夫天道之歸；道固本天，一資於聖人之力。其交相維繫，豈顧問哉？蓋嘗觀於道之明晦，而知天下不可無聖人也，天有顯道，其初不免於屯蒙，得開天之聖人而道始炳然著耳，聖人往，而道復晦，聖人作，而道又明，誠以聖人之深知之也，獨是上下千古，有生而知之之聖人，又不盡生而知之之聖人，知即同歸而功分勞逸，其知固已不齊矣。抑嘗觀於道之通塞，而知天下不可無聖人也，天有常道，其實必俟夫經綸，遇繼天之聖人而道乃沛然達耳，聖人既往，不一二傳而道仍塞，聖人有作，越數百年而道復通，誠以聖人之致行之也，獨是遐稽載籍，有自然而行之之聖人，又非止自然而行之之聖人，行即同符而事歧安勉，其行又甚不齊矣。猶未也，聖人而在上者，鴻業休德，其爲功於天道非小補矣，我生百王之後，見其禮，聞其樂，愀然有升降之感焉，優與未優，一若聖人亦無如之何，以聽後人之擬議也，則何也？猶未也，聖人而在下者，流風遺教，其有裨於天道益不磨矣，共此百世之師，原其始，要其終，確然有偏全之別焉，至與未至，一若聖人亦無容致力，以任後人之裁擇也，則何也？豈非命實使然哉？然有性焉而沾沾謂命者，是亦與於棄天、褻天之甚者矣。

評：同是聖人，同是盡天道。而微分之，則堯舜「性之」，湯武「身之」，以及「時中」之大而化，「清」「任」「和」之一成而未至，層層闡發，具見的當。

充實之謂美　四節

張　江

由善、信而推其極，其學可馴至焉。夫以其有諸己者而深造之，則爲美，爲大，爲聖且神，莫非善量之所極也。孟子謂夫忠信所以進德也，立誠所以居業也。學至於信，則爲善也有力，由是而之焉，固可馴造乎善量之極致矣。是故有美人者，自其有諸己者而擴之也，彼且舉細大而不遺，則善之數滿而無所虧，歷久暫而不易，則善之力厚而不可間，如是而充實也，吾見極誠無妄，雖隱微曲折之處不以私僞雜之，蓋純粹而以精矣，作德日休，凡君臣父子之懿一本性情通之，蓋足己而無待矣，不謂之美在其中乎？有大人者，自其充實者而養之也，彼且誠中而形外，則四體亦載其道德之華，富有而日新，則百度亦生其文章之煥，如是而有光輝也，吾見威儀頌於赫喧，隨其周旋裼襲，莫非盛德之形容焉，蓋與日月同其著明矣，中和驗於位育，無有遠近幽深，莫非大業之橫塞焉，蓋與天地同其法象矣，不謂之大而無外乎？有聖人者，不已於大而遂超乎大者也，彼且仁日益熟，則一體萬物而無滯於物之心，義日益精，則泛應萬事而無膠於事之迹，如是而化之也，吾見動於彼者應於此，無思而無不通，蓋知之之至，聰明達乎天矣，身爲度者聲爲律，不習而無不利，蓋行之之盡，從容中乎道矣，不謂之聖人至德乎？有神人者，不離乎聖而實妙乎聖者也，彼且德全於天亶，則所性而有而孰窺其廣運之涯，道集於大成，則與時偕行而孰究其終始之運，如是而不可知之也，吾見寂然不動，無聲臭之可聞，蓋合一不測，非猶夫人之存主者矣，感而遂通，無機緘之可執，蓋充周不窮，非猶夫人之酬酢者矣，不謂之神易無方乎？凡此皆立本於能、信以深造之，而可欲之善，斯爲極其量也，斯又樂正子之所歉然未逮者也。

評：切實分疏，無一語蒙混含糊。在此題真爲的當不易。

逃墨必歸於楊　一章

趙　衍

楊、墨不足辯，善爲其歸計可也。夫楊、墨與吾儒勢不兩立，逃而歸焉，不足辯矣。故曰「斯受之」「無招之」，爲辯楊、墨者示云。今夫聖賢以其身任斯道之責，業爲之謀其始，即不得不慮其終。使以一人之力正天下之人心，卒令異學之流戒心於立法之嚴，而深畏吾用情之不恕，獨非吾道之深憂乎？吾特爲今之與楊、墨辯者示焉。蓋昔之楊墨，其氣方張，則其徒日盛，故雖勢孤援絶而身不辭「好辯」之名；今之楊墨，其勢已衰，其情亦已竭，則惟尊聞行知而功已在能言之列。吾嘗規摹大勢，墨氏窮大失居，而楊氏孤孑自守，途窮則思返，力倦則知還；逃墨必歸於楊，而逃楊不能復歸於墨，則歸儒斷矣，要亦甚可憫也。世之盛也，養民之具甚周，而教民之法至詳且備，民生其時，終身不見異物，無所逃諸而又安所歸諸？不幸而當此末流，古先聖王之法相次盡廢，而向時之被服教化、稱説仁義者，一變而言楊言墨，無怪也。故凡吾之皇皇汲汲、惟楊墨之爲辯者，徒以爲此也。幸而歸矣，復將何求？斯受之而已矣。嚴以繩之於未歸之先，使知言楊害仁，言墨害義，而吾儒之道爲至當而無欺，是故其心知悔；寬以待之於既歸之後，使之楊樂於仁，墨樂於義，而儒者之教爲至公而無我，是故其人願從。今之與楊墨辯者不然。當其聞風而起，驟發其英華果鋭之氣以股肱乎大道；及乎嫉惡太甚，即無復優柔和平之致以引掖於方新。今夫異端勢盛則聚，勢衰則散，寬之則來，迫之則去，從古然也。今其勢亦少衰矣，不務寬之以開其自新之路，而務迫之以堅其反側之心，夫彼有復去而已。又其未歸者自知其所爲之不韙而君子之莫吾赦也，則將日夜爲計，求緩其攻而陰彌其隙。夫是以其情必變，其交必親，情變而交親，則其人不可以復收，而其黨不可以復破，其爲患也將愈深而不可解。是故天下之亂，起於異端而成於吾儒之激之也。此如追放豚然，既入其苙，又從而招之，是則今之與楊墨辯者也。嗟乎，言楊墨者既以治之過嚴，而軼出於不楊不墨之間者，又將自以爲仁義而超然免於評論之外，可奈何？則吾自治云爾，亦無事乎過爲已甚之行也。

評：筆勢從横，而論實未確。孟子時，楊朱、墨翟之言盈天下，自漢及唐，孟子之書猶未暴見大行，昌黎猶云「孔墨必相爲用」，而謂其勢已衰，可乎？後幅「求緩其攻」、「陰彌其隙」俱不切楊墨與吾儒角立情事。楊墨止各抒一家之説，未嘗與孔孟相攻，與老、莊、告子又别。

動容周旋中禮者 二句

劉子壯

觀聖人盛德之容，而禮由性作矣。夫聖人非有期於禮，而動容周旋則中之，非甚盛德豈能及此者乎？嘗觀古聖之書，多言性命而文爲或略者，以爲率其所爲皆可以爲儀，固不俟乎表而著之也。學者求觀聖人之深，則必於其一節之安、小物之微以得其性情之所存，則聖人之精微已極於此矣，吾論聖人之性而先見之禮焉。上古未嘗有等威之章，而天地之大文，聖人備之以一身，則風俗樸端，愈以表其中心之厚；上古未嘗及創制之事，而臣民之大觀，聖人章之乎四體，則聲名簡略，不能掩其内美之淳。蓋德之既至，則輝流於盛，而天下近天子之光；而禮之咸宜，則動合以天，而學者論聖人之道。動容周旋中禮，豈非盛德之至乎？古人之學，不間於内外，則起居視履，皆爲因心自度之功，而盛積而流，並泯其規矩之迹，當其時，宫中廟中，象其容度，禮若其鵠焉也，而神明之默成，聖人亦不能自識其從容矣；古人有作，亦無異乎情文，其出入趨蹌，皆有自天命之之理，而德成而安，亦忘其軌物之名，當其時，穆穆雝雝，仿其體節，禮若其式焉也，而中和之内積，聖人亦不能自藏其高深矣。後之人主，前巫後史，求寫其無爲之正，誠有得其大端者，而一愆或以疵其本，蓋淵懿未極於充周，則文義每牽其舉止，性之之德，信其所之，以爲適事而已，而遂爲不可學，則雖終身兢業而無所見其修容修意之勞；昔之史臣，克讓溫恭，盛舉其無文之敬，誠有得其極至者，而纖曲未能盡其神，蓋全體既集於醇良，則道氣每浮乎物則，性之之德，隨其所接，以爲儀數而已，而遂已不可名，則即僅垂衣裳而皆若想其山龍藻火之義。是故省方定器，聖人不過取身聲以考律度之中，而三代沿之爲損益；命典惇庸，聖人亦或託政事以觀天叙之秩，而百世師之爲文章。非甚盛德，是能及此乎？

評：沐經籍之光澤，而於「性之」之德細微曲折，無不中禮處，無絲毫蒙翳假借語，故爲難得。

養心莫善於寡欲 一節

劉　捷

善養心者於存，不存驗之，而得其要矣。蓋心未有不存而能養者，又未有欲不寡而能存者。故孟子指以示人，曰：身有百體，無不待養於外物，而心不然也，第常存焉，而已得其所養矣。而所以不能常存者，則欲爲之累也。何者？心以載性命之理，必養之然後能静正而全其所受之中；心以制事物之宜，必養之然後能清明而中其自然之節。而無如欲之爲累者多也。欲之具於初生者，與性命而俱來，故其植根也固而爲力强，能使吾心卒然而見奪；欲之乘於日用者，緣事物以雜至，故其附身也便而爲徑習，能使吾心潛易而不知。夫欲吾心之有所休，必先去其役吾心者；欲吾心之有所息，必先去其害吾心者。故養心莫善於寡欲也。如其爲人而寡欲焉，則其心常静虚而無蔽，而耳目口體皆由順正以行其義，雖有不存焉者，寡矣；如其爲人而多欲焉，則所欲常横塞於其中，而道德仁義介然有覺而無所容，雖有存焉者，寡矣。蓋欲有爲吾身所不能無者，亦有爲吾身所不必有者。必也以身處其外，辨其所從生而無使匿焉，役吾心者漸屏漸退，而方寸不覺其日休矣；以身入其中，授以節制而無敢過焉，害吾心者日損日消，而本體乃有所滋息矣。彼聖人之無欲，固不可得而幾，乃人各有心而聽其失養，以至於亡，不亦甚可慨哉！

評：具化治之確質，兼正嘉之渾成。可觀我朝文章之盛，無體不備。

經正則庶民興

戚　藩　墨

以正俗之功予經，深重乎其正之也。夫經亦止得其常耳，而庶民若有異焉者，豈非亂德之溺人已甚哉？且堯舜以來，天下未嘗易民而治，時惟無甚衰之風，故亦無甚盛之勢也。迨乎世教陵夷，浸淫至於凋敝，於是思矯然大變之以爲功，然此非可期之於庶民也。庶民之耳目易龐，久服於汙俗之漸移，則其情既難立決於棄故；庶民之氣志日薄，苟安於陋愚而不愧，則其力又難自奮於無因。兹惟君子反經而經得其正矣，以爲日用所循焉，不可以不正也，計所爲正者，不越耕桑粟帛之恒，敦民於素樸，然而民心彌樸，則民氣彌固，一旦自悟其非，而遂以爲性之不可易，此時之農工婦子，怏然如睹新王於肇基更始之年，則興也；以爲是先典所垂焉，不可以不正也，計所爲正者，不外禮樂詩書之澤，進民於優柔，然而民志益柔，則民行益勵，一旦相摩而善，而遂以爲教之所夙成，此時之父兄子弟，勃然如覩盛事於俊秀論升之日，則興也。豈無賢智異等之流，故抑其能以就經，然深抑之，固所以厚振之也，斂聰明於無新可喜，則好奇騖遠之心，悉安行乎大道而無所竄處，所以君子以三代爲必可復作，而不敢僥倖於苟且救世之思；豈無間起崛生之士，無所承藉而亦興，然特創之，正所以力守之也，收豪傑於與民同學，則越俗震世之資，皆樂爲之羽翼而益相後先，所以君子以天下盡責之吾儒，而不敢少謝於人物幾希之地。詎不以之開治有餘而以之繼聖有漸哉？

評：語無含糊，筆亦老健。

經正則庶民興

唐德亮 墨

推反經之功，而民還其民矣。夫經失其經，則民失其民，經正民興，反經之功曷可少哉？孟子曰：吾儒所挾以勝異端者，不以吾儒勝之而以庶民勝之也，要有所以動庶民者。鼓其翻然勃然之心，而作其苟安之氣，仍以吾儒勝之耳，若君子而反經矣。夫經有正之而正者，彝教修明之日，一道同風，止須予以服習之素；經有反之而正者，異端充斥之時，群心回惑，故宜加以激發之機。有如反經而經正，庶民有不興者哉？凡人强以本無，則廢焉沮，還以固有，則奮焉興，情之所必然也，庶民豈敢爲毁常而裂檢者哉，特其性庸而志瑣，故頹委不振耳，一旦風聲之所樹，政令之所頒，其道君臣父子，其教典謨訓誥，其事孝弟耕桑，甚常也，見甚常者而愧，愧斯厲，厲斯興矣；凡人本有而忽失，則索焉止，久失而忽返，則蹶焉興，又勢之必然也，庶民豈樂爲叛倫而背道者哉，特其情屈而才下，故弱喪無歸耳，一旦耳目之所被，習氣之所漸，以之爲己則順而祥，以之爲人則公而溥，以之處事則無不當，甚醇也，見甚醇者而思，思斯慕，慕斯興矣。雖庶民之中愚智不倫，而一出於經，俾知有必得之由，無必不得之道，知其必得也，而踴躍於功名，知其無必不得也，而翹翹然喜於爲善，天下由是無不起之人心；雖庶民之中剛柔不齊，而一出於經之正，則以其名致其實，以其實致其名，知其名之所在也，事然而理亦然，知其實之所止也，理然而事不得不然，天下由是無不勵之風俗。拔闒媚之習而出於光明，破似是之風而歸於正大，胥此經也。邪慝其何伏之有？

評：作者平時好爲豪邁，往往軼於繩尺，故録此謹守規矩、不事馳騁者。

附録

清高宗諭旨

乾隆元年六月十六日總理事務王大臣奉上諭：

國家以經義取士，將使士子沈潛於四子、五經之書，闡明義理，發其精蘊，因以覘學力之淺深與器識之淳薄。而風會所趨，即有關於氣運。誠以人心士習之端倪，呈露者甚微，而徵應者甚鉅也。顧時文之風尚屢變不一，苟非明示以準的，使海内學者於從違去取之介，曉然知所别擇而不惑於岐趨，則大比之期，主司何所操以爲繩尺？士子何所守以爲矩矱？有明制義，諸體皆備。如王、唐、歸、胡、金、陳、章、黄諸大家，卓然可傳。本朝文運昌明，英才輩出。劉子壯、熊伯龍以後，作者接踵，莫不根柢經史，各抒杼軸。此皆足爲後學之津梁、制科之標準。自坊選冒濫，士子率多因陋就簡，剽竊陳言，雷同膚廓。間或以此倖獲科名，又展轉流布，私相仿效。馴至先正名家之法，置而不講；經史子集之書，束而不觀。所係非淺鮮也。今朕欲裒集有明及本朝諸大家制義，精選數百篇，彙爲一集，頒布天下。學士方苞於四書文義法，夙嘗究心，著司選文之事，務將入選之文發揮題義清切之處，逐一批抉，俾學者了然心目間，用爲模楷。又，會試、鄉試墨卷，若必俟禮部刊發，勢必曠日持久，士子一時不得觀覽。可弛坊間刻文之禁，果有學問淹博、識見明通者，不拘鄉會墨卷、房行試牘，准其照前選刻。但不得徇情冒濫，或狂言横議以釀澆風。朕實嘉惠士子，其各精勤修業，以底大成，敬體朕意，共相黽勉。欽此。

方苞奏摺

食禮部右侍郎俸、教習庶吉士、臣方苞謹奏：乾隆元年六月欽奉聖諭，命臣苞精選前明及國朝制義，以爲主司之繩尺、群士之矩矱。臣本無學識，又迫衰殘，恭承嘉命，爲愧爲恐。竊惟制義之興七百餘年，所以久而不廢者，蓋以諸經之精藴匯涵於四子之書，俾學者童而習之，日以義理浸灌其心，庶幾學識可以漸開，而心術群歸於正也。伏讀聖諭，國家以經義取士，人心士習之端倪，呈露者甚微，而徵應者甚鉅。故風會所趨，即有關於氣運。至矣哉！聖謨洋洋，古今教學之源流，盡於是矣。臣聞：言者，心之聲也。古之作者，其氣格風規，莫不與其人之性質相類。而況經義之體，以代聖人賢人之言，自非明於義理、挹經史古文之精華，雖勉焉以襲其形貌，而識者能辨其僞，過時而湮没無存矣。其間能自樹立、各名一家者，雖所得有淺有深，而其文具存，其人之行身植志，亦可概見。使承學之士，能由是而正所趨，是誠聖諭所謂有關氣運者也。臣敬遵明旨，别裁僞體，校録有明制義四百八十六篇，國朝制義二百九十七篇，繕寫成帙，並論次條例，恭呈御覽。伏望萬幾之暇，俯賜删定，俾主司群士，永爲法程。臣無任戰汗隕越之至。謹奉表恭進以聞。

原書凡例後所附經理諸人銜名

乾隆五年閏六月十四日奉旨開列經理諸臣銜名

監理

和碩親王臣弘晝

校閱

原任禮部右侍郎臣方苞

校對

日講官起居注翰林院編修臣萬承蒼

翰林院編修臣儲晉觀

翰林院編修臣趙青藜
舉人臣周日藻

武英殿校對

經筵講官刑部右侍郎臣張照
工部右侍郎臣許希孔
原任刑部左侍郎臣勵宗萬
日講官起居注詹事府詹事兼翰林院侍讀學士臣陳浩
日講官起居注詹事府少詹事兼翰林院侍講學士臣吕熾
日講官起居注詹事府少詹事兼翰林院侍講學士臣周學健
署日講官起居注右春坊右中允兼翰林院編修臣朱良裘
翰林院編修臣田志勤
翰林院編修臣董邦達
翰林院檢討臣唐進賢
翰林院編修臣李清芳
翰林院編修臣林枝春

翰林院編修臣吴紱

翰林院檢討臣郭肇鐄

校刊

拔貢生臣費應泰

拔貢生臣盧明楷

拔貢生臣薛世楫

拔貢生臣廖名揚

拔貢生徐顯烈

拔貢生王積光

拔貢生葉環

拔貢生李謙

拔貢生王男

拔貢生曾尚渭

拔貢生李長發

拔貢生程元林

監造

内務府南苑郎中兼佐領加六級紀録八次臣雅爾岱

内務府錢糧衙門郎中兼佐領加五級紀録六次臣永保

内務府廣儲司員外郎加二級臣雙玉

内務府慶豐司員外郎加一級紀録二次臣西寧

内務府廣儲司司庫加二級臣胡三格

監造臣恩克

監造加一級臣永忠

庫掌臣于保柱

庫掌臣鄭桑格

庫掌臣姚文彬

四庫全書總目提要

臣等謹案：欽定四書文四十一卷，乾隆元年，内閣學士方苞奉敕編明文凡四集，曰化治文，曰隆萬文，曰啓禎文，而國朝文別爲一集。每篇皆抉其精要，評騭於後。卷首恭載諭爲苞奏摺，又次爲凡例八則，亦方苞所述以發明持擇之指。蓋經義始於宋，宋文鑑中所載刁叔自靖人自獻於先王一篇，即當時程試之作也。元延祐中，兼以經義、經疑試士；明洪武初定科舉法，亦兼用經疑。後乃專用經義，其大旨以闡發理道爲宗。厥後其法日密，其體日變，其弊亦遂日生。有明二百餘年，自洪永以迄化治，風氣初開，文多簡樸；逮於正嘉，號爲極盛；隆萬以機法爲貴，漸趨佻巧；至於啓禎，警辟奇傑之氣日勝，而駁雜不醇、倡狂自恣者亦遂錯出於其間。於是啓横議之風，長傾詖之習，文體盭而士習彌壞，而國運亦隨之矣。我國家景運聿新，乃反而歸於正軌。列聖相承，又皆諄諄以士習文風勤頒誥誡。我皇上复申明清真雅正之訓。是編所録，一一仰稟聖裁，大抵皆詞達理醇，可以傳世行遠。承學之士於前明諸集，可以考風格之得失，於國朝之文，可以定趨嚮之指歸。聖人之教思無窮於是乎在，非徒示以弋取科名之具也。故時文選本汗牛充棟，今悉斥不録，惟恭録是編，以爲士林之標準。原本不分卷第，今約其篇帙，分爲四十一卷焉。乾隆四十四年二月恭校上。

總纂官臣紀昀臣陸錫熊臣孫士毅

總校官臣陸費墀